NEUE PHÄNOMENOLOGIE

Im Alltag aller Menschen kommt es fortlaufend zu Unterscheidungen zwischen Wahrnehmungen, die als »wirklich« akzeptiert werden, und solchen, die z. B. als Täuschungen keine Anerkennung finden. Dieser Umstand wurde bisher im Kontext der Philosophie der Wahrnehmung kaum problematisiert. Dabei bietet gerade das Scheitern der Wahrnehmung als Wirklichkeitskontakt die Chance, hinsichtlich des Zustandekommens von erlebter Realität mehr zu erfassen. Die Untersuchung verfolgt generell zwei Ziele: Einerseits werden wesentliche phänomenologische Dimensionen nachgewiesen, in denen sich die pathologischen Wahrnehmungen vom alltäglichen Erleben unterscheiden. Andererseits ergeben sich daraus Hinweise auf die Kulturrelativität, Konstruiertheit und ontologische Dignität lebensweltlicher Bestände. Somit zeigt die Arbeit Wege auf, phänomenologische Einsichten kulturphilosophisch fruchtbar zu machen.

Der Autor:

Steffen Kluck, geb. 1980, Studium der Philosophie und Germanistik, ist seit 2006 wissenschaftlicher Mitarbeiter am Institut für Philosophie der Universität Rostock.

Steffen Kluck

Pathologien der Wirklichkeit

Neue Phänomenologie

Herausgegeben von der
Gesellschaft für Neue Phänomenologie

Band 23

Steffen Kluck

Pathologien der Wirklichkeit

Ein phänomenologischer Beitrag
zur Wahrnehmungstheorie und
zur Ontologie der Lebenswelt

Verlag Karl Alber Freiburg/München

Originalausgabe

© VERLAG KARL ALBER
in der Verlag Herder GmbH, Freiburg / München 2014
Alle Rechte vorbehalten
www.verlag-alber.de

Satz: SatzWeise, Föhren
Herstellung: AZ Druck und Datentechnik, Kempten

Gedruckt auf alterungsbeständigem Papier (säurefrei)
Printed on acid-free paper
Printed in Germany

ISBN 978-3-495-48592-7

Inhalt

I. Unwirklichkeiten als Anlass zur philosophischen
   Beirrung – eine Einführung 11
I.1 Ontologische Unruhe 11
I.2 Annäherungen an Unwirklichkeiten 20
I.3 Wegweiser 32
I.4 Gang der Untersuchung 61

II. Begrifflich-methodisches Propädeutikum 65
II.1 Wahrnehmung als Thema der Philosophie 66
II.2 Lebenswelt, Wirklichkeit und Ontologie 92
II.3 Phänomenologisch-hermeneutisches Vorgehen 106

III. Phänomenologische Wahrnehmungstheorie 134

III.1 Kritik zentraler Grundmotive des Wahrnehmungs-
     verständnisses 134
     III.1.1 Anatomisches Paradigma 136
     III.1.2 Konstruktivistisches Paradigma 156
     III.1.3 Epistemologisch-ontologisches Paradigma . . 163
     III.1.4 Phänomenologisches Paradigma 166
III.2 Wahrnehmung als leibliche Kommunikation 171
     III.2.1 Das »Wer« der Wahrnehmung 173
     III.2.2 Das »Was« der Wahrnehmung 186
     III.2.3 Das »Wie« der Wahrnehmung 197

| IV. | Eine Phänomenologie der Differenzerlebnisse | 204 |

IV.1 Erlebnisdimensionen 206
    IV.1.1 Dämpfung 207
    IV.1.2 Intensität 215
    IV.1.3 Prägnanz 227
    IV.1.4 Erregung 234
    IV.1.5 Affektive Relationalität 239
    IV.1.6 Ekstatik 245
    IV.1.7 Rationalität 250
    IV.1.8 Sozialität 263
IV.2 Grundlagen der Dimensionen 267
IV.3 Differente Ansätze im Vergleich 276
    IV.3.1 Jaspers' Begriff der Leibhaftigkeit 276
    IV.3.2 Martin Heideggers fünf Thesen 281
    IV.3.3 Widerständigkeit (Max Scheler, Wilhelm
           Dilthey, Nicolai Hartmann) 284
    IV.3.4 Der Überblick bei Gerhard Kloos 287
    IV.3.5 Analyse der Vorbedingungen durch
           Willy Mayer-Gross 289
    IV.3.6 Wirklichkeitsmerkmale nach William James . 292
    IV.3.7 Erscheinungsdimensionen nach Oswald Külpe 295
    IV.3.8 Ernst Cassirers Modell der Ausdrucks-
           wahrnehmung 297
    IV.3.9 Kognitionsbiologische Wirklichkeitsmerkmale
           (Michael Stadler, Peter Kruse) 299
    IV.3.10 Urteilstheorien 302
    IV.3.11 Hierarchien der Sinne 306
    IV.3.12 Primäre und sekundäre Qualitäten 308
    IV.3.13 Herbert Spiegelbergs sieben Distinktionen . . 310
IV.4 Rückblick 313

| V. | Philosophische Konsequenzen. Spekulative Ausblicke | 318 |

V.1 Unmittelbare Gegebenheit des Leibes 318
V.2 Leib und Körper 327
V.3 Kulturrelative Wirklichkeiten 330
V.4 Grenzen des Konstruktivismus 343

Inhalt

V.5   Multiple Welten – Weltstoff – Hinterwelt? 349
V.6   Lebensweltökologie 352

VI.   Unendliches Zwiegespräch – ein Schlussplädoyer . . 361

Bibliographie 366

Danksagung 383

I. Unwirklichkeiten als Anlass zur philosophischen Beirrung – eine Einführung

> Deine Neigung, Freund, dem Objektiven, der sogenannten Wahrheit nachzufragen, das Subjektive, das reine Erlebnis als unwert zu verdächtigen, ist wahrhaft spießbürgerlich und überwindenswert. Du siehst mich, also bin ich dir. Lohnt es zu fragen, ob ich wirklich bin? Ist wirklich nicht, was wirkt, und Wahrheit nicht Erlebnis und Gefühl?[1]

I.1 Ontologische Unruhe

Als Anfang der Philosophie – oder besser: des Philosophierens – gilt das Sich-Wundern und Staunen.[2] Gemeint ist kein historisch einmaliges Ereignis, gleichsam als habe sich jemand einmal gewundert und seitdem gäbe es die Philosophie. Vielmehr zielt diese Bestimmung der Philosophie auf einen Zustand ab, der in besonderer Weise die Fraglichkeit von etwas in den Fokus rückt. Selbstverständliches, Gewohntes, aber auch Unbeachtetes drängen in den thematischen Vordergrund und erweisen sich häufig als komplexer und problematischer, als es die alltägliche Vertrautheit vermuten ließ. Der Philosoph sollte bestrebt sein, um das Staunen nicht durch sterilisierende Begriffe, Konzepte, Theorien usw. sehr schwer oder gar unmöglich zu machen, sich selbst dem Staunen-Können gegenüber offen zu halten. Er muss in gewissem Sinne Kind blei-

---

[1] Thomas Mann: *Doktor Faustus. Das Leben des deutschen Tonsetzers Adrian Leverkühn erzählt von einem Freunde.* (= *Große kommentierte Frankfurter Ausgabe. Bd. 10.1.)* Hrsg. v. R. Wimmer. Frankfurt 2007, S. 354. – Die Worte spricht bezeichnenderweise der Teufel.

[2] So die klassischen Aussagen bei Platon: *Theaitetos.* 155d und Aristoteles: *Metaphysik* 982b. Im Folgenden wird Platon zitiert nach: Platon: *Werke in acht Bänden.* Griechisch und Deutsch. Hrsg. v. G. Eigler. Darmstadt 2005. Für Aristoteles wird, soweit nicht anders angegeben, zugrunde gelegt Aristoteles: *Philosophische Schriften in sechs Bänden.* Darmstadt 1995.

ben, sich der Vertrautheit mit der Welt in hohem Maße entziehen. Der Topos des lebensuntüchtigen Philosophen, der wahlweise in einen Brunnen stürzt[3] oder mitten im Gespräch mit den Freunden teilnahmslos innehält[4], hat in diesem Zustand seine Wurzel. Dennoch überwiegt gegenüber den praktischen Nachteilen die theoretische Erkenntnischance, die dem Sich-Wundern zu verdanken ist. Was aber sind Anlässe für diesen Zustand, der dem Menschen die Möglichkeit bietet, den Kosmos radikalen philosophischen Befragens zu betreten?

Von großer Relevanz sind zweifellos Lebenskrisen, in denen etablierte Wertordnungen und Weltbilder häufig erstmals grundlegend thematisiert werden. Man spricht dann davon, dass ein bestimmtes Ereignis – ein glücklich überstandener schwerer Unfall etwa – alles in eine neue Perspektive rücke oder dass man nun erkenne, was wirklich wichtig sei. Im Zuge solcher Erfahrungen werden Menschen auf grundlegende Zusammenhänge des eigenen Selbst- und Weltverständnisses gestoßen. Jedoch müssen die Anlässe zum Staunen im philosophischen Sinn keineswegs immer diesen extraordinären Charakter tragen, wie das insbesondere im Rahmen stärker existentialistisch orientierter Ansichten gemeinhin angenommen wird – Martin Heideggers Insistieren auf dem besonderen Vorrang des Angsterlebens[5] oder Karl Jaspers' Hervorhebung der Grenzsituationen[6] sind dafür einschlägige Beispiele. Die Alltagswirklichkeit hält viel leichter zugängliche und aufgrund ihrer Häufigkeit wesentlich relevantere Vorkommnisse bereit, die geeignet sind, den Menschen zu verunsichern. Sie müssen nicht einmal negativen Charakter tragen, wenn etwa jemand durch vermehrte glückliche Wendungen darüber nachzudenken beginnt, ob es in der Welt Zufälle, Vorsehung, Schicksal, Gerechtigkeit usw. gibt. In

---

[3] Dieses Schicksal soll, nach der berühmten Anekdote, Thales ereilt haben (vgl. Platon: *Theaitetos.* 174a).
[4] Sokrates wird als jemand geschildert, der zu solch einem ungewöhnlichen, in Extremfällen womöglich unsozialen Verhalten neigte. Vgl. dazu exemplarisch Platon: *Symposion.* 174d-175d.
[5] Vgl. Martin Heidegger: *Sein und Zeit.* Tübingen 2001, S. 184–191.
[6] Vgl. Karl Jaspers: *Philosophie II. Existenzerhellung.* Berlin, Heidelberg, New York 1973, S. 201–219.

der Regel jedoch, dies zeigt die Erfahrung, sind die Beirrungsmomente immer mit einer Form der Negativität verbunden. Ein solcher »negativer« Anlass, sich philosophisch der Welt zuzuwenden, sind Täuschungserlebnisse, das heißt Sinnestäuschungen, Illusionen usw. Sie kommen in der Lebenswelt[7] eines jeden vor und werden sogar für Alltagspraktiken – vorwiegend in der Unterhaltungsindustrie – genutzt. Gemeinhin lebt der Mensch über solcherlei Vorkommnisse hinweg. Wenn bei brütender Hitze eine sich gen Horizont erstreckende Straße wie Wasser schimmernd erscheint, neigt man nicht dazu, dieses Zeugnis der Augen für bare Münze zu nehmen. Vielmehr greifen hier gelernte Weltdeutungen ein und machen plausibel, dass die weitere Nutzung der Straße problemlos möglich ist. Auch der bekannte Eindruck der sich in der Ferne schneidenden Parallelen verunsichert selbst nervöse Bahnreisende nicht. Aber wenn man die angemahnte philosophische Unvoreingenommenheit an den Tag legt, müssen solche Vorkommnisse als sehr irritierend angesehen werden. Dinge erscheinen anders als sie sind, oder es erscheinen Dinge, die gar nicht existieren. Das sonst ganz naiv-selbstverständliche Zutrauen in die Sinne erfährt eine fundamentale Erschütterung. Die Welt scheint gar nicht so zu sein, wie man sie erfährt. Eine Diskrepanz, ein Hiat entsteht zwischen dem, was wahrgenommen wird, und dem, was »eigentlich«, was »wirklich« ist. Dass den Menschen solcherlei Wahrnehmungstäuschungen nicht ständig auffallen, hat einen wesentlichen Grund in der ontogenetischen Gewöhnung an sie. Entwicklungspsychologische Studien zeigen, wie Kinder lernen, diesen Hiat zu verarbeiten.[8] Erwachsene sind routinierte Könner des Ignorierens der Täuschungen als expliziter Vorkommnisse, sie

---

[7] Zur genaueren Bestimmung dieses vagen Begriffs vgl. Kap. II.2. Vorläufig ist damit nur die Welt gemeint, wie sie erlebt wird, ganz ohne kritische Hinterfragungen und theoretische Explikationen.

[8] Exemplarisch sei verwiesen auf die folgenden einschlägigen Arbeiten: Jean Piaget: *Der Aufbau der Wirklichkeit beim Kinde.* (= Gesammelte Werke 2.) Übers. v. J.-U. Sandberger, C. Thirion, H.-L. Wunberg. Stuttgart 1975, Martin Dornes: *Der kompetente Säugling. Die präverbale Entwicklung des Menschen.* Frankfurt 2004 und Heinz Werner: *Einführung in die Entwicklungspsychologie.* München 1953.

sind auf breitem Feld immunisiert. Nur noch gelegentlich, in besonders markanten Fällen, widerfährt es ihnen, dass sie in Gefahr geraten, sich verwundern zu lassen.[9]

Für den Philosophen hingegen, der an solcherlei Kompensationen zumindest vorderhand nicht interessiert sein sollte, wird der geschilderte Hiat zum Problem. An zwei wichtigen und für den zu verhandelnden Zusammenhang beispielhaften Einschnitten der Philosophiegeschichte lässt sich dies klar aufzeigen – der Schule der pyrrhonischen Skepsis sowie der für die Neuzeit wegweisenden Argumentationen René Descartes'.[10] Beide thematisieren explizit die alltäglich vorkommenden Sinnestäuschungen und verwandte Phänomene und ziehen daraus vergleichbare Folgerungen.[11] Mit ihren Reaktionen auf das Bestehen von Täuschungen haben sie dabei wesentliche Weichen gestellt, die noch heute die Bahnen des theoretischen Diskurses bestimmen. Die antike Skepsis im Anschluss an Pyrrhon von Elis ist geprägt durch die grundlegende Einsicht in die »Gleichwertigkeit der entgegengesetzten Sachen und Argumente«[12], das heißt der Unmöglichkeit, einen der Widerlegung enthobenen Beurteilungs- und Bewertungsstandpunkt zu finden. Sie entwickeln vor diesem Hintergrund ein Inventar an Argumentationsfiguren, sogenannten Tropen, die dazu führen sollen, sich der standpunktrelativen und daher dogmatischen Ansichten

---

[9] In der Psychologie ist – exemplarisch im Rahmen von Entwirklichungserscheinungen – das irritierende Potential der Erlebnisweisen aufgefallen, insofern die Kranken sich vermehrt Fragen zu ihrem Selbst- und Weltverhältnis stellen, die man als philosophisch bezeichnen könnte. Vgl. dazu Joachim-Ernst Meyer: »Depersonalisation und Zwang als polare Störung der Ich-Außenwelt-Beziehung«, in: ders. (Hrsg.): *Depersonalisation*. Darmstadt 1968, S. 300–319, hier S. 304 f.
[10] Diese beiden stehen hier einführend im Mittelpunkt aufgrund der Prägnanz ihres Vorgehens. Es gibt daneben eine ganze Reihe weiterer Positionen, die in einer historisch orientierten Studie zweifelsohne zu nennen wären. Vorliegende Arbeit verfolgt dieses Anliegen jedoch nicht, so dass kein Anspruch auf philosophiegeschichtliche Vollständigkeit erhoben wird.
[11] Auf den ideengeschichtlichen Zusammenhang der Theorie Descartes' mit der pyrrhonischen Skepsis wird hier nicht weiter eingegangen.
[12] Sextus Empiricus: *Pyrrhoneioi hypotyposeis*. I.8. Sextus wird im Folgenden zitiert nach Sextus Empiricus: *Grundriß der pyrrhonischen Skepsis*. Übers. v. M. Hossenfelder. Frankfurt 1985.

zu enthalten.[13] Es zeigt sich dabei, dass ausgehend von den ganz alltäglichen Erfahrungen unterschiedlichen Wahrnehmens – sowohl zwischen verschiedenen Menschen oder verschiedenen Lebewesen als auch zwischen Wahrnehmungen desselben Menschen zu verschiedenen Zeiten – der Skeptiker sich berechtigt sieht, eine Negation von Aussagen mit weiter als nur momentan-pragmatischem Geltungsanspruch zu vollziehen. Von den zehn Tropen der älteren Skepsis sind sechs ganz oder zum Teil auf Probleme des sinnlichen Wahrnehmens zurückzuführen.[14] Als Irritationsmotive benennt Sextus Empiricus dabei neben Täuschungen auch das Traumerleben und den Geisteskranken und dessen Erfahrungen. Während der Mensch im alltäglichen Existieren aus solchen Phänomenen kaum oder gar keine weiterreichenden Folgerungen zieht, kommen die philosophisch beirrten antiken Skeptiker dazu, sich zu einer Form der Urteils- und Dogma-Askese zu bekennen.

In vergleichbarer Weise argumentiert am Beginn der Neuzeit auch Descartes. Allerdings ist sein Vorhaben ein anderes, denn sein Ziel ist gerade nicht ein Rückgang in die Urteilsenthaltsamkeit, sondern vielmehr ein methodischer Rückzug auf das, was gleichwohl selbst nicht mehr hintergehbar ist.[15] Um diesen archimedischen Punkt zu finden, soll der skeptische Zweifel alles ausscheiden helfen, was nicht sicher ist, worunter nicht nur Falsches, sondern auch nicht vollständig Gewisses fällt.[16] Besieht man, was Descartes als erstes ausscheidet, so fällt die Parallelität zu den Skeptikern sofort ins Auge. Es sind die Zeugnisse der Sinne, die ihm nicht glaubwürdig erscheinen: »Nun aber bin ich dahintergekommen, daß diese [die Sinne; S. K.] uns bisweilen täuschen, und es ist

---

[13] Sextus Empiricus: *Pyrrhoneioi hypotyposeis*. I.36.
[14] Die Tropen I, III, IV, V, VI und IX sind so zu verstehen. Vgl. Sextus Empiricus: *Pyrrhoneioi hypotyposeis*. I.40–60, I.91–93, I.101–103, I.121, I.124–128 und I.141–144.
[15] So meint Descartes, er müsse von den Grundlagen aus neu beginnen, um »für etwas Unerschütterliches und Bleibendes in den Wissenschaften festen Halt schaffen« zu können (René Descartes: *Meditationes de prima philosophia*. I.1. – Hier wird als Übersetzung zugrunde gelegt René Descartes: *Meditationes de prima philosophia*. Lateinisch-deutsch. Hrsg. v. L. Gäbe. Hamburg 1992.).
[16] René Descartes: *Meditationes de prima philosophia*. I.1.

ein Gebot der Klugheit, denen niemals ganz zu trauen, die uns auch nur einmal getäuscht haben.«[17] Es ist nicht verfehlt, Descartes Sinnenfeindlichkeit zu unterstellen; man muss dabei nur beachten, dass diese sich nicht aus lebensweltlichen, sondern epistemologischen Motiven speist. Er will nicht eine Philosophie des alltäglichen Lebens verfassen, sondern ist auf der Suche nach einem Ansatzpunkt für sichere Erkenntnis. Die Beirrung und die daraus folgende Abwertung der Wahrnehmung im theoretischen Kontext setzt bei den gleichen Phänomenen ein, wie sie auch die antiken Skeptiker aufgriffen: Täuschungen, Geisteskrankheiten, Träume.

Bis hierhin ergibt sich, dass in Philosophie und Lebenswelt mit solchen Vorkommnissen wie den angesprochenen unterschiedlich verfahren wird. Während im Alltag, bedingt durch kulturell tradierte Deutungen und Erklärungen,[18] meist über diese Erlebnisse unproblematisch hinweggegangen wird, veranlassen sie andererseits Philosophen dazu,[19] bestimmte Bereiche der Lebenswelt zu diskreditieren und als für ihre Erwägungen unzuverlässig auszuscheiden. Das scheint auf den ersten Blick durchaus legitim und es fragt sich, ob an dieser Stelle überhaupt ein Problem vorliegt.

Einen ersten Hinweis darauf, dass tatsächlich ein der Besinnung würdiges Forschungsthema vorhanden ist, gibt bereits die Diskrepanz zwischen Alltag und philosophischer Theorie. Denn auch die antiken Skeptiker und Descartes geben zu, dass sie den Sinnen letztlich doch nicht völlig abschwören.[20] Es klafft anscheinend zwischen Theorie und Erfahrung eine Lücke. Solche Differenzen sind nicht per se problematisch, denn Theoriebildung ist notwendig ein Distanznehmen, ein Abstrahieren von Erfahrungen. Wenn aller-

---

[17] René Descartes: *Meditationes de prima philosophia*. I.3.
[18] »Die symbolische Sinnwelt schützt den Menschen vor dem absoluten Grauen«, heißt es in diesem Sinne bei Peter Berger und Thomas Luckmann, die im Anschluss an den Grenzsituationsbegriff von Jaspers argumentieren (Peter L. Berger, Thomas Luckmann: *Die gesellschaftliche Konstruktion der Wirklichkeit. Eine Theorie der Wissenssoziologie*. Übers. v. M. Plessner. Frankfurt 2010, S. 109).
[19] Man kann wohl sagen, dass dies für Mehrzahl der abendländischen Philosophen gilt.
[20] Vgl. Sextus Empiricus: *Pyrrhoneioi hypotyposeis*. I.20, I.23 und René Descartes: *Meditationes de prima philosophia*. I.11, VI.24.

dings der Hiat so groß wird wie in diesem Fall, wo er sich zu einer gleichsam antipodischen Struktur entwickelt hat, sollte dies Grund genug sein, die Berechtigung der Theorie mindestens kritisch zu prüfen. Ein weiterer Anlass, tatsächlich den Status quo zu hinterfragen, liegt darin, dass die Pyrrhoniker wie Descartes sehr undifferenziert vorgehen. Aus dem unbestreitbaren Faktum der Möglichkeit der Wahrnehmungstäuschung ziehen sie unmittelbar den Schluss, alle Wahrnehmungen für ihre Zwecke verwerfen zu können. Ist das aber gerechtfertigt? Und selbst wenn es das wäre, ist es philosophisch sinnvoll? Man kann sicher dafür argumentieren, dass Descartes' Vorgehen sich insofern legitimiert, als er selbst eine Sicherheit und Stringenz nach dem Vorbild der Mathematik erstrebt. Deren Wissenschaftsideal kennt keine graduellen Sicherheitsdifferenzen, sondern nur dichotome. Jedoch ist nicht ebenso einsichtig, warum dieses Ideal überhaupt auf andere Bereiche übertragen werden kann und sollte. Aristoteles hat darauf hingewiesen, dass sich Genauigkeit und Gewissheit von Erkenntnissen nach dem Stoff, dem Gegenstand bestimmen, so dass es nicht in der Macht einer Methode liegt, sie auf allen Gebieten in gleicher Weise zu bewerkstelligen. Es kommt vielmehr darauf an, sachangemessene Anforderungen zu stellen.[21] Wenn Descartes die methodischen Bedingungen anderer Wissenschaften auf die Philosophie überträgt, ist das zwar ein möglicher, keineswegs aber ein sich selbst legitimierender Schritt. Vielmehr birgt diese Übernahme sogar Gefahren, denn es ist gar nicht klar, was die sachfremd entwickelte Methode vom Gegenstand der Philosophie noch erfasst. Der Psychologe Erich Jaensch formuliert daher pointiert:

> Descartes kommt vor lauter Sekuritätssorgen und Sicherungsveranstaltungen gegenüber möglichen Täuschungen gar nicht mehr dazu, dasjenige zu sehen, was augenfällig vor ihm steht, und er verfehlt dabei zuletzt aufs allergründlichste das, was er eigentlich erforschen wollte.[22]

---

[21] Vgl. Aristoteles: *Ethica Nicomachea*. 1094b.
[22] Erich Jaensch: »Revision der cartesianischen Zweifelsbetrachtung«, in: ders. (Hrsg.): *Über den Aufbau des Bewusstseins (unter besonderer Berücksichtigung der Kohärenzverhältnisse). 1. Teil.* Leipzig 1930, S. 347–369, hier S. 352. – Besonders kri-

Was aber ist eine Alternative zum geschilderten Vorgehen der antiken Skeptiker und Descartes'? Zu beheben ist unbedingt der voreilige Schluss von der Möglichkeit der Täuschung auf die gänzliche Abwertung der Sinne. Dies lässt sich in Analogie schon dadurch plausibilisieren, dass man Descartes' Leitbild der Mathematik in ähnlicher Weise diskreditieren könnte. Auch hier kommt es in der Anwendung zu Fehlern. Dennoch wird nicht die Mathematik selbst und ganz, sondern nur der spezifische, falsche Gebrauch verworfen. Ist so etwas in Bezug auf die Sinne vielleicht auch möglich, eine Scheidung der vertrauenswürdigen von den nicht vertrauenswürdigen Bereichen? Descartes stellt sich diese Frage gar nicht. Ein solches Unterlassen des Differenzierens ist speziell vor dem diversifizierten Feld der Phänomene nicht zu rechtfertigen. Es gibt, wie man mit Jaensch festhalten muss, eine Lücke in der cartesischen Zweifelsbetrachtung, in deren

> Richtung [...] die erkenntnistheoretische Forschung hätte weitergehen müssen. Es wäre psychologisch zu untersuchen gewesen, ob es nicht zwischen dem zunächst angenommenen ideal-reinen Wachsein und dem ideal-reinen Traum allerlei Übergangsfälle und Zwischengebilde gibt, und ob es sich nicht vielleicht bei deren Betrachtung herausstellen könnte, daß die zunächst angenommenen Grenzfälle, namentlich der des absoluten traumfreien Wachseins, Konstruktionsprodukte sind und überhaupt nicht vorkommen.[23]

Diesem Impuls zu folgen, erweist sich als zwingend erforderlich, um der philosophischen Beirrung gerecht zu werden, die gestörte

---

tisch muss man Descartes' Methode auch vor dem Hintergrund von Einlassungen von Psychologen sehen, die darauf hinweisen, dass die Welt, die er mittels des Zweifels gewinnt, genau der Welt entspricht, in die zum Beispiel Derealisations-Patienten fallen, also eine pathologische Welt (vgl. Thomas Fuchs: »Wirklichkeit und Entfremdung. Eine Analyse von Mechanismen der Derealisierung«, in: T. Buchheim, R. Schönberger, W. Schweidler (Hrsg.): *Die Normativität des Wirklichen. Über die Grenze zwischen Sein und Sollen.* Stuttgart 2002, S. 155–172, hier S. 155). Auch eine Patientin im Koma vergleicht ihre außergewöhnliche und sehr schwierige Situation mit dem Zustand, den Descartes zum Ausgangspunkt für sichere Erkenntnis machen wollte (vgl. Susanne Rafael: *Kopfzerbrechen. Notizen aus dem Koma und der Zeit danach.* Frankfurt 2007, S. 43f.).

[23] Erich Jaensch: »Revision der cartesianischen Zweifelsbetrachtung«. S. 347f.

Wahrnehmungen auszulösen vermögen. Eine Verbannung der Sinne ist dabei keineswegs von vornherein ausgeschlossen, allerdings bedarf ein solches Verdikt der gründlicheren, vor allem phänomenadäquateren Behandlung.[24] Leitmotiv einer solchen Zuwendung zu Wahrnehmungen und ihren vermeintlichen Täuschungsfällen muss sein, sich mit den Erlebnissen selbst zu beschäftigen und zu ermitteln, inwiefern es zu Verfälschungen, Illusionen usw. kommt und ob es nicht doch einen sicheren Bereich gibt. Diese Betrachtungsweise wird sich also allgemeiner der Frage stellen müssen, wie Menschen dazu kommen, Wahrnehmungen als »wirklich« oder »unwirklich«, »täuschend« oder »echt« usw. auszuzeichnen. Damit unterläuft sie gleichsam den cartesischen Zweifel, indem sie genauer schaut, woran zu zweifeln der Mensch eigentlich berechtigt ist. In gewisser Weise macht sie sich damit zum Advokaten des naiven Realismus des Alltagsmenschen, der ganz selbstverständlich auf die Zeugnisse seiner Augen, Ohren und Hände sowie seiner Nase und seines Mundes vertraut. Inwieweit ein solches Vertrauen blind oder doch in Teilen gerechtfertigt ist, wird die Untersuchung erweisen müssen.[25] Sie widmet sich damit dem, was Helmut Lethen das

---

[24] Wie selten eigentlich der Täuschungsanfälligkeit und Minderwertigkeit genauere Beachtung geschenkt wird, zeigt sich auch darin, dass die Situation der Gefangenen in Platons Höhle (vgl. Platon: *Politeia*. 514a-517a) selten auf ihre wahrnehmungsspezifische Plausibilität geprüft wird. Während es nämlich durchaus überzeugen kann, dass diese Angeketteten die Schattenwürfe für Menschen halten, ist dies in Bezug auf die zu vernehmenden Geräusche keineswegs sicher. Schon die unterschiedlichen Örtlichkeiten von optischem und akustischem Eindruck könnten die Gefangenen zu ganz anderen Schlussfolgerungen anregen. Vielleicht also sind die Menschen als Höhlenbewohner im platonischen Sinne gar nicht auf den rettenden Philosophen angewiesen, der den Weg hinab in die Höhle wagt, sondern womöglich sind sie – innerhalb gewisser Grenzen – zu einer Form der Selbstbefreiung gerade dank ihrer Sinne in der Lage.

[25] Damit befindet sich diese Arbeit, die – wie Kapitel II genauer darlegt – einen phänomenologischen Weg einschlägt, dem Impetus nach in überraschender Übereinstimmung mit einem der wichtigsten Ansätze in der philosophy of mind, nämlich dem Ansatz John McDowells. Dieser argumentiert gegen Skeptiker und benennt sein Ziel so, dass es nicht darin bestehe, »eine Antwort auf skeptische Fragen zu geben.« Vielmehr gehe es »im Gegenteil darum, auf ein Verständnis hinzuarbeiten, das es intellektuell respektabel erscheinen läßt, sie zu ignorieren, sie als unreal zu behandeln, genauso wie das der *Common Sense* immer schon wollte.«

kulturtheoretische Motiv der »ontologischen Unruhe« genannt hat, worunter er die »Sehnsucht nach unvermittelter Wirklichkeit«[26] versteht. Ob und in welcher Hinsicht Wahrnehmung dazu beitragen kann, diese ontologische Unruhe zu besänftigen oder ob sie sie nicht fortwährend verstärkt, ist Leitfaden der folgenden Untersuchung.

I.2 Annäherungen an Unwirklichkeiten

Es war bislang ganz unthematisch von Sinnes- oder Wahrnehmungstäuschungen, Erfahrungen von Geisteskranken und Träumen die Rede, so als sei dies alles evidenterweise eins. Das ist es aber durchaus nicht, sondern es wird im Allgemeinen zwischen diesen Zuständen strikt unterschieden. Was rechtfertigt es, sie alle als »Unwirklichkeiten« begrifflich zu vergemeinschaften? Und was sind eigentlich »Unwirklichkeiten«? Mit diesen Fragen befindet sich die Untersuchung bereits auf dem Weg, ihr Gegenstandsgebiet einzukreisen. Sinnvoll ist es, sich an die ganz alltäglichen Differenzierungen zu halten, die man immer schon – meist implizit, seltener explizit – vornimmt. Selbst Wahrnehmungen gegenüber kritisch eingestellte Theoretiker wie Descartes bedienen sich solcher Abgrenzungen.[27] Was aber wird als andersartig herausgestellt? In der

---

(John McDowell: *Geist und Welt.* Übers. v. T. Blume, H. Bräuer, G. Klaas. Frankfurt 2001, S. 140.) Die weiteren Berührungspunkte mit phänomenologischen Theoremen können hier nicht thematisiert werden, gleichwohl lassen sich leicht Brücken schlagen, etwa im Rahmen der von McDowell vertreten Ansicht der standpunktrelativen Objektivität (a. a. O., S. 143) oder seinem Festhalten an einem empiristischem Theorem (a. a. O., S. 12), wiewohl letzteres aus phänomenologischer Sicht zu begrenzt verstanden wird.

[26] Vgl. Helmut Lethen: »Der Stoff der Evidenz«, in: M. Cuntz, B. Nitsche, I. Otto, M. Spaniol (Hrsg.): *Die Listen der Evidenz.* Köln 2006, S. 65–85, hier S. 66.

[27] Vgl. René Descartes: *Meditationes de prima philosophia.* VI.6, VI.24. – Dass neben einem Rationalisten wie Descartes auch ein Empirist wie David Hume (vgl. David Hume: *Eine Untersuchung über den menschlichen Verstand.* Übers. v. R. Richter. Leipzig 1949, S. 17) oder ein beide Positionen vermittelnder Denker wie Immanuel Kant (vgl. Immanuel Kant: *Anthropologie in pragmatischer Hinsicht.* S. 157–182 (Zählung nach Akademie-Ausgabe) – zugrunde liegt als Ausgabe Im-

Regel handelt es sich um Phänomene wie Träume, Phantasien, Erinnerungen, bloße Vorstellungen, aber auch Illusionen, Täuschungen, Halluzinationen, Wahnerfahrungen, Rauschzustände bis hin zu religiösen Erleuchtungs- beziehungsweise Erweckungserlebnissen. All diese werden mitunter als »unwirklich« (manchmal auch nur als »anders« oder »weniger« beziehungsweise »mehr wirklich«) vom Normalwirklichen geschieden. Solcherlei Erfahrungen wird man sich zuwenden müssen, um das Besondere der Wirklichkeit herausstellen zu können.

Schon recht früh ist innerhalb der phänomenologischen Bewegung die Tragweite der geschilderten Unwirklichkeiten erkannt worden. Mit seiner heute weitgehend in Vergessenheit geratenen Studie »Zur Phänomenologie der Täuschungen«[28] hat Herbert Leyendecker nachgewiesen, dass »uns in der Enttäuschung, die wir erleben, gerade erst eine *Einsicht* gegeben ist [...].«[29] Diese Einsicht zu explizieren gelingt, wenn man sich auf den Unterschied fokussiert zwischen dem, was als »unwirklich«, »unecht« usw. diskreditiert wird, und dem, was im Erfahren Akzeptanz findet. Im Fokus der Untersuchung stehen demnach *Differenzerlebnisse*. Der Umschlagspunkt, die Grenze, das Schwankende im Wahrnehmen interessieren, denn an ihnen zeigt sich gleichsam in auffälliger und auf-

---

manuel Kant: *Anthropologie in pragmatischer Hinsicht.* Hrsg. v. R. Brandt. Hamburg 2000) solche Differenzierungen vornimmt, verweist auf deren Standpunktunabhängigkeit und ihre wesentliche Triftigkeit. Erneut zeigt sich damit ihr philosophisches »Gewicht«.

[28] Vgl. Herbert Leyendecker: *Zur Phänomenologie der Täuschungen. 1. Teil.* Halle 1913. – Trotz Nachforschungen konnte nicht ermittelt werden, warum die geplanten Teile zu Traumtäuschungen und Halluzinationen, die Leyendecker ankündigt (a. a. O., S. 187 ff.), nicht erschienen sind. Im Nachlass findet sich jedenfalls der Vermerk, dass dazu keine Unterlagen mehr existieren (vgl. Nachlass Leyendecker in der Bayerischen Staatsbibliothek München, Signatur ANA 375).

[29] Herbert Leyendecker: *Zur Phänomenologie der Täuschungen.* S. 1. Ganz ähnlich, wenn auch in anderer Perspektive und unter Bezugnahme auf theoretisch komplexe, beladene Begriffe, schreibt Martin Heidegger: »[...] [D]ie existenziale Positivität der Täuschbarkeit wird durch [...] ontologisch unberechtigt[e] Wertungen völlig verkannt. Gerade im unsteten, stimmungsmäßig flackernden Sehen der ›Welt‹ zeigt sich das Zuhandene in seiner spezifischen Weltlichkeit, die an keinem Tag dieselbe ist.« (Martin Heidegger: *Sein und Zeit.* S. 138.)

dringlicher Weise (im Sinne Heideggers)[30] dasjenige, was erlebte Wirklichkeit ausmacht. Im Modus der Defizienz besteht die Gelegenheit, dem Zusammenhang von Wahrnehmung und Wirklichkeit genauer nachzuspüren und damit dem Verständnis der Ontologie der Lebenswelt – verstanden als Lehre von der Struktur des Seins, wie es weitestgehend vortheoretisch-konkret erlebt wird – Vorschub zu leisten.[31]

Zwei Beispiele können einführend verdeutlichen, was solche Differenzerlebnisse sind. Der französische Literat Henri Michaux hat sich selbst mehrfach besonderen Wahrnehmungszuständen ausgesetzt und diese untersucht.[32] Er berichtet von dem ganz alltäglichen Vorgang des Erwachens als einem besonderen Ereignis, denn im Vergleich zum Traum stoße er dabei an eine Sphäre, in welcher »die Dinge langsam und weich allmählich Konturen annehmen und Vorheriges verscheuchen.«[33] Phänomenal[34] ergeben sich hier

---

[30] Vgl. Martin Heidegger: *Sein und Zeit*. S. 73.

[31] Eine Parallele zu den Differenzerlebnissen stellt das von Alfred Schütz herausgestellte Motiv des »shock« dar, der auftritt, wenn Menschen zwischen Wirklichkeitssphären zu wechseln gezwungen sind (vgl. dazu Alfred Schütz: »On multiple realities«, in: Philosophy and phenomenological research, Bd. 5 (1945), S. 533–576, hier S. 552).
Ebenfalls ähnlich gelagert ist Petra Gehrings Analyse des Traumes als eines »Verhältnisphänomens« (vgl. Petra Gehring: *Traum und Wirklichkeit. Zur Geschichte einer Unterscheidung*. Frankfurt 2008, S. 12–16). Gehring thematisiert jedoch vor allem die theoretisch fundierte Unterscheidung zwischen Traum und Wirklichkeit, während sie konkret phänomenologische Untersuchungen nicht anstellt.

[32] Vgl. Henri Michaux: *Zwischen Tag und Traum*. Übers. v. S. Kaiser. Frankfurt 1971 und ders.: *Turbulenz im Unendlichen*. Übers. v. K. Leonhardt. Frankfurt 1961. Ähnliche Versuche unternahmen auch Günter Wallraff und Aldous Huxley. Vgl. dazu Günter Wallraff: *Meskalin – ein Selbstversuch*. Berlin 1968 und Aldous Huxley: *Die Pforten der Wahrnehmung. Himmel und Hölle*. Übers. v. H. E. Herlitschka. München 1981.

[33] Henri Michaux: *Zwischen Tag und Traum*. S. 23.

[34] Der Terminus »phänomenal« verweist auf lebensweltlich Vorkommendes, welches noch nicht einer phänomenologischen Revision unterzogen worden ist. Insofern erfasst der Begriff das unwillkürliche Erleben im außerphilosophischen Alltag. Diese Differenzierung ist wichtig und wird – insbesondere von Kritikern – oft übersehen, denn Phänomenologie geht nicht naiv davon aus, das Phänomenale sei das Phänomenologische, sondern erreicht Letzteres erst durch bestimmte Vorkehrungen. Vgl. dazu Kap. II.2 und II.3.

also offensichtlich Unterschiede. Ludwig Klages hält daher fest: »[...] nicht *weniger* wirklich [ist] nach dem Zeugnis unsres Erlebens eine traumhafte Wirklichkeit, sondern *anders* wirklich [...].«[35] Um solch eine normalerweise als Pathologie der Wirklichkeit erlebte Differenz festzustellen, greifen Michaux, Klages und andere auf gewisse Distinktionsmerkmale zurück. Diese sind es, die der Studie den Gegenstand liefern sollen. Das ist beileibe kein nur theoretisch relevantes Thema, sondern ist zutiefst den alltäglichen Lebensvollzügen immanent. Es kommt durchaus vor, dass Menschen nicht sagen können, ob sie etwas nur geträumt oder wirklich erlebt haben, und zwar nicht nur in Zuständen eingetrübten Bewusstseins oder bei Demenz, sondern etwa auch im Rahmen des sogenannten Déjà-vu-Erlebnisses, bei besonders intensiven Träumen (insbesondere Alpträumen) oder Tagträumen. Erst sekundäre Hilfsmittel oder Rituale ermöglichen mitunter eine Entscheidung zugunsten der Wirklichkeit oder der Irrealität. Bei Déjà-vu-Vorkommnissen kann aber auch das mitunter erfolglos bleiben.

Ein weiteres Beispiel liefern genuin pathologische Erfahrungen. Die Philosophie hat sich für diese immer schon interessiert, wobei im Mittelpunkt zumeist Derealisations- beziehungsweise Depersonalisationssymptome standen.[36] Kernsymptom dieser Krankhei-

---

[35] Ludwig Klages: *Vom Traumbewusstsein. Ein Fragment.* Hamburg 1952, S. 17.

[36] Ein frühes Beispiel für die philosophische Bezugnahme auf solche pathologischen Zustände bildet Wilhelm Dilthey: »Beiträge zur Lösung der Frage vom Ursprung unseres Glaubens an die Realität der Außenwelt und seinem Recht«, in: ders.: *Gesammelte Schriften. Bd. V: Die geistige Welt. Einleitung in die Philosophie des Lebens. Erste Hälfte. Abhandlungen zur Grundlegung der Geisteswissenschaften.* Stuttgart 1990, S. 90–138, hier S. 120 ff.
Aktuell bezieht sich unter anderem die Philosophie der Gefühle auf solche besonders gearteten Erlebnisse. Vgl. dazu Matthew Ratcliffe: *Feelings of being. Phenomenology, psychiatry and the sense of reality.* Oxford 2008, S. 165–186. Weitere Bezugnahmen in der neueren phänomenologischen Literatur zur Wahrnehmung finden sich bei Josef Parnas und Dan Zahavi, die in vergleichbarer Weise wie die vorliegende Untersuchung die Rolle der Differenz zwischen normalen und pathologischen Erfahrungen als Erkenntnischance betonen (vgl. Josef Parnas, Dan Zahavi: »The link: Philosophy – Psychopathology – Phenomenology«, in: D. Zahavi: *Exploring the self. Philosophical and psychopathological perspectives on self-experience.* Amsterdam, Philadelphia 2000, S. 1–16, hier S. 9 ff.). Ähnlich weiterhin auch die Äußerungen in Shaun Gallagher, Dan Zahavi: *The phenomenological mind.* London,

ten ist ein verändertes Erleben des eigenen Selbst und der Umwelt.[37] Beide erscheinen entfremdet, unwirklich, fern. Eine typische Schilderung lautet:

> Meine Persönlichkeit begann zu schwinden. Ich hatte dabei immer stärker das Gefühl, als ob ich erst völlig aufwachen und zu mir kommen müßte, als wenn ich nicht ganz wach wäre. [...] Ich kam mir mehr und mehr innerlich fremd vor. Wenn ich mich im Spiegel sah, schien ich es nicht zu sein. Das Gesicht kam mir anders vor, als ich erwartet hatte. [...] Fremd klang mir auch meine Sprache. Der Ton schien mir ein anderer zu sein. [...] Der Übergang war sehr gering, d. h. die Differenz zwischen Wach- und Schlafzustand schien mir recht unbedeutend.[38]

Patienten, die solche Erlebnisse haben, schildern ihre andersartigen Erfahrungen und geben damit dem Rezipienten die Chance, die erlebten Unterschiede nachzuvollziehen.[39] Die Wahrnehmungen der Umwelt – in diesem Fall der Stimme und des Spiegelbildes – erscheinen als verwandelt und verlieren den Charakter des Wirklichen. Damit erweist sich auch hier die von Leyendecker und Jaensch angedeutete Möglichkeit als gesichert, aus Differenzerlebnis-

---

New York 2012, S. 159 (»Pathological cases can function heuristically to make manifest what is normally simply taken for granted. They serve as a means of gaining distance from the familiar, in order better to explicate it.«) und in Shaun Gallagher: *How the body shapes the mind.* Oxford 2011, S. 3.

[37] In einem weit verbreiteten aktuellen Lehrbuch der Medizin heißt es dahingehend: »Die häufigste Depersonalisationserscheinung ist das Gefühl, sich selbst ferne zu sein, sich entfremdet, unvertraut, schattenhaft, unlebendig, unwirklich vorzukommen. [...] Bei genauerem Nachfragen zeigt sich, dass der Entfremdung des Selbst (Depersonalisation) eine Entfremdung der menschlichen und sachlichen Umwelt (Derealisation) entspricht.« (Christian Scharfetter: *Allgemeine Psychopathologie. Eine Einführung.* Stuttgart, New York 2002, S. 84.)

[38] Konstantin Oesterreich: »Die Entfremdung der Wahrnehmungswelt und die Depersonnalisation in der Psychasthenie. Ein Beitrag zur Gefühlspsychologie«, in: Journal für Psychologie und Neurologie, Bd. 7 (1905/06), S. 253–276, Bd. 8 (1906/07), S. 61–97, 141–174, 220–237, Bd. 9 (1907), S. 15–53, hier Bd. 7, S. 260, 265.

[39] Besonders bedeutsam sind diese Vorkommnisse auch deshalb, weil die Patienten ansonsten meist bei völliger körperlicher und geistiger Gesundheit sind und insofern wohlreflektiert und gut verständlich über ihre Erlebnisse berichten können.

sen philosophische Erkenntnisse über die Wirklichkeit der Lebenswelt zu gewinnen.

Diese beiden Beispiele mögen einen Hinweis auf sowohl alltägliche als auch pathologische Erlebnisse der Differenz geben. Die unter diesen Begriff gefassten Erscheinungen bilden eine weite Gruppe. Ihnen gemeinsam ist aber, dass sie als andersartig und zumeist als weniger oder nicht wirklich charakterisiert werden. Gleichwohl muss an dieser Stelle eine Einschränkung vorgenommen werden, um die Untersuchung nicht schon an ihrem Ausgangspunkt mit falschen Vorannahmen zu belasten. Die positive oder negative Wirklichkeitsauszeichnung erfolgt nicht außerhalb eines sozialen Rahmens, sondern geschieht immer durch Menschen in einer Kultur. Daher ist zu betonen, dass das hier Gesagte nur Gültigkeit beansprucht für den europäischen, genauer: den modernen westeuropäischen Kulturkreis.

Ein Beispiel mag verdeutlichen, warum diese Beschränkung wichtig ist. Der Gestaltpsychologe Wolfgang Köhler gibt den Bericht eines Missionars wieder, dass in einem ostafrikanischen Dorf ein Mann im Traum erlebte, wie er in einer anderen Siedlung ein Verbrechen beging. Am nächsten Tag erzählt er dies seinem Stamm, durchaus verängstigt, da es sich um ein schweres Vergehen handelte. Als nun in der anderen Siedlung zeitnah tatsächlich ein solches Verbrechen geschieht, wird der Träumer angeklagt. Er gesteht daraufhin seine – nach europäischen Maßstäben nur geträumte – Tat und wird hingerichtet.[40] Für diese Gemeinschaft gilt, dass der Traum weniger stark von der Wachwirklichkeit abgegrenzt wird,

---

[40] Vgl. Wolfgang Köhler: »Psychological remarks on some questions of anthropology«, in: The American journal of psychology, Bd. 50 (1937), S. 271–288, hier S. 273. – Die Richtigkeit des Berichts lässt sich natürlich nicht mehr prüfen, aber darauf kommt es in diesem Zusammenhang auch nicht an. Er dient nur als Beispiel für unterschiedliche Zuschreibungen von Wirklichkeitsdignität in Kulturen. Der Traum hat auch in Europa selbst einmal der Wachwirklichkeit graduell näher gestanden, wofür antike Zeugnisse reiche Belege bieten. Vgl. dazu Marion Giebel (Hrsg.): *Träume in der Antike*. Griechisch/Lateinisch – Deutsch. Stuttgart 2006. Generell zur Geschichte des Traums und seiner Beziehung zur »normalen« Wirklichkeit hat zuletzt Gehring eine kenntnisreiche Darlegung verfasst (vgl. Petra Gehring: *Traum und Wirklichkeit*).

als dies für die gegenwärtige westeuropäische Kultur charakteristisch ist. Es muss daher vorerst diese Untersuchung, deren Zeugnisse ihrem eigenen Sozialraum entstammen, sich auf Aussagen über eben ihren eigenen Kulturkreis beschränken.[41]

Wenn man sich Differenzerlebnissen nähert, so kommt man der Wirklichkeit, wie die Beispiele anzeigen, nicht auf direktem Weg gleichsam »auf die Schliche«, sondern nur über den Pfad des Ausfalls derselben. Der Zugang erfolgt »*ex negativo*«. Der in seinen Forschungen die von Jaspers begründete Kooperation von Psychologie, Psychopathologie und Philosophie fortsetzende Thomas Fuchs hält diesen Zugang ebenfalls für besonders sinnvoll und erfolgversprechend. Es kann nämlich »sich gerade an pathologischen, zutiefst leidvoll erlebten Störungen des Realitätsbezugs ex negativo zeigen, welche objektivierende und zugleich verbindende Leistung in der alltäglichen Wahrnehmung, im natürlichen Weltverhältnis des Menschen liegt.«[42] Der Vorteil dieser Herangehensweise liegt darin, dass sie – richtig durchgeführt – nicht der Gefahr unterliegt, das normale Erleben als unbedingten Maßstab implizit mit sich zu führen. Eine Reise in das Gebiet der Differenzerlebnisse, kann man mit Ronald D. Laing sagen, bietet die Chance »zur Heilung aus unserem schrecklichen Zustand der Entfremdung [...], den wir ›Nor-

---

[41] Gleichwohl wird das Thema der Kulturrelativität der Wahrnehmungswirklichkeit zu verhandeln sein (vgl. Kap. V.3). An dieser Stelle ist eine Beschränkung jedoch aus methodischen Gründen unvermeidlich.

[42] Thomas Fuchs: »Wirklichkeit und Entfremdung. Eine Analyse von Mechanismen der Derealisierung«. S. 157 [Hervorh. im Original anders]. Einen ähnlich gelagerten Standpunkt im Hinblick auf die Analyse der Wirklichkeit schlägt schon August Kirschmann vor: »We should ask: *Is there anything unreal? And what is unreal?*« (August Kirschmann: »Deception and reality«, in: The American journal of psychology, Bd. 14 (1903), S. 288–305, hier S. 290.) Aus ganz anderer Perspektive kann man das genannte Vorgehen ebenfalls legitimieren, denn John L. Austin hat darauf verwiesen, dass das Wort »real« ein Hosen-Wort ist, also ein Wort, »das die Hosen anhat«, welches demnach die mit ihm zusammen auftretenden Begriffe regiert. Interessant ist nun nach Austin, dass bei »real« der negative Verwendungskontext der leitende ist. Eine seiner Hauptfunktion liegt demnach darin, zuvorderst Nicht-Wirkliches zu markieren. Vgl. dazu John L. Austin: *Sinn und Sinneserfahrung*. Hrsg. v. G. J. Warnock. Übers. v. E. Cassirer. Stuttgart 1975, S. 93 f.

malität‹ nennen.«[43] Ein solcher Zugang ex negativo berührt sich in methodischer Hinsicht mit dem der »negativen Theologie«. Für philosophische Belange hat Michael Theunissen dieses Vorgehen bereits fruchtbar gemacht, und seinem Impetus, dem Negativen das Positive entnehmen zu wollen, folgt die vorliegende Arbeit nach.[44] Cum grano salis stellt sie also eine *negative Ontologie der erlebten Wirklichkeit* dar.[45]

Ein solches Vorgehen muss seine methodischen Prämissen explizit machen, um nicht in den Verdacht zu geraten, irrational oder gar esoterisch zu sein. Bevor dies im zweiten und dritten Kapitel geschehen soll, sind jedoch zwei gewichtige, fundamentale Vorannahmen schon jetzt zu erläutern, damit die spezifische Vorgehensweise Legitimität gewinnt.[46] Während nämlich eine Behandlung der Träume im Rahmen der Philosophie zwar nicht üblich, aber durchaus nicht radikal neuartig ist,[47] scheint es problematisch zu sein, pathologische Erfahrungen auszuwerten. Scheiden solche Zustände wie Wahn, Derealisation oder Schizophrenie nicht schon deshalb aus dem Kanon der philosophischen Themen aus, weil sie das Widervernünftige sind? Gegen diese Ansicht lässt sich ganz grundlegend einwenden, dass die Philosophie wie keine andere Be-

---

[43] Ronald D. Laing: *Phänomenologie der Erfahrung*. Übers. v. K. Figge, W. Stein. Frankfurt 1969, S. 152.
[44] Vgl. Michael Theunissen: *Negative Theologie der Zeit*. Frankfurt 1997, S. 46–55.
[45] Abzugrenzen ist der hier eingeschlagene Weg ex negativo von den dominanteren Verständnissen der Nichtung, des Nichts usw., wie sie etwa bei Jean-Paul Sartre (vgl. Jean-Paul Sartre: *Das Sein und das Nichts. Versuch einer phänomenologischen Ontologie*. Übers. v. H. Schöneberg, T. König. Reinbek bei Hamburg 2003, vor allem S. 79–118) oder auch Martin Heidegger (vgl. Martin Heidegger: »Was ist Metaphysik?«, in: ders.: *Wegmarken (= Gesamtausgabe Bd. 9.)* Hrsg. v. F.-W. v. Herrmann. Frankfurt 1976, S. 103–122, vor allem S. 113–122) vorliegen. Diese Konzepte greifen zwar ebenso auf gewisse Differenzerlebnisse zurück, interpretieren sie aber wesentlich abstrakter, ohne stärkeres Bemühen um ein Einlassen auf das konkrete Erlebnis. Das zeigt sich unter anderem daran, dass Sartres Beitrag zu einer Ontologie der Lebenswelt mit dem hier zu leistenden wenig Gemeinsamkeiten aufweist.
[46] Dass ein zweifacher Anlauf zur Einführung gewagt wird – ein allgemeiner (1. Kapitel) und ein spezifischer (2. Kapitel) –, legitimiert sich aus der Ungewöhnlichkeit sowohl des Themas als auch des Gegenstandes.
[47] Für zahlreiche Belege vgl. Petra Gehring: *Traum und Wirklichkeit*.

tätigung menschlichen Denkens – vielleicht abgesehen von der Kunst – dazu aufgerufen ist, eine *radikale Offenheit* zu wahren. Nicht im Sinne eines »anything goes«, eines radikalen Relativismus, sondern ihre Offenheit sollte darin liegen, prinzipiell alles zu ihrem Gegenstand machen zu können. Distinktionen und legitime Diskriminierungen können nur ein mögliches Ergebnis, niemals jedoch Ausgangspunkt einer recht verstandenen Philosophie sein. Deshalb sind ihr auch pathologische Phänomene ein zugängliches Betätigungsfeld. Es dürfen nicht von vornherein bestimmte Ansichten oder Erwartungen so dominieren, dass alles schon für eine bestimmte Form des Wirklichen oder des Rationalen entschieden ist.[48] In dieser Hinsicht hat die Postmoderne eine in Teilen berechtigte Forderung an die Philosophie herangetragen, wenn sie anmahnt, dass Totalitätsintentionen zu brechen seien und dass der Blick sich verstärkt auf »Bildung, Übergänge und Brüche diskreter Strukturen«[49] zu richten habe. Statt traditionelle Wirklichkeits- oder Rationalitätskonstrukte gleichsam als unhintergehbare Maßstäbe vorauszusetzen, sollte der Fokus sich den Differenzen zuwenden, um von ihnen her das gleichwohl in Theorie wie Lebenswelt immer vorhandene und mindestens angestrebte Ganze eines Weltbildes zu hinterfragen.

Neben dieses Offenheits-Theorem tritt als zweite Basalprämisse der Hinweis darauf, dass die Philosophie sich zumindest anfänglich auf die erlebten Differenzen, nicht auf die konstruierten oder durch Theorie als unmöglich erklärten Unterschiede beziehen sollte. In diesem Sinne geht *Empirie vor Theorie*. Wenn zum Beispiel Thomas Luckmann meint, dass erst eine Wirklichkeitstheorie dazu führe, etwas anderes als »unwirklich« auszuscheiden, nicht schon das Er-

---

[48] Eine vollständige methodische Tabula rasa ist aber gleichwohl weder möglich noch wünschenswert, wie die Hermeneutik gelehrt hat. Vgl. dazu die spezifischeren Aussagen in Kapitel II.3. Es geht also, wie Matthias Kaufmann richtig feststellt, nicht darum, unkritisch-naiv an die Wirklichkeit heranzutreten, aber eben auch nicht kritisch-denunziatorisch. Vgl. Matthias Kaufmann: »Der Prestigeverlust der Wirklichkeit«, in: ders. (Hrsg.): *Wahn und Wirklichkeit – Multiple Realitäten*. Frankfurt 2003, S. 9–33, hier S. 15.

[49] Wolfgang Welsch: *Unsere postmoderne Moderne*. Weinheim 1991, S. 77.

leben selbst,[50] so wäre es Aufgabe der Philosophie, dies empirisch so weit als möglich zu prüfen. Ist tatsächlich Wissen nötig, um Täuschungen von Wahrnehmungen zu scheiden?[51] Wie auch immer die Antwort ausfallen mag, sie sollte jedenfalls durch empirischen Rekurs, nicht durch theoretische Modelle motiviert werden.[52]

Das Bestehen auf dem Vorrang des Empirischen hat dabei noch eine zweite Nuance. Es gestattet nämlich, über terminologische Varianten hinweg Einsichten, die auf einer Erlebnisbasis gewonnen wurden, aufeinander zu beziehen. Gemeinhin wird im Rahmen der Exegese Wert auf das »principle of charity« gelegt, welches besagt, den vorliegenden Text oder die verhandelte Position im bestmöglichen Sinne auszulegen. Dieser hermeneutisch richtige Vorsatz sollte aber dahingehend erweitert werden, dass auch hinter scheinbar abstrusen oder jedenfalls unverständlichen Begriffen und Theorien nach dem sie womöglich legitimierenden oder mindestens nachvollziehbar machenden Erfahrungsboden gesucht wird. Wohlwollen sollte ein Rezipient – und Philosophen sind dies in der Regel in besonderem Maße – nicht nur den formalen, sondern auch den empirischen Dimensionen fremder Texte, Äußerungen usw. ent-

---

[50] Vgl. Thomas Luckmann: »Grenzen der Alltagserfahrung und Transzendenz«, in: O. Kolleritsch (Hrsg.): *Entgrenzungen in der Musik*. Wien 1987, S. 11–28, hier S. 23.

[51] Kirschmann arbeitet mit einem für diese Frage interessanten Gedankenexperiment, indem er behauptet: »A man living alone on an island and not trained to make conclusions by analogy and induction would have absolutely no criterion for the distinction between reality and hallucination.« (August Kirschmann: »Deception and reality«, S. 27.) Einer solchen These sollte allerdings eine breitere empirische Fundierung zuteil werden, als Kirschmann vorlegt.

[52] Die Studie von Michael Stadler und Peter Kruse, die der hier versuchten Analyse durchaus nahe kommt und interessante Einsichten entwickelt, will dagegen explizit mit theoriebeladeneren Prämissen vorgehen. Dies scheint vorderhand nicht leicht zu legitimieren und erfordert jedenfalls stärkere theoretische Absicherung, als Stadler und Kruse anbieten. Vgl. Michael Stadler, Peter Kruse: »Über Wirklichkeitskriterien«, in: V. Riegas, C. Vetter (Hrsg.): *Zur Biologie der Kognition. Ein Gespräch mit Humberto R. Maturana und Beiträge zur Diskussion seines Werkes*. Frankfurt 1993, S. 133–158, hier S. 145 f. Es ist daher dem Impuls von Gallagher und Zahavi zu folgen, die fordern, dass die Erfahrung die Theorien leiten sollen und nicht andersherum (vgl. Shaun Gallagher, Dan Zahavi: *The phenomenological mind*. S. 33).

gegenbringen. Dies gestattet, die terminologischen Differenzen auf eine möglicherweise verbindende Erfahrung hin zu durchdringen. Eminent produktiv wird eine derart ausgerichtete Hermeneutik in philosophiegeschichtlicher Hinsicht. Nicolai Hartmann glaubte, dass die Philosophie aller Zeiten sich an denselben Problemen abgearbeitet habe und noch weiter abarbeiten werde. Es gibt einen Gehalt ewiger Probleme – etwa das Körper-Seele-Verhältnis –, die den Kern des philosophischen Diskurses ausmachen, wenn sie auch bisweilen unter den wechselnden Terminologien nicht leicht wiederzuerkennen sind.[53] Wenn man die so verstandenen Probleme als vergleichbare Phänomenbestände fasst, dann liefert dieses Modell eine gute theoretische Untermauerung des geforderten *empirischen Wohlgesonnenheitsprinzips*.[54] Es ist evident, dass mit einer solchen Perspektive verstärkt Gemeinsamkeiten aufgedeckt werden, insofern nämlich primär nach Verbindung und Anschlussfähigkeit gesucht wird. Da die vorliegende Untersuchung jedoch hauptsächlich an systematischer, nicht historischer Ausbeute interessiert ist, erscheint ein solches Vorgehen im Sinne einer fruchtbaren Heuristik angemessen.

Offenheit und Vorrang der Empirie sind also die nötigen Bedingungen, um sich den Differenzerlebnissen generell annähern zu können. Aber wie gelangt man überhaupt zu den geforderten Erfahrungstatsachen? Der Weg, den Michaux gegangen ist, stellt zwar eine von Künstlern nicht selten gewählte Route dar, kann aber aufgrund der gesundheitlichen wie rechtlichen Probleme nicht der Königsweg sein,[55] zumal damit auch nur ein Teil des Phänomen-

---

[53] Vgl. Nicolai Hartmann: »Systematische Selbstdarstellung«, in: ders.: *Kleinere Schriften. Bd. I: Abhandlungen zur systematischen Philosophie*. Berlin 1955, S. 1–51, hier vor allem S. 2–8.
[54] Damit wird freilich Hartmanns Intention überstiegen, wiewohl er durchaus Nähen zur Phänomenologie besitzt. Vgl. dazu Herbert Spiegelberg: *The phenomenological movement. A historical introduction*. Dordrecht, Boston, London 1994, S. 306–335.
[55] Insofern unterscheidet sich die vorliegende Arbeit ihrem Impetus nach von der für die Phänomenologie der Wahrnehmung noch immer äußerst lehrreichen Studie Wilhelm Schapps. Dieser hatte sein Vorwort zur Erstausgabe von 1910 schließen lassen mit dem berühmten Ausspruch, er hoffe, nichts geschrieben zu haben, was er nicht selbst sah (vgl. Wilhelm Schapp: *Beiträge zur Phänomenologie der Wahrneh-*

bereichs abgedeckt wäre. Einschlägig pathologische Erfahrungen stehen nicht in der Verfügbarkeit des Menschen oder der von ihm produzierten Hilfsmittel. So bleibt als Ausweg der Rückgang auf schriftlich fixierte Erlebnisse in Form von Textzeugnissen verschiedenster Art. Diese bieten einen reichen Fundus an Schilderungen von Differenzerlebnissen im oben genannten Sinn. Es handelt sich dabei sowohl um Selbstschilderungen von Patienten und Experimentatoren als auch künstlerisch verarbeitete Erfahrungen. Anhand der reflektiert angeleiteten, hermeneutisch fundierten Exegese solcher Ereignisberichte steht auch dem des Selbsterlebens aus den genannten Gründen unfähigen Philosophen der Weg in diese Unwirklichkeiten offen.[56] Dass dieser Weg zu gehen ist und begangen werden sollte, zeigen hinführend die gemachten kursorischen Vorerwägungen. Die Erfahrungswirklichkeit der Menschen ist keineswegs so homogen, wie es das an Deutungen, Konstruktionen und Theorien immer schon verfallene Leben annimmt. Der Philosoph muss sich beirren lassen, um die alltägliche Abgeklärtheit hin zu einer radikalen Fraglichkeit zu durchbrechen. Deshalb besteht am Ende die Forderung von William James noch immer zu Recht: »The total world of which the philosophers must take account is thus composed of the realities *plus* the fancies and illusions.«[57]

---

mung. Wiesbaden 1976, S. IX). Der schon erwähnte Leyendecker hat in seiner nur knapp nach Schapp publizierten Dissertation indirekt auf den mit dem Ausspruch verbundenen Habitus affirmativ Bezug genommen, indem er hofft, »geschaut und nicht konstruiert zu haben« (vgl. Herbert Leyendecker: *Zur Phänomenologie der Täuschungen*. S. II). Für die hiesige Untersuchung gilt, dass sie hoffen muss, möglichst unvoreingenommen den Phänomenen gegenüber geblieben zu sein. Ein Selbsterleben aller zugrundeliegenden Erlebnisse ist aufgrund des Gegenstandes allerdings notwendig unmöglich.
[56] Vgl. dazu ähnlich Maurice Merleau-Ponty: *Phänomenologie der Wahrnehmung*. Übers. v. R. Boehm. Berlin 1966, S. 389: »Wir müssen uns in die wirkliche Situation zurückversetzen, in der Halluzinationen und ›Wirkliches‹ uns begegnen, und beider konkrete Differenzierung in dem Augenblick erfassen, in dem sie sich in der Kommunikation mit dem Kranken vollzieht.« Es gilt, »meine Erfahrungen und die seine, so wie sie in der meinen sich anzeigt, seinen halluzinatorischen und meinen Wirklichkeits-Glauben zu explizieren und beide durch einander zu verstehen.«
[57] William James: *The principles of psychology*. Chicago, London, Toronto, Genf 1952, S. 641.

I.3 Wegweiser

Die Philosophie steht in einem immer schwierigen Verhältnis zu ihrer Geschichte. In ihren Archiven sammeln sich die Ergebnisse unzähliger Generationen, die sowohl quantitativ als auch qualitativ das Vermögen eines Einzelnen übersteigen. Jede philosophische Arbeit muss daher einen eigenen Umgang mit dem Geisteserbe entwickeln, der auf der einen Seite den Vorhergehenden die ihnen gebührende Aufmerksamkeit widmet, insofern sie bereits Wesentliches erarbeitet haben. Andererseits darf die Beschäftigung mit der Geschichte nicht in das ausarten, was Herbert Schnädelbach den »morbus hermeneuticus« genannt hat. Er verstand darunter eine Philologisierung der Philosophie, das heißt im Extremfall das Aufgeben eigenen Denkens zugunsten einer nur noch historisch-hermeneutisch interessierten, unproduktiven Beschäftigung mit längst bestehenden Werken und Ansichten.[58] Die vorliegende Arbeit hat einen systematischen Blickpunkt als ihr Leitmotiv, so dass sie nicht Gefahr läuft, an der von Schnädelbach befürchteten Krankheit zu leiden. Gleichwohl aber darf Philosophie keinem »morbus anhermeneuticus« verfallen, will sie nicht zum einen die geleistete Arbeit der Vorfahren ignorieren und sich somit selbst nochmals zur Aufgabe machen. Sie gliche dann der Figur des Sisyphos. Zum anderen verpasste sie die Chance, die je eigenen Standpunkte am Prüfstein fremder Ansätze zu stärken. Nur der naiv an eigene Stärke und Unfehlbarkeit Glaubende kann meinen, die Auseinandersetzung mit überlieferten Theorien sei entbehrlich. Aus diesem Grund gilt es

---

[58] Vgl. Herbert Schnädelbach: »Morbus hermeneuticus – Thesen über eine philosophische Krankheit«, in: ders.: *Vernunft und Geschichte*. Frankfurt 1987, S. 279–284. Insgesamt scheint Schnädelbach gegen eine Position zu argumentieren, die in der geschilderten Extremform niemand wirklich vertritt. Gleichwohl gibt sein Beitrag einen wichtigen Impuls für die Bestimmung des stets umkämpften Verhältnisses zwischen historischer Gewissenhaftigkeit und produktivem Neubeginn, zwischen Hetero- und Autonomie, zwischen »antiquarischer« und »kritischer« Geschichte im Sinne Friedrich Nietzsches (vgl. dazu Friedrich Nietzsche: »Unzeitgemäße Betrachtungen II: Vom Nutzen und Nachtheil der Historie für das Leben«, in: ders.: *Kritische Studienausgabe*. Bd. I. Hrsg. v. G. Colli und M. Montinari. München 1999, S. 243–334, hier S. 258–270).

auch für die Analyse der Differenzerlebnisse und der Explikation der Wirklichkeitscharaktere, sich an historischen Wegweisern zu orientieren. Neben dieser Absicherung hat eine geschichtliche Perspektive besonders im vorliegenden Fall einer unüblichen, nicht kanonischen Fragerichtung eine weitere, vielleicht noch grundlegendere Funktion. Indem Anschluss gesucht wird an ähnlich orientierte Arbeiten, wird damit eine – womöglich bisher verborgene – Tradition als Hinweis auf die Stichhaltigkeit und Relevanz des eigenen Erkenntnisinteresses angerufen. Welche Zeugen aber sind das?

Da das vorliegende Thema nicht einmal im erweiterten Kanon philosophischer Fragen zu finden ist, erweist sich die Anzeige einschlägiger Vorarbeiten als schwierig. Dies liegt nicht daran, dass die entsprechenden Fragen nicht gestellt oder die Probleme nicht gesehen wurden. Im Grunde sind, wie gezeigt, auch Descartes und die Pyrrhoniker darauf gestoßen, allerdings unterließen sie es, den Sachverhalten genauer nachzugehen.[59] Die Schwierigkeiten der historischen Bezugnahme ergeben sich vielmehr aus der Verstreutheit und Beiläufigkeit entsprechender Ansätze. Daher können die folgenden Erläuterungen der wegweisenden Vorarbeiten keinen Anspruch auf Vollständigkeit erheben, sondern konzentrieren sich auf die Werke, deren Relevanz am höchsten einzuschätzen ist. Zweck der sich anschließenden Darlegungen ist es, die Perspektiven der verschiedenen Ansätze auf Differenzerlebnisse zu explizieren, um dadurch einen weiteren Einblick in die philosophische Tragweite und Bedeutsamkeit des Themas zu gewinnen.[60] Unter den über-

---

[59] Auch für Platon und Aristoteles lässt sich belegen, dass sie durchaus Differenzerlebnisse in der hier gemeinten Bedeutung kannten. Dies zeigt sich etwa bei ihrer Differenzierung der einzelnen Sinne (vgl. zum Beispiel Platon: *Timaios*. 61b-67c und Aristoteles: *De insomnis*. 460b-462b (dafür wird zugrunde gelegt Aristoteles: *Kleine naturwissenschaftliche Schriften (Parva naturalia)*. Übers. v. E. Dönt. Stuttgart 1997)). Gleichwohl werden die Differenzerlebnisse nicht voll thematisch, weshalb diese und vergleichbare Bemerkungen bei zahlreichen weiteren Denkern nicht zu den historischen Wegmarken im eigentlichen Wortsinn gezählt werden können.
[60] Eine kritische Würdigung der Ansätze soll hier noch nicht erfolgen, da es sinnvoll ist, zunächst möglichst selbständig die Phänomene zu analysieren. Erst dann steht genug Rüstzeug für eine Auseinandersetzung zur Verfügung, die in Kapitel IV.3 vorgenommen wird.

lieferten Wegweisern lassen sich fünf Schwerpunkte bilden, nämlich Vorarbeiten aus dem Umfeld der phänomenologisch orientierten Philosophie, der Philosophie im weiteren Sinne, der Psychologie, der Soziologie und schließlich der Kognitionswissenschaft.

Der Begründer der phänomenologischen Bewegung, Edmund Husserl, hat sich Zeit seines Wirkens immer wieder mit der Philosophie der Wahrnehmung beschäftigt.[61] Sein Vorgehen orientiert sich dabei an einem mehrstufigen Modell. Diesem zufolge gibt es bestimmte Inhalte – von Husserl zumeist als »hyletische Daten«[62] bezeichnet –, die durch Auffassungsweisen erst den Gegenstand ausmachen, den man wahrnimmt. An diese basalen Vorgänge schließen sich weitere, höherstufige Akte an, die eine Form von Bewertung, Einordnung usw. vornehmen. Husserl meint, »daß in

---

[61] Vgl. als frühe und späte Zeugnisse dieser Auseinandersetzung Edmund Husserl: *Wahrnehmung und Aufmerksamkeit. Texte aus dem Nachlaß (1893–1912). (= Husserliana Bd. XXXVIII.)* Hrsg. v. T. Vongehr, R. Giuliani. Dordrecht 2004 und ders.: *Erfahrung und Urteil. Untersuchungen zur Genealogie der Logik.* Hrsg. v. L. Landgrebe. Hamburg 1948, vor allem S. 73–230. Rezeptionsgeschichtlich am wirkungsmächtigsten war vermutlich ders.: *Ideen zu einer reinen Phänomenologie und phänomenologischen Philosophie. Erstes Buch: Allgemeine Einführung in die reine Phänomenologie. (= Husserliana Bd. III/1.)* Hrsg. v. K. Schumann. Den Haag 1976, vor allem S. 71–99.

[62] Vgl. zum Beispiel Edmund Husserl: *Phänomenologische Psychologie. Vorlesungen Sommersemester 1925. (= Husserliana Bd. IX.)* Hrsg. v. W. Biemel. Dordrecht, Boston, London 1995, S. 161–171. – Der Begriff »hyle« verweist auf Aristoteles. Dieser hat ein ontologisches Modell vertreten, bei dem eine noch weitgehend ungeformte Materie, die hyle, eine der Bedingungen für das Gleichbleiben der Substanz während varianter Formungsprozesse darstellte. Vgl. zum hyle-Begriff exemplarisch Aristoteles: *Metaphysik.* 1029a: »Ich nenne aber Materie das, was an sich weder als etwas noch als Quantitatives, noch durch irgendeine andere der Aussageweisen bezeichnet wird, durch welche das Seiende bestimmt ist.« Allerdings spielt dieser Begriff im Rahmen der genuin aristotelischen Wahrnehmungslehre nur eine geringere Rolle, da dort Wahrnehmung als das »Aufnahmefähige für die wahrnehmbaren Formen ohne der Materie« verstanden wird (ders.: *De anima.* 424a). Zum Zusammenhang von hyle und Wahrnehmung vgl. auch Walter Bröcker: *Aristoteles.* Frankfurt 1964, S. 139 f. und Wolfgang Bernard: *Rezeptivität und Spontaneität der Wahrnehmung nach Aristoteles. Versuch einer Bestimmung der spontanen Erkenntnisleistung der Wahrnehmung bei Aristoteles in Abgrenzung gegen die rezeptive Auslegung der Sinnlichkeit bei Descartes und Kant.* Baden-Baden 1988, S. 96 f.

jeder [...] Wahrnehmung [...] zwischen darstellenden Inhalten und Auffassungscharakter zu unterscheiden ist, worauf sich wechselnd Intentionen und Aktcharaktere einer höheren Schicht, darunter der Glaube, gründen.«[63] Dieses Modell mehrstufiger Akte auf dem Fundament von Empfindungsdaten behält Husserl konsequent bei.[64] Letztlich ist demnach die »[a]nschauliche Repräsentationen des Dinges [...] wesentlich Apperzeption eines hyletischen Stoffes [...] und wahrheitsstiftend ist diese anschauliche Repräsentation erst im synthetischen und erfüllungsmäßigen Zusammenhang mit einer Erkenntnisintention.«[65] Ausgehend von dieser Struktur nähert sich Husserl den Erlebnissen, welche zuvor als Differenzerlebnisse geschildert wurden. So kommt er auf Phantasien, Erinnerungen, Erwartungen, Halluzinationen, Illusionen und

---

[63] Edmund Husserl: *Ding und Raum. Vorlesungen 1907.* (= *Husserliana Bd. XVI.*) Hrsg. v. U. Claesges. Den Haag 1973, S. 142. Vgl. auch ganz ähnlich ders.: *Ideen zu einer reinen Phänomenologie und phänomenologischen Philosophie. Erstes Buch.* S. 192.

[64] Die Kritik seines Schülers Heidegger an einem solchen Schichtenmodell hat ihn in dieser spezifischen Hinsicht zu keinen Veränderungen veranlasst. Heideggers Stellungnahme fokussiert dabei nicht die Wahrnehmungslehre im Besonderen, sondern genereller die Ontologie, in der eine Naturschicht (in der Wahrnehmungstheorie entspräche dies den hyletischen Daten) durch eine Wertschicht sekundär angereichert und geformt wird (entsprechend den Auffassungsakten im Wahrnehmen). Diese Kritik hat nicht nur Husserl, sondern auch etwa Descartes, Max Scheler oder Hartmann im Fokus. Vgl. dazu Martin Heidegger: *Sein und Zeit.* S. 63, 98 f. – Die hyletischen Daten sind gerade aus einem phänomenologischen Blickwinkel ein problematisches Konzept, denn sie kommen im Erleben nicht vor. Hierin zeigen sie Parallelen zum modernen Konzept der Sinnesdaten. Es ist daher Ulrich Melle zuzustimmen, dass es sich bei dem Begriff der hyletischen Daten weniger um einen phänomenologischen Beschreibungsbegriff als um ein theoretisches Konstrukt handelt (vgl. Ulrich Melle: *Das Wahrnehmungsproblem und seine Verwandlung in phänomenologischer Einstellung. Untersuchungen zu den phänomenologischen Wahrnehmungstheorien von Husserl, Gurwitsch und Merleau-Ponty.* The Hague, Boston, Lancaster 1983, S. 40). Vgl. Ähnlich, wenn auch nicht gegen Husserl gerichtet Shaun Gallagher, Dan Zahavi: *The phenomenological mind.* S. 105: »Rather than being true elementary components of perceptual experiences, sensations are theoretical constructs.«

[65] Rudolf Bernet, Iso Kern, Eduard Marbach: *Edmund Husserl. Darstellung seines Denkens.* Hamburg 1989, S. 174.

Träume zu sprechen,[66] aber auch auf Täuschungen.[67] Seine Herangehensweise stellt besonders die Auffassungsweisen in den Mittelpunkt. Im Anschluss an die berühmten Täuschungsfiguren des im Wasser gebrochen erscheinenden Stabes[68] und der als echter Mensch aufgefassten Schaufensterpuppe[69] hält Husserl fest:

> Wo immer eine Wahrnehmungsauffassung mit einer zweiten in Widerstreit tritt – was voraussetzt, dass sie im ganzen oder einem Teil nach dieselbe Empfindungsunterlage haben –, da bestimmt diejenige Auffassung, die mit der Einheit der gesamten aktuellen Wahrnehmung sich zu einer umfassenden Gesamtwahrnehmung zusammenfügt und an der Kraft der sich wechselseitig fundierenden Glaubensintentionen partizipiert, das wirklich Gegenwärtige.[70]

Wenn es zu erlebten Differenzen kommt – und die Puppe, die einmal als Mensch, dann wieder als bloße Figur erscheint, stellt die Differenz für eine Weile sogar auf Dauer –, liegt der Kern der Wirklichkeit gegenüber der Unwirklichkeit in der Kohärenz der Intentionen, also der Auffassungsakte des Bewusstseins.

Einen Fortschritt gegenüber Husserls Ansicht stellt das Werk Wilhelm Schapps dar, der zwar im Grunde demselben theoreti-

---

[66] Vgl. etwa Edmund Husserl: *Phantasie, Bildbewusstsein, Erinnerung. Zur Phänomenologie der anschaulichen Vergegenwärtigungen. Texte aus dem Nachlaß (1898–1925). (= Husserliana Bd. XXIII.)* Hrsg. v. E. Marbach. Dordrecht, Boston, London 1980, S. 5. – Interessant ist, dass Husserl Phantasie nicht, Träume aber sehr wohl zu den Wahrnehmungen zählt. Dies hängt mit seinem Wahrnehmungskonzept zusammen, dass besagt, dass nur als gegenwärtig sich gebende Erlebnisse dazu zählen (vgl. Edmund Husserl: *Wahrnehmung und Aufmerksamkeit.* S. 9, 13).
[67] Vgl. Edmund Husserl: *Ding und Raum.* S. 96, 279.
[68] Insbesondere die Sinnesdaten-Theorie hat dieses Beispiel vielfach aufgegriffen (vgl. etwa Alfred J. Ayer: *The foundations of empirical knowledge.* London 1971, S. 1–11). Dass auf einem empirisch so reichhaltigen Feld wie der Wahrnehmung die Varianz der philosophisch thematisierten Beispiele so gering ist, verweist auf das unterentwickelte Sich-Einlassen der Philosophie auf die Erlebnisse.
[69] Dieses berühmte Beispiel findet sich unzählige Male im Werk Husserls. Hans Blumenberg hält es – zwar polemisch überspitzt, aber der Sache nach zutreffend – für das einzige erkennbar auf Husserls eigenes Erleben zurückgehende Beispiel in der Phänomenologie, womit er auf eine gewisse empirische Sterilität im Werk Husserls anspielt (vgl. Hans Blumenberg: *Beschreibung des Menschen.* Hrsg. v. M. Sommer. Frankfurt 2006, S. 752–760).
[70] Edmund Husserl: *Phantasie, Bildbewusstsein, Erinnerung.* S. 48.

schen Modell treu bleibt, aber sich strenger einer möglichst unvoreingenommenen Erlebnisanalyse zuwendet. Das zeigt sein Ethos, denn er verlangt vom Phänomenologen, dieser müsse einem Künstler gleichen, sich also in die sinnliche Welt hineinversenken können.[71] In seiner Beschäftigung mit der Phänomenologie der Wahrnehmung stößt er ebenfalls auf Differenzerlebnisse. Er schildert ein Erlebnis, bei dem er eine Tonscherbe anfänglich für eine Speckschwarte hielt, bis ihm »mit einem Ruck« die Wahrnehmung hin zur richtigen umspringt.[72] Wie erklärt er diese Täuschung? Ganz analog zu Husserl argumentiert er dafür, Unwirkliches – also die gesehene Speckschwarte – als Folge verfehlter Auffassungen eines ungeformten Stoffs zu verstehen: »Es scheint mir, als ob die Verschiedenheit der Form und der Ordnung, in die dieselbe ›Materie‹ [...] eingeht, die Verschiedenheit des Gegenstandes zur Folge hat.«[73] Ordnung wird dabei nicht als alleiniges Erzeugnis des Bewusstseins verstanden, wohl aber hat es Anteil daran;[74] letztlich spielen »Ideen« die Rolle der bewusstseinsrelativen Formungsfunktionen.

Mit Schapps Studie wird aber – ganz unabhängig von seiner theoretischen Ausrichtung – erstmals deutlich, dass eine phänomenologisch orientierte Herangehensweise an Täuschungen auf wesentliche Aspekte des Zustandekommens des Wirklichkeitscharakters der Wahrnehmung aufmerksam machen kann. In diesem Sinne leistet Schapp das, was Husserl zumeist nur theoretisch-programmatisch ankündigte. Aus dem Kreis der frühen Phänomenologen haben noch zwei weitere Philosophen sich dem Thema dessen gewidmet, was hier Differenzerlebnisse genannt wird. Zum einen der schon erwähnte Leyendecker, zum anderen Hedwig Conrad-Martius. Leyendecker kommt das Verdienst zu, die Täuschungen, Halluzinationen, Illusionen usw. erstmalig zum alleinigen Gegenstand einer phänomenologischen Untersuchung gemacht zu haben. Seine Perspektive zeichnet sich durch das Bestreben nach Differenzierung

---

[71] Vgl. Wilhelm Schapp: *Beiträge zur Phänomenologie der Wahrnehmung.* S. 12.
[72] Vgl. Wilhelm Schapp: *Beiträge zur Phänomenologie der Wahrnehmung.* S. 98 f.
[73] Wilhelm Schapp: *Beiträge zur Phänomenologie der Wahrnehmung.* S. 101 f.
[74] Vgl. Wilhelm Schapp: *Beiträge zur Phänomenologie der Wahrnehmung.* S. 110.

und Einbeziehung einer Vielzahl von Erlebnisvarianten aus. In theoretischer Hinsicht bleibt er einerseits Husserl treu, wenn er abschließend vermutet, jeder Täuschungsart entspreche »ein Akt oder eine Bewußtseinshaltung bestimmter Artung«[75], andererseits bleiben die Untersuchungen bewusst im Empirischen und verzichten ohnehin auf theoretische Konstruktionsversuche. Dieser letzte Umstand mag dann auch die rezeptionsgeschichtliche Wirkungslosigkeit der Arbeit verursacht haben. Conrad-Martius wiederum hat im Rahmen primär ontologisch ausgerichteter Werke das Phänomen der Unwirklichkeiten gestreift. Sie ist dabei, ausgehend von einer phänomenologisch fundierten Kritik des Positivismus, zu relevanten Beobachtungen gekommen, etwa der, dass peripher Wahrgenommenes vor der Hinwendung der Aufmerksamkeit einen anderen Ort hat, dass es seinen richtigen, »wirklicheren« Ort erst dann findet.[76] Diese und andere Einzelanalysen harren noch der weiteren philosophischen Erörterung und Nutzbarmachung.[77]

Die genannten vier Autoren bilden insofern einen engeren Zusammenhang, als sie alle auf eine bewusstseinsphilosophisch ausgerichtete Phänomenologie rekurrieren. Doch auch spätere, theoretisch anders orientierte Phänomenologen haben sich dem Thema der Differenzerlebnisse zugewandt. Zunächst zu nennen sind Jean-Paul Sartre und Maurice Merleau-Ponty. Ersterer kommt insbesondere im Zuge der Bestimmungen dessen, was die Einbildungskraft ist, zu genaueren Analysen von Unwirklichkeiten. So beleuchtet er hypnagogische Visionen, das heißt übermäßig real erscheinende Vorstellungen, oder verhandelt Halluzinationen.[78] Seine Vor-

---

[75] Herbert Leyendecker: *Zur Phänomenologie der Täuschungen*. S. 176.
[76] Vgl. Hedwig Conrad-Martius: »Zur Ontologie und Erscheinungslehre der realen Außenwelt. Verbunden mit einer Kritik der positivistischen Theorien«, in: *Jahrbuch für Philosophie und phänomenologische Forschung*. Bd. 3 (1916), S. 345–543, hier S. 498–501.
[77] Einschlägig für weitere Einzelbeobachtungen ist auch Hedwig Conrad-Martius: »Realontologie«, in: *Jahrbuch für Philosophie und phänomenologische Forschung*. Bd. 6 (1923), S. 159–333.
[78] Vgl. Jean-Paul Sartre: *Das Imaginäre. Phänomenologische Psychologie der Einbildungskraft.* (= *Gesammelte Werke. Philosophische Schriften I.*) Hrsg. v. V. v. Wroblewsky. Übers. v. H. Schöneberg, V. v. Wroblewsky. Reinbek bei Hamburg 1994, S. 68–87, 235–254.

gehensweise besticht zum einen durch ihre Fokussierung auf das Empirische und die Kritik an überkommenen Erklärungsparadigmen. Sartre betont in diesem Sinne gegen die übliche psychologische Theorie, nach der alle Täuschungen auf falsche Verstandesurteile zurückgehen, dass es nicht rationale Motive sind, die den Menschen veranlassen, Wahrnehmungen zu bezweifeln, sondern es sind »vielmehr [...] Wahrnehmungen, die unsere Urteile und unsere Überlegungen regieren und dirigieren.«[79] Zum anderen interpretiert Sartre die Unwirklichkeitserlebnisse im Hinblick auf ein Gesamtverständnis des Menschen. Aus der These, dass die Vorstellungskraft das ganze Bewusstsein sei, »insoweit es seine Freiheit realisiert«, folge nicht, so die Überlegungen,

> daß jede Wahrnehmung von Realem sich in Imaginäres umkehren muß, sondern es gibt für das Bewußtsein immer und in jedem Augenblick eine konkrete Möglichkeit, Irreales zu produzieren, [...] weil es immer frei ist. [...] Das Irreale wird außerhalb der Welt hervorgerufen durch ein Bewußtsein, das in der Welt bleibt, und weil er transzendental frei ist, stellt der Mensch vor.[80]

Es ist offensichtlich, obgleich nicht in Sartres Selbstverständnis, dass Täuschungserlebnisse einen fundamentalen Bezug auf das Wesen des Menschen und insofern auch einen eminenten Bezug zu anthropologischen Fragen haben. Im Anschluss an das obige Zitat ließe sich fragen, ob das Erleben von Differenzen eigentlich nur dem Menschen, nicht aber Tieren möglich ist.[81] Mit Sartres Arbeit rücken die Unwirklichkeiten gleichsam aus der bloß lebensweltlichen und erkenntnistheoretischen Perspektive in eine viel umfas-

---

[79] Jean-Paul Sartre: »Die Imagination«, in: ders.: *Die Transzendenz des Ego. Philosophische Essays 1931–1939.* (= *Gesammelte Werke in Einzelausgaben. Philosophische Schriften. Band I.*) Hrsg. v. V. v. Wroblewsky. Übers. v. U. Aumüller, T. König, B. Schuppener. Reinbek bei Hamburg 1997, S. 97–254, hier S. 193.
[80] Jean-Paul Sartre: *Das Imaginäre.* S. 292f.
[81] Jaspers hat diese These in allgemeinerer Weise vertreten: »Tiere haben Gehirn und Nervenkrankheiten. [...] Die Frage nach dem grundsätzlich Menschlichen in den Geisteskrankheiten zwingt, in ihnen nicht ein allgemeines Naturphänomen, sondern ein spezifisch menschliches Naturphänomen zu sehen.« (Karl Jaspers: *Allgemeine Psychopathologie.* Berlin, Göttingen, Heidelberg 1953, S. 7.)

sendere, insofern sie auf ein wesentliches Vermögen des Menschen bezogen werden. Sein Weggefährte Merleau-Ponty hat sich wie kein anderer Phänomenologe dem Thema der Wahrnehmung zugewandt. Ihr erkennt er ganz unumwunden das Primat zu, insofern sich alles – auch Kultur- und Ideenwelt – letztlich von daher konstituiere.[82] Merleau-Ponty ist es darum zu tun, sich einer solchen vortheoretischen Basis zu vergewissern, die er als ein schlicht »vorausgehendes ›Es gibt‹«[83] bezeichnet. Von dieser gilt, dass sie jenseits der theoretischen Deutungen liegt und somit vom Einfluss nur konstruierter Wirklichkeitssetzung frei ist. Wahrnehmung wird Merleau-Ponty dadurch zu einem fundamentalen Faktum, das noch die je aktuelle Form von Rationalität bedingt. Im Rahmen dieser Revision etablierter Denktraditionen greift er sowohl in seinem Hauptwerk als auch in der zwar kryptischen, da unvollendeten, aber sehr fruchtbaren Spätphilosophie auf Unwirklichkeitserlebnisse zurück.[84] Insbesondere die aus dem Nachlass überlieferten Aufzeichnungen liegen zu großen Teilen auf dem Pfad, dem auch die vorliegende Untersuchung folgt. So heißt es dort:

> Wir denken [...] nicht so sehr an das altbekannte Argument des Traumes, des Wahnbildes oder der Täuschungen, das zur Prüfung auffordert, ob das, was wir sehen, nicht ›falsch‹ sei; dieses Argument macht selbst noch Gebrauch von jenem Weltglauben, den es dem Anschein nach erschüttert: hätten wir das Falsche nicht gelegentlich vom Wahren unterschieden, so wüßten wir nicht einmal, was das Falsche überhaupt ist. In diesem Argument wird die Welt an sich schon vorausgesetzt, und es beruft sich stillschweigend auf diese Voraussetzungen, um unsere Wahrnehmungen abzuwerten und sie, trotz aller beobacht-

---

[82] Vgl. Maurice Merleau-Ponty: »Das Primat der Wahrnehmung und seine philosophischen Konsequenzen«, in: ders.: *Das Primat der Wahrnehmung*. Hrsg. v. L. Wiesing. Übers. v. J. Schröder. Frankfurt 2003, S. 26–84, hier S. 69.
[83] Maurice Merleau-Ponty: »Das Auge und der Geist«, in: ders.: *Das Auge und der Geist. Philosophische Essays*. Hrsg. u. übers. v. H. W. Arndt. Hamburg 1967, S. 13–43, hier S. 14.
[84] In der »Phänomenologie der Wahrnehmung« bilden zum Beispiel Halluzinationen eine Gegenprobe (vgl. Maurice Merleau-Ponty: *Phänomenologie der Wahrnehmung*. S. 385–396).

barer Unterschiede, in unserem ›Innenleben‹ mit den Träumen auf einen Haufen zu werfen und dies einzig und allein deshalb, weil die Träume zu gegebener Stunde ebenso überzeugend waren wie unsere Wahrnehmungen; dabei wird allerdings übersehen, daß die den Träumen eigene ›Unwahrheit‹ nicht auf Wahrnehmungen übertragen werden kann, weil sie nur in Erscheinung tritt im Verhältnis zu den Wahrnehmungen, und weil man Erfahrungen von der Wahrheit haben muß, um von Unwahrheit zu sprechen.[85]

Vor diesem Hintergrund, so Merleau-Ponty weiter, »nehmen die inneren, deskriptiven Differenzen zwischen Traum und Wahrnehmung eine ontologische Bedeutung an [...].«[86] Hier eröffnet sich genau das Problemfeld einer an der Wahrnehmung – genauer: an einer Phänomenologie des problematisch gewordenen Erlebens – orientierten Ontologie der Lebenswelt. Diesem Unterfangen hat Merleau-Ponty nicht nur durch das Aufwerfen der prinzipiellen Fraglichkeit zugearbeitet, sondern auch dadurch, dass er im Rahmen seiner Wahrnehmungsphilosophie den Leib – der etwas anderes als den medizinisch-physikalischen Körper meint –[87] radikal in den Mittelpunkt stellte. Husserls Phänomenologie hatte – abgesehen von einigen wenigen Bemerkungen insbesondere im zweiten Band der »Ideen zu einer reinen Phänomenologie und phänomenologischen Philosophie«[88] – den Menschen streng bewusstseinslastig und unengagiert, gleichsam als asketischen Beobachter konzipiert. Dagegen stellt Merleau-Ponty den Leib, »der mein Gesichtspunkt für die Welt ist [...].«[89] Er erweitert auf diese Weise den Rahmen dessen, wie man Wahrnehmung zutreffend fassen muss.

Unabhängig von Merleau-Ponty hat sich Herbert Spiegelberg etwa zur selben Zeit möglichen phänomenalen Kriterien zuge-

---

[85] Maurice Merleau-Ponty: *Das Sichtbare und das Unsichtbare*. Hrsg. v. C. Lefort. Übers. v. R. Giuliani, B. Waldenfels. München 1986, S. 19 f.
[86] Maurice Merleau-Ponty: *Das Sichtbare und das Unsichtbare*. S. 20.
[87] Zur genaueren Bestimmung des Leibbegriffs vgl. Kap. II.2.1.
[88] Vgl. exemplarisch Edmund Husserl: *Ideen zu einer reinen Phänomenologie und phänomenologischen Philosophie. Zweites Buch: Phänomenologische Untersuchungen zur Konstitution.* (= Husserliana Bd. IV.) Hrsg. v. M. Biemel. Den Haag 1952, S. 145–148.
[89] Maurice Merleau-Ponty: *Phänomenologie der Wahrnehmung*. S. 95.

wandt, die wirkliches von unwirklichem Erleben zu unterscheiden gestatten. Er fragt sich, ob ein Phänomen nicht nur etwas über das Objekt aussagt, sondern auch noch eine Garantie über den ontologischen Status des für wirklich Gehaltenen gibt.[90] Im Zuge dieser Perspektive kommt Spiegelberg dahin festzustellen, dass man verschiedene Distinktionen innerhalb der Sphäre der Realitätsphänomene, wie er es nennt, extrahieren kann.[91] Letztlich berührt sich seine Analyse in grundlegender Perspektive mit derjenigen Leyendeckers, und zwar nicht nur, weil beide auf Husserl rekurrieren, sondern auch dahingehend, dass die besondere Relevanz der Wirklichkeitserlebnisse betont wird: »The unmasking of an illusion is therefore rather a guarantee of, than a danger to, the possibility of veridical perception.«[92] Seine Arbeit entspricht daher ganz dem Sinn der hier unternommenen Untersuchung der Differenzerlebnisse, jedoch macht er methodisch insofern einen Schritt hinter Merleau-Ponty zurück, als er zum einen die Rolle der Kultur im Zusammenhang des Wahrnehmungsprozesses nicht bedenkt, zum anderen das Wahrnehmungssubjekt wieder verstärkt als bloßes Bewusstsein versteht.[93] Der Leib kommt ihm nicht in den Blick. Erwähnenswert ist Spiegelbergs Studie trotzdem vor allem deshalb, weil sie erstens versucht, Unwirklichkeiten und ihre philosophische Bearbeitung in den Kontext der amerikanischen Gegenwartsphilosophie zu stellen, und zweitens, weil sie einen Katalog von phänomenalen Merkmalen herausstellt, der Erlebnisse zu differenzieren gestattet.

Aus jüngster Zeit sind zwei phänomenologisch orientierte Auseinandersetzungen mit dem expliziten Thema des Zusammenhangs von Wahrnehmung und Wirklichkeit hervorzuheben.[94] Matthew

---

[90] Vgl. Herbert Spiegelberg: »The ›reality-phenomenon‹ and reality«, in: M. Farber (Hrsg.): *Philosophical essays in memory of Edmund Husserl.* Cambridge (Mass.) 1975, S. 84–105, hier S. 84.
[91] Vgl. Herbert Spiegelberg: »The ›reality-phenomenon‹ and reality«. S. 98.
[92] Herbert Spiegelberg: »The ›reality-phenomenon‹ and reality«. S. 101. Spiegelberg verweist an dieser Stelle selbst auf Leyendeckers Arbeit.
[93] Vgl. dazu Kap. IV.3.13.
[94] Nicht thematisiert wird die Arbeit von Petr Kouba, weil sie zwar auf Phänomenologie – insbesondere derjenigen Heideggers und Medard Boss' – zurückgreift,

Ratcliffe hat sich in seiner Studie zu den »feelings of being« der Frage gewidmet, welche Rolle gewisse Empfindungen – wie man das Wort »feelings« wohl am besten übersetzt, da es sich bei diesen laut Ratcliffe weder um Gefühle (»emotions«) noch Stimmungen (»moods«) handeln soll –[95] für das Zustandekommen von Selbst- und Welterfahrung spielen. Er geht im Zuge dessen ganz bewusst einigen solcher Differenzerlebnisse nach, wie sie schon angesprochen wurden: Depersonalisation, Derealisation, Schizophrenie, Halluzinationen, Täuschungen.[96] Methodisch wird in der Arbeit zurückgegriffen auf die phänomenologische und die hermeneutische Tradition, ganz so wie es auch in der vorliegenden Untersuchung geschehen soll. Mit Merleau-Ponty versteht Ratcliffe den wahrnehmenden Menschen nicht als bloßen Bewussthaber oder kognitiven Apparat, sondern als eminent leibliches Wesen, als »feeling body«[97]. Er erweitert jedoch die Annäherungsweise dadurch, dass er einerseits einen Brückenschlag zur Neurophysiologie – unter Beibehaltung des Primats des Phänomenalen –[98] versucht, zum anderen aber sich in der Hauptsache eines neuen Gegenstands- beziehungsweise Ontologiekonzeptes bedient. Denn die existentiellen Empfindungen sind nicht oder zumindest nicht notwendig als Einzelentitäten deutlich hervortretend, sondern sie wirken im Hinter-

---

diese aber im Sinne einer Daseinsanalytik eher phänomenfern betreibt (vgl. Petr Kouba: *Geistige Störung als Phänomen. Perspektiven des heideggerschen Denkens auf dem Gebiet der Psychopathologie.* Würzburg 2012, zum Beispiel S. 82–107). Konkrete Detailanalyse pathologischer Erfahrungen kommen gar nicht vor, weil es Kouba um eine »ontologische Analyse des menschlichen Seins« (a. a. O., S. 10) geht, die schon von einer Metaebene aus operiert. Dennoch ist die Studie insofern beachtenswert, als sie sich traut, das naturwissenschaftliche »Dogma« in Bezug auf menschliches Verhalten mit einem hermeneutisch orientierten Gegenentwurf zu konfrontieren.

[95] Vgl. dazu Matthew Ratcliffe: *Feelings of being.* S. 2, 55.
[96] Vgl. exemplarisch Matthew Ratcliffe: *Feelings of being.* S. 7, 137 ff.
[97] Vgl. Matthew Ratcliffe: *Feelings of being.* S. 106 ff.
[98] So betont Ratcliffe, dass neurobiologische Differenzen nur dann einen Unterschied machen, wenn es auch einen phänomenologischen gibt (vgl. Matthew Ratcliffe: *Feelings of being.* S. 122). Vgl. dazu auch in ähnlicher Richtung argumentierend Shaun Gallagher, Dan Zahavi: *The phenomenological mind.* S. 34.

grund und sind zusätzlich eingebettet in Situationen.[99] Man kann daher verallgemeinernd sagen, dass die Zuschreibung von Wirklichkeit im Erleben von ihm verstärkt auch an ganzheitlichen Erlebniszuständen thematisiert wird. Dies scheint der Sache nach sehr wohl schon bei Merleau-Ponty und auch Heidegger angelegt, aber Ratcliffe macht es für die Problematik der Differenzerlebnisse in besonderer und prägnanter Weise fruchtbar.

Einen weiteren expliziten Wegweiser aus dem Umfeld der Phänomenologie im engeren Sinne stellt Frank Vogelsangs Theorie eines »phänomenologischen Realismus« dar, den er im Ausgang von Merleau-Ponty entwickelt. Seine Position will zum einen akzeptieren, dass die naturwissenschaftlichen Erkenntnisse etwas über die Wirklichkeit aussagen, zum anderen aber daran festhalten, dass der Bereich des Wirklichen viel umfassender ist, als dass er sich in einer einzigen bestimmten Betrachtungsweise ganz zeigen könnte.[100] Damit wird die Autonomie der phänomenalen Sphäre verteidigt und ein Plädoyer gehalten für eine möglichst unvoreingenommene Haltung der Wirklichkeit gegenüber, denn diese ist eben »offen«:

> Der Ansatz des phänomenologischen Realismus macht auf die Differenziertheit der Wirklichkeit aufmerksam und sensibilisiert für die Vielzahl und Pluralität von Methoden, deren Erkenntnisse nicht aufeinander reduziert werden können. [...] Am Ende der Betrachtung steht deshalb ein Aufruf zu einer Kultur der Achtsamkeit und Offenheit [...]. Die großen Geheimnisse der Wirklichkeit befinden sich ebenso in dem Raum, in dem wir gerade sitzen, wie sie in dem Sternennebel Andromeda zu finden sind. Es steht zu erwarten, dass viel fundamental Neues auch im leibbezogenen Nahbereich entdeckt werden kann.[101]

Dieser Gestus ist entscheidend, weil erst er es ermöglicht, sich den Differenzerlebnissen zu stellen, die (wie Vogelsang deutlich macht) als unregulierbare Erfahrungen »bleibende Stachel im Fleisch einer

---

[99] Vgl. Matthew Ratcliffe: *Feelings of being.* S. 2, 114f.
[100] Vgl. Frank Vogelsang: *Offene Wirklichkeit. Ansatz eines phänomenologischen Realismus nach Merleau-Ponty.* Freiburg, München 2011, S. 153.
[101] Frank Vogelsang: *Offene Wirklichkeit.* S. 424f.

Kultur der geschlossenen Weltinterpretation [sind].«[102] Seine Perspektive ist insofern besonders, da er stärker noch als Merleau-Ponty selbst den Leib als den entscheidenden Punkt der Wirklichkeitserfahrung betont. Damit stellt die von ihm vertretene Auffassung – zumindest in dieser Hinsicht – zugleich einen Kulminationspunkt der bisherigen Entwicklung dar.

In jüngster Zeit ist im anglophonen Raum darüber hinaus eine sich verstärkende Tendenz zu beobachten, in der Philosophie der Wahrnehmung von primär positivistischen, (neuro-)biologischen und kognitivistischen Erwägungen abzurücken und mittels phänomenologischer Erwägungen den Körper – der mehr sein soll als nur der natürliche Körper – in den Mittelpunkt zu stellen. Herausragende Vertreter dieser Perspektive sind einerseits Dan Zahavi und Shaun Gallagher mit dem Ansatz des »embodiment«,[103] Alva Noë andererseits mit der Theorie des »enactivism«. Beide berühren sich auf unterschiedliche Weise mit dem in dieser Studie verfolgten Ansatz, obwohl sie ihrer Forschungsperspektive nach allgemeiner ausgerichtet sind.[104] Daher soll hier nur eine kurze Würdigung einiger relevanter Aspekte beider Ansätze erfolgen, welche für das Vorhaben einer phänomenologischen Untersuchung von Differenzerlebnissen im geschilderten Sinne interessant sind.

Gallagher und Zahavi behaupten, Wahrnehmung sei »direct embodied involvement with the world.«[105] Statt also von vermeintlichen Repräsentationen im Geist zu sprechen, die das erlebte Geschehen ausmachen – wie es seit John Locke oft philosophischer Gemeinplatz war –, rückt damit eine unmittelbare Verwobenheit

---

[102] Frank Vogelsang: *Offene Wirklichkeit*. S. 25.
[103] Auch Ratcliffe gehört in diesen Kontext (vgl. dazu Matthew Ratcliffe: *Feelings of being*. S. 105–137).
[104] Beide Ansätze sind hinsichtlich ihrer Genese vor dem Hintergrund der »philosophy of mind« zu sehen und haben weitere Vorläufer – etwa Francisco Varela, Evan Thompson, Humberto Maturana und andere. Auf diese Ansätze wird hier jedoch nicht eingegangen, da die Arbeiten von Gallagher, Zahavi und Noë für die vorliegende Fragestellung spezifischer und einschlägiger sind.
[105] Shaun Gallagher, Dan Zahavi: *The phenomenological mind*. S. 104. Gallagher differenziert in dieser Hinsicht noch weiter zwischen »body image« und »body schema«.

des Menschen qua seiner Körperlichkeit in den Mittelpunkt. Der Körper ist dabei jedoch nicht nur das sicht- und tastbare usw. materielle Ding, sondern mehr: »The body is not merely an object of experience that we see, touch, smell, etc. Rather, the body is also a principle of experience, it is what permits us to see, touch, and smell, etc.«[106] So verstanden formen körperliche Vermögen das Weltverhältnis, etwa dadurch, dass im Wahrnehmungsprozess all diejenigen Erlebnisse als weniger »wirklich« bewertet werden, deren Veränderung auf eigene Bewegungen zurückzuführen sind. Dies zeigt sich zum Beispiel im Fall von akzidentellen Lichtreflexionen, die sich bei Wandel des Beobachterstandorts anders zeigen oder sogar verschwinden. Eine solche Annäherung an Wahrnehmung erweist sich als viel weniger theoriebeladen, insofern sie sich – wie die Autoren deutlich betonen – nicht auf theoretische Konzeptualisierungen stützen muss, sondern die Erste-Person-Perspektive in ihrer Bedeutung ernst nimmt. Insbesondere auch die Rolle von Patientenschilderungen erfährt vor diesem Hintergrund eine Aufwertung.[107] Durch diesen Zugang kommen relevante Motive zum Vorschein, die auch in der hier gewagten Untersuchung im Mittelpunkt stehen wie die Kontextabhängigkeit der Wahrnehmung, die Rolle der Gefühle und Stimmungen als Einflussfaktor oder etwa die Bedeutung des Körpers als Faktor für Wahrnehmung, Kognition und Emotion.[108] Dem Impuls von Gallagher und Zahavi ist daher zuzustimmen, wenn sie feststellen: »Phenomenology endorses a *this-wordly* conception of objectivity and reality and seeks to overcome the scepticism that argues that the way the world appears to us is compatible with the world being completely different.«[109] Gegen die schon geschilderten skeptischen Einwände wird betont, dass gerade das körperliche Engagiertsein in der Welt die Basis bildet für einen phänomengestützten Realismus. Insofern stößt auch

---

[106] Shaun Gallagher, Dan Zahavi: *The phenomenological mind*. S. 153.
[107] Vgl. Shaun Gallagher, Dan Zahavi: *The phenomenological mind*. S. 15–18, 53 und Shaun Gallagher: *How the body shapes the mind*. S. 6.
[108] Vgl. dazu exemplarisch Shaun Gallagher: *How the body shapes the mind*. S. 8, 34, 151, 200 und ders., Dan Zahavi: *The phenomenological mind*. S. 99, 120.
[109] Shaun Gallagher, Dan Zahavi: *The phenomenological mind*. S. 47.

die vorliegende Arbeit, indem sie aus den phänomenalen Erfahrungen Rückschlüsse auf das zugrundeliegende lebensweltliche Sein ziehen möchte, in dieselbe Richtung.[110] Der Enaktivismus teilt viele Prämissen mit dem genannten Ansatz des Embodiment, betont aber stärker das aktive Moment. So heißt es bei Noë, »perceiving is a way of acting. [...] Perceptual experience acquires content thanks to our possession of bodily skills.«[111] Gemeint ist hier erneut, dass der Körper dank seiner Vermögen beeinflusst, was und wie Menschen wahrnehmen. Dies ist jedoch nicht so zu verstehen, als legte der Körper qua seiner organischen Ausstattung (Sinnesorgane, Gehirn usw.) fest, sondern es kommen viel unmittelbarere Weltbezüge zur Sprache. Noë verweist etwa darauf, dass man beim Näherkommen an ein Objekt dessen scheinbare Größenveränderung auf den eigenen Körper in seinen Vermögensdimensionen bezieht. In diesem Sinne schreibt er: »*What we perceive* is determined by *what we do* (or what we know how to do); it is determined by what we are *ready* to do. In ways [...] we *enact* our perceptual experience; we act it out.«[112] Wie schon bei Gallagher und Zahavi betont auch dieser Ansatz die direkte Involviertheit des Menschen in die Welt. Gerade dieses Motiv macht den Enaktivismus für die vorliegende Studie relevant, denn die Berechtigung, die wahrgenommene Welt in ihrer Dignität auch philosophisch ernst zu nehmen, erfährt eine Bestätigung:

> The perceptual world is not a subjective world. The perceptual world is not a world of effects produced in us – in our minds – by the actual world. But the perceptual world is the world *for us*. We can say that the world for us is not the physical world, in that it is not the world of items introduced and catalogued in physical theory. But it is the natural world (and perhaps also the cultural world).[113]

---

[110] Dennoch bestehen entscheidende Differenzen, was sich insbesondere in zweierlei Hinsicht zeigt. Nämlich erscheint einerseits der Begriff »body« bei Gallagher und Zahavi noch zu undifferenziert, zum anderen können sich beide – Gallagher noch weniger als Zahavi – von einem gewissen Physiologismus nicht frei halten.
[111] Alva Noë: *Action in Perception*. Cambridge (Mass.) 2006, S. 1.
[112] Alva Noë: *Action in Perception*. S. 1.
[113] Alva Noë: *Action in Perception*. S. 156.

Diesem Gedanken wird sich im Folgenden angeschlossen durch Rückgriff auf das Motiv der Lebenswelt. Auch in anderen Hinsichten kommt Noë vielen Theoremen, die sich noch als wesentlich herausstellen werden, nahe, so etwa der Situativität der Wahrnehmung und der besonderen Rolle der Explikation im Wahrnehmungsprozess.[114]

Beide zuletzt geschilderten Ansätze thematisieren Differenzerlebnisse nicht direkt als Gegenstand sui generis, auch wenn sie als besondere Erfahrungen durchaus vorkommen.[115] Dennoch sind die Herausstellung zum Beispiel nichtkognitiver Dimensionen der Wahrnehmung und die Offenheit für viele Phänomenbereiche vorbildlich und in wesentlichen Hinsichten gibt es Parallelen in der philosophischen Bewertung der Phänomene. Dies wird sich im Fortgang der Untersuchung der lebensweltlichen Wirklichkeit noch deutlicher zeigen und somit die Verhandlung beider Ansätze als Wegweiser nachträglich deutlicher legitimieren.

Die phänomenologisch sich verstehende Philosophie nimmt im Rahmen der entscheidenden Wegmarken zweifellos den Mittelpunkt ein. Doch auch im Kontext der Philosophie überhaupt ist das Thema der Differenzerlebnisse und der aus ihnen zu gewinnenden Einsichten in das, was man gemeinhin als Wirklichkeit erlebt, aufgegriffen worden – prominent etwa durch Gerhard Kloos, dem die paradigmatische Entwicklung des Themas zu verdanken ist:

> Vor allem sind es die Täuschungsmöglichkeiten der Sinne, die, wenn sie einmal erlebt und bemerkt worden sind, die ursprüngliche Selbstsicherheit des wahrnehmenden Erkennens erschüttern. Indem sie ihm die Grenzen seiner Gültigkeit zeigen, geben sie zugleich den Anstoß zu der Frage, worauf sich unsere Überzeugung von der Wirklichkeit der Außenwelt, wie sie sich uns in der Wahrnehmung darstellt, überhaupt stützt […].[116]

---

[114] Vgl. zur Situativität Alva Noë: *Action in Perception.* S. 33, 50, 53–63, 134f., 191ff. und 215 sowie zur Rolle der Explikation a.a.O., S. 165f., 186, 194.
[115] Vgl. etwa die breiten Ausführungen zum bekannten Patienten Ian Waterman in Shaun Gallagher: *How the body shapes the mind.* S. 43–64, 110–116.
[116] Gerhard Kloos: *Das Realitätsbewusstsein in der Wahrnehmung und Trugwahrnehmung.* Leipzig 1938, S. 9. – Die philosophische Dissertation ist 1933 bei Hermann Noack in Hamburg entstanden, aber erst 1938 in einer psychologischen Reihe er-

Kloos orientiert sich an psychologischen, insbesondere psychopathologischen Darstellungen und Theorien der Zeit, die er in philosophischer Hinsicht ausbeutet. Wie aus der paradigmatischen Entwicklung des Themas im obigen Zitat sich ergibt, wird die Perspektive auf Differenzerlebnisse jedoch verengt, insofern sie – wie etwa auch bei Descartes – in der Hauptsache epistemologisch fragt. Wenn es bei Kloos zum Beispiel heißt, sein Thema bezeichne eine der Grundfragen der Erkenntnistheorie,[117] so ist damit schon eine gewisse hermeneutische Vorentscheidung gefallen, die andere Aspekte des Themas womöglich übersieht. In terminologischer Sicht sowie bei der Verwendung des theoretischen Rüstzeugs bleibt die Studie insgesamt eher traditionell. Die im Rahmen der damals neueren Phänomenologie – insbesondere bei Heidegger –[118] thematisierte Kritik des Stufenschemas und der strikten Trennung von Innen- und Außenwelt greift Kloos nicht auf. Auch die ihm bekannten Patientenberichte behandelt er weniger als empirische Prüfmaterialien, sondern konzentriert sich auf eine Kritik der traditionellen Ansichten über diese. Dennoch stellt Kloos' Studie den pointiertesten Versuch einer philosophischen Gesamtschau der Theorien zum geschilderten Problem der Differenzerlebnisse dar. Eine breitere Rezeption ist ihr allerdings nicht zuteil geworden.

Schon vor dieser Arbeit hatte sich Wilhelm Dilthey mit der Realität oder Irrealität der erscheinenden Welt beschäftigt. Seine Analyse läuft darauf hinaus, die rationalistische Hypothese, Wirklichkeit sei eine Sache verstandesmäßiger Hypothesen, durch Verweis auf die Rolle von Trieb, Wille und Gefühl mindestens zu ergänzen, wenn nicht gar zu überwinden.[119] Hierin erweist er sich als Denker des Konkreten, denn er interessiert sich für die empirisch-fak-

---

schienen. Das zeigt, dass sich die Philosophie – schon damals – mit der Einordnung des Themas schwer getan hat.
[117] Vgl. Gerhard Kloos: *Das Realitätsbewusstsein in der Wahrnehmung und Trugwahrnehmung.* S. 9.
[118] Vgl. neben dem schon genannten Stellen zur Kritik der Schichtenlehre zum Beispiel auch Martin Heidegger: *Sein und Zeit.* S. 60 ff.
[119] Vgl. Wilhelm Dilthey: »Beiträge zur Lösung der Frage vom Ursprung unseres Glaubens an die Realität der Außenwelt und seinem Recht«. S. 95.

tischen Differenzerlebnisse, etwa Träume oder Halluzinationen.[120] Besonderes Augenmerk legt Dilthey, wie später in seiner Nachfolge auch Max Scheler oder Hartmann,[121] auf das Widerstands- oder Hemmungserleben. Zusammenfassend meint er, dass »wir *nicht* durch *Unterordnung* unter die Konzeption der *Ursache* ein Außen im *Denken konstruieren:* uns ist vielmehr in den Erfahrungen der Hemmung und des Widerstandes die Gegenwart einer Kraft *gegeben*, die wir dann als eine äußere von uns getrennte auffassen müssen.«[122] Die Motive der Härte und Widerständigkeit des Realen sind sicher nicht zuerst von Dilthey herausgestellt worden – wie vielleicht schon die Geschichte des ungläubigen Thomas in ihrer populären Form lehrt –,[123] aber mit ihm gewinnen sie in der Philosophie erneut hohen Stellenwert. Generell ist es aber vor allem die Art und Weise, in der Dilthey sich die Frage nach der Wirklichkeit der Erfahrungen zu beantworten getraut, welche viele der wegweisenden Untersuchungen überhaupt erst möglich gemacht hat – auch viele der schon genannten phänomenologischen.

Wenig später hat ein an Dilthey geschulter Philosoph unter Bezugnahme auf phänomenologische Theoreme erneut das diffizile Verhältnis von Wahrnehmung und Wirklichkeit aufgegriffen. In seiner heute eher wenig Beachtung findenden Schrift »Wirklicher

---

[120] Vgl. Wilhelm Dilthey: »Beiträge zur Lösung der Frage vom Ursprung unseres Glaubens an die Realität der Außenwelt und seinem Recht«. S. 120–124.
[121] Vgl. dazu Max Scheler: »Erkenntnis und Arbeit«, in: ders.: *Die Wissensformen und die Gesellschaft.* Leipzig 1926, S. 231–486, hier S. 461–475 und Nicolai Hartmann: *Zum Problem der Realitätsgegebenheit.* Berlin 1931, vor allem S. 15–19. Näheres dazu auch in Kap. IV.3.3.
[122] Wilhelm Dilthey: »Beiträge zur Lösung der Frage vom Ursprung unseres Glaubens an die Realität der Außenwelt und seinem Recht«. S. 131.
[123] Die populäre Form meint, Thomas ließ sich erst von der Wirklichkeit der Anwesenheit Jesu überzeugen, als er ihn (unter anderem) berührt hatte. Das Johannes-Evangelium selbst scheint sein Hauptaugenmerk eher auf das Sehen zu richten (vgl. Joh. 20,25–29), das Berühren spielt nur nebenbei eine Rolle. Dass das Anfassen dennoch in der Vulgärrezeption in den Mittelpunkt geraten ist, verweist auf das, was auch Dilthey hervorzuheben scheint. Gemeinhin gilt nämlich der Tastsinn als der Härte- und Widerstandssinn überhaupt, weshalb die biblische Geschichte als ein Hinweis auf die Rolle der Hemmniserfahrung für Realitätserlebnisse schon in früheren Zeiten spielen kann. Vgl. zu diesem Motiv auch Kap. IV.3.11 dieser Arbeit.

und unwirklicher Geist« kommt Arnold Gehlen ganz im Sinne der eingangs gemachten Bemerkungen auf seine philosophische Beirrung angesichts von Differenzerlebnissen zu sprechen: »[...] gerade die Sphäre der Vorstellungen selbst, ihre Legitimität und Objektivität, ist mir problematisch, weil ich allzu tief die Fragwürdigkeit der Phantasie eingesehen und die Unendlichkeit der Sachtäuschungen und Selbsttäuschungen begriffen habe.«[124] Er sucht nun, diese Verunsicherung dadurch zu lösen, dass er Mensch und Objekt in ihrer sie umfassenden Situation – hierin Merleau-Ponty in gewissem Sinne vorausnehmend – behandelt.[125] Wie Dilthey kommt Gehlen dahin festzustellen, dass es Grade der Wirklichkeit gibt. Es gelingt ihm dabei, in einer phänomenologisch-konkreten Analyse von einzelnen Differenzerlebnissen, einige Faktoren für den jeweiligen Grad der Wirklichkeit herauszustellen.[126] In ihrer Grundanlage ist Gehlens Arbeit bis heute für das angestrebte Ziel einer Untersuchung der Differenzerlebnisse insofern vorbildhaft, als er phänomenologisch vorgeht, das Motiv strikter und ausschließlicher Selbstbesinnung relativiert, hermeneutische Traditionen – zumindest implizit – aufgreift und die Einbettung des Menschen in Situationen betont, statt ihn bloß isoliert zu betrachten.

Gehlens Rivale aus dem Umfeld der Philosophischen Anthropologie, Helmuth Plessner,[127] hat sich ebenfalls dem Problem der

---

[124] Arnold Gehlen: *Wirklicher und unwirklicher Geist. Eine philosophische Untersuchung in der Methode absoluter Phänomenologie*. Leipzig 1931, S. VIII f. – Dass Gehlens Werk nicht schon im Rahmen der phänomenologischen Ansätze verhandelt wurde, legitimiert sich daraus, dass er sich von diesen Pfaden in späteren, seinen hauptsächlichen Schaffensjahren etwas entfernt hat (ohne gleichwohl zum ausgesprochenen Gegner zu werden). Rein sachlich wäre eine Behandlung Gehlens im Umfeld der Phänomenologie gleichwohl gerechtfertigt.
[125] Vgl. zum Situationsbegriff generell Michael Großheim: »Erkennen oder Entscheiden. Der Begriff der ›Situation‹ zwischen theoretischer und praktischer Philosophie«, in: *Internationales Jahrbuch für Hermeneutik*. Bd. 1 (2002), S. 279–300 (zu Gehlen dort speziell S. 286 f.).
[126] Arnold Gehlen: *Wirklicher und unwirklicher Geist*. S. 25 f.
[127] Zur Rivalität der beiden, die sich insbesondere um Fragen der originären Urheberschaft bestimmter anthropologischer Theoreme bewegte, vgl. Joachim Fischer: *Philosophische Anthropologie. Eine Denkrichtung des 20. Jahrhunderts*. Freiburg, München 2008, S. 164, 217 f.

erlebten Unwirklichkeiten zugewandt, sowohl in einer frühen wie auch in einer späten Schrift. In ersterem Werk macht er es sich zur Aufgabe, qualitative Konstanten des menschlichen Weltbildes zu suchen, wobei diese als im Sinnesleben fundiert verstanden werden.[128] Plessner befasst sich insbesondere mit den verschiedenen Sinnen, um eine unveränderliche Basis von Erlebnisweisen herauszustellen. Er meint zusammenfassend: »Wohl bleibt in allen verschiedenen Weltanschauungen, wie sie uns durch die großen Kulturkreise auf der Erde und in der Geschichte gegeben sind, gleichsam eine natürliche Weltanschauung, die Milieustruktur des Typus Mensch, erhalten.«[129] Damit erweitert er die Fragestellung, auf die es hier ankommt, um die Dimension des Streites zwischen Natur und Kultur. Sind die erlebten Differenzen zwischen Wirklichem und Unwirklichem ein Teil der conditio humana oder sind sie kulturbedingt? Plessner nimmt eine vermittelnde Position ein, indem er einen Restnaturalismus mit kulturspezifischem Überbau zu verbinden bestrebt ist.

Im deutschen Sprachraum ist das Thema der Differenzerlebnisse in ihrer Bedeutung für die Ontologie der Lebenswelt durchaus präsent geblieben. Dies belegen – als Abschluss der Wegweiser in der Philosophie – zwei Arbeiten aus der zweiten Hälfte des 20. Jahrhunderts.[130] Wilhelm Weischedel und Karl Albert überlegten, ob es eine besondere Form der Erfahrung gibt, die der Metaphysik – worunter in der Hauptsache Ontologie zu verstehen ist – zugrunde liegt. Mit anderen Worten, sie waren auf der Suche nach einer eigentümlichen Weise des Erlebens, bei der Sein oder Seien-

---

[128] Vgl. Helmuth Plessner: »Die Einheit der Sinne. Grundlinien einer Ästhesiologie des Geistes«, in: ders.: *Anthropologie der Sinne. (= Gesammelte Schriften III.)* Hrsg. v. G. Dux, O. Marquard, E. Ströker. Frankfurt 1980, S. 7–315, hier S. 30. – Die gemeinte späte Schrift ist: Helmuth Plessner: »Anthropologie der Sinne«, ders.: *Anthropologie der Sinne. (= Gesammelte Schriften III.)* Hrsg. v. G. Dux, O. Marquard, E. Ströker. Frankfurt 1980, S. 317–393.

[129] Helmuth Plessner: »Die Einheit der Sinne«. S. 172.

[130] Als eine dritte, allerdings weniger prominente Arbeit wäre noch zu nennen Peter Krausser: *Untersuchungen über den grundsätzlichen Anspruch der Wahrnehmung, Wahrnehmung zu sein. Beiträge zur Deskription und »Ontologie« der Erkenntnis.* Meisenheim am Glan 1959.

des überhaupt erst als »wirklich« zur Geltung kommen.[131] Man kann diese beiden Versuche als das Bestreben interpretieren, die Erfahrungswirklichkeit in ihrem ontologischen Gehalt auf eine grundlegendere Schicht zurückzuführen. Inwieweit ein solches Unterfangen sinnvoll ist, bleibe einmal dahingestellt. Entscheidender ist nämlich der Ertrag für die hier gewählte Perspektive, insofern Weischedel, stärker aber noch Albert zu zeigen vermögen, dass die Differenzen von wahrgenommenen Realitätsgraden philosophisch analysiert in ontologische Unterscheidungen münden können.

Den weitaus größten Anteil an der Forschungsliteratur zum vorliegenden Thema hat – rein quantitativ betrachtet – die Psychologie hervorgebracht.[132] Dies ist leicht verständlich vor dem Hintergrund der Tatsache, dass bestimmte Gruppen von Unwirklichkeitserlebnissen als signifikante Symptome für Krankheiten gelten. In diese Kategorie fallen zum Beispiel die Derealisationen, Halluzinationen oder Wahnstimmungen. Man kann dieses umfangreiche Textkorpus grob in zwei Gruppen einteilen – in die theoretischen und die deskriptiven Beiträge. Erstere liefern wissenschaftliche Erklärungen, während letztere sich auf möglichst rein empirische Schilderungen beschränken.[133] Gerade die vornehmlich beschreibenden Arbeiten bieten dem Vorhaben einer Analyse der Differenzerlebnisse ein reichhaltiges Reservoir an empirischen Prüfsteinen. Im Folgenden kann freilich nur eine kleine Auswahl aus all den Beiträgen

---

[131] Vgl. Wilhelm Weischedel: »Zum Problem der metaphysischen Erfahrung«, in: ders.: *Wirklichkeit und Wirklichkeiten. Aufsätze und Vorträge.* Berlin 1960, S. 103–112, hier S. 105 und Karl Albert: *Die ontologische Erfahrung.* Ratingen, Kastellaun 1974, S. 7.

[132] Eine der ersten thematisch eng fokussierten Abhandlungen im deutschsprachigen Raum zum Problem der Täuschungen, Illusionen usw. scheint das Werk von Friedrich Wilhelm Hagen gewesen zu sein (vgl. Friedrich Wilhelm Hagen: *Die Sinnestäuschungen in Bezug auf Psychologie, Heilkunde und Rechtspflege.* Leipzig 1837). Hagens Vorgehen ist insofern beachtenswert, als er sich um eine sowohl begriffliche wie deskriptive Annäherung an Erlebnisbestände bemüht. Jedoch orientiert er sich bei seiner Annäherung sehr an traditionellen Konzepten und verschmäht bewusst die konkret-inhaltliche Erlebensdimension (a. a. O., S. 3 (§ 11)).

[133] Natürlich gibt es auch etliche Beiträge, die beide Aspekte miteinander kombinieren. Zu Ordnungszwecken und zur Orientierung mag dennoch diese Dichotomie genügen.

erläutert werden, wobei das Hauptaugenmerk hinsichtlich dieser Wegmarken auf ihren jeweils besonderen Perspektiven liegen soll.

Der schon erwähnte James macht insofern berechtigterweise den Anfang, als er sich intensiv mit den Lebenserfahrungen der Menschen auseinandergesetzt hat. Nicht nur im Rahmen der Religionsphilosophie,[134] sondern insbesondere auch im Kontext der Frage des Zusammenhangs von Erfahrung und Wirklichkeit. James fokussiert sich dabei auf den Begriff »belief«, der eine besondere Erlebensqualität darstellt: »Belief is thus the mental state or function of cognizing reality. [...] *In its inner nature, belief, or the sense of reality, is a sort of feeling more allied to the emotions than to anything else.*«[135] Für diesen Glauben sucht James nach Anhaltspunkten sowohl in der sinnlichen Sphäre als auch in weiteren Kontexten, nämlich verschiedenen Welten. Dazu gehören zum Beispiel die Wissenschaften, stammestypische Vorurteile oder individuelle Meinungen. All dies geht nach James in den Realitätssinn ein, verkompliziert aber somit die Lage. Letztlich lautet daher das Fazit, »that no general offhand answer can be given as to which objects mankind shall choose as its realities.«[136] James' Verdienst liegt in zweierlei Hinsichten. Einerseits erkennt er die Welt der »Verrücktheiten« als eine legitime Erfahrungswelt neben anderen an. Er enthält sich also objektivistisch motivierter Reduktionen. Zum anderen wird der Versuch unternommen, der kulturell-sozialen Dimension der Wirklichkeit verstärkt einen Platz einzuräumen. Im Grunde erweist sich James damit, abgesehen von seinen phänomenologisch gehaltvollen Einzelbestimmungen, als Vorreiter der soziologischen Ansätze, auf die gleich noch zu kommen sein wird.

---

[134] Vgl. William James: *Die Vielfalt religiöser Erfahrung. Eine Studie über die menschliche Natur.* Übers. v. E. Herms, C. Stahlhut. Frankfurt, Leipzig 1997.

[135] William James: *Principles of Psychology.* S. 636. – Aus dem Zitat geht die Nähe zu dem schon dargelegten Ansatz von Ratcliffe hervor, denn James' Begriff des »sense of reality« entspricht annähernd Ratcliffes Konzept der »feelings of being« (vgl. dazu Matthew Ratcliffe: *Feelings of being.* S. 219–239).

[136] William James: *Principles of Psychology.* S. 658. Auch in einem aktuellen Übersichtswerk zu Depersonalisationserfahrungen spielen die Überlegungen von Jaspers noch eine gewisse Rolle. Vgl. dazu Uwe Wolfradt: *Depersonalisation. Selbstentfremdung und Realitätsstörung.* Köln 2003, S. 26f.

Auf die Ansichten James' ist immer wieder rekurriert worden. Ähnlich wirkmächtig, wenn auch hauptsächlich auf den deutschen Sprachraum beschränkt, waren die Arbeiten von Jaspers. Seine »Allgemeine Psychopathologie« ist noch heute »wichtig für die Methodenbesinnung«[137]. Betreffs des engeren Problemkreises der Differenzerlebnisse noch einschlägiger ist allerdings ein älterer Zeitschriften-Beitrag, in dem der Zusammenhang von Leibhaftigkeit und Realitätsurteil verhandelt wird. Jaspers stellt unter Bezugnahme auf zahlreiche Patientenberichte fest, dass »alle Leibhaftigkeit uns die sicherste Überzeugung von der Wirklichkeit der Gegenstände gibt.«[138] Diese Leibhaftigkeit ist etwas Gegebenes, etwas unmittelbar Erfahrenes, das den validen Erlebnissen, aber auch echten Halluzinationen zukommt. Sie fehlt jedoch bei Pseudohalluzinationen[139] oder bloßen Vorstellungen. Daraus lasse sich ableiten, so Jaspers, dass Leibhaftigkeit nicht mit dem Realitätsurteil verwechselt werden dürfe, wie der Fall der Halluzinationen belege.[140] Das Konzept der Leibhaftigkeit stellt einen bleibenden phänomenologischen Ertrag der Arbeiten Jaspers' dar.[141] Er will damit auf die besondere Qualität der Erlebnisse hinweisen, die gemeinhin – vor aller rationalen Verarbeitung im Rahmen von Weltbildern und Theorien – als wirklich akzeptiert werden. Jaspers schließt sich explizit der phänomenologischen Tradition an, wobei er dies weniger in theoretischer, mehr in habitueller Weise umsetzt, was seine empirische Produktivität dokumentiert.

Es gab gerade am Ende des 19. und bis zum Ende der ersten Hälfte des 20. Jahrhunderts breite psychologische Strömungen oder Schulen, die sich stärker deskriptiv und hermeneutisch orien-

---

[137] Christian Scharfetter: *Allgemeine Psychopathologie*. S. VII.
[138] Karl Jaspers: »Zur Analyse der Trugwahrnehmungen (Leibhaftigkeit und Realitätsurteil)«, in: Zeitschrift für die gesamte Neurologie und Psychiatrie, Bd. 6 (1911), S. 460–535, hier S. 491.
[139] Damit sind Halluzinationen gemeint, die sinnlich reichhaltiger als Vorstellungen sind, aber dennoch nicht mit dem Überwältigungs- und Überzeugungsgefühl von Halluzinationen daherkommen (vgl. Karl Jaspers: »Zur Analyse der Trugwahrnehmungen«. S. 461).
[140] Vgl. Karl Jaspers: »Zur Analyse der Trugwahrnehmungen«. S. 535.
[141] Vgl. dazu näher Kap. IV.3.1.

tierten. Bei ihnen standen Erlebnisberichte und das Verstehen dieser im Vordergrund; die physiologischen Eingriffe durch Medikamente oder auch Operationen folgten therapeutisch später. Aus diesem Umfeld gibt es zahlreiche Werke, die – wie schon erwähnt – als Steinbrüche für Analysen dienen können. Herausgehoben seien hier die Arbeiten von Willy Mayer-Gross und Johannes Stein, denn sie ziehen auf wünschenswerte Weise Parallelen zwischen verschiedensten Bereichen von Differenzerlebnissen – pathologisches Erleben im engeren Sinn, Träume oder auch Rauschzustände. Die Autoren gehen von den Erfahrungen der Patienten aus, um zu verstehen, welche Mechanismen die gegenüber dem gewohnten Wahrnehmen veränderten Zustände erläutern könnten. Wiewohl sich letztlich doch eine Präferenz für einen physiologischen Standpunkt herauskristallisiert,[142] wird die prinzipielle Berechtigung pathologischer Erlebnisweisen betont:

> Jedenfalls zeigt der Meskalinversuch, daß es Störungen der Sinnestätigkeit gibt, die völlig unvergleichbare Eindrücke der Realität hervorrufen. Da wir dies wissen, wird uns auch die Sicherheit und Unbeirrbarkeit, mit der ein Kranker [...] an seinem Realitätsurteil festhält, weniger in Erstaunen setzen, da er sich in der Tat mit gutem Recht auf das Zeugnis seiner [...] Sinne berufen kann.[143]

Die beiden Psychologen bemühen sich um ein Verständnis der Erlebnisweisen durch Vergleiche. Sie kommen zwar zu keinem fixen Merkmalskanon, geben aber immer wieder die ihnen evident erscheinenden phänomenalen Unterschiede an.[144]

Ein solches Vorgehen war besonders in den Jahren von circa 1900 bis 1930 durchaus verbreitet, wie die ähnlich gelagerten Beiträge von Wilhelm Specht und Arthur Kronfeld belegen.[145] An die-

---

[142] Vgl. Willy Mayer-Gross, Johannes Stein: »Pathologie der Wahrnehmung«, in: O. Bumke (Hrsg.): *Handbuch der Geisteskrankheiten. Erster Band: Allgemeiner Teil I*. Berlin 1928, S. 351–507, hier S. 431.
[143] Willy Mayer-Gross, Johannes Stein: »Über einige Abänderungen der Sinnestätigkeit im Meskalinrausch«, in: Zeitschrift für die gesamte Neurologie und Psychiatrie, Bd. 101 (1926), S. 354–386, hier S. 386.
[144] Willy Mayer-Gross, Johannes Stein: »Pathologie der Wahrnehmung«. S. 432–444.
[145] Vgl. in diesem Sinne Wilhelm Specht: »Zur Phänomenologie und Morphologie

se Tradition hat lange Zeit kaum ein Psychologe direkt angeknüpft. Erst mit Fuchs erfolgt auf diesem Forschungsgebiet wieder eine stärkere Zuwendung hin zu diesem Überschneidungsfeld von Philosophie und Psychologie. In seinen Arbeiten greift er auf die schon bekannten psychopathologischen Erlebnisweisen zurück, thematisiert aber auch ungewöhnlichere Differenzerlebnisse wie zum Beispiel Nahtoderfahrungen.[146] Grundlage der Annäherung Fuchs' an den Phänomenbereich der Unwirklichkeiten ist ein leibphänomenologischer Ansatz, den er ausgehend von Scheler, Erwin Straus, Merleau-Ponty und Hermann Schmitz entwickelt. Zentrale Aufgabe sei dabei »die Suche nach einer Sprache der leiblichen Erfahrung, die uns hilft, den Kranken in seiner leiblich-räumlichen Existenz zu verstehen und für sein Erleben gemeinsame Worte zu finden.«[147] Eine solche Sprache versucht Fuchs mit seiner Leibphänomenologie zu entwickeln. Er ist bestrebt zu zeigen, dass sich Wirklichkeitserfahrungen im Spannungsfeld von Leib und Welt konstituieren und entsprechend Unwirklichkeiten in besonderen Verhältnissen der beiden Relata zu begründen sind. Der Leib als Medium des Weltbezugs bedingt zum Beispiel dadurch die Erfahrungen von Unwirklichem, dass die affektive Resonanz verloren geht. Gegen Descartes hält Fuchs die gefühlsmäßige Einbettung des Menschen entscheidend für Wirklichkeitserfahrungen:

> Für einen Menschen in [dem] Zustand äußerster Entfremdung gibt es kein Kriterium mehr, das ihn von der Realität seiner Wahrnehmungen überzeugen könnte. Ohne affektiven Kontakt gerät die Welt »auf die andere Seite« und erstarrt in leerem Vorhandensein, in toter Faktizität.

---

der pathologischen Wahrnehmungstäuschungen«, in: Zeitschrift für Pathopsychologie, Bd. 2 (1912/14), S. 1–35, 121–143, 481–569, ders.: *Wahrnehmung und Halluzination*. Leipzig, Berlin 1914 sowie Arthur Kronfeld: »Wahrnehmungsevidenz und Wahrnehmungstrug«, in: Monatsschrift für Psychiatrie und Neurologie, Bd. 68 (1928), S. 361–401.

[146] Vgl. Thomas Fuchs: »Außerkörperliche Erfahrung bei Reanimation. Zur Phänomenologie und Ätiologie der Nahtoderlebnisse«, in: Fundamenta psychiatrica. Psychiatrie und Psychotherapie in Theorie und Praxis, Bd. 10 (1996), S. 100–107.

[147] Thomas Fuchs: *Psychopathologie von Leib und Raum. Phänomenologisch-empirische Untersuchungen zu depressiven und paranoiden Erkrankungen*. Darmstadt 2000, S. 7.

Diese Entleerung fällt zurück auf das Subjekt und widerlegt Descartes' *cogito*. [...] Die vollständige Subjekt-Objekt-Trennung, die Abstreifung alles Eigenen vom Fremden würde nicht die Gewißheit des Selbstseins übrig lassen, sondern einen grauvollen Alptraum.[148]

In Richtung der von Fuchs gelegten Spuren – Anti-Reduktionismus, Leib, affektive Einbettung – gilt es, weiter zu gehen, um einem Verständnis des Zustandekommens von Wirklichkeitseindrücken näher zu kommen.

Schon mit der Arbeit von James war die kulturelle Dimension der Differenzerlebnisse aufgekommen. Soziologische Betrachtungen haben die Möglichkeit verschiedener Wirklichkeiten seitdem noch stärker in den Mittelpunkt gestellt, wobei vor allem die Wissenssoziologie zu nennen ist, zu der man unter anderem Scheler, Alfred Schütz, Peter L. Berger und Thomas Luckmann zählen kann.[149] Welchen Beitrag zur Perspektive auf erlebte Unwirklichkeiten leisten solche Ansätze? Interessant sind sie deshalb, weil sie auf die Bedingungen reflektieren, unter denen im Alltag Differenzen gerade wirkungsmächtig oder durch Sekundärmechanismen wie Rituale, Theorien usw. überdeckt werden. So greifen Berger und Luckmann zum Beispiel vor dem Hintergrund der Differenzerlebnisse den Begriff der Grenzsituation von Jaspers auf, um – wenn auch mit anderer Auffassung desselben – auf solche Übergänge im Wirklichkeitserleben hinzuweisen:

> Die symbolische Sinnwelt ist als die Matrix *aller* gesellschaftlich objektivierten und subjektiv wirklichen Sinnhaftigkeit zu verstehen. [...] Von besonderer Wichtigkeit ist, daß auch die Grenzsituationen im Leben des Einzelnen von der symbolischen Sinnwelt umfaßt werden [...]. Derartige Situationen erlebt man in Wach- und Schlafträumen – als Sinnprovinzen, die vom Alltagsleben abgetrennt und mit einer seltsamen Wirklichkeit eigenen Rechts ausgestattet sind.[150]

---

[148] Thomas Fuchs: »Wirklichkeit und Entfremdung«. S. 163. Es zeigen sich hier offensichtliche Parallelen zum Ansatz von Matthew Ratcliffe.

[149] Auch die Arbeiten einer historisch-soziologisch-hermeneutischen Wissenschaftstheorie, wie sie von Ludwik Fleck und Thomas S. Kuhn entwickelt wurde, bieten hier einschlägige Hinweise. Vgl. dazu auch Kap. V.3 dieser Arbeit.

[150] Peter L. Berger, Thomas Luckmann: *Die gesellschaftliche Konstruktion der Wirklichkeit*. S. 103.

Folgt man diesen Überlegungen, dann werden Differenzerlebnisse zu Bruchstellen in einem variantenreichen Wirklichkeitsteppich, der durch kulturelle Stiftung zusammengehalten wird.

Bereits vor Berger und Luckmann hatte Schütz ein ähnliches Modell entwickelt, welches die verschiedenen Subuniversen oder Bedeutungsprovinzen der Realität durch bestimmte logische Kohärenzen und den Verweis auf einen objektiven Zeitrahmen vereinte.[151] Die Besonderheit der Herangehensweise derartiger Arbeiten ist in ihrer Betonung der sozial-kulturellen Dimension der Wirklichkeitserfahrung zu sehen. Sie rücken die mindestens partielle Konstruiertheit in den Fokus. Unterkomplex scheinen sie jedoch in der Hinsicht zu sein, dass verstärkt auf Wissensbestände rekurriert wird, die den Menschen ausmachen sollen, weniger auf affektive oder leibliche Vorgänge.

Das Motiv der Konstruktion, welches bereits durch James und seine soziologischen Nachfolger herausgestellt wurde, haben sich kognitionswissenschaftliche Ansätze[152] in noch weit größerem Ausmaß zu eigen gemacht. Kerngedanke solcher Modelle ist, dass wesentliche Bestände menschlicher Wahrnehmung im Gehirn beziehungsweise im Gesamtorganismus entstehen und daher im eigentlichen Sinne Produkte sind, über deren Zusammenhang mit einer vermuteten Außenwelt wenig bis gar keine Aussagen möglich scheinen. Besonders vehement hat dieses Paradigma Gerhard Roth vertreten, der meint, »[d]ie Wirklichkeit, in der ich lebe, ist ein Konstrukt des Gehirns.«[153] Anlass zu derartigen Überlegungen gab die Einsicht, dass Veränderungen des Gehirns – etwa durch Verletzungen, durch Intoxikationen usw. – eine parallelgehende Veränderung der wahrgenommenen Wirklichkeit bedingen. Daraus ziehen die Konstruktivisten den Schluss, dass dem Organismus und insbesondere dem Gehirn eine entscheidende Funktion beim Zustandekommen der Erfahrungswirklichkeit zugeschrieben werden muss.

---

[151] Vgl. Alfred Schütz: »On multiple realities«. Hier vor allem S. 540, 545, 549, 551.
[152] Auf eine Binnendifferenzierung der Kognitionswissenschaften wird hier verzichtet, da sie für das vorliegende Forschungsprogramm unwichtig ist.
[153] Gerhard Roth: *Das Gehirn und seine Wirklichkeit. Kognitive Neurobiologie und ihre philosophischen Konsequenzen.* Frankfurt 1997, S. 21.

Was dem Gehirn von außen zukommt, sind nur rudimentäre Erregungen, die an sich keinen rechten Informationswert haben. Erst durch Verarbeitungs- und Ordnungsprozesse im und durch das Gehirn – beziehungsweise genauer durch spezifische Regionen desselben – entsteht eine Wahrnehmung, die dann immer nur hypothetisch ist. Noë hat dieses Dogma, welches er als Phänomenologe begründet zurückweist, für den Bereich des Visuellen treffend so zusammengefasst:

> Orthodox visual theory in this way frames its central problem as that of constructing an internal representation sufficient to support our detailed, high-resolution, gap-free, snapshot-like [...] visual experience of the world despite the imperfections and limitations of the retinal image. The theory of vision, according to this orthodox standpoint, is the theory of the ways the brain corrects for and overcomes these limitations.[154]

Das Gehirn wird zu einem rational angeleiteten Spekulationsorgan, das in Wahrnehmungen immer Voraussagen, Deutungen usw. vereint.[155] Unwirklichkeitserfahrungen sind dann solche Wahrnehmungen, die anderen widersprechen; Differenzen werden zu Übergängen zwischen verschiedenen Konstruktionen.[156]

Auffällig ist im Hinblick auf kognitionswissenschaftliche Überlegungen – im Gegensatz zu den psychologischen und phänomenologischen Ansätzen – die Dominanz der Theorie über empirische Erwägungen. Eine Ausnahme bildet der an Humberto Maturana angelegte Versuch von Michael Stadler und Peter Kruse, Kriterien für Wirklichkeitserfahrungen anzugeben. Sie argumentieren zwar vor dem Hintergrund eines kognitionsbiologischen Paradigmas, heben aber hervor, dass »die Unmittelbarkeit des Wirklichkeitserle-

---

[154] Alva Noë: *Action in perception.* S. 38 f.
[155] Vgl. Gerhard Roth: *Das Gehirn und seine Wirklichkeit.* S. 86 f.
[156] Vgl. Gerhard Roth: *Das Gehirn und seine Wirklichkeit.* S. 352. – Siegfried J. Schmidt vertritt ein vergleichbares Modell, welches als Bestimmungsfaktoren der konstruierten Wahrnehmung ebenso frühere Erfahrungen und außerdem stammesgeschichtliche Festlegungen benennt (vgl. Siegfried J. Schmidt: »Der Radikale Konstruktivismus. Ein neues Paradigma im interdisziplinären Diskurs«, in: ders. (Hrsg.): *Der Diskurs des Radikalen Konstruktivismus.* Frankfurt 1987, S. 11–88, hier vor allem S. 14–18).

bens und der offenkundige Erfolg individueller und gesellschaftlicher Praxis [...] den radikalen Konstruktivismus weitgehend *kontraintuitiv* [machen] [...].«[157] An der grundlegenden These der Selbstreferentialität des Gehirns halten die Autoren wohl fest, wollen den zugrunde liegenden Prozessen jedoch eine größere »inner[e] Dynamik des Kognitiven« zugestehen.[158] So werden denn drei wesentliche Gruppen von Wirklichkeitsmerkmalen unterschieden: die syntaktischen, semantischen und pragmatischen.[159] Damit wird der Blickwinkel der Kognitionswissenschaften erweitert und auch Handlungs- und Kulturzusammenhänge in die Betrachtung mit einbezogen.

All die genannten Ansätze unterschiedlichster Provenienz haben auf die eine oder andere Weise Differenzerlebnisse – Erfahrungen an der Grenze von Wirklichkeit und Irrealität – thematisiert. Die vorstehenden Darlegungen zeigten, ihrem genannten Zweck gemäß, dass das Thema zwar nicht kanonisch, wohl aber durchaus virulent und relevant ist. Unerwähnt geblieben sind zahlreiche beiläufigere, weniger systematische Bezugnahmen, die es bei zahlreichen weiteren Autoren gibt. Die Unterscheidung zwischen Wirklichem und Unwirklichem ist verständlicherweise von jeher ein wichtiges Motiv menschlicher Selbstbesinnung gewesen, weshalb derartige Hinweise bei vielen Autoren nicht überraschen. Im Rahmen der Positionen, die in gewissem Sinne Wegweiser sind, können sie jedoch ausgespart bleiben.

I.4 Gang der Untersuchung

Mit dem bisher Gesagten ist ein erster Annäherungsversuch an das Thema der Wahrnehmung von Wirklichkeit und seine Geschichte vollzogen. Dabei ist vieles bewusst vage geblieben, zum Beispiel, was denn eigentlich »Wahrnehmung« meint – die bisher unkritisch synonym gebrauchten Begriffe »Erfahrung« oder »Erlebnis« schei-

---

[157] Michael Stadler, Peter Kruse: »Über Wirklichkeitskriterien«. S. 142.
[158] Michael Stadler, Peter Kruse: »Über Wirklichkeitskriterien«. S. 142.
[159] Für eine genauere Analyse dieser Kriterien vgl. Kap. IV.3.9.

nen doch darauf hinzuweisen, dass eine differenziertere Klärung der Semantik nötig ist. Gleiches gilt für die Rede von »Wirklichkeit«. Wiewohl es dem vorhergehend Dargelegten also noch an terminologischer Prägnanz fehlt, so kann es doch zweckhaft einen Einblick in die Dimensionen des Problems vermitteln. Allerdings bedarf es im Folgenden einer stärkeren argumentativen Stringenz, die ein erhebliches Maß an methodischer Selbstbesinnung voraussetzt. Dies mag – vor allem nach dem schon geleisteten Vorlauf – überraschen, ergibt sich aber aus dem zirkulären Zusammenhang von Methode und Ontologie. Eine Methode bringt notwendig eine Form von Interpretation der Empirie mit sich, mindestens schon durch begriffliche Konzepte. Das ist keineswegs per se zu verurteilen, sondern darin liegt gerade die eigentümliche Leistung von Methoden, das Begegnende handhabbar zu machen. Problematisch und bedenkenswert wird diese Sachlage dadurch, dass einer Methode durch ihre spezifische Eigenart der Abstraktion bestimmte Bestände der Empirie entgehen. Methoden sind notwendig selektiv. Es kommt zu einer Reduktion dessen, was in einer Ontologie überhaupt vorhanden sein kann. Aus diesem Grund ist eine methodische Selbstreflexion nicht ein zusätzliches, aber womöglich unnötiges Vorgehen, sondern nur durch sie kann der eigene Standpunkt einer Untersuchung erst hinreichend genug abgesichert werden. Besonders trifft das auf die Philosophie zu, in der die Überlegungen über den rechten Zugang zu einem Gegenstand nicht bloße Vorarbeiten sind, die womöglich auf etablierte Muster gefahrlos zurückgreifen könnten, sondern in der schon die Methode jedes Mal radikal in Frage steht. Es ist daher geboten, auf diesen Teil einer Untersuchung, der eigentlich »nur« ihr Vorfeld betrifft, intensiv zu achten, denn wiewohl in ihm nicht eigentlich die Erkenntnisse zu gewinnen sind, können sie dort schon anfänglich verfehlt werden. Aus diesem Grund wird die vorliegende Untersuchung sich zunächst in einem weiteren Anlauf der Frage widmen, was genau Gegenstand des Vorhabens ist und was die rechten Methoden sind. Dieses Propädeutikum versucht, die Berechtigung des Vorgehens philosophisch abzusichern.

Ist ein vertretbarer Zugang gefunden, soll anschließend eine Kritik der grundlegenden Paradigmen etablierter Wahrnehmungstheorien vollzogen werden. Auf diese Weise wird sich zeigen, inwiefern eine Annäherung an die Wahrnehmung als Phänomen Anleihen bei bestehenden Theorien nehmen kann. Eine derart negativdestruierende Kritik dient der Vorbereitung des positiven Teils, in dem dafür argumentiert wird, dass der von Hermann Schmitz entwickelte neuphänomenologische Ansatz den plausibelsten Ausgangspunkt für die Untersuchung der Unwirklichkeiten bietet. Es wird herausgestellt, warum das Modell von Schmitz vorläufig zu bevorzugen ist, wobei es gleichzeitig gegen einige zentrale Einwände verteidigt werden muss. Mit dieser Strategie gewinnt die Untersuchung einen Begriffsrahmen, der ihr größtmöglichen heuristischen Nutzen verspricht.

Mit dem Abschluss der Überlegungen zu möglichen Theorien der Wahrnehmung geht die Arbeit über in eine konkret-empirische Phänomenologie der Differenzerlebnisse. Es wird dargelegt und vorgeführt, inwiefern man die Wahrnehmungen durch leibphänomenologische Konzepte verständlich machen kann und wie sich der Eindruck der Wirklich- oder Unwirklichkeit ergibt. Dieser Teil des vorliegenden Werkes ist der im engeren Sinne phänomenologische, insofern er sich dezidiert der Analyse von Erlebnissen widmet, wie sie Patienten und Betroffene schildern. Dabei wird nicht nur eine eigenständige phänomenologische Untersuchung angestrebt, sondern es soll sich durch einen Vergleich mit etablierten Modellen zeigen, inwiefern es die verwendete Terminologie besser gestattet, das schwierige Feld der Differenzerlebnisse zu erhellen.

Beschlossen wird die Argumentation durch den Versuch, die gewonnenen Einsichten in verschiedenen Aspekten auf philosophische Probleme anzuwenden und für diese anschlussfähig zu machen. Damit wird freilich der Boden der phänomenologisch orientierten Philosophie im engeren Sinne verlassen, der Bereich produktiver, rational angeleiteter abstrakterer philosophischer Überlegung betreten.

Mit diesem Gang durch ein empirisch diffuses Feld wird ein Beitrag dazu geleistet, dem theoretischen Verständnis von der Welt, in der Menschen immer schon leben und in der sie immer schon zumeist problemlos mit Wirklichkeiten und Irrealitäten umgehen, ein Stück weit näher zu kommen. Im Zuge der Analyse wird, durch den begründeten Rekurs auf die Neue Phänomenologie von Schmitz, zugleich dieses Modell gleichsam einer Prüfung unterzogen. Die Dignität muss es vom Ausgang der Überlegungen her gewinnen.[160] Schlussendlich wird die Beirrung, die durch Unwirklichkeiten ausgelöst werden kann, sich als ein Tor in einen Zustand erweisen, der zwar das »Grauen« auszulösen vermag, der aber auch dazu anregt, diesem Abgrund auf genuin humane Weise zu begegnen – mit kritisch-philosophischer Reflexion.

---

[160] Die mit einem jeden hermeneutischen Vorgriff einhergehende Zirkularität ist daher kein berechtigter Vorwurf, insofern der Vorgriff sich von den Erträgen der Untersuchung her erneut auf prüfen und gegebenenfalls revidieren lassen muss.

II. Begrifflich-methodisches Propädeutikum

Eine Untersuchung, die sich außeralltäglichen, ungewöhnlichen, zum Teil pathologischen Erlebnissen zuwendet, steht vor der Aufgabe, sich selbst in ihrer Rationalität zu verteidigen. Offensichtlich besteht die Gefahr, dass die gewonnenen Einsichten als »Spinnereien«, Esoterik oder womöglich als Irrationalitäten abgetan werden. Dagegen gilt es, eine Differenzierung zu betonen, die Schmitz herausstellt – Rationalität der Methode und Rationalität der Sache müssen nicht zusammenfallen.[1] Nur die erste Form ist dem Philosophen zu sichern anheimgestellt. Man kann nicht davon ausgehen, dass der Gegenstand, dem man sich zuwendet, rationalen Ansprüchen genügt. Vielleicht tun das Forschungsgegenstände nie ganz, wovon zum Beispiel Hartmann überzeugt war.[2] Der Philosoph und auch jeder andere Denkende können aber autonom dafür Sorge tragen, dass die Art und Weise, wie der Forschungsgegenstand behandelt wird, Rationalitätsgeboten genügt. Einer solchen Reflexion auf die methodischen Spezifika der hier vorgenommenen Untersuchung zum Zusammenhang von Wahrnehmung und Wirklichkeit sind die folgenden Überlegungen gewidmet. Dabei werden zum einen die wesentlichen Begriffe zu erläutern sein, zum anderen aber muss auch die eigene Herangehensweise sich als plausibel und legitim erweisen.

---

[1] Vgl. Hermann Schmitz: *System der Philosophie. Bd. V: Die Aufhebung der Gegenwart.* Bonn 2005, S. 202. Vgl. zu diesem Aspekt auch die weiterführenden Bemerkungen in Michael Großheim: »Zur Aktualität der Lebensphilosophie«, in: ders. (Hrsg.): *Perspektiven der Lebensphilosophie. Zum 125. Geburtstag von Ludwig Klages.* Bonn 1999, S. 9–20, vor allem S. 11–16.
[2] Vgl. Nicolai Hartmann: *Grundzüge einer Metaphysik der Erkenntnis.* Berlin, Leipzig 1925, S. 229–232.

Begrifflich-methodisches Propädeutikum

II.1 Wahrnehmung als Thema der Philosophie

Schön häufig ist im zuvor Gesagten von Wahrnehmung die Rede gewesen, denn durch sie erst »hat« man Wirklichkeiten oder Unwirklichkeiten. Aber kann man auch Träume und Halluzinationen als Wahrnehmungen bezeichnen? Bisher ist der Wahrnehmungsbegriff schlicht verwendet worden, ohne dass eigentlich ganz klar war, was damit gemeint ist. Wie bei vielen Begriffen, die sowohl in der Philosophie als auch im alltäglichen Sprachgebrauch Anwendung finden, erweist er sich als äquivok. Es lässt sich ein semantisches Feld bilden, in dem Termini wie Empfindung, Reiz, Erlebnis, Bewusstseinszustand, Erfahrung vorkommen und die alle mehr oder weniger große Überschneidungen in ihrem Sinn mit dem Begriff »Wahrnehmung« zeigen. Auch ist mit Wahrnehmung mitunter Verschiedenes gemeint – der Vorgang, das Objekt oder ein bloßes Vermögen.[3] Carl Stumpf berichtet die bezeichnende Anekdote, dass der Psychologe Ludwig Binswanger sogar einmal eine Umfrage unter seinen Kollegen veranstaltet habe, was sie unter »Wahrnehmung« verstehen –[4] so unsicher ist die kanonische Bedeutung selbst bei Fachleuten.

Das heute leitende Paradigma des Verständnisses von Wahrnehmung ist zweifelsohne ein medizinisch-physiologisch-konstruktivistisches. Eine in diesem Sinne klassische Definition würde Wahrnehmung als die Verarbeitung der durch die Sinnesorgane empfangenen und durch Nerven weitergeleiteten Reize im Gehirn (oder, weiter gefasst, durch den Organismus) verstehen. Dieses Modell geht seiner Rezeption nach besonders auf Hermann von Helmholtz zurück.[5] Eine derartige Auffassung bestimmt das alltäg-

---

[3] Vgl. dazu Edmund Husserl: *Wahrnehmung und Aufmerksamkeit*. S. 8.
[4] Vgl. Carl Stumpf: *Erkenntnislehre. Bd. I.* Leipzig 1939, S. 207.
[5] Vgl. Hermann von Helmholtz: »Die Tatsachen in der Wahrnehmung«, in: ders.: *Philosophische Vorträge und Aufsätze*. Hrsg. v. S. Wollgast, H. Hörz. Berlin 1971, S. 247–299, hier vor allem S. 267, 274. – Wie einflussreich das Helmholtz-Paradigma noch ist, zeigt die sehr verbreitete populäre Darstellung von Richard L. Gregory, der erheblichen Einfluss wiederum auf die Arbeiten von Vilaynur S. Ramachandran und Oliver Sacks ausübte, in der explizit auf die Relevanz und Gültigkeit dieser grundlegenden Hypothese verwiesen wird (vgl. Richard L. Gregory: *Auge*

liche Selbstverständnis der Menschen und bildet im Rahmen naturwissenschaftlicher Betrachtungen den kanonischen Rahmen. Warum sollte also die Philosophie nicht schlicht diese Bestimmung übernehmen? Steht es der Philosophie überhaupt zu, etwas über Wahrnehmung zu sagen, wo diese doch offensichtlich in hohem Maße oder sogar ganz und gar bedingt ist durch körperliche Vorgänge in den Sinnesorganen und im Gehirn? Damit führt die Frage nach dem rechten Begriff von Wahrnehmung auf die vorhergehende Problematik, ob diese denn eigentlich ein Thema der Philosophie sein kann.

Eine einfache Antwort auf die gestellte Frage wäre, dass sich Philosophie prinzipiell allem zuwenden kann, insofern sie die grundsätzliche humane Reflexionstätigkeit ist. Aber es gibt auch einen spezielleren Grund, der entscheidender ist. Die Einzelwissenschaften rekurrieren nämlich selbst immer schon auf Wahrnehmungen. Diese sind für sie ein unhintergehbares Letztes – wenn nicht in theoretischer, so doch in empirischer Hinsicht, wie sich schon daran zeigt, dass zur Prüfung durch Messung natürlich das Wahrnehmen wichtig ist. Man kann die berühmte sogenannte Protokollsatz-Debatte im Umfeld des logischen Empirismus vor diesem Hintergrund verstehen als den Versuch, die Wahrnehmung auf denjenigen Rest zu reduzieren, der das kleinstmögliche Minimum bei größtmöglicher Objektivität darstellt.[6] Aber diese Versuche zeigen mindestens, dass auf irgendeine Form der Wahrnehmung nicht verzichtet werden kann.[7] Damit wird jedoch ein Verständnis dieses

---

und Gehirn. Psychologie des Sehens. Übers. v. M. Niehaus. Reinbek bei Hamburg 2001, S. 18). Schon der Titel des Buches selbst ist in dieser Hinsicht ein Bekenntnis.

Von Noë wird vorgeschlagen, Johannes Kepler als Urvater eines solchen Denkens zu sehen, wobei in ihm sich mittelalterliche Traditionen prägnant vereinen. Das mag zutreffen, allerdings ist wirkungsgeschichtlich für den hier verhandelten Zusammenhang Helmholtz einschlägiger. Vgl. zur Kepler-Einordnung Alva Noë: *Action in perception.* S. 40–45.

[6] Der Debatte kann hier im Einzelnen nicht nachgegangen werden, aber vgl. als einen Einblick in die Dimensionen dieser Diskussion Moritz Schlick: »Über das Fundament der Erkenntnis«, in: Erkenntnis, Bd. 4 (1934), S. 79–99. Dort entsprechen die Konstatierungen den thematisierten unhintergehbaren Wahrnehmungen.

[7] Auch für die Genese von Theorien haben Wahrnehmungen evidente Bedeutung.

so elementaren Vorgangs umso wichtiger, welches nicht selbst schon von der Wissenschaft, die auf es rekurriert, erdacht worden ist. Die Gefahr zirkulärer Bestimmung ist offensichtlich. Husserl hat auf die basale Funktion der Wahrnehmung auch für Wissenschaft in deutlichen Worten hingewiesen:

> Mag die Weltauffassung der Wissenschaft sich noch so sehr entfernen von derjenigen des vorwissenschaftlichen Erfahrens, mag sie auch lehren, die Sinnesqualitäten haben keine so unmittelbare objektive Bedeutung, wie die natürliche Erfahrung ihnen zumißt; es bleibt doch dabei, daß die schlichte Erfahrung, die unmittelbare Wahrnehmung, Erinnerung usw. ihr die Dinge gibt, die sie nur abweichend von der gewöhnlichen Denkweise theoretisch bestimmt. [...] Alle Wirklichkeitsurteile, die der Naturwissenschaftlicher begründet, gehen zurück auf schlichte Wahrnehmungen und Erinnerungen, und beziehen sich auf die Welt, die in dieser schlichten Erfahrung zu einer ersten Gegebenheit kommt.[8]

Darin besteht eben das Primat der Wahrnehmung, wie Merleau-Ponty es bestimmte. Aufgrund der herausgehobenen Funktion, die sich dadurch abzeichnet, ist es von eminenter Wichtigkeit, dass das Verständnis von Wahrnehmung nicht nur einzelwissenschaftlichen Analysen überlassen wird.[9] Diese arbeiten nämlich mit sehr frucht-

---

Selbst unanschaulich operierende Wissenschaften wie die Mathematik greifen in diesem Zusammenhang mitunter darauf zurück.

[8] Edmund Husserl: *Ding und Raum*. S. 6f. Vgl. dazu auch Erich Jaensch: »Zur Philosophie der Wahrnehmung und psychologischen Grundlegung der Erkenntnistheorie«, in: ders. (Hrsg.): *Über den Aufbau des Bewusstseins (unter besonderer Berücksichtigung der Kohärenzverhältnisse). 1. Teil.* Leipzig 1930, S. 369–399, hier S. 370: »Die elementarste und ursprünglichste [...] Funktio[n] ist die Wahrnehmung; sie ist zugleich der Ansatzpunkt alles anderen Realitätsbewußtseins und bleibt immer das letzte Wirklichkeitskriterium.«

[9] Vgl. auch die zutreffende Aussage von Gallagher und Zahavi: »The phenomenological dictum ›to the things themselves‹ can be seen as a call for a return to the perceptual world that is prior to and a precondition for any scientific conceptualization and articulation.« (Shaun Gallagher, Dan Zahavi: *The phenomenological mind*. S. 99.) Insofern Philosophie sich in der Neuzeit immer stärker auf eine Kritik der Vorbedingungen von (Einzel-)Wissenschaften verlegte, wäre auch eine Untersuchung der Wahrnehmung in diesen Kontext einzuordnen, insofern diese immer notwendige Ausgangsbasis von Theoriebildung bleibt.

baren, aber immer stark selektiven Methoden. Philosophie ist freilich ebenfalls selektiv, aber in geringerem Grade, besonders dann, wenn sie sich vorsetzt, phänomenologisch zu operieren. In jedem Fall ist es ihre Aufgabe, auf die Konstruktionen und Modelle der Wissenschaften zu reflektieren, weshalb es eben nicht genügen kann, sich mit dem physiologischen Standardbegriff von Wahrnehmung zufrieden zu geben. Heidegger hat dies – allgemeiner auf ontologische Zusammenhänge gewendet – treffend so ausgedrückt:

> Vielmehr müssen die ursprünglichen ontologischen Begriffe *vor* aller wissenschaftlichen Grundbegriffsdefinition gewonnen werden, so daß von ihnen aus allererst abschätzbar wird, in welcher einschränkenden und je aus einem bestimmten Blickpunkt umgrenzenden Weise die Grundbegriffe der Wissenschaften das in den rein ontologischen Begriffen faßbare Sein treffen.[10]

Physiologisch verstandene Wahrnehmung ist in diesem Sinn eine wissenschaftliche Grundbegriffsdefinition. Aber als ein Vorkommnis in der Welt kann man von ihr auch einen »ursprünglichen ontologischen Begriff« bilden, um dadurch im Vergleich die Tragweite der theoretischen Konzeption überhaupt erst beurteilen zu können. Aus diesem Grund ist die philosophische Beschäftigung mit Wahrnehmung keine bloße Möglichkeit, sondern eine Forderung, die bewusst erhoben werden muss – auch und gerade im Interesse der Validität der einzelwissenschaftlichen Aussagen. Philosophie sollte sich getrauen, die wissenschaftlichen Begriffe zumindest vorgängig zu suspendieren, um sie aber im Nachhinein am gewonnenen eigenen Begriff der Wahrnehmung zu prüfen und damit ihre Reichweite und Berechtigung bewerten zu können.[11]

---

[10] Martin Heidegger: »Vom Wesen des Grundes«, in: ders.: *Wegmarken* (= *Gesamtausgabe Bd. 9.*) Hrsg. v. F.-W. v. Herrmann. Frankfurt 1976, S. 123–175, hier S. 133.

[11] In diesem Sinn schlägt zum Beispiel Kerstin Andermann, in Anlehnung an Gilles Deleuze, vor, dass eine Philosophie (und insbesondere eine Phänomenologie) der Wahrnehmung ihren Bezugspunkt nicht bei den Wissenschaften, sondern eher im Bereich der Literatur und Kunst suchen sollte (vgl. dazu Kerstin Andermann: *Spielräume der Erfahrung. Kritik der transzendentalen Konstitution bei Merleau-Ponty, Deleuze und Schmitz.* München 2007, S. 41 f.).

Besieht man die philosophiegeschichtlich bisher realisierte Herangehensweise an Wahrnehmung, so stellt sich heraus, dass diese zumeist entweder unter epistemisch-ontologischem oder unter ästhetischem Blickwinkel aufgegriffen wurde.[12] Beide Hinsichten haben einen wesentlich ergebnisorientierten, pragmatischen Zugang, denn es geht ihnen um ein bestimmtes Ziel – Wahrnehmung als Mittel (oder Hindernis) der Erkenntnis einerseits, Wahrnehmung als Mittel zur Darstellung oder zum Ausdruck andererseits. Wahrnehmung als sie selbst wird nur bedingt thematisiert. Karen Gloy formuliert daher treffend: »Die Wahrnehmungstheorie mit ihrem Gegenstand, den Wahrnehmungen in ihrer Vollkonkretheit, ist in der gesamten 2000jährigen abendländischen Geistes- und Kulturgeschichte ein Stiefkind gewesen.«[13] Wenn die Diagnose stimmt, dann wäre es wünschenswert, die etablierten Annäherungen an das Thema um eine solche zu erweitern, die dem, was Wahrnehmung ist, möglichst unbefangen gegenübertritt. Damit würden die beiden bisher festgestellten Gefahren – unkritische Übernahme von sowohl wissenschaftlichen wie philosophischen Einseitigkeiten – zumindest der Tendenz nach bekämpft.

Wie jedoch gewinnt man eine Herangehensweise, die sich derart der Wahrnehmung nähert? Dafür ist die Phänomenologie prädesti-

---

[12] Zwei typische Beispiele dafür sind zum einen Kant, der in seiner »Kritik der reinen Vernunft« Wahrnehmung – also die »Sinnlichkeit« – deshalb aufgreift, weil von ihr her erst Begriffe verständlich werden (vgl. *Immanuel Kant: Kritik der reinen Vernunft*. A 19/B 33-A 22/B 36 (zugrunde gelegt wird Immanuel Kant: *Kritik der reinen Vernunft*. Hrsg. v. J. Timmermann. Hamburg 2003)). Für die zweite genannte Ausrichtung steht etwa Rudolf Arnheim: *Kunst und Sehen. Eine Psychologie des schöpferischen Auges*. Übers. v. H. Hermann. Berlin 1978. – Richard Schantz differenziert – die ästhetische Komponente ganz übersehend – die epistemologisch-ontologische Perspektive noch weiter in drei Teilaspekte, nämlich erstens in die kernontologische Frage nach Realismus oder Antirealismus, zweitens in den genuin erkenntnistheoretischen Bereich mit der Frage, wie epistemisch signifikant die Wahrnehmung ist, und drittens den Bereich der Philosophie des Geistes, in dem Wahrnehmung vor dem Hintergrund der Möglichkeit vorbegrifflicher Elemente verhandelt wird (vgl. dazu Richard Schantz: »Wahrnehmung und Wirklichkeit«, in: ders. (Hrsg.): *Wahrnehmung und Wirklichkeit*. Frankfurt, Paris, Lancaster, New Brunswick 2009, S. 7–18, hier S. 7).

[13] Karen Gloy: *Wahrnehmungswelten*. Freiburg, München 2011, S. 47.

niert, denn ihrem Selbstverständnis nach – bei aller inhaltlichen Differenz der verschiedenen Ansätze – will sie so weit als möglich unvoreingenommen an die Wirklichkeit herantreten. Phänomenologie ist in diesem Sinne immer Kritik der impliziten Vorurteile, Vorannahmen usw., was zum Beispiel Heidegger hinsichtlich des einzelnen Menschen in der Analyse des Verfallenseins vorgeführt hat.[14] Damit beginnt sich nun aber der Kreis zur oben aufgeworfenen Frage zu schließen, was denn der rechte Begriff von Wahrnehmung sei. Es zeigte sich, dass einzelwissenschaftliche Begriffsbestimmungen der Philosophie, die ein legitimes Interesse an dem Forschungsgegenstand hat, nicht helfen können. Vielmehr muss sie selbst einen offenen, möglichst weit gefassten Begriff entwickeln, wobei sie sich sachgemäß an die Phänomenologie verwiesen sieht.

Phänomenologie hat Wahrnehmung immer als ein wichtiges Thema betrachtet, denn wenn das »selbst Gegebene«[15] im Mittelpunkt stehen soll, gehört diese ganz sicher zum unmittelbaren Objekt der Zuwendung. Husserl selbst versteht Wahrnehmung, wie schon dargelegt, als eine Form originär gebender Vergegenwärtigung.[16] Was aber meint das? Wahrnehmung ist eine besondere Form des Bewusstseins, sich auf etwas zu beziehen. In diesem Sinne erweist sie sich als ein intentionales Erlebnis mit spezifischen Merkmalen. Intentionalität wird von Husserl als das Wesensmerkmal des Psychischen herausgestellt, denn das Bezogensein auf ein Objekt ist etwas, was nur im Seelischen, nicht aber im Physikalischen vorkommt.[17] Dieser Bezug wiederum kennt verschiedene Modifikationen, die jeweils zu anderen Erlebnisweisen – Wahrnehmung, Erinnerung, Phantasie zum Beispiel – führen. Folgt man diesem Modell, so bedeutet das philosophische Fragen nach der Wahrnehmung nicht, »nach den physikalischen Ursachen zu fragen, sondern

---

[14] Vgl. Martin Heidegger: *Sein und Zeit*. S. 166–176. Was dort für das einzelne Dasein vorgeführt wird, gilt der Sache nach auch für Institutionen, Traditionen, Kulturen, Gemeinschaften usw.
[15] Vgl. zum Beispiel Edmund Husserl: *Ideen zu einer reinen Phänomenologie und phänomenologischen Philosophie. Erstes Buch*. S. 45.
[16] Vgl. Edmund Husserl: *Ideen zu einer reinen Phänomenologie und phänomenologischen Philosophie. Erstes Buch*. S. 146.
[17] Vgl. Edmund Husserl: *Phänomenologische Psychologie*. S. 32.

besagt soviel, wie die Logik der Wahrnehmung in den thematischen Blick zu nehmen, danach zu fragen, wie das Bewusstsein in sich selbst beschaffen ist, dass es eine Wirklichkeit wahrnehmungsmässig gegeben hat.«[18] Die spezifische Artung des Wahrnehmungsaktes liegt darin, dass sich in ihm alles als unmittelbar gegenwärtig und selbstgegeben darstellt.[19] Das allerdings gilt, wie Husserl deutlich macht, in vollem Sinn nur für die sogenannte »innere Wahrnehmung«, denn in der äußeren sieht man den Gegenstand nie vollständig als gegeben, immer nur inadäquat. Grund dafür ist die Tatsache, dass man alle Objekte notwendig perspektivisch erlebt.[20] Ein Haus sieht man von einer bestimmten Seite (ggf. auch zwei oder bei architektonisch ungewöhnlichen auch noch mehr), niemals von allen Seiten zugleich. Der äußere Gegenstand wird daher unumgänglich inadäquat wahrgenommen. Er ist zwar eingebettet in Horizonte, die auf weitere mögliche Wahrnehmungen verweisen,[21] doch diese Annahmen zukünftiger Erfüllungen – etwa dadurch, dass man um das Haus herumgeht, um die fehlende Seite zu sehen – sind immer gefährdet, denn sie könnten sich als falsch erweisen, wenn das Haus bloß potemkinsche Kulisse ist. Neben räumlichen Horizonten gibt es auch zeitliche, denn alle Wahrnehmung ist im Fluss der Zeit. Es zeige sich dabei, so Husserl, dass

> konkrete Wahrnehmung als originales Bewusstsein (originale Gegebenheit) von zeitlich erstrecktem Gegenständlichen [...] innerlich aufgebaut [ist] als ein selbst strömendes System von momentanen Wahrnehmungen (den sogenannten Urimpressionen). Aber jede solche momentane Wahrnehmung ist Kernphase einer Kontinuität, einer Kontinuität von sich abstufenden momentanen Retentionen nach der einen Seite und einem Horizont des Kommenden auf der anderen Seite, einem Horizont der »Protentionen«, der sich in der Enthüllung als ein in Stetigkeit als kommend Abgestuftes kennzeichnet.[22]

---

[18] Ulrich Melle: *Das Wahrnehmungsproblem und seine Verwandlung in phänomenologischer Einstellung.* S. 19.
[19] Vgl. Edmund Husserl: *Wahrnehmung und Aufmerksamkeit.* S. 89.
[20] Vgl. Edmund Husserl: *Wahrnehmung und Aufmerksamkeit.* S. 19 f.
[21] Vgl. Edmund Husserl: *Phänomenologische Psychologie.* S. 181.
[22] Edmund Husserl: *Phänomenologische Psychologie.* S. 202.

Aber nicht nur ist die äußere Wahrnehmung – bedingt durch diese horizontale Verweisungsstruktur – notwendig unvollkommen, sie zeichnet sich auch dadurch aus, dass das Gegebene und das Gemeinte, also das Intendierte, nicht identisch sind. Gegeben seien, so Husserl, Empfindungen, die dann eine Auffassung erfahren, was sie erst zu Wahrnehmungen macht.[23] »Wir müssen unterscheiden«, heißt es, den »*reellen Inhalt* der Wahrnehmung (das, was die Wahrnehmung phänomenologisch enthält, reell als Bestandsstück [...] enthält) und *intentionalen Inhalt* der Wahrnehmung (den Gegenstand und die Teile und Seiten des Gegenstandes).«[24] Es zeigt sich hier das schon angesprochene Schichtenmodell, insofern einer empirischen Fundamentalebene – den Empfindungen – durch Auffassungsakte eine Sinngebung zuteil wird. Aus phänomenologischer Sicht überrascht diese letzte Feststellung, wenn es doch angestrebt war, die Dinge so zu erfassen, wie sie sich selbst geben. Nach Husserl verhält es sich aber so, dass das Gegebene – die Empfindungen beziehungsweise hyletischen Daten – gar nicht gegeben sind, sondern immer nur intentionale Erlebnisse, die selbst bedingt sind durch Bezugsakte des Bewusstseins. Widerspricht ein solches Vorgehen nicht dem Vorhaben der Phänomenologie?

Um dies zu beurteilen, muss man in Betracht ziehen, welchen Ausgangspunkt Husserl wählte. Sein Ansatz ist – darin sieht er sich mit Descartes einig – das Bewusstsein. Während Descartes sich allerdings des Zweifels bediente, nutzt Husserl die sogenannte »epoché«, die bewusste Urteilsenthaltung beziehungsweise -suspendierung.[25] Es zeige sich dann, dass allen Urteilen vorhergehend eine transzendentale Subjektivität bestehe, ein transzendentales Ego als Bedingung aller Erlebnisse, Akte usw.[26] Diesem und seinen Struk-

---

[23] Vgl. Edmund Husserl: *Wahrnehmung und Aufmerksamkeit*. S. 12.
[24] Vgl. Edmund Husserl: *Wahrnehmung und Aufmerksamkeit*. S. 10.
[25] Vgl. Edmund Husserl: »Cartesianische Meditationen. Eine Einleitung in die Phänomenologie«, in: ders.: *Cartesianische Meditationen und Pariser Vorträge*. (= *Husserliana Bd. I.*) Hrsg. v. S. Strasser. Dordrecht, Boston, London 1991, S. 41–183, hier S. 60. – Das Motiv der Einklammerung ist schon von den Skeptikern um Pyrrhon etabliert worden (vgl. Sextus Empiricus: *Pyrrhoneioi hypotyposeis*. I.196).
[26] Vgl. Edmund Husserl: »Cartesianische Meditationen«. S. 60. – Dass sich Gal-

turen soll die Phänomenologie, wie Husserl sie versteht, nachspüren, weshalb man sagen kann, dass Phänomenologie nach seiner Meinung bedeutet, sich auf den Standpunkt des Bewusstseins zu stellen.[27] Vor einem solchen Hintergrund erklärt sich die oben erläuterte Bestimmung der Wahrnehmung als die Angabe über die Bewusstseinsstrukturen, die zu den letztendlich erlebten Gestalten führt. Für Husserl gibt es somit zwei Fixpunkte im Rahmen seiner philosophischen Überlegungen: zum einen das Erlebte, wie es sich unmittelbar gibt, und zum anderen die These von der transzendentalen Subjektivität beziehungsweise genauer von der transzendentalen Konstituiertheit des Erlebens.[28] Diese beiden Aspekte ist er bestrebt, durch seine Theorie in Einklang zu bringen, was ihn dazu führt, bestimmte Akte sowie bestimmte »reine« Daten anzunehmen. Aber ist das phänomenologisch redlich? Es mutet doch recht willkürlich an, die Lücke zwischen grundlegender Hypothese und den als entscheidenden Bezugspunkten gekennzeichneten »Sachen« in dieser Weise zu füllen. Sinnvoller wäre ein Vorgehen, das weitaus weniger theoriebeladene Ausgangsthesen sich zu eigen macht. Husserl meint, mit seinem Ansatz beim transzendentalen Ego, mit seinen Verweisen auf Akte und intentionale Bezüge die Sphäre des Phänomenalen zu erfassen – aber in Wahrheit trifft er damit nur den Bereich einer ihm unbewusst gebliebenen impliziten Weltanschauung oder Theorie. So ist beispielsweise das zentrale Konzept der Intentionalität schon deshalb problematisch, weil es je immer voraussetzt, dass Subjekt und Objekt getrennt sind. Es muss erst ein Bezug hergestellt werden. Das ist jedoch keineswegs, wie

---

lagher und Zahavi trotzdem in großem Umfang auf Husserl berufen, ist vor diesem Hintergrund überraschend, denn ihr Ansatz beim »verkörperten Menschen« dient ja gerade dazu, den traditionellen Ausgang vom Bewusstsein zu kritisieren. Man muss eigentlich sagen, dass es ihnen gegen Husserls eigene Intentionen gelingt, dessen Ansatz fruchtbar zu machen. Gallagher zumindest scheint dies zu ahnen, wenn er sich stärker der Tradition Merleau-Pontys als derjenigen Husserls zuordnet (vgl. Shaun Gallagher: *How the body shapes the mind*. S. 10).

[27] Vgl. Ulrich Melle: *Das Wahrnehmungsproblem und seine Verwandlung in phänomenologischer Einstellung*. S. 19.

[28] Auf die Entwicklung in Husserls Denken, das gerade im Hinblick auf das Problem der transzendentalen Konstitution eine Entwicklung durchmacht, kann hier nicht eingegangen werden.

suggeriert wird, ein schlichter Tatbestand, sondern selbst schon theorielastig, jedenfalls im Mindesten eines theoretischen Nach- oder Ausweises bedürftig. Es hat etwa der Altphilologe Bruno Snell darauf verwiesen, dass das neuzeitliche Ich- oder Subjektkonzept womöglich dem antiken gar nicht entspricht und somit selbst kontingent sein könnte.[29] Damit würde sich der Ansatz Husserls bei einem bestimmten Subjekt-Objekt-Dualismus als nicht ursprünglich, sondern traditionsbehaftet charakterisieren lassen müssen. Gleiches gilt dann folgerichtig auch für das auf dieser Grundlage entwickelte Wahrnehmungskonzept, welches sich als ein Modell herausstellt, das selbst schon auf andere Deutungen zurückgeht. Auf diese Weise aber widerspricht es dem zuvor hier erarbeiteten Anspruch, ein Begriff von möglichst größter Offenheit und weitest gehender Theorieunabhängigkeit zu sein. Husserls Konzept engt den Blick zu sehr auf Bewusstseinsvorgänge ein, die ihrem Wesen nach selbst nicht gegeben, sondern aufgrund tradierter Ansichten hypothetisch angenommen werden.[30] In ihrer Kritik am Modell der transzendentalen Konstitution ist letztlich Kerstin Andermann nur zuzustimmen, die festhält, dass »in der Ablösung vom transzendentalen Subjekt und im Verzicht auf die stiftenden Einheitsleistungen, die diesem zugeschrieben werden, die Möglichkeit einer Freisetzung des sinnlichen und affektiven Lebens liegt.«[31] Statt auf Transzendenz käme es entgegen Husserls Meinung darauf an, den Blick noch radikaler dem zuzuwenden, was man gemeinhin »Erleben« nennt. Seine Rezipienten haben diesen Weg – sich darin als Husserlianer aber im Grunde missverstehend – auch gewählt, wie exemplarisch die markanten Äußerungen Sartres belegen: »[D]as Bewußtsein hat kein ›Drinnen‹; es ist nichts als das Draußen seiner Selbst […]. Die Transzendentalphilosophie wirft uns auf die Land-

---

[29] Vgl. dazu Bruno Snell: *Die Entdeckung des Geistes. Studien zur Entstehung des europäischen Denkens bei den Griechen.* Hamburg 1948, vor allem S. 15–37.
[30] Dies ist einer der Hauptkritikpunkte Heideggers an seinem Lehrer, dass er nicht genug die eigene Stellung in einer Tradition bedenke. Dem will Heidegger mit einer Destruktion der Philosophiegeschichte begegnen. Vgl. dazu Martin Heidegger: *Sein und Zeit.* S. 19–27.
[31] Kerstin Andermann: *Spielräume der Erfahrung.* S. 19.

straße, mitten in Gefahren, unter ein grelles Licht.«[32] Nimmt man Husserls Theorie ernst, besteht das Problem gerade darin, wie das transzendentale Ego sich auf die Welt beziehen kann. Woher nimmt man die Gewissheit, dass es nicht ganz in seiner eigenen Welt bleibt? Die Gefahr eines Idealismus schwebt drohend über einem Ansatz bei dem transzendental interpretierten Subjekt. Sartres Begeisterung dagegen liegt viel stärker auf der Linie, die man im eigentlichen Sinne phänomenologisch nennen kann.

In der Nachfolge Husserls hat der schon erwähnte Schapp das Verständnis von Wahrnehmung im Rahmen phänomenorientierter Philosophie erweitert. Bei Schapp heißt es:

> Wir nehmen also die Wahrnehmung als ganzes vor und untersuchen sie. Wir sehen dabei vollkommen ab von dem Sinn, den man historisch mit dem Worte Wahrnehmung verbindet und geben diesem Worte dadurch eine feste Bedeutung, daß wir uns auf eine bestimmte Sachlage beziehen, etwa auf die Sachlage, in der ein Tisch vor uns steht, sei es, daß wir ihn ›sehen‹, sei es, daß wir ihn ›tasten‹. Diese Sachlage ist also Gegenstand der Untersuchung; das, was in ihr enthalten ist, soll behutsam auseinandergelegt, aufgelöst werden. Wir gehen dabei ohne jede Voraussetzung zu Werke.[33]

Er scheint sich dessen bewusst zu sein, dass die Hauptgefahr darin besteht, den Gegenstand der philosophischen Betrachtung durch implizite Vorannahmen schon zu verfälschen oder zu verfehlen. In diesem Sinne fordert er, dass »[i]n der ganzen Phänomenologie [...] auch nicht eine einzige Hypothese vorkommen [darf].«[34] Sein Ansatz sieht vor, sich ganz den konkreten Wahrnehmungen zuzuwenden und von ihnen her analytisch zu verfahren. Damit wird Husserls Bewusstseinsparadigma vorderhand nivelliert zugunsten einer unbefangenen Herangehensweise. Allerdings zeigt sich, dass Schapp seinen Ansprüchen doch nicht voll gerecht werden kann.

---

[32] Jean-Paul Sartre: »Eine fundamentale Idee der Phänomenologie Husserls: die Intentionalität«, in: ders.: *Die Transzendenz des Ego. Philosophische Essays 1931–1939. (= Gesammelte Werke in Einzelausgaben. Philosophische Schriften. Band I.)* Hrsg. v. V. v. Wroblewsky. Übers. v. U. Aumüller, T. König, B. Schuppener. Reinbek bei Hamburg 1997, S. 33–38, hier S. 35.
[33] Wilhelm Schapp: *Beiträge zur Phänomenologie der Wahrnehmung.* S. 10.
[34] Wilhelm Schapp: *Beiträge zur Phänomenologie der Wahrnehmung.* S. 14.

So trennt er aus dem ganzen Bereich der Wahrnehmungen einen spezielleren ab, die »Beobachtung«. Diese gilt ihm als die eigentliche Wahrnehmung und zeichnet sich dadurch aus, dass sie

> überall versucht, die Hemmnisse und Hindernisse, die sich ihr entgegenstellen, zu überwinden. Ein Spähen, Auslugen in die Welt, das die Dämmerung, den Nebel, der so oft zwischen den Dingen liegt, durchdringt; das sich nicht zufrieden gibt mit dem Gebotenen, dem was sich von selbst darbietet, sondern wissen will, wie das, was beobachtet wird, in Wahrheit ist [...].[35]

Bedenkt man, was Schapp hier voneinander unterscheidet, so erweist sich dies erneut als ein theoriebeladenes Vorziehen einer bestimmten Form von Wahrnehmung gegenüber dem, was unmittelbar gegeben und erlebt wird. Leitbild für das, was Beobachtung sein soll, ist augenscheinlich eine Reduktion des Konkreten hin auf das Wesentliche. Und tatsächlich kulminiert Schapps Analyse, die ansonsten reich ist an wertvollen Einzelfeststellungen, in einer Ideenlehre. Es scheint, heißt es,

> als ob bezüglich der Idee eine Art »verstehen« in der Wahrnehmung enthalten ist. Man versteht die Idee, aber nicht das Ding, welches die Idee verkörpert. [...] Solange die Wahrnehmung unverständlich ist, ist sie nicht Wahrnehmung im echten Sinne; wenn sie verständlich wird, ist sie echte Wahrnehmung – und damit streift sie alles menschliche [sic!] ab und erhält Gültigkeit.[36]

Nur die auf die Ideen hindurch überstiegenen konkreten Erlebnisse erweisen sich als »echte« Wahrnehmungen. Erneut wird also die angestrebte gegebenheitsnahe Beschäftigung im Interesse theoretischer Erwägungen verlassen. Das lenkt den Blick darauf, inwiefern die Vorurteilsfreiheit und Unbefangenheit sich als eigentliches Problem der Annäherung an Wahrnehmung herausstellt. Sind sie überhaupt möglich? Darauf wird noch einzugehen sein.[37] Bevor dies geschehen kann, sollen jedoch noch weitere zentrale Wahrneh-

---

[35] Wilhelm Schapp: *Beiträge zur Phänomenologie der Wahrnehmung*. S. 66.
[36] Wilhelm Schapp: *Beiträge zur Phänomenologie der Wahrnehmung*. S. 144 ff.
[37] Vgl. Kap. II.2 und II.3.

mungsbestimmungen aus dem Kreis phänomenologischer Philosophie verhandelt werden.

In ähnlicher Weise wie Schapp kann man auch bei dem schon erwähnten Leyendecker feststellen, dass er einerseits ein weites Blickfeld für konkrete Phänomene besitzt, andererseits aber unkritisch Theoriebestände zur Deutung heranzieht. Der empirische Fundus, auf den er aufbaut, umfasst neben schlichten Wahrnehmungen ebenso Täuschungen, Halluzinationen, Vorstellungen oder Illusionen. In theoretischer Hinsicht bleibt er jedoch dem etablierten Schichtenmodell treu:

> Wahrnehmung und Wahrnehmung sind nicht nur in einer Hinsicht *ungleichwertig;* nicht allein, daß uns ein Gegenstand deutlich und undeutlich, klar oder unklar, wie in verschiedener Adäquation und Fülle erscheinen kann; nicht allein, daß auch unsere jeweilige *Einstellung* innerhalb der Wahrnehmung wechseln kann und sich damit derselbe Gegenstand in den verschiedensten *Aspekten* zeigt; wir durften auch nicht vergessen, daß uns die schlichte, abtastende und beobachtend-untersuchende Wahrnehmung den Gegenstand nicht bloß in verschiedener Deutlichkeit zeigt, sondern in typisch verschiedener *Form*. [...] Es ist deutlich zu erschauen, daß es bloß *das Spiel unserer Einstellung* war, welches aus dem dargebotenen, sinnlichen Erscheinungsgehalte so verschiedene Aspekte heraushob [...].[38]

Was wahrgenommen wird und in welcher Weise, wird rückbezogen auf Einstellungen des Subjekts. Insofern aber löst sich diese Untersuchung doch von ihrem Vorbild Husserl ab, als sie die Einstellungen nicht mehr in streng bewusstseinsbezogener Terminologie fasst – kaum noch ist die Rede von Akten, Intentionen oder gar einer transzendentalen Subjektivität. Leyendecker öffnet sich somit einem unbefangeneren Verständnis von Wahrnehmung. Leider unterlässt er es, Wahrnehmung grundsätzlich terminologisch zu fassen. Sein genauer Begriff davon bleibt vage. Womöglich ist dies dadurch zu begründen, dass er einerseits Husserls Konzept bejahte, andererseits in praktischer Umsetzung doch weniger dogmatisch vorging. Beide Tendenzen ließen sich vielleicht nicht begrifflich vereinen.

---

[38] Hans Leyendecker: *Zur Phänomenologie der Täuschungen.* S. 145–148.

Einen wichtigen Meilenstein im Ringen um ein phänomenologisch orientiertes Konzept von Wahrnehmung – vielleicht den wichtigsten überhaupt – bilden Merleau-Pontys Werke zur Wahrnehmung.[39] Wiewohl er Husserl viel zu verdanken meint,[40] zeigt sich im Detail, dass er über dessen Ansatz weit hinausgeht. Schon in seiner maßgeblichen Schrift betont er programmatisch:

Die Wirklichkeit ist zu beschreiben, nicht zu konstruieren oder zu konstituieren. Das will sagen: Wahrnehmung ist nicht den Synthesen des Urteils, der Akte oder der Prädikation zu assimilieren. In jedem Augenblick ist mein Wahrnehmungsfeld erfüllt von Reflexen, Geräuschen und Tasteindrücken flüchtiger Art, die dem wahrgenommenen Kontext genau zu verbinden ich außerstande bin, die ich aber gleichwohl unmittelbar der Welt zuschreibe, ohne sie je zu verwechseln mit bloß Geträumten. […] Wahrnehmung ist nicht Wissenschaft von der Welt, ist nicht einmal ein Akt, wohlerwogene Stellungnahme, doch ist sie der Untergrund, von dem überhaupt erst Akte sich abzuheben vermögen und den sie beständig voraussetzen.[41]

---

[39] Es ist sicher auffällig, welch untergeordnete Rolle das Werk Heideggers für die vorliegende Untersuchung spielt. Dies ist dadurch begründet, dass Heidegger praktisch keine eigene Theorie der Wahrnehmung entwickelt hat. Was sind die Gründe dafür? Ein wesentliches Motiv ist Heideggers strikte Trennung von Psychologie und Philosophie, wie sie – wenn auch anders begründet und motiviert – schon Husserl stark machte. Psychologie als Einzelwissenschaft darf nicht die Belange der Philosophie berühren, weshalb das primär psychologische Thema der Wahrnehmung mindestens anrüchig erschienen sein mochte. Wichtiger aber noch war wohl, dass Heideggers Frageperspektive immer auf das ontologisch verstandene Sein ging, nicht das ontisch zugängliche (vgl. zur »ontologischen Differenz« zum Beispiel Martin Heidegger: »Vom Wesen des Grundes«. S. 133 ff.). Ontologie ist für ihn »*transzendentale Wissenschaft*« (ders.: *Die Grundprobleme der Phänomenologie.* (= Gesamtausgabe Bd. 24.) Hrsg. v. F.-W. v. Herrmann. Frankfurt 1975, S. 23), die in gewisser Hinsicht sogar der Wahrnehmung vorausgeht: »Seiendes kann nur entdeckt werden, sei es auf dem Wege der Wahrnehmung oder sonst einer Zugangsart, wenn das Sein des Seienden schon erschlossen ist, – wenn ich es verstehe.« (Martin Heidegger: *Die Grundprobleme der Phänomenologie.* S. 102.) Insofern übersteigt sein Erkenntnisinteresse die Wahrnehmung schon immer auf die Grundstrukturen des Daseins, dessen Verstehenshorizont hin.

[40] Vgl. zum Beispiel Maurice Merleau-Ponty: »Die Natur der Wahrnehmung«, in: ders.: *Das Primat der Wahrnehmung.* Hrsg. v. L. Wiesing. Übers. v. J. Schröder. Frankfurt 2003, S. 10–25, hier S. 13 f.

[41] Maurice Merleau-Ponty: *Phänomenologie der Wahrnehmung.* S. 6 f.

Unschwer lässt sich die Spitze gegen Husserl erkennen, insofern Wahrnehmung als etwas den Akten und Urteilen Vorausgehendes charakterisiert wird. Merleau-Ponty ist an dieser wie an anderen Stellen bestrebt, darauf hinzuweisen, dass man den Menschen in seiner Beziehung zur Welt falsch versteht, wenn man beide strikt trennt. Vielmehr sind Menschen immer schon in der Welt,[42] gleichsam mit ihr untrennbar in eins verbunden, was insbesondere für die Wahrnehmung gilt:

> Das Subjekt der Empfindung ist weder ein von einer Qualität Kenntnis nehmender Denker, noch ein träges Milieu, das von einer solchen affiziert und modifiziert wird, sondern ein Vermögen, das mit jedem Existenzmilieu in eins entspringt und mit ihm sich synchronisiert. Das Verhältnis von Empfindendem und sinnlich Empfundenem ist vergleichbar mit dem des Schläfers zum Schlaf.[43]

Empfindung wird dadurch zu einer »Koexistenz oder Kommunion«[44], wie es weiter heißt. Ein Beispiel, welches diese Vereinigung erläutern kann, sind die Auswirkungen von Farben auf die Motorik von Menschen. Bestimmte Farben bedingen signifikant andere Bewegungsverhaltensweisen. Ohne auf die psychologischen Studien im Detail einzugehen, kennt man dies vom Eindruck dunkler, schwerer Farben im Vergleich zu hellen, freundlichen. Ein Raum, der in solchen lastenden Farben gehalten ist, führt in gewissem Sinne zu – meist subtilen – Bewegungsveränderungen hin zu gebückterer, langsamerer, gedämpfterer Haltung. Im Falle des hellen, freundlich gestrichenen Raumes sind andere motorische Reaktionen erwartbar. Diese aus dem alltäglichen Erleben bekannten Fälle verweisen auf das, was Merleau-Ponty mit Kommunion meint.[45] Es

---

[42] Hier schließt Merleau-Ponty an Heideggers Konzept des In-der-Welt-seins an. Vgl. dazu Martin Heidegger: *Sein und Zeit*. S. 52–59. Dort heißt es, gegen einen isolierend-solipsistischen Subjektivismus gerichtet: »Es gibt nicht so etwas wie das ›Nebeneinander‹ eines Seienden, genannt ›Dasein‹, mit anderem Seienden, genannt ›Welt‹.« (A. a. O., S. 55.)
[43] Maurice Merleau-Ponty: *Phänomenologie der Wahrnehmung*. S. 249.
[44] Maurice Merleau-Ponty: *Phänomenologie der Wahrnehmung*. S. 251.
[45] Einen interessanten experimentellen Fall schildert Herbert Kleint. Er ließ Versuchspersonen Bilder mit bewegten Gegenständen oder Szenen sehen, was »zu geringen, aber doch sehr deutlichen Stellungs- und Richtungsänderungen von Körper

lässt sich bei solchen Vorkommnissen nicht strikt zwischen einer Innen- und einer Außenwelt unterscheiden, sondern sie bilden ein vereinheitlichtes Ganzes. Diese Ansicht ist weit entfernt von Husserl transzendentalem Ego, welches mittels variantenreicher Akte und über die Brücke der Intentionalität erst überhaupt zur Welt gelangen konnte. Für Merleau-Ponty bildet der Leib die Schnittstelle, an der die Kommunion erfolgt, insofern »wir zur Welt sind durch unseren Leib und mit ihm sie wahrnehmen.«[46] Was aber ist der Leib? Er ist, wie bereits erwähnt, nicht in jedem Fall identisch mit dem Körper – jedenfalls differenziert Merleau-Ponty zwischen objektivem und phänomenalem Leib.[47] Während der objektive Leib demjenigen Körper zu entsprechen scheint, den andere von einem sehen, ist der phänomenale Leib gleichsam der je eigene Blickpunkt auf die Welt. So haben Menschen nur durch ihn eine räumliche Differenzierung nach Richtungen, nach Innen und Außen.[48] Der Leib ist der für alle Gegenstände empfindliche Gegenstand, die gemein-

---

oder Körpergliedern« führte (Herbert Kleint: »Versuche über die Wahrnehmung«, in: Zeitschrift für Psychologie und Physiologie der Sinnesorgane. I. Abteilung: Zeitschrift für Psychologie, Bd. 138 (1936), S. 1–34, Bd. 140 (1937), S. 109–138, Bd. 141 (1937), S. 9–44, Bd. 142 (1938), S. 259–316, Bd. 149 (1940), S. 31–82, hier Bd. 149, S. 65). So galt es, ein 15 Meter entferntes Ziel möglichst auf geradem Wege gehend zu erreichen. Nachdem die Probanden das Ziel in Ruhe fixiert hatten, wurde ihnen ein Bild wahlweise mit einem sich nach rechts oder links bewegenden Reiter gezeigt. Es stellte sich heraus, dass die Versuchspersonen von der Mittellinie immer genau in die Richtung abwichen, in die der Reiter sich auf dem Bild zu bewegen schien. Das ist ein nicht an Farben, sondern an induzierte Bewegungen sich anschließendes Beispiel für Kommunion im Sinne Merleau-Pontys, denn die vermeintliche »Außenwelt« (das Photo, die Laufstrecke) ist nicht das völlig Fremde, für das Subjekt erst kompliziert zu Erreichende, sondern beide sind in ständiger, auch unbewusster Interaktion, was sich daran zeigt, dass die Probanden wider Willen durch »außenweltliche Bestände« (das Photo) sich anders verhielten als intendiert (nämlich der gedachten Mittellinie zum Ziel hin zu folgen). Mit Schmitz könnte man hier das Wirken von Bewegungssuggestionen vermuten (vgl. Hermann Schmitz: *System der Philosophie. Bd. III/5: Die Wahrnehmung*. Bonn 2005, S. 37–47). Vgl. dazu auch Kap. III.2.3.

[46] Maurice Merleau-Ponty: *Phänomenologie der Wahrnehmung*. S. 243.
[47] Vgl. Maurice Merleau-Ponty: *Phänomenologie der Wahrnehmung*. S. 268.
[48] Vgl. Maurice Merleau-Ponty: *Phänomenologie der Wahrnehmung*. S. 240f.

same Textur.[49] Er weiß mehr, als Menschen bewusst wissen, insofern er über so etwas wie implizites Wissen verfügt.[50] Man kann hier an Reaktionen auf unterschwellig Wahrgenommenes denken, die einem erst im Nachhinein explizit bewusst werden, während die unmittelbare Reaktion auch ohne dieses reflektierte Wissen korrekt erfolgte – etwa wenn man ganz von der Lektüre eines Buches benommen eine Fliege mit der Hand verscheucht und erst später darauf aufmerksam wird, dass man es tat.

Die ganzen Bestimmungen, die Merleau-Ponty vom Leib gibt, sind schwer in ein Gesamtbild zu fassen.[51] Fest steht, dass der Leib als phänomenaler einerseits den eigenen Standpunkt zur Welt und auch das Medium des Weltkontaktes bildet. Andererseits ist er als objektiver auch Teil der Welt. Außerdem erweist er sich, insofern er noch die Grundlage der Sinne bildet,[52] als ein einheitlich-ganzheitliches Resonanzsystem für Kommunikation in einer umfassenden Bedeutung. Was damit gemeint ist, wird deutlicher, wenn man sich den Leib in seiner Differenz zu Husserls Subjekt vorstellt. Dann zeigt sich, dass die affektive Seite ebenso wie die vorrationale Sphäre viel stärkere Betonung erfährt. Der Mensch wird von Merleau-Ponty weit weniger als Bewusstseinsmaschine verstanden, vielmehr spielen der eigene Körper als erlebter und als entfremdet gesehener eine bedeutende Rolle.[53] Die Konstitution der Welt vollzieht sich in konkreten leiblichen Interaktionen, nicht durch ein nur hypothe-

---

[49] Vgl. Maurice Merleau-Ponty: *Phänomenologie der Wahrnehmung*. S. 275 f.
[50] Vgl. Maurice Merleau-Ponty: *Phänomenologie der Wahrnehmung*. S. 278 f. In Richtung eines impliziten Wissens des Leibes verweist auch die Feststellung, dieser sei ein Habitus (ebd.).
[51] Vogelsang hält fest, dass man eine »explizite Definition [...] bei ihm [Merleau-Ponty; S. K.] nicht finden [wird].« (Frank Vogelsang: *Offene Wirklichkeit*. S. 134.) Den Grund sieht er darin, dass für Merleau-Ponty der »Leib [...] durch seine Stellung in der Philosophie kein Gegenstand unter anderen« sei (ebd.). Kritisch zur Äquivozität des Leibbegriffs bei Merleau-Ponty auch Hermann Schmitz: *Der Weg der europäischen Philosophie. Eine Gewissenserforschung. Bd. 2: Nachantike Philosophie*. Freiburg, München 2007, S. 801–804.
[52] Vgl. Maurice Merleau-Ponty: *Phänomenologie der Wahrnehmung*. S. 273 f.
[53] Dies kommt allerdings auch bei Husserl durchaus zum Tragen, wenn man sich dessen Begriff der Kinästhesen vor Augen hält. Vgl. in Parallelität zur Merleau-Pontys Raum-Leib-Thesen Edmund Husserl: *Ding und Raum*. S. 176.

tisch oder aus theoretischen Gründen unterstelltes transzendentales Subjekt, welches der Welt gleichsam als neutralisierter Beobachter begegnet. »Durch seine Umstellung auf den Primat der Leiblichkeit«, so Andermann zutreffend, »nimmt Merleau-Ponty […] eine Abgrenzung vom archimedischen Punkt eines transzendentalen Bewusstseinssubjekts auf […].«[54] Man gewinnt offensichtlich den Eindruck, dass Merleau-Pontys Theorie weitaus weniger auf Setzungen angewiesen ist als Husserls. Gleichwohl, dies legen einige Überlegungen Merleau-Pontys zum Begriff der Intention nahe, gelingt keine vollständige Emanzipation.[55] Doch seine Revisionen der husserlschen Phänomenologie sind wesentliche und wegweisende. Das zeigt sich in noch deutlicherer Weise in der Spätphilosophie, in welcher einerseits die Wahrnehmung von der objektivistisch motivierten, bei Husserl präsenten Adäquations-Forderung befreit wird,[56] andererseits auch die bei jenem unhinterfragt vorausgesetzte Subjekt-Objekt-Trennung sich kritisiert sieht: »[W]ir wollen zeigen, daß das Objekt-Sein und ebenso das Subjekt-Sein, das gegensätzlich und relativ zu diesem konzipiert wird, keine erschöpfende Alternative bilden, daß die Wahrnehmungswelt diesseits oder jenseits dieser Antinomie liegt […].«[57] Der Leib oder das »Fleisch«[58] treten an die Stelle dessen, was sonst üblicherweise in Subjekt und Objekt gespalten wird. Damit einhergehend geraten ebenfalls die husserlschen Unterscheidungen von Form und Materie sowie Auffassung und hyletischen Daten in die Kritik.[59] Letztlich führen all diese Abgrenzungen Merleau-Ponty zu einer radikaleren Haltung,

---

[54] Kerstin Andermann: *Spielräume der Erfahrung*. S. 22.
[55] Vgl. in diesem Sinne exemplarisch Maurice Merleau-Ponty: *Phänomenologie der Wahrnehmung*. S. 32. – Andermann verweist darüber hinaus zu Recht auf einen grundsätzlich beibehaltenen Dualismus von sinnlichen und intelligiblen Elementen des Weltbezugs, der erst in der Spätphilosophie aufgelöst werde (vgl. Kerstin Andermann: *Spielräume der Erfahrung*. S. 24 ff.).
[56] Vgl. Maurice Merleau-Ponty: *Das Sichtbare und das Unsichtbare*. S. 139.
[57] Maurice Merleau-Ponty: *Das Sichtbare und das Unsichtbare*. S. 44.
[58] Vgl. zum Beispiel Maurice Merleau-Ponty: *Das Sichtbare und das Unsichtbare*. S. 152, 326. »Fleisch« ist französisch »chair«.
[59] Vgl. Maurice Merleau-Ponty: »Das Primat der Wahrnehmung und seine philosophischen Konsequenzen«. S. 26. – Diese Unterscheidung findet sich nicht nur bei Husserl, sondern ist ein übliches Paradigma in der Wahrnehmungsphilosophie,

als es Husserl möglich war. In Bezug auf die Wahrnehmung fordert er eine völlige Neubesinnung auf sie als vortheoretisches Ereignis. Dazu sind, dessen ist er sich durch die Auseinandersetzung mit den deutungsbelasteten Theoremen Husserls klar, grundsätzlichere Revisionen und Einklammerungen nötig:

> Eine vorkonstituierte Welt und eine Logik kommen für uns nur in Betracht, sofern wir ihre Entstehung aus der Erfahrung des rohen Seins verfolgen, das für uns so etwas ist wie die Nabelschnur unseres Wissens und die Quelle des Sinnes. Im übrigen versagen wir uns in unserer Beschreibung der Begriffe, die der Reflexion entstammen, sei es der psychologischen oder der transzendentalen: sehr oft sind sie nur Korrelate oder Gegenstücke zur *objektiven* Welt. Zu Beginn müssen wir auf Begriffe wie »Bewußtseinsakte«, »Bewußtseinszustände«, »Materie«, »Form« und selbst »Bild« und »Wahrnehmung« verzichten. Wir schließen den Begriff Wahrnehmung insoweit aus, als er schon eine Aufteilung des Erlebten in diskontinuierliche Akte voraussetzt oder eine Beziehung zu »Dingen« […]. Wenn wir vom *Wahrnehmungs*glauben sprechen und uns die Aufgabe stellen, auf den *Wahrnehmungs*glauben zurückzukommen, so verstehen wir darunter keine der physischen oder physiologischen »Bedingungen«, vermittels derer der Wissenschaftler die Wahrnehmung bestimmt, keines der Postulate einer sensualistischen oder empiristischen Philosophie, ja nicht einmal irgendeine Definition einer »Ur-Schicht« der Erfahrung […]. Wir wissen noch nicht, was Sehen und was Denken ist, ob diese Unterscheidung tauglich ist und in welchem Sinne sie es ist. […] Die Wahrnehmung als Begegnung mit den natürlichen Dingen steht im Vordergrund unserer Untersuchung, und zwar nicht als schlichte Sinnesfunktion, die alle anderen Funktionen erklären könnte, sondern als Archetyp der originären Begegnung […].[60]

Hier werden fast alle wesentlichen Momente der husserlschen Wahrnehmungslehre aufgehoben. Selbst die Differenz zwischen Sinnlichem und Gedanklichem sowie die Trennung der Sinne wird

---

etwa schon bei Aristoteles. Systematisch liegt bei Merleau-Ponty die Bezugnahme auf Husserl jedoch im Vordergrund.

[60] Maurice Merleau-Ponty: *Das Sichtbare und das Unsichtbare*. S. 206. – Der Begriff des rohen Seins ist schwer zu verstehen, verweist jedoch auf eine Art vorindividuierten, vorgeistigen, vorsprachlichen Weltstoff (vgl. dazu vor allem a.a.O., S. 156f., 161f., 261).

hinterfragt. Gerade an der Gegenüberstellung der Wahrnehmungskonzepte von Merleau-Ponty und Husserl kann man erkennen, welche Strecke die phänomenologische Philosophie schon zurückgelegt hat auf dem Weg zu einem möglichst unbefangenen Verständnis.

Dem Ansatz beim Leib im Sinne des zuvor Erläuterten sind im Grunde auch die Vertreter des Embodiment-Theorems gefolgt. Sie gehen davon aus, dass man den immer schon in der Welt befindlichen »lived body«[61] zum Ausgangspunkt der philosophischen Betrachtung machen muss. Dieser stimme sich auf die Umgebung ein (»in tune«),[62] bildet also den zentralen Durchgangspunkt aller Wahrnehmungsprozesse: »Our pre-reflective, kinesthetic-proprioceptive experience thus plays a role in the organization of perception, but in a way that does not require the body itself to be a perceptual object. [...] In its *prenoetic* roles the body functions to make perception possible [...].«[63] Der »lived body« gestaltet unthematisch die Wahrnehmung mit, indem seine Vermögen der Bewegung, der Affizierung usw. wirkmächtig werden. Besonders hervorzuheben ist dabei die mit dem Ansatz beim Körper verbundene Direktheit des Wahrnehmungsbezugs. Es gibt keine vermittelnden Entitäten wie Repräsentationen, sondern der Körper agiert unmittelbar in der Welt. Gleichwohl folgt daraus kein naiv-direkter Realismus, denn zum einen ist der Körper in seinen Mechanismen zumeist undurchschaut selektiv, zum anderen bleibt es bei einer Verdoppelung des Weltinventars in Erscheinung und erscheinendes Objekt, die nun allerdings nicht mehr streng voneinander getrennt werden, sondern ein Verhältnisganzes bilden.[64] Wahrnehmung

---

[61] Shaun Gallagher, Dan Zahavi: *The phenomenological mind.* S. 154. – Es ist anzumerken, dass alle genannten Autoren andere Termini vorziehen für eine anscheinend sehr ähnliche Sache. So ist auch die Rede vom »body schema« und »body image« oder schlicht vom »enacted body«. Diese Differenzierungen bleiben unthematisiert, da das im Folgenden Gesagte alle Konzepte betrifft.
[62] Shaun Gallagher: *How the body shapes the mind.* S. 34.
[63] Shaun Gallagher: *How the body shapes the mind.* S. 138.
[64] Vgl. dazu etwa Alva Noë: *Action in perception.* S. 85, 87 und Shaun Gallagher, Dan Zahavi: *The phenomenological mind.* S. 24. Noë vertritt zwar spezifischer einen

wird somit zu einem durch Körpervermögen bedingtes In-der-Welt-Sein:

> Instead of grounding ourselves by sheer cognition – constructing a representation of the point in space in our minds – we take advantage of the fact that we have more immediate links to the world because we are in the world from the start, and that we have the sorts of bodily skills to exploit those linkages.[65]

Es ließe sich mit einigem Recht sagen, dass hier im Vergleich zu repräsentationalistischen Ansätzen ein offenerer Begriff von Wahrnehmung verfochten wird, der die Vorteile der Theorien Merleau-Pontys und Husserls vereint. Wäre es daher nicht sinnvoll, sich ihm anzuschließen? Wiewohl die phänomenologischen Erwägungen dieses Zugriffs wichtige Aufschlüsse gestatten, bestehen doch zwei Probleme. Zum einen wird der zentrale Begriff des »lived body« – trotz aller Bemühungen vor allem Gallaghers – nicht eindeutig geklärt, zum anderen bleiben die Ansätze nicht frei von naturalistischen Tendenzen. So gibt es zwar mehrfach Bestimmungsversuche des Terminus, aber das Konzept bleibt ambivalent. Auffällig ist dies zum Beispiel daran, dass nicht streng differenziert wird zwischen dem eigenen Körper und dem Körper, den die Wissenschaften thematisieren.[66] Dies wäre aber nötig, um den »lived body« als ein neben dem »body« bestehendes Etwas auszuzeichnen. Außerdem wird die Unterscheidung zum biologischen Körper unterminiert, insofern es fortwährend doch physiologistische Hintergrundannahmen gibt. So redet Gallagher einerseits davon, dass zu den »bodily movements«, die mit Wahrnehmung zu tun haben, unter anderem »eye saccades and interocular motor adjustments« gehören, spricht andererseits dann aber auch wieder von einem Überschreiten der

---

Enaktivismus, ist hinsichtlich des body-Konzeptes jedoch Gallagher und Zahavi sehr nahe.

[65] Alva Noë: *Action in perception*. S. 24.

[66] Vgl. Shaun Gallagher: *How the body shapes the mind*. S. 149, wo der vorbewusste Körper auf »metabolism, heart rate, blood pressure, respiratory volume« reagieren soll. Gallagher macht sich nicht klar, dass diese genannten Aspekte allesamt theoriebeladene Entitäten sind. Der Körper »weiß« nichts von einem Lungenvolumen, auch nicht vorthematisch. Diese begriffliche Unschärfe unterminiert das ansonsten phänomenologisch produktive »lived body«-Konzept.

Körpergrenzen durch den »body«.⁶⁷ Das eine ist eine physiologisch fundierte Rückbindung des »lived body«, das andere gerade die Aufhebung einer streng physiologischen Korrelation. Wenn diese Beobachtungen stimmen, würde ein Rekurs auf diese Ansätze demnach zwar ein sinnvolles Wahrnehmungsverständnis mit sich bringen, zugleich aber den zentralen terminologischen Dreh- und Angelpunkt der Unterbestimmtheit ausgesetzt sein lassen.

Ähnlich radikal wie insbesondere die Spätphilosophie Merleau-Pontys erweist sich aber auch der Ansatz von Schmitz,⁶⁸ vermeidet

---

⁶⁷ Vgl. dazu exemplarisch Shaun Gallagher: *How the body shapes the mind.* S. 8 und 36 f. und ders., Dan Zahavi: *The phenomenological mind.* S. 154.

⁶⁸ Neben Andermann (vgl. Kerstin Andermann: *Spielräume der Erfahrung.* S. 30) hat auch ein namentlich unbekannter Zeitungsrezensent (vgl. dazu Hermann Schmitz: *Was ist Neue Phänomenologie?* Rostock 2003, S. 382) die fehlende Rezeption der Spätphilosophie Merleau-Pontys durch Schmitz beklagt. Der von Schmitz (a. a. O., S. 400–404) vorgenommene Versuch einer solchen kann jedoch nicht befriedigen. Zwar gibt Schmitz zu, dass Merleau-Ponty »der von mir entwickelten Neuen Phänomenologie sicherlich am Nächsten [kommt]« (a. a. O., S. 382), aber die offensichtlichen Parallelen zwischen den Begriffen »Fleisch«, »wildes/rohes Sein« einerseits und »Leib«, »Situation« sowie überhaupt »Mannigfaltigkeit« andererseits ignoriert er. Sein Vorschlag, »Fleisch« als »impressive Situation« zu fassen (a. a. O., S. 402), ist viel zu speziell, als dass damit Merleau-Pontys Verständnis getroffen ist. Schon eher stellt das »rohe Sein« eine chaotisch mannigfaltige Situation dar. »Fleisch« liegt seinen Bestimmungen nach eher dem nahe, was Schmitz als »Leib« bezeichnen würde (vgl. in dieser Hinsicht zum Beispiel Maurice Merleau-Ponty: *Das Sichtbare und das Unsichtbare.* S. 152 f.). Auch das Konzept der Explikation (vgl. dazu Hermann Schmitz: *Situationen und Konstellationen. Wider die Ideologie totaler Vernetzung.* Freiburg, München 2005, S. 54 f., 80–82) lässt sich in »Das Sichtbare und das Unsichtbare« finden (vgl. Maurice Merleau-Ponty: *Das Sichtbare und das Unsichtbare.* S. 148, 161 f., 254, 306). Diese Parallelen werden jedoch nicht herausgehoben, sondern hauptsächlich der unfertige Zustand des Werkes und dessen Metaphorik beklagt. Das muss den Leser umso mehr verwundern, da sich Schmitz im Rahmen seiner weitreichenden philosophischen Forschungen an viel schwerer zugängliche und kryptischere Texte (beispielsweise die doxographisch überlieferten vorsokratischen Fragmente) mit weit weniger Reserviertheit gewagt hat.

Es zeigt sich hier ein besonderes, eigenwilliges Verhältnis von Schmitz zu anderen Autoren beziehungsweise generell zur Geschichte der Philosophie. Thomas Rentsch unterstellt Schmitz einen zwar polemisch konnotierten, aber in der Sache nicht gänzlich falschen »forcierten Originalitätsanspruch« (Thomas Rentsch: »Rezension von Hermann Schmitz: Der unerschöpfliche Gegenstand«, in: Philosophische

jedoch die eben geschilderten Ungenauigkeiten hinsichtlich des zentralen Wahrnehmungs»organs«. Seine Definition von Wahrnehmung ist insofern noch weiter und offener, als Schmitz nicht nur die Rede von Bewusstsein, Sinnen, Materie, Form usw. suspendiert, sondern auf den Körper vorderhand generell keinen Bezug nimmt. Er schreibt, »Wahrnehmung [ist] überhaupt als Weise leiblicher Kommunikation zu charakterisieren.«[69] Diese schlichte Bestimmung greift nur scheinbar auf einen theoriebeladen anmutenden Begriff zurück, nämlich den des Leibes (wenn man beachtet, dass Kommunikation hier nichts anderes als jedwede Form von Interaktion meint). Der in den Mittelpunkt gerückte Leibbegriff, obwohl wie ein Konstrukt oder ein Theorem daherkommend, wird von Schmitz gerade in deskriptiver Weise eingeführt:

> *Leiblich* ist, was jemand in der Gegend (keineswegs, wie z. B. am Blick deutlich wird, immer in den Grenzen) seines materiellen Körpers von sich selber (als zu sich selber, der hier und jetzt ist, gehörig) spüren kann, ohne sich der fünf Sinne (Sehen, Tasten, Hören, Riechen, Schmecken) und des aus ihrem Zeugnis abgeleiteten perzeptiven Körperschemas (der habituellen Vorstellung vom eigenen Körper) zu bedienen. Als *Leib* kann dann das Ganze der leiblichen Regungen mit seiner […] räumlichen und dynamischen Beschaffenheit verstanden werden.[70]

Rundschau, Bd. 40 (1993), S. 121–128, hier S. 128; vgl. sachlich ähnlich auch Bernhard Waldenfels: *Das leibliche Selbst. Vorlesungen zur Phänomenologie des Leibes.* Frankfurt 2000, S. 271). Wohlwollender ausgedrückt kann man sagen, dass Schmitz eine Perspektive auf die Tradition hat, die den eigenen Standpunkt als Leitmotiv so sehr betont, dass primär Differenzen auffällig werden, wo der unbefangenere Blick auch Gemeinsamkeiten sieht. Das ist sicher eine Eigenheit im Vorgehen von Schmitz, die kritisch zu hinterfragen legitim ist und die vielleicht in maßgeblicher Weise zu dem Eindruck des »Auftrumpfenden«, wie es Jens Soentgen genannt hat (vgl. Jens Soentgen: *Die verdeckte Wirklichkeit. Einführung in die Neue Phänomenologie von Hermann Schmitz.* Bonn 1998, S. 170 f.), beitrug. Gleichwohl muss man aber beachten, dass dieses agonale Verhältnis nicht Ausdruck übersteigerter Selbstbezüglichkeit ist, sondern vielmehr aus dem Festhalten an der Richtigkeit des eigenen hermeneutischen Vorgriffs erwächst. Ob und inwiefern dieser allerdings in jedem Fall gerechtfertigt ist, hätte Schmitz in offenerer Betrachtung anderer Werke vermutlich stärker nachweisen sollen.

[69] Hermann Schmitz: *System der Philosophie. Bd. III/5.* S. XI.
[70] Hermann Schmitz: *Der Leib.* Berlin, Boston 2011, S. 5. – Diese Definition bil-

Leib ist demnach das, was man an sich selbst gerade ohne Rekurs auf bestimmte Konzepte, Vorstellungen und Begriffe spüren können soll. Der Tendenz nach wird somit der Unvoreingenommenheit phänomenologischer Annäherung weitestmöglich entsprochen. Dass diese Sphäre etwas Eigenes zu sein scheint, hatte Merleau-Ponty mit seinen Analysen schon gesehen, und auch Husserl war darauf gestoßen.[71] Auch im alltäglichen Leben kommt diese Eigenheit des Leiblichen prominent vor – wenn etwa nach einer Betäubungsspritze beim Zahnarzt sich der Leib (genauer: eine Leibesinsel) geschwollen, größer und in Folge einer vermeintlich herabhängenden Lippe womöglich verzerrt anfühlt, während der Körper selbst äußerlich unverändert bleibt. Diese Sphäre nutzt Schmitz, um von ihr her Wahrnehmung als eine Form der Interaktion des Leibes zu bestimmen. Es erweist sich sein Begriff damit auf den ersten Blick als der weiteste, offenste, deskriptivste und am wenigsten theoriebeladene, der sich im bisherigen Gang der Phänomenologie herauskristallisiert hat.

Ob er diesem Anspruch gerecht wird, steht allerdings noch nicht fest. Dies zu prüfen, ist eine der impliziten Aufgaben der vorliegenden Arbeit. Hier kam es zunächst nur darauf an zu zeigen, welche Schwierigkeiten sich historisch der Entwicklung eines möglichst untheoretischen, phänomennahen Begriffs von Wahrnehmung in den Weg gestellt haben. Die Nachzeichnung wesentlicher Stationen

---

det einen unveränderten Kernbestand der philosophischen Entwicklung Schmitz'. Vgl. die fast 50 Jahre ältere, ähnlich lautende Bestimmung des Leibbegriffs in Hermann Schmitz: *System der Philosophie. Bd. II/1: Der Leib.* Bonn 2005, S. 5. Interessant ist, dass auch Gallagher auf die unterschiedliche Räumlichkeit des »Körpers« in verschiedenen Zusammenhängen stieß, sie allerdings nicht, wie Schmitz, zur Definition entsprechender Phänomene nutzte. Vgl. dazu eindrücklich Shaun Gallagher: *How the body shapes the mind.* S. 139–145.
[71] Vgl. dazu zum Beispiel Edmund Husserl: *Ideen zu einer reinen Phänomenologie und phänomenologischen Philosophien. Zweites Buch.* S. 145, 284 oder ders.: *Die Krisis der europäischen Wissenschaften und die transzendentale Phänomenologie. Eine Einleitung in die phänomenologische Philosophie.* (= Husserliana Bd. VI.) Hrsg. v. W. Biemel. Den Haag 1976, S. 109. – Es gibt noch eine Reihe weiterer Denker des Leiblichen wie Friedrich Nietzsche, Scheler oder Sartre, jedoch sollen diese Bezugnahmen hier nicht thematisiert werden. Vgl. als Überblick dazu Hermann Schmitz: *Der Leib.* S. 147–173.

hat erkennen lassen, dass bis zu Schmitz hin eine Destruktion üblicher Annahmen erfolgt ist. Insofern bietet sein Konzept zumindest die Gewähr, ältere Fehler nicht zu wiederholen. Außerdem zeigt Schmitz' Ansatz eine große Offenheit, schließt von vornherein nicht schon Bestimmtes aus und rekurriert vorderhand nur auf unmittelbare Selbsterfahrung. Diese Weite ist als Vorbedingung, wie schon diskutiert, unentbehrlich. Auch läuft man damit nicht Gefahr, schon von Anfang an strikte Differenzen aufzubauen.

Im Anschluss an Alexander Staudacher kann man in diesem Kontext Wahrnehmungstheorien in der Philosophie nach *kontinuitiven* und *disjunktiven* unterschieden, womit gemeint ist, dass sie entweder zwischen bestimmten Erfahrungen – normalen Wahrnehmungen, Träumen, Halluzinationen zum Beispiel – strikte Trennungen ziehen oder solche Abgrenzungen unterlassen.[72] Schmitz gehört tendenziell zu letzteren, was sich schon daraus ergibt, dass seine Wahrnehmungsbestimmung zumindest in erster Annäherung nur das Genus proximum (leibliche Kommunikation), nicht aber eine Differentia specifica benennt.[73] Dieses Vorgehen eröffnet die Möglichkeit, mit einer deskriptiven An- oder Hinzeige der philosophischen Besinnung den Weg zu ebnen, ohne schon anfänglich den rechten Einsatz zu verpassen. Die Hoffnung allerdings, mit Schmitz nun die Chance zu haben, ganz ursprünglich und ohne Verzerrungen agieren zu können, ist trügerisch. Keine Annäherung erreicht das »Urtümlich-Reine«, denn sofern Menschen erkennen (und nach allgemeinem Wissen betrifft das alle bekannten Lebewesen), haben sie einen Blickpunkt, eine Perspektive. Der von Merleau-

---

[72] Vgl. dazu Alexander Staudacher: *Das Problem der Wahrnehmung*. Paderborn 2011, S. 18, 25, 294. – Staudacher argumentiert vor dem Hintergrund des Sinnesdaten-Paradigmas, nicht eines phänomenologischen Ansatzes. Dennoch gilt diese Differenzierung wohl allgemein, jedenfalls kann sie übertragen werden.

[73] Die mögliche Erwiderung, »leiblich« sei die Differentia specifica, »Kommunikation« das Genus proximum, greift vermutlich nicht, denn es findet sich bei Schmitz kein Hinweis auf die Möglichkeit einer nicht-leiblichen Kommunikation, wenn man nicht dazu übergehen will, automatisierte elektronische Datenflüsse – etwa im Börsenhandel – als Kommunikation zu bezeichnen. Natürlich spezifiziert Schmitz den Wahrnehmungsbegriff noch weiter (vgl. Hermann Schmitz: *System der Philosophie. Bd. III/5.* S. 26–37), aber das soll hier, wo es um einen allgemeineren Zugriff auf Wahrnehmung überhaupt geht, zunächst außen vor bleiben.

Ponty schon kritisch hinterfragte archimedische Punkt verzerrungsfreier Beobachtung und damit höchster Objektivität mag als Ideal für manche Zusammenhänge praktisch bedeutsame Wirkung haben, möglich und sinnvoll ist er nicht – unmöglich, weil der Mensch immer ein situiertes, ein räumlich, zeitlich, kulturell, sozial usw. verortetes Wesen ist, das zwar zeitlebens nach Destruktion seiner Bedingtheiten streben kann, aber keine Gewähr für das Gelingen dieses Unterfangen hat; nicht sinnvoll, weil hermeneutisch gesehen erst der Vorgriff, das implizite oder explizite Erkenntnisinteresse, die an die Wirklichkeit gestellte Frage eine Einsicht ermöglichen.[74] Gleichwohl genügt Schmitz' Ansatz,[75] dem sich die Studie im Folgenden aufgrund der dargelegten Vorzüge anschließen wird, der zuletzt von Lambert Wiesing erhobenen Forderung, Philosophie als den eigenwilligen Versuch zu verstehen, die Wirklichkeit ohne Modell zu denken.[76] Eine radikale Tabula rasa liefert Phänomenologie zwar nicht, aber sie sichert das Offenhalten der Pfade, so dass die Welt in ihrer Vielfalt sich zeigen kann. Als Ausgangspunkt einer Untersuchung über die Wahrnehmungen auch von Kranken, Berauschten, Übermüdeten usw. ist das entscheidend.[77]

---

[74] Sachlich ähnlich auch Shaun Gallagher, Dan Zahavi: *The phenomenological mind*. S. 21: »There is no pure third-person perspective, just as there is no view from nowhere.«

[75] Die Wahrnehmungslehre der Neuen Phänomenologie ist durch das Gesagte natürlich nicht ausreichend erläutert. Dies soll vielmehr auf kritischem Wege geschehen durch die Auseinandersetzung mit den Grenzen bisheriger Forschungsparadigmen. Erst vor dem Hintergrund dieser Kontrastfolie wird sich der Ansatz von Schmitz recht verstehen und plausibilisieren lassen.

[76] Vgl. dazu Lambert Wiesing: *Das Mich der Wahrnehmung. Eine Autopsie*. Frankfurt 2009, S. 22–29.

[77] Aus dem weiten Fokus könnte sich leicht der Vorwurf eines eklektischen Vorgehens ergeben. Richtig ist, dass die vorliegende Untersuchung nicht eine bloße »Regionalontologie« sein will, sondern umfassenderen Anspruch erhebt. Dazu ist sie auf verschiedenartigste Zeugnisse angewiesen (vgl. dazu auch schon Gerhard Kloos: *Das Realitätsbewusstsein in der Wahrnehmung und Trugwahrnehmung*. S. 54). Eine Beschränkung auf den Rahmen philosophischer Theorien genügt nicht, denn zum einen widerspricht das der phänomenologischen Ausrichtung der Arbeit, zum anderen ist die Wahrnehmung kein so zentrales Thema, dass hier eine nur theorievergleichende Herangehensweise gerechtfertigt erscheint. Vielmehr ist eine breite

II.2 Lebenswelt, Wirklichkeit und Ontologie

Neben dem Rekurs auf Wahrnehmungen als dem Gegenstand der Untersuchung gilt es zu klären, was diese mit der Lebenswelt zu tun haben. Gehen Menschen nicht häufig davon aus, geschult durch eigene Erfahrungen, dass die Welt eigentlich anders ist, als sie erlebt wird? Das Eis eines zugefrorenen Sees mag stabil aussehen, aber erworbenes Wissen hält doch davon ab, es dafür zu halten und die Fläche zu betreten. Parallel verlaufende Schienenstränge scheinen sich am Horizont zu schneiden, ohne dass man wirklich glaubt, dies verhalte sich so. Ist der Übergang von Wahrnehmungen zur Lebenswelt also gar kein direkter?

Um dieser Frage nachzugehen, muss zunächst der Begriff »Lebenswelt« selbst erhellt werden. Maßgeblich geprägt worden ist er durch Husserl,[78] allerdings liegen seine Wurzeln wohl ebenso in der Lebensphilosophie im Anschluss an Dilthey wie Heideggers früher lebensphilosophischer Phase.[79] Abgesehen von den historischen Genesebedingungen des Begriffs zeigt sich jedoch bei nahezu jedem Gebrauch desselben, dass er primär ein polemisch-kritischer Terminus ist.[80] Es ist in erster Linie ein abgrenzendes, sich von anderen

---

Aufstellung sinnvoll, die jedoch nicht in einen Eklektizismus ausufert, der beliebige Versatzstücke in unbedarfter und oberflächlicher Weise verknüpft, sondern der Zusammenhalt wird gewahrt durch die Zugrundelegung eines heuristischen Vorgehens mit einem klar entwickelten hermeneutischen Begriffsraster.

[78] Vgl. dazu Klaus Held: »Husserls neue Einführung in die Philosophie: der Begriff der Lebenswelt«, in: C. F. Gethmann (Hrsg.): *Lebenswelt und Wissenschaft. Studien zum Verhältnis von Phänomenologie und Wissenschaftstheorie*. Bonn 1991, S. 79–113.

[79] Vgl. dazu Hermann Schmitz: *Husserl und Heidegger*. Bonn 1996, S. 191 und Matthias Jung: »Die frühen Freiburger Vorlesungen und andere Schriften 1919–1923. Aufbau einer Philosophie im historischen Kontext«, in: D. Thomä (Hrsg.): *Heidegger-Handbuch. Leben – Werk – Wirkung*. Stuttgart, Weimar 2003, S. 13–22, vor allem S. 17 f.

[80] Waldenfels sieht den Begriff als »polemische Gegeninstanz« (Bernhard Waldenfels: *Sinnesschwellen. Studien zur Phänomenologie des Fremden 3*. Frankfurt 1999, S. 180). Der Sache nach ähnlich, insofern Lebenswelt in Kontrast zur Wissenschaft gesetzt wird, auch Christoph Demmerling: »Philosophie und die Aufklärung der Wissenschaften«, in: M. Großheim (Hrsg.): *Neue Phänomenologie zwischen Praxis und Theorie. Festschrift für Hermann Schmitz*. Freiburg, München 2008, S. 48–58.

absetzendes Konzept. Dies belegt deutlich die für die Rezeption des Begriffs maßgebliche Schrift Husserls, in welcher die Lebenswelt als grundlegender Kontrapunkt zum wissenschaftlich-objektiven Kosmos eingeführt wird. Es gilt als Tatsache,

> daß Wissenschaft eine menschliche Geistesleistung ist, welche historisch und auch für jeden Lernenden den Ausgang von der als seiend allgemeinsam vorgegebenen, der anschaulichen Lebensumwelt voraussetzt, welche aber auch fortwährend in ihrer Übung und Fortführung diese Umwelt in ihrer Jeweiligkeit des Sichgebens für den Wissenschaftler voraussetzt.[81]

Diese fundamentale Funktion der Lebenswelt liegt darin, dass auch der Wissenschaftler nicht nur im Alltag, sondern ebenso im Rahmen seiner Profession auf sie angewiesen ist als eine letzte Evidenzquelle.[82] Nur die Lebenswelt ermöglicht »ursprüngliche Evidenzen«, die eine »höhere Dignität der Erkenntnisbegründung gegenüber derjenigen der objektiv-logischen« Sphäre haben.[83] So läuft zum Beispiel der Messprozess, der Bestandteil eines jeden naturwissenschaftlichen Vorgehens ist, am Ende auf die Konstatierung lebensweltlicher Bestände – also Wahrnehmungen – hinaus. Die Wissenschaft wird, so Husserls Einsicht, die Lebenswelt nie los, sondern bleibt in gewissem Sinne dauerhaft an sie gebunden.

Argumentationsstrategisch ist der Begriff demnach in doppelter Hinsicht interessant. Zum einen grenzt er ein Gebiet gegen den als dominant erlebten Anspruch der objektiven Wissenschaften ab, zum anderen verbindet er mit dieser Abgrenzung zugleich einen Primatsanspruch. Man kann sagen, dass Husserl auf diese Weise von seiner früheren Strategie, Philosophie dadurch zu rehabilitieren, dass sie sich eine strenge Methode gibt,[84] verstärkt dahin ge-

---

[81] Edmund Husserl: *Die Krisis der europäischen Wissenschaften und die transzendentale Phänomenologie.* S. 123.
[82] Vgl. Edmund Husserl: *Die Krisis der europäischen Wissenschaften und die transzendentale Phänomenologie.* S. 129.
[83] Edmund Husserl: *Die Krisis der europäischen Wissenschaften und die transzendentale Phänomenologie.* S. 130 f.
[84] Vgl. dazu Edmund Husserl: »Philosophie als strenge Wissenschaft«, in: ders.: *Aufsätze und Vorträge (1911–1921).* (= Husserliana Bd. XXV.) Hrsg. v. T. Neon, H. R. Sepp. Dordrecht, Boston, Lancaster 1987, S. 3–62, hier S. 3–5.

langt ist, ihre Eigenständigkeit durch den Nachweis eines eigentümlichen und grundlegenden Gegenstandsgebietes zu sichern. Die geschilderte Doppelrolle ist dem Begriff wesentlich geblieben, auch in seinen späteren Anwendungen.[85] Es ist aus dem Gezeigten zunächst klar, was Lebenswelt nicht sein soll. Ursprung des Begriffs ist das Bestreben, sich gegen (natur-)wissenschaftliche Hegemonialansprüche zu verteidigen. Was aber genau ist unter der Lebenswelt konkret, außerhalb solcher argumentationsstrategischen Bezüge zu verstehen? Husserl charakterisiert sie als das »Allerbekannteste, das in allem menschlichen Leben immer schon durch Erfahrung uns [Vertraute]«[86], als »die Welt, in der wir immer schon leben [...].«[87] Damit scheint sie das unmittelbar Gegebene zu sein, wobei Gegebenheit hier im weiten Sinne des auch unthematisch vorhandenen Horizontes oder Hintergrundes zu interpretieren wäre. Gleichwohl darf man Lebenswelt nicht mit schlichter Ursprünglichkeit identifizieren. Lebenswelt steht nicht jenseits der Kultur, sondern ist zu wesentlichen Teilen beeinflusst durch menschliches Handeln:

> Die Welt, in der wir leben und in der wir uns erkennend-urteilend betätigen, [...] ist uns ja immer schon vorgegeben als durchsetzt mit dem Niederschlag logischer Leistungen; sie ist uns nie anders gegeben denn als Welt, an der wir oder Andere, deren Erfahrungserwerb wir durch Mitteilung, Lernen, Tradition übernehmen, sich schon logisch urteilend, erkennend betätigt haben.[88]

Vor diesem Hintergrund kommt Bernhard Waldenfels berechtigterweise dazu, sie keineswegs als monolithisches Gebilde zu erfassen, sondern ihre Differenziertheit zu betonen und folgende Grundzüge festzuhalten: konkret-anschaulich statt abstrakt, implizit eingeübt statt explizit geregelt, relativ, situativ, okkasionell.[89] Le-

---

[85] Vgl. in diesem Sinne Alfred Schütz: »On multiple realities«. S. 567.
[86] Edmund Husserl: *Die Krisis der europäischen Wissenschaften und die transzendentale Phänomenologie*. S. 126.
[87] Edmund Husserl: *Erfahrung und Urteil*. S. 38.
[88] Edmund Husserl: *Erfahrung und Urteil*. S. 39.
[89] Bernhard Waldenfels: *Sinnesschwellen*. S. 180 f. – Waldenfels bietet als Erläuterung des Begriffs die Bestimmung an, Lebenswelt sei »die Welt, in der wir als

benswelt als das Alltäglich-Bekannte ist demnach das, was Menschen ganz unbekümmert, gleichsam naiv als ihre Wirklichkeit ausgeben beziehungsweise was sie dafür halten. Von dieser Lebenswelt kann man sagen, sie ist ein Mittleres, denn einerseits kann sie *konstruktiv überstiegen*, andererseits *reduktiv fundiert* werden. Konstruktionen – also insbesondere Theorien, Weltbilder, Deutungen – sind abstrakte Versuche, lebensweltliche »Räume« zu verlassen hin zu objektiven, zum Teil unanschaulichen Beständen. In der Alltagswelt selbst schlagen sich, wie Husserls obige Aussage deutlich gemacht hat, diese Konstruktionen in gebrochener Form nieder. Beispiele dafür sind vulgärwissenschaftliche Weltbilder wie das berühmte populäre Motiv des »Alles-ist-relativ« im Anschluss an die Relativitätstheorie Albert Einsteins. Solche vulgärwissenschaftlichen Anschauungen haben mit den eigentlichen Theorien, die zumeist für sich nur mathematische Modelle mit Voraussagekraft, jedoch ohne intrinsischen ontologischen Wert sind, nur noch wenig gemein. Auf der anderen Seite gibt es auch die Chance, die Lebenswelt auf ihre über alle Individuen hinweg annähernd gleichbleibenden Aspekte hin zu unterschreiten, sie also durch einen Rückgang auf das Wesentliche zu verarmen. Diesen Weg ist Husserl mit seiner phänomenologischen Reduktion gegangen.[90] Das, auf was zurück-

---

Mensch unter Menschen leben und sterben.« (A. a. O., S. 180.) Das scheint jedoch ein viel zu vages Verständnis zu sein, denn was ist durch den Bezug auf »leben« und »sterben« gewonnen? Wenn der Verweis auf beide Vorgänge nur anzeigen soll, dass die Lebenswelt die Welt ist, in der Menschen zeitlebens sind (bis zum Tod als dem vermeintlichen Ende des Lebens und Sterbens), so wäre das trivial. Ist jedoch gemeint, dass es nur in ihr ein Leben und Sterben gibt, ist das wiederum gerade fraglich, jedenfalls weiterer Erläuterungen bedürftig. Triftiger als dieser Teil der Bestimmung ist der Hinweis auf die Intersubjektivität der Lebenswelt, insofern Menschen ganz alltäglich immer schon in einer Welt mit anderen existieren.
[90] Husserls Begriff der Reduktion ist gewissen Wandlungen unterworfen, die hier nicht weiter thematisiert werden sollen. Im Grunde bleibt aber das wesentliche Merkmal der Reduktion immer, dass eine konkrete Fülle auf die ihr notwendig zukommenden Bestandsstücke reduziert wird. Zu den Dimensionen des Konzepts vgl. Edmund Husserl: *Phänomenologische Psychologie.* S. 187–190 und ders.: *Ideen zur einer reinen Phänomenologie und phänomenologischen Philosophie. Erstes Buch.* S. 6.

gegangen werden soll, sind die Sachen, letztlich damit die Phänomene.[91]

Festzuhalten ist nach dem zuvor Gesagten, dass Lebenswelt die Wirklichkeit ist, wie sie den Menschen in unbefangener Weise begegnet. Das beinhaltet in großem Umfang Wahrgenommenes, aber eben auch kulturelle Deutungen, Symbole usw. Warum jedoch sollte sich die Philosophie einer solchen Entität zuwenden? Wäre es ihr nicht eher anheim gegeben, sie auf abstrakter Ebene zu übersteigen? Einen erkenntnis- und wissenschaftstheoretischen Grund für eine solche Beschäftigung hat Husserl darin gefunden, wie sich aus der zitierten Aussage ableiten ließ, dass auch abstrakte Konstruktionen, also Theoriegebäude, sich letztlich immer auf die Lebenswelt verwiesen sehen.[92] Es gibt aber noch einen gewichtigeren Anlass, der dem Umfeld der praktischen Philosophie zuzuordnen ist. Wenn zutrifft, dass die Lebenswelt durch gemachte Erfahrungen, Traditionen, Theorien usw. beeinflusst werden kann, wird es zu einer ethischen Notwendigkeit, die Folgen solcher *lebensweltökologischen* Eingriffe zu reflektieren.[93] Was dem Menschen alltäglich begegnet, ist womöglich weit weniger selbstverständlich, als man gemeinhin annimmt. Philosophie kommt dadurch die Aufgabe zu, Vorurteilsstrukturen und Verblendungszusammenhänge zu kritisieren.[94] Sie muss kritische Revision der lebensweltlichen Gegebenheiten sein, um der Gefahr subtiler und womöglich ethisch wie ökologisch fragwürdiger Manipulationen beziehungsweise unbewusster Fehlent-

---

[91] Vgl. dazu Kap. II.3.

[92] Das übersieht der logische Empirismus, der zwar die »Erdung« der Theorien durch Konstatierungen oder Ähnliches bedenkt, aber damit gleichsam die validisierende Wahrnehmung selbst wiederum theoretisch verbrämt. Er müsste dann nämlich eine weitere Theorie nachführen, die erklärt, warum eine bestimmte punktuelle Erscheinung (»Jetzt hier blau.«) zutreffend sein soll, denn im gewöhnlichen, lebensweltlichen Wahrnehmen gibt es so etwas eigentlich nicht. In diesem Sinne kann man mit Husserl sagen, dass noch die Konstatierungen lebensweltlich eingebettet sind.

[93] Vgl. dazu auch Kap. V.6.

[94] So fordert es eindringlich aus phänomenologischer Perspektive Gernot Böhme (vgl. Gernot Böhme: »Phänomenologie als Kritik«, in: M. Großheim (Hrsg.): *Neue Phänomenologie zwischen Praxis und Theorie. Festschrift für Hermann Schmitz*. Freiburg, München 2008, S. 21–36, hier vor allem S. 29).

wicklungen rechtzeitig begegnen zu können. Nicht sie zu ignorieren, sondern sich ihr zugleich offen, aber kritisch zuzuwenden – das muss der Ansporn der Philosophie im Angesicht der Lebenswelt sein. Die Überlegungen zum Lebensweltbegriff waren ausgegangen von der behaupteten engen Beziehung zwischen dieser Welt und den Wahrnehmungen. Nachdem sich die Lebenswelt als das Unmittelbare, wiewohl nicht Ursprüngliche im Begegnen des Menschen gezeigt hat, ist darauf zurückzukommen. Bedenkt man, welche Rolle Wahrnehmungen im alltäglichen Agieren spielen, ist ihre Bedeutung sicher nicht zu unterschätzen. Es hatten aber Beispiele – der gefrorene See, die sich schneidenden Schienen – zunächst nahe gelegt zu vermuten, dass Lebenswelt und Wahrnehmung doch nicht direkt zueinander gehören. Dem ist aber nicht so. In der Regel leben Menschen ganz in der Welt ihrer Erlebnisse. Dafür sind schlagende Belege Fälle, in denen trotz vorhandener theoretischer Erklärungen die Menschen den Wahrnehmungen eher Folge leisten als diesen Konstrukten. Richard Dawkins etwa kann unzählige Argumente gegen die Annahme eines Gottes im Sinne der theistischen Religionen aufführen,[95] er wird es nicht vermögen, Erlebnisse religiöser Art zu verhindern, wie sie von James geschildert wurden.[96] Wahrnehmungen und Erfahrungen scheinen in Teilen gegenüber Konstruktionen eine Unabhängigkeit zu besitzen. Ähnlich verhält es sich mit Sinnestäuschungen, die man sich zwar rational erklären kann, die aber dennoch bestehen bleiben. Dies führt mitunter zu starken emotionalen Reaktionen, wenn sich optische »Probleme« wie die bekannte in sich selbst zurückführende Treppe wahrnehmungsmäßig nicht auflösen lassen, obwohl man weiß, dass es schlicht ein Trick ist. Es besteht lebensweltlich die Tendenz, den Wahrnehmungen zu folgen. Noë betont in ähnlicher Weise den somit aufgezeigten engen Zusammenhang zwischen Erfahrung und Wirklichkeit:

> The key [...] is that perceptual experience is a way of encountering how things are, but it is a way of encountering how things are by mak-

---

[95] Vgl. Richard Dawkins: *Der Gotteswahn*. Übers. v. S. Vogel. Berlin 2010.
[96] Vgl. William James: *Die Vielfalt religiöser Erfahrung*.

ing contact with how they appear to be. [...] [T]here is no reason to think that appearances – how thinks look, sound, or feel – are sensations or mental items. How things look, for example, is precisely a feature of the way things are.[97]

Wahrnehmungen bestimmen in hohem Maße, was lebensweltlich vorkommt und was nicht. Daher ist der Ansatz sinnvoll und berechtigt, das Vorkommen von wirklichkeitsbezüglichen Differenzerlebnissen ausgehend von Wahrnehmungen zu untersuchen.

Daran schließt sich jedoch verständlicherweise sofort die Frage an, was das für eine Wirklichkeit ist. Handelt es sich nicht nur um eine subjektiv-psychische, eine erlebensrelative, eine uneigentliche Realität, die auf diese Weise erfasst wird? Welchen Stellenwert hat die lebensweltliche Wirklichkeit?[98] Tatsächlich ist es nötig, den Sinn dieses Begriffs gegen vier etablierte andere Semantiken abzugrenzen.

Zunächst ist zu betonen, dass es nicht darum gehen soll, den Bezug der Lebenswelt zur vermeintlich objektiven Außenwelt als der »wirklichen Wirklichkeit« zu beleuchten. Nicht eine solche transzendente Realität kann gemeint sein, denn damit ist der Bereich des unmittelbar Gegebenen schon lange verlassen. Die Suche nach einem Beleg für eine derartige transzendente, eigentliche Wirklichkeit ist von Heidegger als »Skandal der Philosophie« bezeichnet worden, der nicht darin bestehe,

> daß dieser Beweis bislang noch aussteht, sondern *darin, daß solche Beweise immer wieder erwartet und versucht werden.* Dergleichen Erwartungen [...] erwachsen einer ontologisch unzureichenden Ansetzung *dessen, davon* unabhängig und »außerhalb« eine »Welt« als vorhandene

---

[97] Alva Noë: *Action in perception.* S. 164. – Als illustrierende Gegenthese sei auf die Theorie Egon Brunswiks verwiesen, der behauptete, Wahrnehmung führe nur auf Gegebenheiten, die objektive Welt bestünde jedoch aus davon getrennten Gegenständen (vgl. Egon Brunswik: *Wahrnehmung und Gegenstandswelt. Grundlegung einer Psychologie vom Gegenstand her.* Leipzig, Wien 1934, S. 3). Folglich wird Wahrnehmung als unzuverlässig ausgeschieden, da nur Messung Sicherheit biete (vgl. a. a. O., S. 7). Ein solcher Zugriff hält einer phänomenologischen Kritik nicht stand.

[98] Im Folgenden werden die Begriffe »Wirklichkeit« und »Realität« – anders als im üblichen philosophischen Diskurs – synonym gebraucht.

bewiesen werden soll. [...] Das recht verstandene Dasein widersetzt sich solchen Beweisen, weil es in seinem Sein je schon ist, was nachkommende Beweise ihm erst anzudemonstrieren für notwendig halten.[99]

Das Problem des Bezugs auf eine bewusstseins- oder subjekttranszendente Wirklichkeit ist selbst ein Problem, welches sich in dieser Weise nur innerhalb von spezifischen Theorierahmen präsentiert. Es ist nicht per se falsch gestellt, trifft jedoch nicht den Gegenstand, der an dieser Stelle vorgesetzt ist, nämlich die Lebenswelt. In dieser sind Menschen schon immer »draußen« auf Sartres »Landstraße«. Damit freilich erweist sich der hier thematisierte Wirklichkeitsbegriff als ein anderer als jener, den die klassische Ontologie in ihren – wiederum sehr unterschiedlichen – Ausformungen zum Beispiel bei Aristoteles oder Christian Wolff verfolgt hat. Es geht um konkret-erlebte oder zumindest unmittelbar anerkannte Wirklichkeit, wie sie den Menschen alltäglich begegnet. Insofern ist auch Johann R. Weinberg zu widersprechen, der undifferenziert behauptet, »Wirklichkeitskontakt [...] ist ein und dasselbe wie das, was die Philosophen ›Transzendenz‹ nennen.«[100] Es wäre vielmehr genau zu überlegen, ob und inwieweit das Modell eines transzendenten Seins sich durch lebensweltliche Erfahrungen plausibilisieren lässt.[101] Keineswegs aber fällt Wirklichkeitskontakt per se mit Transzendenz zusammen. Wenn sich beispielsweise jemand versehentlich selbst mit dem Hammer auf den Daumen schlägt, ist er sich der Wirklichkeit des Hammers, seines Daumens, seiner Schmerzen eindringlich bewusst, ohne deshalb auf die Idee zu kommen, eine transzendente Sphäre anzunehmen. Vielmehr sind ihm die genannten Entitäten als innerweltliche, als unmittelbare vollauf gegeben. Eine Wirklichkeit im Sinne der Transzendenz steht folglich nicht im Fokus. Dies ist aber keineswegs als Defizit zu bemerken, sondern vielmehr scheint es plausibel, dass sich erst vom alltäglichen

---

[99] Martin Heidegger: *Sein und Zeit*. S. 205. Heideggers argumentativer Gegner an dieser Stelle ist Kant.
[100] Johann R. Weinberg: *Der Wirklichkeitskontakt und seine philosophischen Deutungen*. Meisenheim am Glan 1971, S. 1.
[101] Vgl. dazu Kap. V.5.

Realitätsverständnis her die Legitimität transzendentaler Theoreme wird vergleichend bewerten lassen können. Auch im Hinblick auf die besonderen Eigenarten der Differenzerlebnisse sollte von Transzendenz-Prämissen abgesehen werden, denn sie verhindern einen offenen Blick auf die Erlebnisse selbst. So zielte die erste klassische Definition der Halluzinationen, die der französische Psychologe Jean Etienne Dominique Esquirol in der ersten Hälfte des 19. Jahrhunderts entwickelte, darauf ab, dass sich solche Vorkommnisse durch das Fehlen eines äußeren Gegenstandes auszeichnen, der eine Empfindung erregen könnte.[102] Damit wird aber das konkrete Erlebnis bereits unter Maßgabe eines bestimmten ontologischen Modells überstiegen. In der lebensweltlichen Erfahrung des Kranken stellt sich die Sachlage nämlich ganz anders dar:

> Weil Wirklichkeit für den Halluzinanten nicht objektive Realität bedeutet, d. h. Einstimmigkeit mit den allgemeinen Gesetzen der Erfahrung, sondern die subjektive Realität des sympathetischen Betroffenseins, darum nimmt auch der besonnene Kranke keinen Anstoß an der Unstimmigkeit seiner Erlebnisse mit der allgemeinen Erfahrung.[103]

Differenzerlebnisse weisen im Rahmen des mit ihnen verbundenen Fraglichwerdens der Wirklichkeit nicht auf Transzendenz hin – zumindest nicht in auffälliger Weise –, sondern legen nahe, die konkreten Bedingungen lebensweltlicher Wirklichkeitserfahrung zu beleuchten. Daher ist der zugrunde gelegte Realitätsbegriff ein konkreterer.

Eine zweite Abgrenzung besteht darin, dass die Wirklichkeit hier nicht – wie man mit Heidegger sagen könnte – in ontologischer, sondern eher in ontischer Perspektive thematisiert wird. Die damit aufscheinende »ontologische Differenz« wird als der »Unterschied zwischen Sein und Seiendem« verstanden.[104] Die rechte ontologische Annäherung thematisiert nicht einzelne Seinsbestände –

---

[102] Vgl. dazu Gerhard Schorsch: *Zur Theorie der Halluzinationen*. Leipzig 1934, S. 9 und Kurt Wietrzychowski: *Beitrag zur Geschichte der Theorie der Halluzinationen*. München 1961, S. 13.
[103] Erwin Straus: *Vom Sinn der Sinne. Ein Beitrag zur Grundlegung der Psychologie*. Berlin, Göttingen, Heidelberg 1956, S. 379.
[104] Martin Heidegger: *Die Grundbegriffe der Metaphysik. Welt – Endlichkeit – Ein-*

etwa einzelne Dinge, Sachverhalte usw. –, sondern fragt grundlegender nach dem Sein dieser Entitäten. Aber auch eine solche Frage, die Heidegger als radikale Frage nach dem Sinn von Sein interpretiert,[105] überspringt die Lebenswelt schon in gewissem Sinne. Wiewohl es eine berechtigte Forderung ist, das Sein alles Seienden herauszustellen, insofern es ein Gemeinsames ist, sollte diese Annahme am Ende, nicht jedoch am Anfang der Besinnung stehen. Zuvor ist es gerade nötig, das Seiende als es selbst möglichst offen zu analysieren. Daher wird Wirklichkeit im Rahmen der hier gewählten Herangehensweise stärker aus ontischer Perspektive in den Blick genommen, alles Ontologische kann diesem Blick nur nachfolgen.

Weiterhin ist drittens zu bedenken, ob das, was als Wirklichkeit im Kontext der Lebenswelt erfahren wird, nicht ein »bloß Subjektives« sei. Erweist sich die so verstandene Realität nicht als idealistisch und solipsistisch? Richtig an diesem Einwand ist, dass die Forderung, bestimmten Objektivitätsansprüchen zu genügen, nicht von vornherein als conditio sine qua non erhoben wird. Differenzerlebnisse sind schließlich gerade deshalb virulent, weil sie aus dem Rahmen des Üblichen, der zum Teil mit dem des Objektiven korrespondiert, herausfallen. Aber besieht man einmal die eigenen lebensweltlichen Erfahrungen, besteht deswegen kein Anlass, den Subjektivismus-Vorwurf zu erheben. Vielmehr fallen zwei Sachverhalte ins Auge: zum einen die große Sphäre der Gemeinsamkeit und zum anderen die Grenzfälle intersubjektiver Verständigung. Die Lebenswelt erweist sich als wesentlich gemeinsame, geteilte. Andere und anderes kommen darin ganz unhinterfragt immer schon vor. Menschen gehen ganz selbstverständlich davon aus, dass das, was sie als wirklich erleben, auch anderen so erscheint. Nur in Ausnahmefällen bricht diese Vertrautheit zusammen, zum Beispiel dann, wenn man in kommunikativer Praxis die Andersartigkeit eigenen Wahrnehmens – Farbenblindheit etwa – feststellt. Dennoch wäre die Lebenswelt falsch gekennzeichnet, würde sie als subjektiv

---

samkeit. (= *Gesamtausgabe* Bd. 29/30.) Hrsg. v. F.-W. v. Herrmann. Frankfurt 1983, S. 521. Vgl. auch ders.: *Die Grundprobleme der Phänomenologie*. S. 23, 102.
[105] Vgl. dazu Martin Heidegger: *Sein und Zeit*. S. 1, 11.

erfasst. Die ihren Beständen zukommende Wirklichkeit ist vielleicht *nicht objektiv* im Sinne des naturwissenschaftlichen Paradigmas, aber sehr wohl zu großen Teilen *intersubjektiv*. Dieses Faktum lehrt die Erfahrung täglich und sollte daher gegen den Subjektivismus-Vorwurf hochgehalten werden. Gallagher und Zahavi differenzieren daher zutreffend: »Some people mistake phenomenology for a subjective account of experience; but a subjective account of experience should be distinguished from an account of subjective experience.«[106] Andererseits jedoch – und das belegt, warum die hier zur Verhandlung anstehende Wirklichkeit nicht in vollem Umfang objektiv ist – zeigen Konfrontationen mit anderen Kulturen, manchmal auch anderen Menschen der eigenen Kultur, wenn sie als pathologisch krank diagnostiziert sind, dass die Sphäre der Gemeinsamkeit Grenzen hat. Kommunikationsprozesse scheitern, Wirklichkeitszuschreibungen werden nicht kohärent. Gäbe es nur zwei Menschen auf der Welt – einen Halluzinierenden und einen Normalsinnigen –, so bestünde keine Chance, dass sich beide auf ein identisches Inventar der lebensweltlichen Bestände einigen könnten.[107] Insofern muss der thematisierte lebensweltliche Wirklichkeitsbegriff ganz bewusst von vorgängigen Eindeutigkeitshypothesen abgekoppelt werden, um der Möglichkeit innerweltlicher Pluralität von Welten Platz zu verschaffen. Das Vorkommen dieser Vielfalt ist jedenfalls phänomenal nicht zu leugnen.

Zur Schärfung des gewählten Zugangs sei abgrenzend auf den Ansatz des frühen Ludwig Wittgensteins als einer möglichen vierten Semantik verwiesen. Dieser machte sich über den Zusammenhang des vermeintlich eindeutig bestimmten Inventars – allem, was der Fall ist –[108] zum doch offensichtlich anders gearteten Erleben

---

[106] Shaun Gallagher, Dan Zahavi: *The phenomenological mind.* S. 21.
[107] Das gilt freilich nur, solange keine Interaktion mit der Welt stattfindet. Je mehr agiert wird, desto wahrscheinlicher stößt der Halluzinierende auf Hinweise, die ihn – wenn er ansonsten bei voller Gesundheit ist – an seinen Erlebnissen zweifeln lassen könnten. Eine Garantie für eine Einigung bietet aber auch das nicht.
[108] Vgl. Ludwig Wittgenstein: »Tractatus logico-philosophicus. Logisch-philosophische Abhandlung«, in: ders.: Werkausgabe Bd. 1: *Tractatus logico-philosophicus. Tagebücher 1914–1916. Philosophische Untersuchungen.* Frankfurt 1984, S. 7–85, hier S. 11 (Satz I).

der Menschen keine weiteren Gedanken, insofern er letztere Sphäre als *philosophisch* irrelevant verstand.[109] Wittgenstein kann dabei als Vertreter einer Auffassung angesehen werden, die sich strikt auf eine Menge von Propositionen als Sphäre einer wünschenswerten Eindeutigkeit bezieht, die die Wirklichkeit ausmachen soll. Bei diesem theoretischen Ansatz bleibt aber der Bereich der minderen Bestimmtheit und Nicht-Propositionalität außen vor. Dem schon erläuterten phänomenologischen Ethos gemäß ist im Kontext der erläuterten Frageperspektive ein solcher Zugriff abzulehnen.

Was als Wirklichkeit schon im Titel der Untersuchung angesprochen wurde, erweist sich als eine im Rahmen konkreter Erfahrungen *im Kontext der Lebenswelt vollzogene Bestimmung*. Es geht nicht um eine transzendente, objektive, subjektunabhängige Realität, sondern um konkrete, höchstens intersubjektive, womöglich aber auch idiosynkratische Wirklichkeitserfahrungen, die durch eine phänomenale Vielfalt gekennzeichnet sind. Die Soziologie hat in besonderer Weise solche Wirklichkeiten in ihrer Varianz hervorgehoben.[110] Zuletzt hat Thorsten Benkel bei der Suche nach den Eckpfeilern der sozialen Wirklichkeit auf die Notwendigkeit hingewiesen, der Pluralität Raum zu lassen.[111] Diesem Impetus folgt das entwickelte Verständnis von Wirklichkeit, auch auf die Gefahr hin, dass der als einheitlich angenommene Begriff sich als komplex erweist.[112] Gleichwohl erhebt sich leicht der Vorwurf, das Vorstehende bestimme den Begriff nicht scharf genug. Das ist zum einen schlicht zutreffend. Eine gewisse Vagheit verbleibt, die sich jedoch durch zweierlei legitimiert. Zum einen ist es gar nicht ausgemacht,

---

[109] *Lebensweltlich* war er sich der Relevanz allerdings sehr wohl bewusst, wie die Gesamtanlage und insbesondere der Schluss des »Tractatus logico-philosophicus« zeigen.
[110] Vor allem die schon zitierten Arbeiten von Schütz sowie Berger und Luckmann sind hier einschlägig.
[111] Vgl. Thorsten Benkel: *Die Signaturen des Realen. Bausteine einer soziologischen Topographie der Wirklichkeit.* Konstanz 2007, S. 16, 22, 214.
[112] Ratcliffe verweist in diesem Sinne auf Pluralität: »[…] I do not think there is a unitary, constant sense of reality that is integral to all ordinary living and susceptible to only a few permutations in exceptional circumstances. The sense of reality and belonging embedded in the natural attitude is changeable, not just in intensity but also in character.« (Matthew Ratcliffe: *Feelings of being.* S. 70 f.)

dass der Gegenstand der lebensweltlichen Wirklichkeit eine schärfere Bestimmung von sich selbst her zulässt. Dies kann erst nach der Untersuchung anhand der dargelegten Konzepte bewertet werden. Zum anderen wiederum ist die verbliebene Unschärfe zugleich eine Rückversicherung gegenüber fehlerhaften Zugriffen. Statt dogmatisch einer Stringenz anzuhängen, die zugleich das Vage womöglich fälschlicherweise ausschließt, muss über »Wirklichkeit [...] mit einer notwendigen Unschärfe gesprochen werden, denn nur so wird Wirklichkeit diskussionswürdig, anstatt diskreditiert.«[113]

Aus den Darlegungen zum Wahrnehmungs-, Lebenswelt- und Wirklichkeitsbegriff ergibt sich folgerichtig eine letzte Klärungsbedürftigkeit im Hinblick auf das Verständnis von Ontologie. Diese altehrwürdige Disziplin der Philosophie galt lange Zeit als ihre höchste und edelste Ausformung, insofern die klassische Metaphysik selbst im Kern als ontologisch zu charakterisieren ist. Wenn aber schon das Transzendenz- und Objektivitätstheorem zumindest vorläufig suspendiert sind, folgt daraus, dass der Terminus im Rahmen der hiesigen Vorhabe anders zu verstehen ist als gewöhnlich. Heidegger hat in seiner Frühphilosophie den Begriff »Ontologie« sehr weit und offen gefasst, indem er behauptete, wenn »aus dem Terminus lediglich die unbestimmte Anweisung herausgehört [wird], es komme im folgenden in irgendwelcher thematischen Weise das Sein zur Untersuchung und Sprache, dann hat das Wort [...] seinen möglichen Dienst getan.«[114] In diesem Sinn ist auch die vorliegende Untersuchung eine Ontologie. Es ist jedoch fraglich, ob Heideggers Begriff, so weit gefasst, nicht jede Diskriminierungsmöglichkeit verliert und damit sinnlos wird. Fruchtbarer erweist sich das von Husserl erarbeitete Konzept einer »Ontologie der Lebenswelt rein als Erfahrungswelt«[115]. Problematisch ist dabei allerdings, dass Erfahrungswelt bloß Lakai eines Aufschwungs ins Transzendentale sein soll: »Im Wechsel [...] [der] Einstellungen, wobei die auf die

---

[113] Thorsten Benkel: *Die Signaturen des Realen*. S. 34.
[114] Martin Heidegger: *Ontologie (Hermeneutik der Faktizität)*. (= *Gesamtausgabe Bd. 63.*) Hrsg. v. K. Bröker-Oltmanns. Freiburg 1995, S. 1.
[115] Edmund Husserl: *Die Krisis der europäischen Wissenschaften und die transzendentale Phänomenologie*. S. 176.

lebensweltlichen Phänomene als Ausgang, nämlich als transzendentaler Leitfaden für die höherstufigen Korrelateinstellungen zu dienen hat, verwirklicht sich die universale Forschungsaufgabe der transzendentalen Reduktion.«[116] Man muss mit dem Bestreben, der Erfahrungswelt offen und weitestgehend unbefangen zu begegnen, ernster machen, als Husserl es vermochte. In diesem Sinne bestimmt Schmitz die Ontologie in einer Weise, der sich im Folgenden angeschlossen werden soll:

> Sie [die Ontologie; S. K.] ist eine ganz und gar empirische Wissenschaft, die sich auf dem Boden der Lebenserfahrung erhebt, nur daß sie diesen Boden selbst in Augenschein nimmt und nicht nur, wie die positiven empirischen Wissenschaften, die vielfältigen und wechselnden Gebilde, die als wirkliche gelten, weil sie auf dem Boden der Tatsachen stehen.[117]

Schmitz will der Ontologie also die Aufgabe zukommen lassen, die Erfahrungswelt zu erkunden, aus der alle anderen Wissenschaften erst das Geltungsrecht für ihre Konstruktionen ableiten.[118] Damit wird Ontologie sowohl zu einem erkundenden Vorgehen, indem sie die Lebenswelt thematisiert, aber auch zu einem kritischen, indem sie den Anhalt von theoretischen Entitäten in der Lebenswelt prüft. Sie erhält somit eine »Wächteraufgabe«[119]: »Die Ontologie ist für

---

[116] Edmund Husserl: *Die Krisis der europäischen Wissenschaften und die transzendentale Phänomenologie*. S. 177.
[117] Hermann Schmitz: *Der unerschöpfliche Gegenstand. Grundzüge der Philosophie.* Bonn 1995, S. 40f. – Einen anders gelagerten, aber in seiner Offenheit für Vielfalt vergleichbaren Vorschlag hat Heinrich Rombach entwickelt. Für ihn ist Ontologie »eine Wirklichkeitslehre [...], die allen geschichtlich und in verschiedensten Menschheitsgesellschaften entstandenen Wirklichkeitskonzeptionen und Lebenswelten ontologisch gerecht wird, daraus nicht ein ›System‹ aller möglichen Lebenswelten, wohl aber einen genetischen Vergleich mit wechselseitigem Korrekturwert gewinnend.« (Heinrich Rombach: »Phänomenologie heute«, in: *Phänomenologische Forschungen*. Bd. 1. Hrsg. v. d. Deutschen Gesellschaft für phänomenologische Forschung. Freiburg, München 1975, S. 11 30, hier S. 27.)
[118] Vgl. auch den Hinweis, dass aus phänomenologischer Perspektive Ontologie und Epistemologie nicht mehr scharf voneinander zu trennen seien, in Shaun Gallagher, Dan Zahavi: *The phenomenological mind.* S. 143.
[119] Hermann Schmitz: *Der unerschöpfliche Gegenstand.* S. 36.

die Philosophie nicht der absolutistische Gesetzgeber, sondern der Wächter über die Offenhaltung des Gesichtskreises [...].«[120]

II.3 Phänomenologisch-hermeneutisches Vorgehen

Sind mit den Bestimmungen von Lebenswelt, Wirklichkeit und Ontologie die Leitmotive der Studie sowie mit der hinführenden Darlegung eines offenen phänomenologischen Wahrnehmungsverständnisses die wesentlichen terminologisch-konzeptuellen Vorbedingungen angesprochen, bleibt noch eine entscheidende Klärung nötig. Die Studie orientiert sich aus den genannten Gründen an der Phänomenologie. Es hatte sich jedoch gezeigt, dass diese keineswegs eine einheitliche Schule mit festen Glaubenssätzen ist, sondern ihre Vertreter an zentralen Punkten divergieren. Auch in Hinsicht auf das Phänomenologieverständnis ist also eine Fundierung des Vorhabens noch zu leisten.

Eine umfassende Geschichte der phänomenologischen Bewegung zu liefern, hat für die vorliegende Aufgabe der Analyse von Differenzerlebnissen keinen Sinn.[121] Sinnvoll erscheint es vielmehr, sich ausgewählten Phänomenbegriffen zuzuwenden, um an ihnen

---

[120] Hermann Schmitz: *Der Spielraum der Gegenwart.* Bonn 1999, S. 194. Zu dieser bedeutsamen Funktion der ontologisch ausgerichteten Philosophie vgl. auch die wichtigen Hinweise bei Kerstin Andermann: »Die Rolle ontologischer Leitbilder für die Bestimmung von Gefühlen als Atmosphären«, in: dies., U. Eberlein (Hrsg.): *Gefühle als Atmosphären. Neue Phänomenologie und philosophische Emotionstheorie.* Berlin 2011, S. 79–95. – In diesem Sinne verfolgt das Vorhaben gemäß Peter F. Strawsons Differenzierung eine »deskriptive« statt einer »revisionären« Metaphysik (vgl. Peter F. Strawson: *Einzelding und logisches Subjekt. Ein Beitrag zur deskriptiven Metaphysik.* Übers. v. F. Scholz. Stuttgart 1972, S. 9 f.), da es nicht um eine Verbesserung des Weltbezugs, sondern eine adäquate Erfassung der Welt geht. Während Strawson allerdings ausgehend von der Lebenswelt mittels einer Untersuchung begrifflicher Strukturen zur Sphäre des Ontologischen gelangen will, beabsichtigt die vorliegende Arbeit durch eine kritisch-prüfende Deskription den Bereich einer phänomenologisch-konkreten Ontologie zu erschließen. Freilich liegt dabei gerade in der Wahl der Mittel – Sprachanalyse bei Strawson, Phänomenanalyse hier – der entscheidende und gewichtige Unterschied.
[121] Eine umfangreiche Darstellung wesentlicher Stationen der phänomenologischen Bewegung liefert Herbert Spiegelberg: *The phenomenological movement.*

erneut zu prüfen, inwiefern sie der gestellten Vorhabe den Weg erleichtern oder beschweren. Husserl verstand als Phänomen zunächst schlicht die originäre Gegebenheit. Er machte dies zur Grundlage seiner Herangehensweise:

> Am *Prinzip aller Prinzipien: daß jede originär gebende Anschauung eine Rechtsquelle der Erkenntnis sei, daß alles, was sich uns in der »Intuition« originär,* (sozusagen in seiner leibhaften Wirklichkeit) *darbietet, einfach hinzunehmen sei, als was es sich gibt,* aber *auch nur in den Schranken, in denen es sich gibt,* kann uns keine erdenkliche Theorie irre machen.[122]

Dieser Begriff erweist sich zunächst als offen, wenig dogmatisch. Gleichwohl belässt es Husserl dabei nicht, sondern legt Wert auf eine Reinigung der hingenommenen Phänomene:

> Die […] Reduktion, die vom psychologischen Phänomen zum reinen »Wesen«, bzw. im urteilenden Denken von der tatsächlichen (»empirischen«) Allgemeinheit zur »Wesens«allgemeinheit überführt ist die *eidetische Reduktion.* […] Andere Reduktionen, die spezifisch transzendenten, »reinigen« die psychologischen Phänomene von dem, was ihnen Realität und damit Einordnung in die reale »Welt« verleiht. Nicht eine Wesenslehre realer, sondern transzendental reduzierter Phänomene soll unsere Phänomenologie sein.[123]

Diese Reinigungsprozesse lassen erkennen, dass die Phänomene doch nur bedingt so hinzunehmen sind, wie sie sind, vielmehr erst als transzendental situierte vollgültig akzeptiert werden. Ein solcher Schritt scheint durchaus problematisch, wie schon gezeigt wurde. Es bleibt als legitimer Ertrag dennoch festzuhalten, dass der Phänomenbegriff sich als zulässig erweist, wenn auf die idealistisch anmutende Nachbehandlung zugunsten weniger theoriebeladener Analyseformen verzichtet würde.

Nach Husserl und in Auseinandersetzung mit ihm kommt Heidegger dahin, das Phänomen als »das, was sich zeigt, als sich zeigendes«[124] zu bestimmen. »Phänomen ist die Weise des Gegenständ-

---

[122] Edmund Husserl: *Ideen zu einer reinen Phänomenologie und phänomenologischen Philosophie. Erstes Buch.* S. 51.
[123] Edmund Husserl: *Ideen zu einer reinen Phänomenologie und phänomenologischen Philosophie. Erstes Buch.* S. 6.
[124] Martin Heidegger: *Ontologie.* S. 67.

lichseins von etwas, und zwar eine ausgezeichnete: das von ihm selbst her Präsentsein eines Gegenstandes.«[125] Die Parallelen zum Konzept Husserls sind offensichtlich, wenn man sich ganz auf die genannten Definitionen, nicht auf die sehr unterschiedlichen Formen des Umgangs mit den Phänomenen konzentriert.[126] In beiden Fällen wird betont, dass das Phänomen sich von sich her irgendwie zeige und dass es dies im Modus der Präsenz oder Leibhaftigkeit tue. Auch Heideggers Begriff rekurriert nicht auf semantisch komplexe Hintergrundtheorien, sondern bemüht sich um die Auszeichnung der Phänomene als schlichte Gegebenheiten.

Soweit scheint Einigkeit zu bestehen und der Begriff auch offen und weit genug, um dem phänomenologischen Impetus gerecht zu werden. Aber Schmitz weist auf ein Problem hin, das mit der Rede von dem »Sich-von-sich-her-geben« der Phänomene in Zusammenhang steht. Heidegger meint, »[a]ls Bedeutung des Ausdrucks ›Phänomen‹ ist […] *festzuhalten:* das *Sich-an-ihm-selbst-zeigende,* das Offenbare.«[127] Was aber soll es bedeuten, dass etwas sich an sich selbst zeigt? Besitzen Phänomene das Vermögen, sich selbst zu erklären und sich dem sie Betrachtenden zu verdeutlichen? Husserl und Heidegger trauen ihnen womöglich mehr zu, als gerechtfertigt ist. Etwas als etwas Bestimmtes erfahren zu lassen, steht nicht wiederum im Vermögen dieses Etwas selbst. Es ist fraglich, ob sich Phänomene von sich her in Bedeutungskategorien einordnen, was sie aber tun müssten, um in der geforderten Weise sich zu geben. Schmitz unterscheidet vor diesem Hintergrund zwischen dem Sachbegriff des Phänomens, wie man ihn bei Husserl und Heidegger findet, und einem Sachverhaltsbegriff desselben. Er merkt dazu an:

> Der Sachbegriff des Phänomens verführt dazu, phänomenologische Erkenntnis als direkte Auffassung des Gegebenen in seinem bloßen Vorliegen zu verstehen und die Doppelköpfigkeit zu übersehen, der

---

[125] Martin Heidegger: *Ontologie.* S. 67.
[126] Eine kurze, aber prägnante Darstellung der hier nicht thematisierten Differenzen von Husserl und Heidegger im Kontext des Phänomenbegriffs bietet Heinrich Rombach: »Das Phänomen Phänomen«, in: *Phänomenologische Forschungen.* Bd. 9. Hrsg. v. d. Deutschen Gesellschaft für phänomenologische Forschung. Freiburg, München 1980, S. 7–32, hier vor allem S. 9–17.
[127] Martin Heidegger: *Sein und Zeit.* S. 28.

jede Beschreibung einer Sache dadurch unterliegt, daß man die Sache so und so sehen kann, je nach dem Bedeutungshof der Gattungen, die man zur Subsumtion mitbringt [...].¹²⁸ Die beiden angeführten Phänomenbegriffe laufen also Gefahr, das Phänomen mit einer Leistungsfähigkeit zu versehen, die es gar nicht hat.¹²⁹ Vielmehr bedarf es vorgängiger Kategorisierungen, damit es *als etwas Bestimmtes* überhaupt erscheinen kann. Nur weil es erscheint, weiß man noch nicht, was es ist.¹³⁰ Aus diesem Grund geht Schmitz dazu über, den Sachverhaltsbegriff des Phänomens zu etablieren:

> Ich lege Wert darauf, daß Phänomene nicht, wie Husserl und Heidegger sie verstehen, irgend etwas Anschauliches sind, etwas, das [...] »sich zeigt«, sondern Sachverhalte der Art, daß etwas sich in gewisser Weise verhält. Mein Grund ist der, daß das bloße genaue Hinsehen, worauf sich Husserl verlassen wollte, keine Rücksicht darauf nimmt, daß der Phänomenologe nicht bloß etwas zur Kenntnis nehmen muß, sondern etwas als etwas, als Fall von etwas unter einem Gesichtspunkt [...].¹³¹

Besser verständlich wird Schmitz' Begriff, wenn man ihn als *hermeneutischen*¹³² interpretiert. Dann wird deutlich, dass Phänomene sich nicht selbst schon als Bestimmtes, vermutlich noch nicht einmal als ein einzelnes Ereignis präsentieren. Vielmehr bedarf es dazu schon der Subsumtionsparameter, die durch Sachverhalte geliefert

---

¹²⁸ Hermann Schmitz: »Was ist ein Phänomen?«, in: D. Schmoll, A. Kuhlmann (Hrsg.): *Symptom und Phänomen. Phänomenologische Zugänge zum kranken Menschen*. Freiburg, München 2005, S. 16–28, hier S. 18.
¹²⁹ Schmitz meint, Husserl und Heidegger würden das Phänomen zu theoriebeladen verstehen, wenn sie ihm das Vermögen zutrauen, sich selbst als einzelnes, bestimmtes Etwas zu geben. Man könnte jedoch auch genau andersherum argumentieren und sagen, dass beide zu empirisch vorgehen, insofern sie die immer als Bestimmtes gegebenen Phänomene als Faktizitäten hinnehmen. Sie überbelasten das Unmittelbare, weil sie dessen immer auch (im weitesten Sinne) theoretische Anteile übersehen.
¹³⁰ Vgl. dazu Hermann Schmitz: »Was ist ein Phänomen?« S. 18.
¹³¹ Hermann Schmitz: *Höhlengänge. Über die gegenwärtige Aufgabe der Philosophie*. Berlin 1997, S. 19.
¹³² Hermeneutik hier im allgemeinen Sinne einer auf das Zustandekommen eines Auffassens gerichteten Betrachtung.

werden. Schmitz meint zeigen zu können, dass solche Sachverhalte vorsprachlich sind.[133] Die dabei wichtigsten, weil in gewissem Sinne fundamentalen Sachverhalte bilden die diffus – also noch nicht völlig vereinzelt, aber auch nicht absolut chaotisch – in bedeutsame Situationen eingelassenen.[134] *Bedeutsamkeit ist primär,* die Einzelwesen – und damit die »Sachen« Husserls – folgen erst aus ihr.

Zur Illustration dessen, was Schmitz vor Augen hat, lohnt ein Seitenblick auf das Modell Erich Rothackers.[135] Die zwischen beiden Modellen, trotz durchaus unterschiedlicher Ausrichtung, bestehende Analogie lässt das hermeneutische Motiv in Schmitz' Phänomenbegriff deutlicher zutage treten. Rothacker vertrat eine Art »Weltstoff-Ontologie«:

---

[133] Vgl. dazu Hermann Schmitz: »Was ist ein Phänomen?« S. 19 f. – Sein Beweis hat zwei Wurzeln. Zum einen belegt Schmitz durch die Hypothese einer Sprache, die nicht auf Ding- und Eigenschaftskonzepte rekurriert, die Sprachunabhängigkeit der Sachverhalte. Die von ihm unterstellte Gleichwertigkeit der Sätze »Cassius mordete Caesar« und »Morden einstig cassuishaft caesartümlich« ist jedoch fraglich. Kann man wirklich behaupten, in beiden Fällen denselben Sachverhalt bezeichnet zu haben? Oder gilt nicht viel eher, dass die Sachverhalte sich entsprechend der Sprache mit verändert haben? Aber unabhängig davon geht es Schmitz darum, nachzuweisen, dass Sachverhalte zumindest in grober Form (wie sich ja auch beide Sätze auf den grob ähnlichen Fall der Ermordung Cäsars beziehen) sprachinvariant sind. Die zweite Wurzel ist die Feststellung, dass etwas nur einzeln sein kann als Fall einer Gattung. Dieses Fallsein wiederum ist aber ein Sachverhalt, so dass Sachverhalte die conditio sine qua non des Einzelnseins bilden.

[134] Vgl. Hermann Schmitz: »Was ist ein Phänomen?« S. 21 f.

[135] Dass sich hier Parallelen auftun, ist vielleicht nicht ganz zufällig, insofern Rothacker Schmitz' Doktorvater war. Schmitz bekennt sich außerdem explizit zur Weltstoff-These Rothackers. Vgl. dazu zum Beispiel Hermann Schmitz, Wolfgang Sohst: *Hermann Schmitz im Dialog. Neun neugierige und kritische Fragen an die Neue Phänomenologie.* Berlin 2005, S. 18.
Eine Studie zu den Beziehungen von Rothacker und Schmitz (sowie Jürgen Habermas und Karl-Otto Apel) hat Guillame Plas vorgelegt (vgl. Guillame Plas: »Die Schüler Erich Rothackers. Ableger historistischen Denkens in der deutschen Philosophie der Nachkriegszeit«, in: Archiv für Begriffsgeschichte, Bd. 54 (2012), S. 195–222). Seine Arbeit trifft wesentliche Punkte (etwa den Perspektivenpluralismus (a. a. O., S. 216), die Entrationalisierung der idealistischen Wahrnehmungstheorie (a. a. O., S. 198), die Mittelstellung zwischen Absolutem und Relativem (a. a. O., S. 217)), irrt aber, wenn sie Schmitz pauschal als Husserlianer ausweist (a. a. O., S. 214) oder ihn in historistischen Fahrwassern (a. a. O., S. 220) vermutet.

Gerade die Sinnlosigkeit schon von Fragen nach dem Sosein des Ansichseienden beleuchtet die fundamentale Bedeutung anschaulich artikulierter »Welten« neben dem in seinem Ansichsein völlig rätselhaften Weltstoffe. Nur wo dieser sich mit Lebendigem berührt – Lebendiges ist zu betonen, da Bewußtsein als tabula rasa nicht genügen würde – gewinnt er dank dieser Berührung und dank der mitgebrachten Maßstäbe jedes Lebens Sosein, Bedeutung und Sinn.[136] Es gibt demnach einen neutralen, unvereinzelten Weltstoff,[137] der erst sinnfällig wird durch den Bezug des Lebendigen. Rothacker fasst das konzeptuell in den »Satz der Bedeutsamkeit«, der auf diese aufschließende Leistung verweist:

> Gewiß haben wir die stille, uns gegenüber gleichgültige Wirklichkeit mit einem farbigen Netz unserer Bedeutsamkeit überzogen, aber zugleich haben wir doch gerade sie, wie sie sich von uns aufgeschlossen zeigt, dabei eigenartig gegliedert und artikuliert. Wir haben sie in ganz bestimmten Hinsichten zum Sprechen und Leuchten gebracht.[138]

Rothacker legt Wert darauf zu betonen, dass damit keine Verfälschung einhergeht, sondern dass der Weltstoff den Menschen nur etwas sagt, wenn sie ihn irgendwie gliedern. Es kommt daher darauf an, diese eigenartigen Bedeutsamkeiten besser verstehen zu lernen. Dadurch wird Hermeneutik insofern wichtig, als »die Ausarbeitung der rechten, sachangemessenen Entwürfe, die als Entwürfe Vorwegnahmen sind, die sich ›an den Sachen‹ erst bestätigen sollen, [...]

---

[136] Erich Rothacker: »Mensch und Wirklichkeit«, in: *Der Bund. Jahrbuch.* Bd. 2 (1948/49), S. 5–22, hier S. 11. Zum Motiv des Weltstoffes vgl. auch ders.: *Geschichtsphilosophie.* München, Berlin 1934, S. 93f., 108. Schmitz selbst greift dieses Motiv des Weltstoffes häufig auf. Vgl. dazu exemplarisch Hermann Schmitz: *Der unerschöpfliche Gegenstand.* S. 105, 257f.
[137] Als mögliche Parallelen liegen der aristotelische hyle-Begriff oder das scholastische Konzept der »materia prima« nahe. Weitere Verweise auf Vorläufer dieses Modells finden sich bei Michael Großheim: *Von Georg Simmel zu Martin Heidegger. Philosophie zwischen Leben und Existenz.* Bonn, Berlin 1991, S. 54–57.
[138] Erich Rothacker: »Mensch und Wirklichkeit«. S. 16f. Vgl. zum Satz der Bedeutsamkeit auch ders.: *Geschichtsphilosophie.* S. 98f. Zum Motiv der Artikulation des Weltstoffes durch den Menschen weiterführend besonders ders.: *Probleme der Kulturanthropologie.* Bonn 1948, S. 166–172.

die ständige Aufgabe des Verstehens [ist].«[139] Im Vergleich dazu ist Schmitz' Herangehensweise zwar anders fundiert, denn sie versteht Sachverhalte (auch die in Situationen eingebetteten) als vorsprachliche ontologische Bestände der Welt, nicht als bloß hermeneutisch relevante Vorgriffe, ist der Sache nach aber in der hier entscheidenden Hinsicht analog. Die Phänomene sind nämlich nicht einfach von sich selbst her als sie selbst gegeben, wie Husserl und Heidegger nahe legen, sondern sie sind schon immer in einen sie erst als einzelne, bestimmte Entitäten ermöglichenden Zusammenhang eingegliedert. Dies gilt, wenn man Rothacker folgt, auch schon für sinnliche Bestände, insofern es sinnliche Kulturschwellen gibt.[140]

Damit jedoch kommt es zu einer widersprüchlich anmutenden Umkehr der bisher vorgebrachten methodischen Überlegungen, denn zuvor waren einige der verhandelten Theorien deshalb zurückgewiesen worden, weil sie ein »Zuviel« an deutungsschweren Implikationen mit sich führten. Nun aber zeigt sich, dass es andererseits auch ein »Zuwenig« an solchen Implikationen zu geben scheint, insofern das Empirische in seinen reinen Vermögen überschätzt wird. Erweist sich somit nicht Schmitz' Ansatz als theoriebeladen? Warum ist das in diesem Fall akzeptabel, in den anderen aber nicht? Dazu ist anzuführen, dass Schmitz die Unbedarftheit dem Phänomen gegenüber gerade als Folge impliziter ontologischer Annahmen ausweist. Husserl gehe beispielsweise davon aus, dass die Dinge – im weitesten Sinne verstanden – immer schon als einzelne vorliegen und ihre Bestimmungen haben.[141] Dagegen zeigte sich aber, dass die Einzelheit auf Gattungen beruhe, die nicht selbst anschaulicher Bestandteil des Gegebenen sind. Der Phänomenbegriff Husserls ist ein absoluter, insofern Wesenseinsichten ge-

---

[139] Hans-Georg Gadamer: *Wahrheit und Methode. Grundzüge einer philosophischen Hermeneutik*. Tübingen 1965, S. 252. – Hermeneutik wird in der vorliegenden Arbeit in ihrem Anwendungsgebiet universell gefasst, nicht, wie gemeinhin üblich, auf Texte beschränkt.
[140] Vgl. Erich Rothacker: *Probleme der Kulturanthropologie*. S. 167.
[141] Vgl. zum Singularismus – das ist die Annahme der unmittelbaren Einzelheit aller Dinge – bei Husserl exemplarisch Hermann Schmitz: *Der Weg der europäischen Philosophie*. S. 667–673.

wonnen werden sollen, die Anspruch auf fortwährende Richtigkeit besitzen.[142] Schmitz' Konzept ist von geringerer Geltungsreichweite, weil es einen relativen Begriff verwendet. Die Subsumtionen können nur relativ zu den Situationen Gültigkeit beanspruchen, von denen her Sachverhalte erst zum Tragen kommen. Damit aber erweist sich erneut, dass die geforderte Offenheit von Schmitz' Ansatz insofern besser erfüllt werden kann, als er seine Erkenntnisse selbstkritisch auf den Bezug zum eigenen Standpunkt hin reflektiert. Der archimedische Punkt, von dem aus die absoluten Phänomene erreichbar sind, existiert für ihn nicht.[143] Keine dogmatische Einengung droht, wie sie die sogenannte Postmoderne – in übertriebener Weise – überall vermutete.[144] Somit besteht an dieser Stelle nicht der vermutete Widerspruch.

Andererseits wiederum zeigt sich auch, dass Schmitz an ein bei Husserl entwickeltes grundlegendes Motiv phänomenologischen Vorgehens anknüpft. Phänomen ist etwas nicht per se, sondern erst

---

[142] Vgl. dagegen aber die der hier vertretenen Phänomenologie näher kommende Husserl-Auslegung in Shaun Gallagher, Dan Zahavi: *The phenomenological mind*. S. 30.

[143] Der von Wolfgang Blankenburg im Angesicht von Differenzerlebnissen unternommene Versuch, einen archimedischen Punkt außerhalb der »natürlichen Selbstverständlichkeit« zu suchen, scheint vor diesem Hintergrund fragwürdig (vgl. Wolfgang Blankenburg: *Der Verlust der natürlichen Selbstverständlichkeit. Ein Beitrag zur Psychopathologie symptomarmer Schizophrenien*. Stuttgart 1971, S. 64). Sinnvoller erscheint ein Vorgehen, welches den jeweiligen Standpunkt im Vergleich zu bestimmen sucht. Diesem Unterfangen dient auf dem Feld der Wahrnehmung die hier unternommene Analyse der Differenzerlebnisse, die die lebensweltliche Wirklichkeit gerade durch Unterschiede charakterisieren will.

[144] »Die Wirklichkeit folgt nicht einem einzigen Modell, sondern mehreren, sie ist konflikthaft und dramatisch strukturiert, sie zeigt Einheitlichkeit nur in spezifischen Dimensionen, nicht im ganzen. [...] Die Wirklichkeit ist nicht homogen, sondern heterogen, nicht harmonisch, sondern dramatisch, nicht einheitlich, sondern divers strukturiert.« (Wolfgang Welsch: *Unsere postmoderne Moderne*. S. 77f., 188.) Schmitz steht, wenn man seinen Phänomenbegriff richtig versteht, nicht in der Gefahr, den »Terror« (Jean-François Lyotard: »Beantwortung der Frage: Was ist postmodern?«, in: W. Welsch (Hrsg.): *Wege aus der Moderne. Schlüsseltexte der Postmoderne-Diskussion*. Weinheim 1988, S. 193–203, hier S. 203) durch Dogmatisierung und Ideologisierung auszulösen, denn er hält den Raum des Möglichen, des Andersseinkönnens offen.

nach einer kritischen Prüfung, die bei Husserl in Form der
»epoché« vollzogen wird, bei Schmitz durch die Revision:

> Der Phänomenologe ist [...] an einem Maximum an Selbstkritik interessiert; er sucht sich aus den Netzen naheliegender beliebiger Annahmen, die sich undurchsichtig mit echten oder vermeintlichen Evidenzen mischen, auf den festen Boden zu retten, wo er etwas findet, das er nicht mehr ernsthaft bestreiten kann. [...] Sein Hilfsmittel ist dabei das maßgebliche Werkzeug phänomenologischer Forschung überhaupt: die *phänomenologische Revision* als der Umdenkversuch, bezüglich des jeweils gestellten Themas Annahmen zu variieren, bis sich etwas herausstellt, das der Variierende gelten lassen muß, weil er sich selbst nicht mehr glauben könnte, wenn er das bestritte.[145]

Folglich erweist sich Schmitz' Phänomenbegriff als ein *hermeneutisch-kritischer*, wie man charakterisierend sagen kann. Es geht darum, Phänomene durch kritische Variation von Annahmen von willkürlichen Subsumtionen zu befreien, um auf diesem Wege diejenigen Subsumtionen beziehungsweise Sachverhalte zu erreichen, die nachvollziehbar an den Bedeutsamkeitshintergrund heranreichen.[146] Eine letztgültige Sicherheit ist dabei allerdings ausgeschlossen, insofern es keine »Reinheit« zu gewinnen gibt, wie Husserl hoffte, sondern nur Einsichten relativ zu den sie bedingenden hintergründigen Situationen. Folglich ist Schmitz' Phänomendefinition in mehrfachem Sinne relativ – auf Individuen und auf Zeiten, wobei beides in sich auch immer Kulturzusammenhänge einschließt: »Ein *Phänomen* ist für jemand zu einer Zeit ein Sachverhalt, dem der Betroffene dann den Glauben, daß es sich um eine Tatsache handelt, nicht im Ernst verweigern kann.«[147] Ein solcher

---

[145] Hermann Schmitz: »Was ist ein Phänomen?« S. 26.
[146] Eine gewisse und durchaus unerwartete Parallele zeigt sich hier zu der Unterscheidung zwischen »harten« und »weichen« Fakten, wie sie Bertrand Russell getroffen hat (vgl. Bertrand Russell: *Unser Wissen von der Außenwelt*. Übers. v. W. Rothstock, M. Otte. Hamburg 2004, S. 80). Vergleichbar sind die Überlegungen allerdings nicht hinsichtlich dessen, was Daten sind (hier bleibt Russell hinter Schmitz zurück), sondern dahingehend, dass erst eine (fortwährende) Prüfung gewisse Umstände als die stabilen und eigentlichen vorübergehend auszuzeichnen vermag.
[147] Hermann Schmitz: »Was ist ein Phänomen?« S. 27. – In diesem kritischen und

Begriff sichert Offenheit, indem er zunächst alles als Begegnendes zulässt, aber zugleich ist er nicht naiv, insofern er kritisch-explorative Mechanismen involviert.[148] Die kritische Natur des Zugangs zu den Phänomenen belegt, dass die Phänomenologie keineswegs ein einfaches Hinnehmen des Selbstverständlichen, Unmittelbaren ist, sondern ein reflektiertes, aufgeklärtes Einlassen auf Gegebenes. Phänomene sind daher auch nicht das, was je schon begegnet – die Lebenswelt –, sondern wie zuvor erläutert eine Art wesentlicher Mutterboden. Während Lebenswelt und abstrakte Theoriegebäude die produktive Distanz zu Phänomenen suchen, bemüht sich die Phänomenologie, den Weg zu ihnen hin zu gehen. Allerdings könnte hier wieder der Einwand vorgebracht werden, dass doch diese Annahme einer erst durch bestimmte methodische Verfahren – Reduktion, Revision, Variation – zu gewinnende Sphäre der Phänomene auch und womöglich in hohem Maße theoriebeladen ist. Worin unterscheidet sich in diesem Sinne ein Phänomen von einer theoretisch postulierten Entität wie einem Boson, also einem vom zurzeit gültigen physikalischen Standardmodell postulierten subatomaren Teilchen? Was wie der Todesstoß für eine sich theoriekritisch gebende Phänomenologie wirkt, übersieht bei genauerer Betrachtung allerdings, dass die Art und Weise der Prüfung des Zusammenhangs zwischen

---

relativen Verständnis begegnen sich Schmitz und Rombach. Letzterer betont ablehnend gegen Husserl und Heidegger: »Die Beschreibung eines Phänomens kann nun nicht mehr eine unmittelbare, eine Beschreibung im Stile der Ideation oder auch der Eigentlichkeit sein, sondern muß sich als ein zeitgebundener Beitrag zur geschichtlichen Selbsterfassung des Menschen geben. Phänomenologie wird zur Erhellung des Menschen auf dem Wege seiner geschichtlichen Selbrealisation und hört auf, ›Wesensschau‹ in einem überzeitlichen und außermoralischen Sinne zu sein.« (Heinrich Rombach: »Das Phänomen Phänomen«. S. 21.)
[148] Nicht thematisiert wird das Phänomenologie-Verständnis von Gallagher und Zahavi, denn sie schließen an die schon dargelegten Überlegungen von Merleau-Ponty und Husserl an. Bei Noë hingegen bleibt seine Auffassung davon, was Phänomenologie sein soll, merkwürdig unterbestimmt. Es scheint sich letztlich nur um eine offene Form von Empirie zu handeln (vgl. Alva Noë: *Action in perception.* S. 66 f., 76, 165, 179, 226), den von Gallagher und Zahavi betonten methodischen Charakter verkennt er anscheinend (vgl. Shaun Gallagher, Dan Zahavi: *The phenomenological mind.* S. 11).

Theorie und Empirie ein je anderer in beiden Fällen ist. Während man vom Boson selbst nie Kenntnis erlangt, sondern dieses nur aufgrund plausibler und methodisch validierter theoretischer Annahmen postuliert wird und anhand von durch die Theorie selbst festgelegten empirischen »Anzeigern« – zum Beispiel bestimmter zu erwartender Zahlenwerte – erscheint, besteht bei Phänomenen der Sache nach mindestens prinzipiell die Chance, sie selbst zu erfahren. Eine solche Form der empirischen Erdung ist, im Vergleich mit derjenigen naturwissenschaftlicher Theorien, offensichtlich theorieärmer. In diesem Sinne kann man daher berechtigterweise festhalten, dass das Phänomen im Vergleich zur Lebenswelt als einem Mittleren und den Theorien als einem abstrakten Maximum ein Tieferliegendes ist.

Wenn an dem damit erläuterten Phänomenbegriff im Folgenden festgehalten werden soll, ist es zweckmäßig, nicht nur diesen ganz speziellen Terminus zu bestimmen, sondern ebenso die Frage aufzuwerfen, was Phänomenologie generell zu sein beansprucht. Aus den dargelegten Gründen ist ersichtlich, dass sie keineswegs das naive Hinnehmen vermeintlicher Selbstverständlichkeiten ist. Sie ist ihrem Wesen nach empirisch,[149] das heißt auf eine bestimmte Auseinandersetzung mit etwas im weitesten Sinne Vorhandenem orientiert. Dieses wiederum hat sich – wie gezeigt – als kein naiv

---

[149] So hat sich etwa Schmitz selbst immer als Empirist im weiten Wortsinn verstanden (vgl. dazu zum Beispiel Hermann Schmitz: *Was ist Neue Phänomenologie?* S. 383). Damit einher geht eine gewisse Achtung des Werkes von John Locke, der ein »mustergültig durchdachtes und übersichtlich geordnetes System kritischer Rechenschaft von der Tragfähigkeit der mit dem philosophischen Wortgebrauch erhobenen Ansprüche nach Maßgabe der Erfahrungen, die diesem Gebrauche zugrunde liegen, und ihrer intellektuellen Verarbeitung [entfaltet].« (Ders.: *Der Weg der europäischen Philosophie.* S. 298.) Eine enge Beziehung zwischen positivistischem Empirismus und Husserl hat Manfred Sommer herauszustellen versucht (vgl. Manfred Sommer: *Husserl und der frühe Positivismus.* Frankfurt 1985). Allerdings dürfen diese tendenziellen Parallelen nicht überstrapaziert werden, denn dem Bekenntnis zur Empirie stehen auf beiden Seiten sehr differente Ansichten davon gegenüber, was Empirie sein soll. Vgl. zum selben Thema auch schon vorher Ludwig Landgrebe: »Der phänomenologische Begriff der Erfahrung«, in: ders.: *Faktizität und Individuation. Studien zu den Grundfragen der Phänomenologie.* Hamburg 1982, S. 58–70, vor allem S. 60 ff.

Hinzunehmendes zu erkennen gegeben, sondern muss kritisch gewonnen werden. Hans Blumenberg hat in Anlehnung an die husserlsche Phänomenologie den Phänomenologen als unbeteiligten Zuschauer charakterisiert, der eine »schwierige Figur« sei. »Er ist nicht der Nachfolger des ›edlen Wilden‹, der *noch nicht* in die Kulturverbindung abgetrieben sein sollte, sondern eher der Spätling des Kulturüberdrusses, der die Last der Konventionen *nicht mehr* erträgt und in die Wüste geht. Er ist eine Figur der Katharsis, nicht der Ursprünglichkeit.«[150] Die These der Unbeteiligtheit des zusehenden Phänomenologen ist fraglich, denn sie unterschätzt die Rolle der subsumtiven Explikation, aber das Motiv der Katharsis statt einer naiven Unmittelbarkeit trifft Wesentliches. Es geht tatsächlich um eine Reinigung und Abtragung von »Kulturschutt«. Zwar werden solche wichtigen und in ihrer Relevanz kaum zu unterschätzenden Kulturleistungen auch vom Phänomenologen nicht bestritten, aber sie erfahren dahingehend eine Prüfung, wie sie sich zu den Phänomenen verhalten.

Gleichwohl muss hier einem weiteren Missverständnis vorgebeugt werden. Es könnte so scheinen, als würde durch die Katharsis der Weg freigemacht in eine »Hinterwelt«, eine eigentliche Seinssphäre. Husserls Rede von der »wahren Welt« legt solch ein Verständnis nahe,[151] wie es auch die Unterscheidung von Hedwig Conrad-Martius zwischen »Anfangsmaterial« und »echten Phänomenen« tut.[152] Beide Modelle bedenken nicht, dass die Phänomene keine Entitäten in reiner Selbstgenügsamkeit sind, sondern sich erst als etwas zeigen, wenn sie betrachtet werden, womit immer Subsumtion und Relativität einhergehen. Die »Hinterwelt« als Bereich ewig gleichbleibender Mengen von Phänomenen ist eine falsche Vorstellung. Sie setzt nämlich nicht nur gewisse ontologische Bedingungen voraus, deren Bestehen ungeprüft angenommen wird –

---

[150] Hans Blumenberg: *Zu den Sachen und zurück.* Hrsg. v. M. Sommer. Frankfurt 2002, S. 30.
[151] Vgl. zum Beispiel Edmund Husserl: *Phänomenologische Psychologie.* S. 57, 188 f. Vgl. zu einem möglichen »Hinterwelt«-Modell auch ders.: *Ideen zu einer reinen Phänomenologie und phänomenologischen Philosophie. Zweites Buch.* S. 45 f.
[152] Vgl. Hedwig Conrad-Martius: »Zur Ontologie und Erscheinungslehre der realen Außenwelt«. S. 351. – Vgl. zur Hinterwelt-Problematik auch Kap. V.5.

Einzelheit etwa –, sondern glaubt auch, dass der Phänomenologe sich dieser auf eine nicht verfälschende Weise nähern kann. Das würde jedoch implizieren, dieser könne methoden- und modellfrei Phänomene antreffen. Dies ist aber, wie sich aus dem Charakter der Phänomene als in diffusen Situationen gegründet ergibt, unmöglich. Insofern bildet die Idee der Hinterwelt vielleicht ein verständliches, erwünschtes Ideal, weil dann alle mühsamen Forschungsbestrebungen, alle menschliche Unsicherheit, alle Vagheit der Welt zugunsten einer fortwährend gültigen und umfassend erkannten Sphäre überwunden wären. Gleichwohl ist dieses Ideal aber zum einen illusorisch, zum anderen gefährlich, da es die Forschung vor unlösbare oder nur um die Gefahr eklatanter Reduktionen erfüllbare Aufgaben stellt. Vielmehr kommt es darauf an, die eigene Phänomenfeststellung als eine relative zu verstehen. Die Menschen (und vielleicht besonders die Philosophen) mögen vom verzerrungsfreien Zugriff auf die Phänomene träumen, möglich ist er nicht.[153] Es ist jedoch zutreffend, die Methode des Phänomenologen im Hinblick auf Verdeckungen als näherungsweise minimalistisch zu bezeichnen. Er wählt aus dem Gegebenen nicht dogmatisch aus, sondern lässt diesem so weit als möglich Autonomie und Dignität zukommen. Das ist der Kern dessen, was Phänomenologen unterschiedlichster Schulen verbindet – weniger die konkrete Methode, sondern das *Ethos des Vorrangs des Empirischen*.[154]

---

[153] Etwas basaler, aber der Sache nach analog weist Blumenberg darauf hin, dass Methodenfreiheit zwar dem Erkenntnisideal der Philosophie widerspreche, aber die »Wissenschaft als der unendliche Anspruch eines endlichen Wesens [sie] erzwingt […].« (Hans Blumenberg: »Lebenswelt und Technisierung unter Aspekten der Phänomenologie«, in: ders.: *Wirklichkeiten in denen wir leben. Aufsätze und eine Rede*. Stuttgart 2009, S. 7–54, hier S. 42.)

[154] Eine sprachlich gelungene und sachlich richtige Charakterisierung dieses Ethos hat Rüdiger Safranski geliefert: »Phänomenologie erhebt Einspruch gegen die kurzen Prozesse der Erkenntnis, ihre Berufungsinstanz ist die unerschöpfliche Erfahrung. Ihr wird man nur gerecht mit einer geduldigen, einfühlsamen und elastischen Kunst der Beschreibung. Phänomenologie widersteht der Ungeduld, die verhindert, daß Erfahrungen zur Sprache kommen. Dieses Verhindern will sie verhindern. Sie will damit verhindern, daß unsere Weltoffenheit eingeengt wird durch Konstruktionen oder, wie Heidegger sagt, durch ›Machenschaften‹. Für die Phänomenologie ist die Welt nicht alles, was der Fall ist, sondern alles, was uns trägt, was

Was aber leistet die Phänomenologie dann noch? Erschöpft sie sich in der Deskription des allen ohnehin Bekannten? Eine solche Behauptung liegt nahe, sie verkennt jedoch die Schwierigkeiten der kritischen Revision. Der Zugang zu den nicht zu leugnenden Sachverhalten ist immer schon verstellt und zumindest in feste Bahnen gelenkt durch die kulturelle Arbeit der Jahrtausende. Traditionelle Festlegungen sind nicht im Zuge einfacher Einklammerungen auszuschalten, sondern bleiben fortwährende Irritationsgefahr. Um solche Pfade hinterfragen zu können, ist es, metaphorisch gesprochen, nötig, neue Wege zu gehen. Dies zu ermöglichen ist Aufgabe der Phänomenologie. Sie muss in kritischer Prüfung der Lebenswelt diejenigen Phänomene herausstellen, die sie für gültig hält und durch Entwicklung einer Terminologie das Erkannte auch für Dritte nachvollziehbar zu machen suchen. Daher ist ihre Hauptaufgabe das Sprechen über die Phänomene zu lernen und zu lehren.[155] Mit einer sprachlichen Fixierung werden die Phänomene zwar auch wieder in bestimmter Weise kulturspezifisch festgelegt, jedoch kommen sie so überhaupt erst einmal zum wiedererkennbaren Vorschein. Außerdem fordert die Phänomenologie zu dauernder Über-

---

sich vor uns auftut und uns vielleicht sogar willkommen heißt, wenn wir uns ansprechen lassen. So ist Phänomenologie neben vielem, was sie sonst noch ist, auch eine Liebeserklärung an die Welt. [...] Tatsächlich arbeitet die phänomenologische Philosophie, wie die Poesie, an der Rehabilitierung der erscheinenden Welt; die Phänomenologen, so könnte man sagen, sind immer noch Ptolemäer: für sie geht die Sonne immer noch am Horizont auf.« (Vgl. Rüdiger Safranski: »Der erkaltete Eros«, in: M. Baßler, E. van der Knaap (Hrsg.): *Die (k)alte Sachlichkeit. Herkunft und Wirkungen eines Konzepts.* Würzburg 2004, S. 9–17, hier S. 16 f.)

[155] Vgl. dazu Hermann Schmitz: »Die phänomenologische Methode in der Philosophie«, in: ders.: *Neue Phänomenologie.* Bonn 1980, S. 10–27, vor allem S. 25. Ähnlich auch Frank Vogelsang: *Offene Wirklichkeit.* S. 26. Für die in dieser Arbeit vorgenommene Analyse der Zeugnisse aus pathologischen Zuständen betont Fuchs die Wichtigkeit des Lernmotivs: »Die Arbeit der Leibphänomenologie ist [...] die Suche nach einer Sprache der leiblichen Erfahrung, die uns hilft, den Kranken in seiner leiblich-räumlichen Existenz zu verstehen und für sein Erleben gemeinsame Worte zu finden.« (Thomas Fuchs: *Psychopathologie von Leib und Raum.* S. 7.) In ähnlicher Hinsicht erhoffen sich Zahavi und Parnas von der Phänomenologie einen Metabegriffsrahmen, der die Kommunikation über (pathologische) Erlebnisweisen aus verschiedensten disziplinären Zugangsweisen vereint (vgl. Josef Parnas, Dan Zahavi: »The link. Philosopy – Psychopathology – Phenomenology«. S. 6).

Begrifflich-methodisches Propädeutikum

prüfung und Anpassung des Sprachgebrauchs auf. Damit bereitet sie die Überprüfung ihrer Ergebnisse durch Dritte vor, was angesichts der beschriebenen Relativität der kritischen Prüfung notwendig ist. Denn – dies muss als letzte Klärung des Phänomenologiebegriffs erörtert werden – aus der Bezüglichkeit der Phänomene auf »jemanden« erhebt sich leicht der Vorwurf des Subjektivismus. Tatsächlich ist es zutreffend, dass gemäß der entwickelten Ansicht Phänomenologie keine »exakte Wissenschaft« im von Husserl erhofften Rahmen sein kann.[156] Folgt daraus aber notwendigerweise der Charakter der Subjektivität ihrer Ergebnisse? Im Grund gilt hier das Gleiche, was schon in Bezug auf die Lebenswelt gesagt wurde. Es besteht erfahrungsgemäß die große Chance der intersubjektiven Einigung auf Phänomene. Gleichwohl bleibt die Möglichkeit radikaler, unüberbrückbarer Differenzen bestehen – dies bringt die Relativität des Phänomens mit sich. Phänomenologie ist daher auch die Aufforderung, fortwährend die intersubjektive Verständigung zu suchen.[157] Schmitz schreibt in diesem Sinne: »Im eigenen Inte-

---

[156] Husserls Ideal ist die Mathematik (vgl. Edmund Husserl: »Philosophie als strenge Wissenschaft«. S. 4 f.). Eine solche Form der Objektivität ist jedoch nur möglich im Rahmen der Beschneidung dessen, worüber eine Wissenschaft Aussagen macht. Insofern die Phänomenologie aber in empirischer Hinsicht vorderhand radikale Offenheit fordert, widerspricht sie der von Husserl erhofften Annäherung an mathematisch-naturwissenschaftliche Exaktheit. Vgl. dazu auch Albert Wellek: »Das Bewußtsein und die phänomenologische Methode in der Psychologie«, in: ders.: *Ganzheitspsychologie und Strukturtheorie. Zwölf Abhandlungen zur Psychologie und philosophischen Anthropologie.* Bern, München 1969, S. 223–238, vor allem S. 236 f.

[157] Vor diesem Hintergrund hält Schmitz fest, dass Phänomenologie wesentlich dialogisch sein sollte (vgl. Hermann Schmitz: *Höhlengänge.* S. 20). – Man kann sich an dieser Stelle fragen, ob Schmitz selbst dieser Vorgabe treu geblieben ist. Zwar zieht er eine unglaubliche Menge unterschiedlichster Zeugnisse im Kontext seiner Argumentationen heran, so dass er auf diese Weise in einen intensiven Dialog tritt. Aber gerade der primär »rezeptive« Dialog durch Lektüre birgt die Gefahr – mangels externer Einwände –, einseitig zu werden. Die implizite Gleichsetzung von Lektüre und echtem Dialog bei Schmitz wäre zu hinterfragen. Schmitz' gleichsam stolze Feststellung, nur zwei (nach seiner Schilderung nur beiläufige) Dialoge hätten begrifflichen Eingang in sein Werk gefunden (vgl. Hermann Schmitz: *Der Spielraum der Gegenwart.* S. 183), mutet vor dem Hintergrund des von ihm selbst Geforderten doch seltsam an.

resse der Phänomenologie liegt es [...], die Maxime festzuhalten, daß man sich im ernsthaften Gespräch bei gemeinsamer Prüfung wird einigen können. Das ist aber nur ein heuristisches Prinzip ohne apriorische Garantie.«[158] Eine solche Aussicht entspricht nicht dem, was man gemeinhin mit wissenschaftlicher Objektivität und Exaktheit verbindet, sichert dafür aber die empirische Offenheit des Themenfeldes, welche die philosophische Besinnung erst fruchtbar und lebensrelevant werden lässt.

Wenn sich die Untersuchung den Differenzerlebnissen zuwenden will, so ist ersichtlich, dass eigene Erfahrungen in der Regel nur einen Teil des angesprochenen empirischen Feldes abdecken können. Tag- oder Schlafträume sind hinlänglich bekannt, um angesprochen zu werden. Anders aber verhält es sich mit Depersonalisationserfahrungen oder gar Schizophrenie. Wie kann hier die bisher vehement geforderte empirische Ausrichtung überhaupt gesichert werden? Wie kann gewährleistet werden, dass eine Phänomenologie solcher Erfahrungen nicht bloße Phantasterei wird? Offensichtlich bedarf es eines weiten Feldes von zugänglichen Erlebnissen. Ein

---

[158] Hermann Schmitz: *Höhlengänge*. S. 20. Vgl. dazu auch ders.: *Der unerschöpfliche Gegenstand*. S. 14. In ähnlichem Sinne, wenn auch nicht identischem Sinne vgl. Shaun Gallagher, Dan Zahavi: *The phenomenological mind*. S. 28: »Phenomenology aims to disclose structures that are intersubjectively accessible, and its analyses are consequently open for corrections and control by any (phenomenologically atuned) subject.« Die Differenz zu Schmitz liegt darin, dass Gallagher und Zahavi die Rückbindung der Phänomene an die Subjektivität als Wurzel zu vermeiden bestrebt scheinen, wenn sie schreiben: »Phenomenology has as its goal, not a description of idiosyncratic experience – ›here and now, this is just what I experience‹ – rather, it attempts to capture the invariant structure of experience.« (Ebd.) Auch Schmitz würde die Suche nach Invarianten, dem sich im Vollzug der phänomenologischen Variation Erhaltenden als Ziel ausgeben, gesteht jedoch ein, wie die bereits zitierten Bestimmungen verdeutlichen, dass es am Ende immer ein »Jemand«, ein »Subjekt« ist, dass feststellen muss, was es »jetzt und hier« als Erlebnis zu haben meint. Vermutlich hielten Gallagher und Zahavi die Möglichkeit der Nichtübereinstimmung zwischen Subjekten in ihren Phänomenartikulationen für einen inakzeptablen Zustand und ließen das Beschriebene gerade wegen der fehlenden Konvergenz als »Un-Phänomen« beiseite. Schmitz scheint hier redlicher, insofern er die Möglichkeit des Scheiterns der Übereinkunft zugesteht und trotzdem den jemeinigen Erlebnissen (jedenfalls vorläufig bis zur weiteren Prüfung und intersubjektiven Verständigung) den Phänomen-Charakter nicht abspricht.

solcher Fundus liegt vor im Rahmen von Patientenberichten, die in möglichst direkter Deskription die Wahrnehmungen der Betroffenen wiederzugeben suchen. Fast alle derartigen Berichte stammen aus der Zeit von circa 1890 bis etwa 1960. Zu dieser Zeit gab es, wie man sagen könnte, eine breite *geisteswissenschaftlich-philosophische Strömung* innerhalb der sich etablierenden Wissenschaft der Psychologie. Während heute ein physiologisches Paradigma die klinische Psychologie beherrscht, welches hinter psychopathologischen Zuständen primär die körperlichen Veränderungen sucht und behandelt, hielt diese ältere Richtung das konkrete Erleben für mindestens ebenso wichtig. In kritischer Würdigung einer in diesem Sinne primär beschreibenden Psychologie betont Volker Gadenne deren noch immer aktuelle Relevanz:

> Die dominierenden Forschungsparadigmen in der Psychologie des zwanzigsten Jahrhunderts messen dem Erlebnisaspekt keine große Bedeutung bei [...]. [Aber] auch die Psychologie, die sich als objektivistisch auffasst, [ist] auf Erlebnisbeschreibungen angewiesen [...]. Selbst wenn es zu jedem psychischen Ereignis genau ein [...] komplexes neuronales Ereignis geben sollte, ist es schwer denkbar, dass man sich jemals über Vorstellungen und deren Inhalte wird verständigen können, indem man statt über deren Inhalte unmittelbar über neuronale Prozesse spricht.[159]

Vertreter der an konkreten Erfahrungen orientierten Strömung sind etwa Jaspers, Specht, Mayer-Gross, Karl Haug, Carl Schneider,

---

[159] Volker Gadenne: »Subjektivität und psychologische Wissenschaft. Zur Rolle der Erlebnisbeschreibung in der empirischen Psychologie«, in: J.-P. Janssen (Hrsg.): *Wie ist Psychologie möglich?* Freiburg, München 2008, S. 124–138, hier S. 124, 127 f. Gadennes zeitliche Einordnung stimmt nur zum Teil, denn bis in die 1950er Jahre war im deutschen Sprachraum eine am konkreten Erleben orientierte Psychologie durchaus präsent, wiewohl man sicher zugestehen muss, dass auch diese en passant auf physiologische Theoreme zurückgegriffen hat.
Nicht zuletzt hat auch das Fortschreiten der Neurowissenschaften die Einsicht breiter Fuß fassen lassen, dass eine stärkere Berücksichtigung der Selbstschilderungen in Korrelation etwa mit den bildgebenden Untersuchungsverfahren notwendig ist. Vgl. dazu Shaun Gallagher, Dan Zahavi: *The phenomenological mind.* S. 18: »Even if it is an attempt to capture what is objectively happening inside the brain, an fMRI or PET scan lacks any pertinence for the study of consciousness unless it is correlated with the subject's first-person experience.«

Kurt Goldstein oder in späterer Zeit Wolfgang Blankenburg, Joachim-Ernst Meyer und in der Gegenwart Fuchs.[160] Von ihnen allen liegen Arbeiten vor, die sich in unterschiedlichem, aber immer erheblichem Maße dem vom Gadenne angesprochenen Erlebnisaspekt zuwenden. Diese Strömung kommt in den 1950er Jahren keineswegs vollständig zum Erliegen, wird jedoch mehr und mehr in den Hintergrund gedrängt. Heutzutage ist sie interessanterweise wieder populärer, allerdings nicht auf genuin wissenschaftlichem Feld. Vorbilder sind die als Sachbuchautoren überaus erfolgreichen Oliver Sacks und Vilaynur S. Ramachandran, die sich den konkreten, mitunter skurrilen Erlebniswelten von Patienten mit Interesse und Offenheit zuwenden. Sacks etwa bekennt sich zur »Tradition höchst menschlicher Geschichten von Kranken«, deren Niedergang »mit dem Aufstieg einer unpersönlichen neurologischen Wissenschaft [begann].«[161] Für eine phänomenologische Annäherung an Differenzerlebnisse bilden diese Zeugnisse einen reichhaltigen Fundus.[162] Allerdings gehen Sacks und – stärker noch – Ramachandran

---

[160] Diese Liste erhebt keinen Anspruch auf Vollständigkeit. Bei den genannten Autoren handelt es sich außerdem keineswegs um Vertreter nur einer Schule. Es gibt zwischen ihnen sehr wohl erhebliche Unterschiede – so bilden Jaspers und Goldstein Antipoden hinsichtlich der Annahme oder Ablehnung der primären Urteilshaftigkeit des Wirklichkeitserlebens. Dennoch teilen sie alle die Annahme, dass den Erlebnissen selbst eine wichtige Rolle im Rahmen psychologischer Erwägungen zukommt. Vor diesem Hintergrund sind ihre Arbeiten reich an deskriptiven Berichten. Man kann – in wissenschaftstheoretischer Sicht – davon sprechen, dass sie alle ein methodisches Paradigma teilen.

[161] Oliver Sacks: *Der Mann, der seine Frau mit einem Hut verwechselte.* Übers. v. D. v. Gunsteren. Reinbek bei Hamburg 2004, S. III. – Anders als ihre Vorgänger zeigt sich bei ihnen aber eine gewisse Ablehnung der Philosophie gegenüber, jedenfalls scheinen sie um deren Verdrängung in Teilen bemüht (vgl. Vilaynur S. Ramachandran, Sandra Blakeslee: *Die blinde Frau, die sehen kann. Rätselhafte Phänomene unseres Bewusstseins.* Übers. v. H. Kober. Reinbek bei Hamburg 2009, S. 256).

[162] Dabei ist es wichtig zu sehen, dass diese Tradition keineswegs eine nur westliche und einmalige Eigenart ist. Sacks beruft sich zum Beispiel auf die russische Tradition um A. R. Lurija (vgl. Oliver Sacks: *Der Mann, der seine Frau mit einem Hut verwechselte.* S. 18), während etwa Bert Kaplan eine Reihe von Zeugnissen von amerikanischen Patienten liefert (vgl. Bert Kaplan (Hrsg.): *The inner world of mental illness. A series of first-person accounts of what it was like.* New York, Evanston, London 1964).

sehr schnell von den Erlebnissen über zu physiologischen Deutungen. Eine Phänomenologie muss diesen zweiten Schritt im Interesse ihres eigenen Vorhabens suspendieren. In jedem Fall aber liefern diese Zeugnisse unterschiedlichster Herkunft den empirischen Anhalt, von dem eine Analyse der Differenzerlebnisse ausgehen kann, will sie nicht auf den schmalen Pfad des üblicherweise jedermann Zugänglichen beschränkt bleiben.

Neben den Zeugnissen aus der psychologischen und neurophysiologischen Praxis gibt es außerdem zwei weitere Arten von Berichten, die einen Seitenblick lohnen. Zum einen sind das literarische Verarbeitungen von Erlebnissen. Dies mag auf den ersten Blick unsinnig erscheinen, denn Literatur als Ausgangspunkt für Erwägungen über Wirklichkeit zu machen, mutet irrational an. Jedoch muss dem keineswegs so sein, wenn die literarischen Zeugnisse als Vergleichsobjekte herangezogen werden und man sie als Niederschlag lebensweltlicher Erfahrungen versteht. Ein Musterbeispiel aus dem Umfeld der Differenzerlebnisse sind Nikolai Gogols »Aufzeichnungen eines Wahnsinnigen«[163]. Wiewohl literarisch gebrochen, erweisen sich die darin gegebenen Schilderungen als anschlussfähig an aus anderen Quellen stammende Berichte. Zum anderen liefert die Moderne umfangreichere Bestände an autobiographischen Schilderungen von Menschen mit besonderen Erfahrungen – Komapatienten, operierten Blindgeborenen, Autisten usw. – als je zuvor. Diese erweitern den beträchtlichen Fundus nochmals.

Warum aber sind diese Zeugnisse wichtig und besonders aussagekräftig? Diskreditieren sie sich nicht schon dadurch, dass in ihnen ungewöhnliche, krankhafte, irrationale Zustände zum Ausdruck kommen? Im Normalfall würde man zur Feststellung dessen, was wirklich ist, sicher nicht einen Schizophrenen befragen, sondern auf das Zeugnis eines vermeintlich Gesunden zurückgreifen. Dies ist lebensweltlich zweifelsohne sinnvoll, muss aber für die Phänomenologie nicht in gleicher Weise gelten, denn ihr geht es darum, durch kritische Revision die Phänomene freizulegen. Dazu

---

[163] Nikolai Gogol: »Aufzeichnungen eines Wahnsinnigen«, in: ders.: *Aufzeichnungen eines Wahnsinnigen. Erzählungen.* Übers. v. R. Fritze-Hanschmann. Frankfurt 1988, S. 9–40.

wiederum sind solche pathologischen Fälle insofern besonders geeignet, weil sie »*experimenta naturae*« sind, »die voreilige erkenntnistheoretische Einebnungen korrigieren können.«[164] An ihnen zeigt sich durch Variation bestimmter Parameter – sei es leiblicher, sei es physiologischer, sei es kultureller Art –, inwiefern der Wirklichkeitseindruck verändert werden kann. Auf diese Weise bieten sie Einblick in den Zusammenhang von Wahrnehmung und Wirklichkeit.[165] In der Differenz liegt – wie schon Leyendecker an zitierter Stelle bekundete – gerade eine Erkenntnischance.

Gleichwohl: läuft eine solche Untersuchung nicht Gefahr, als »psychologistisch« charakterisiert werden zu müssen? Psychologismus meint im üblichen Sinn die Übertragung psychologischer Einsichten und Gesetzmäßigkeiten auf außerpsychologische, insbesondere philosophische Bereiche. Schon Husserl hatte seine Phänomenologie in scharfer Weise von der Psychologie abgegrenzt, um ihr Eigenrecht zu sichern und dem genannten Vorwurf zu entgehen.[166] Auch die hier verfolgte Herangehensweise braucht sich diesen Einwand nicht zu eigen zu machen, denn sie verfolgt keine Rückführung etwaiger logischer oder philosophischer Gehalte auf psychologische oder gar neurophysiologische Zustände. Sie will vielmehr durch die Erlebnisse hindurch auf die so weit als möglich theorieentzerrten Phänomene zurückgehen. Es geht ihr nicht um Zuschreibung von Geltungsbereichen von Theorien, sondern viel radikaler um eine Bestandsaufnahme dessen, was gemeinhin als lebensweltlich gültig angesehen werden muss und wie dieser Eindruck in der Wahrnehmung zustande kommt. Psychologistisch kann sie deshalb nicht sein, weil ihre Perspektive gerade auf das alles differenzierte wissenschaftliche Vorgehen noch fundierende Erleben wirklicher Wahrnehmungen abzielt. Das Ethos einer solchen Vorgehensweise im Angesicht auch als pathologisch zu charakteri-

---

[164] Thomas Fuchs: »Wirklichkeit und Entfremdung«. S. 157. In diesem Sinne vgl. auch Josef Parnas, Dan Zahavi: »The link. Philosophy – Psychopathology – Phenomenology«. S. 9.
[165] Vilaynur S. Ramachandran konzipiert eine »experimentelle Erkenntnistheorie«, die in ähnlicher Weise ausgerichtet scheint (vgl. Vilaynur S. Ramachandran, Sandra Blakeslee: *Die blinde Frau, die sehen kann*. S. 30, 250).
[166] Vgl. zum Beispiel Edmund Husserl: »Cartesianische Meditationen«. S. 70 f.

sierender Erfahrungen ist durch Blankenburg in prägnanter Weise formuliert worden:

> [D]er Schnitt zwischen »real« und »irreal« [wird] nicht als ein sich von selbst verstehender (und im wesentlichen bereits vollzogener) vorausgesetzt [...], sondern die Art, *wie* etwas *für* jemanden »da« ist, [wird] in jedem Fall ernst genommen und zum Gegenstand eingehender Analysen gemacht [...]. Es geht dabei sowohl um das »Wie« des Erlebens für den Patienten als auch um das »Wie« des »Wie's« für den Untersucher; nicht ohne Berücksichtigung der Tatsache, daß sich letzterer im Gegensatz zum Patienten im allgemeinen der Übereinstimmung mit seinesgleichen gewiß sein kann.[167]

Diesem »Wie« sich möglichst unbefangen zuzuwenden, ist nötig, um an ihm als einem Experiment der Natur nachzuspüren, wie es kommt, dass bestimmte Wahrnehmungen als wirklich, andere als unwirklich bestimmt werden.

Der empirische Zugriff kann über die geschilderten Zeugnisse erfolgen, so dass die Phänomenologie nicht zur bloßen Spekulation verkommt. Gleichwohl erfordert ein solches Vorgehen eine hermeneutische Reflexion auf das eigene Herantreten an die Berichte. Darauf verweisen schon die zitierten Worte Blankenburgs, der auf die unterschiedliche Situiertheit von Patient und Arzt Bezug nimmt. Während in den Selbstschilderungen und autobiographischen Berichten nur zwei Standpunkte interagieren – der Wahrnehmende und der Leser –, ist sie im Falle der Patientenberichte mindestens durch drei gekennzeichnet: Patient, Arzt und Leser. Und durch alle hindurch greifen zusätzlich noch kulturelle Muster, Deutungen usw. Eine philosophisch fundierte Exegese solcher Zeugnisse sieht sich damit erheblichen Schwierigkeiten gegenüber, wenn sie wie hier auf solchem Wege zu Phänomenen gelangen zu können behauptet. Es ist daher nötig, die hermeneutischen Randbedingungen so weit zu klären, dass der Einfluss von kommunikativen Interferenzen dem Vorhaben nicht hinderlich ist.[168] Einen »reinen«, objek-

---

[167] Wolfgang Blankenburg: »Perspektivität und Wahn«, in: ders. (Hrsg.): *Wahn und Perspektivität. Störungen im Realitätsbezug des Menschen und ihre Therapie.* Stuttgart 1991, S. 4–28, hier S. 5.

[168] Dazu gehört selbstverständlich eine Quellenkritik, die insbesondere die Eingrif-

tiven, neutralen Zugang jedoch kann es nicht geben. Der »Bunkerschutz gegen Verzerrungsblessuren [wäre] nur möglich«, so Benkel, »beim Blick von *außerhalb der Wirklichkeit*, und für das Erlangen dieser aperspektivischen Perspektive liegen die Chancen nicht eben hoch; sie sind vergleichbar der Wahrscheinlichkeit, dass einem selbst das Schicksal zukommt, das Nietzsche in der *Geburt der Tragödie* lobt: Nicht geboren zu sein.«[169] Das ist keineswegs nur so zu verstehen, als entgehe dem Menschen durch seine notwendig vorhandene Perspektivität etwas. Nur weil er überhaupt einen Standpunkt, ein Interesse hat, kann sich ihm etwas zeigen. Rothacker hat das im »Satz der Bedeutsamkeit« deutlich zum Ausdruck gebracht. Die positive Seite der Perspektivität ist aus hermeneutischer Sicht zu betonen – erst sie lässt nämlich Einsichten für den Menschen zu. Thomas Nagel hat in vergleichbarer Stoßrichtung das gegenwärtige dominante Streben hin zu objektiven, standpunktfreien Perspektiven kritisch hinterfragt:

> Wir fliehen das Subjektive unter dem Druck der Überzeugung, daß alles, was es gibt, an sich, also unabhängig von jeder Perspektive irgendwie sein muß. [...] Die einzige Alternative [...] besteht darin, dem Heißhunger nach Objektivität zu widerstehen und die Annahme aufzugeben, daß wir einen Fortschritt in unserem Verständnis der Welt und des Standpunktes, den wir einnehmen, einfach dadurch erreichen können, daß wir uns von diesem Standpunkt distanzieren und alles, was uns von ihm aus erscheint, in ein einziges umfassenderes Bild integrieren. Vielleicht führt es gar nicht zu der besten und zutreffendsten Weltbeschreibung, wenn man sich selbst so weit wie möglich transzendiert. Vielleicht sollte die Wirklichkeit gar nicht mit der objektiven Wirklichkeit identifiziert werden.[170]

---

fe der Psychologen durch Wortwahl, Setting usw. thematisieren muss. Im Rahmen experimenteller Studien käme in gleicher Weise der Proband als kritischer Brechungspunkt in Frage, insofern häufig – zumindest im frühen 20. Jahrhundert – die Kollegen des Versuchsleiters als solche herangezogen wurden oder andere geschulte (man könnte auch sagen: verschulte) Beobachter. Solche Erwägungen werden hier nur zum Teil explizit gemacht, sind aber implizit bei Durchsicht und Auswahl der Zeugnisse und Berichte leitend gewesen.

[169] Thorsten Benkel: *Die Signaturen des Realen*. S. 87.
[170] Thomas Nagel: *Die Grenzen der Objektivität. Philosophische Vorlesungen*. Hrsg. u. übers. v. M. Gebauer. Stuttgart 2005, S. 119, 125. Gegen die Unmöglichkeit

Eine »freie« Begegnung mit der Wirklichkeit ist nicht möglich. Umso stärker ist zu bedenken, welchen Standpunkt man jeweils einnimmt, der die Kommunikation leitet. Dies ist nicht durch einfache und einmalige Reflexion möglich, sondern nur durch ständige Selbstreflexion und eine fortwährende Revision der eigenen Annahmen. In diesem Sinne ist Phänomenologie wesentlich eine hermeneutische Selbstkritik, insofern sie die eigene Vorgriffsstruktur erhellen will. Daher bietet sich ein Ausweg aus dem geschilderten Dilemma im Umgang mit den Zeugnissen an. Nicht die Resignation angesichts der Unmöglichkeit standpunktfreier Begegnung ist ernst zu nehmen, sondern die aufschließende Funktion des je eigenen Standpunktes. Gadamer hat die Relevanz des Vorgriffs als wesentlicher Verstehensbedingung deutlich hervorgehoben. Diesen Vorgriff gilt es also zum einen explizit zu machen, zum anderen fortwährend zu prüfen und gegebenenfalls zu modifizieren. Auf solche Weise greift die vorliegende Untersuchung auf eine Feststellung Heideggers zurück. In einer Vorlesung aus dem Jahr 1919 hatte dieser zunächst behauptet: »Weil die Phänomenologie allein sich selbst und nur durch sich selbst sich bewähren kann, ist jede Standpunktnahme eine Sünde wider ihren eigenen Geist. Und die *Todsünde* wäre die Meinung, *sie selbst sei ein Standpunkt.*«[171] Seine Aussage ist verständlich vor dem Hintergrund der falschen Ansicht, Phänomenologie sei nur eine weitere Position im großen Repertoire der Philosophie, wodurch ihre Radikalität in Frage gestellt würde. Jedoch ist die erhoffte Standpunktfreiheit ein naiver Traum. Heidegger hat dies vier Jahre später selbst eingesehen und insofern den hier vertretenen Ansatz vorweggenommen: »*Standpunktfreiheit* ist [...] nichts anderes als ausdrückliche *Aneignung des Blickstandes.*«[172] Den eigenen Blick möglichst frei zu halten von Verzerrungen ist Vorbedingung, führt aber nicht auf ein freies, theorieunbelastetes Feld. Darum ist es – nach aller Revision und

---

eines »Blicks von Nirgendwo« vgl. auch Shaun Gallagher, Dan Zahavi: *The phenomenological mind.* S. 20 f.
[171] Martin Heidegger: *Zur Bestimmung der Philosophie.* (= Gesamtausgabe Bd. 56/57.) Hrsg. v. B. Heimbüchel. Frankfurt 1987, S. 110.
[172] Martin Heidegger: *Ontologie.* S. 83.

Einklammerung – hermeneutisch geboten, den eigenen Vorgriff zu verdeutlichen. Ermöglicht werden dadurch zum einen die kritische Bewertung der Tragfähigkeit des Vorgriffs und zum anderen die Überprüfbarkeit der Erkenntnisse für Dritte. Insofern kann auch eine recht verstandene Phänomenologie nicht den Anspruch der Theoriefreiheit erheben, sondern eine solche immer nur anstreben.[173]

Welchen Entwurf aber macht sich die vorliegende Arbeit zu eigen? Es hatte sich sowohl im Rahmen der Behandlung des Wahrnehmungs- als auch des Phänomenbegriffs gezeigt, dass man begründet dafür argumentieren kann, dass der Ansatz von Schmitz ein hohes Maß an Vorgriffsfreiheit gewährt. Diesem – der im Folgenden in den relevanten Aspekten noch weiter zu entfalten sein wird – will sich die Untersuchung als ihrem Standpunkt verschreiben. Auf solche Weise wird neben dem eigentlichen Verhandlungsgegenstand – dem Verhältnis von Wahrnehmung zur lebensweltlichen Wirklichkeit – die Theorie der Neuen Phänomenologie auf ihre heuristische Fruchtbarkeit hin geprüft und gleichsam getestet.[174] Dadurch wäre dann – ganz im Sinne Gadamers – der Verstehensentwurf selbst wieder durch Konfrontation mit den »Sachen« kritisiert worden.

Zwei Einwände stehen abschließend einem solchen phänomenologisch-hermeneutischen Vorgehen entgegen, wie es hier entwickelt wurde. Einerseits könnte man sagen, dass durch die Festset-

---

[173] Vgl. dazu auch die zwar an Husserl anschließenden, aber der Sache nach analogen Überlegungen bei Cornelis Anthonie van Peursen: »Phänomenologie und Heuristik«, in: *Phänomenologische Forschungen.* Bd. 1. Hrsg. v. d. Deutschen Gesellschaft für phänomenologische Forschung. Freiburg, München 1975, S. 75–88, vor allem S. 82–85.

[174] Dieses Vorgehen verfolgt daher nicht von vornherein, wie Schmitz es selber tut, einen allumfassenden Anspruch, sondern versteht sich eher kritisch-prüfend. In gewissem Sinne schließt sie sich also Rentsch an, der meinte: »Entlastet man die Analysen von Schmitz vom globalen Anspruch einer Revision der gesamten okzidentalen Ontologiegeschichte und liest man sie eher als Vorschläge zu Korrekturen mittlerer Reichweite und als Hinweis auf in der Philosophie zu Unrecht übersehener Aspekte der menschlichen Lebenswirklichkeit […], so werden sie in mancher Hinsicht spannend und fruchtbar.« (Thomas Rentsch: »Rezension von Hermann Schmitz: Der unerschöpfliche Gegenstand«. S. 128.)

zung einer Unterscheidung zwischen »wirklich« und »irreal« schon eine Wertung implizit sich statuiert. Es wäre die vorliegende Untersuchung dann nur ein Beitrag zur Festigung einer bestimmten, kulturbedingten Perspektive auf Wahrnehmungsweisen. Träfe der Einwand zu, verfehlte der vorgestellte Ansatz sein Ziel schon deshalb, weil er selbst ideologiebefangen ist. Michel Foucaults Analysen des Wahnsinns haben eine solche Argumentationsfigur stark gemacht. Ein zweiter Kritikpunkt könnte darin bestehen, dass die herangezogenen Zeugnisse aus einer schon länger vergangenen Zeit stammen und damit veraltet sowie für heutige Erlebnisse unzutreffend sind. Mit diesem Einwand wird das Problem der hermeneutischen Differenz angesprochen.

Beide vermeintlichen Hindernisse stellen jedoch keine Gefahr dar. Wenn Foucault behauptet, er wolle »in der Geschichte jenen Punkt der Geschichte des Wahnsinns wiederzufinden suchen, an dem der Wahnsinn noch undifferenzierte Erfahrung«[175] sei, legt das nahe, es sei bloß Konvention, was von was unterschieden wird. Das ergibt sich deutlich auch aus Foucaults Feststellung, der Traum sei gleichermaßen ein Abtrennungsprodukt, welches von den Menschen nur »jenseits einer wesentlichen Ablehnung«[176] im Rahmen der Traumdeutung befragt werden kann. Aber stimmt das eigentlich empirisch? Richtig ist zweifellos, dass es gesellschaftlich-konventionelle Mechanismen der Ausgrenzung von – oder neutraler formuliert: des Umgangs mit – sich prominent bemerkbar machender Andersartigkeit des Erlebens gibt. Sind diese jedoch aktiv-produktiv oder nicht vielmehr selbst schon reaktiv, insofern sie Bezug nehmen auf eine phänomenal basalere Differenz? Die vorliegende Studie jedenfalls verfolgt die These, dass bereits das Erlebte selbst in sich gewisse angebbare Unterschiede zeitigt. Alle repressiven gesellschaftlichen Mechanismen, die ganz sicher zur Etablierung von machtbezogenen Interessen führen können, werden also dadurch suspendiert, dass schon das Erleben selbst als diskriminierend ver-

---

[175] Michel Foucault: *Wahnsinn und Gesellschaft. Eine Geschichte des Wahns im Zeitalter der Vernunft.* Übers. v. U. Köppen. Frankfurt 1973, S. 7.
[176] Michel Foucault: *Wahnsinn und Gesellschaft.* S. 10.

standen wird.¹⁷⁷ Es ist in diesem Sinne auffällig an Foucaults Arbeit, dass er sich ganz auf die beobachtbaren Mechanismen konzentriert – Gründung von Hospitälern etwa –, während die Geartetheit der Wahnsinnigen selbst kaum zur Sprache kommt. Schließlich ist ebenfalls nicht einsichtig, warum das »*analytische Bewußtsein vom Wahnsinn*« als diejenige Thematisierungsform des Wahnsinns, die ihn in all seinen Formen und Phänomenen fassen will, notwendig als repressiv und quietiv zu bezeichnen sein soll.¹⁷⁸ Eine phänomenologische Annäherung kann doch gerade auch dazu führen, dass die Beirrung – eine »Gefahr« für die Vernunft im Sinne Foucaults – virulent und umso auffälliger wird. Es scheint in jedem Fall so, dass die phänomenologische Annäherung, indem sie ihre Erkenntnisse gerade an Phänomenen fortwährend prüfen und durch Variation von sachfremden Einflüssen befreien möchte, nicht einem grundlegenden Ideologieverdacht sich auszuliefern braucht. Jedoch darf sie sich auch – wie die hermeneutischen Überlegungen gezeigt haben und worin Foucault Recht hat – nicht anmaßen, den vollends theorie- und damit ideologiefreien Blick zu besitzen.

Dem Einwand einer zu großen hermeneutischen Differenz schließlich, der sich aus dem zeitlichen Abstand vieler Zeugnisse ergab, ist in zweierlei Weise zu begegnen. Zum einen besitzt die Gegenwart – bedingt durch den geschilderten Paradigmenwechsel in den Wissenschaften – kaum anderes Material. Wenn man überhaupt nicht generell zum Schweigen verdammt sein will, muss man dieses zum Sprechen bringen. Zweitens aber müssen die aus den Berichten gewonnenen Erkenntnisse – wie erläutert – fortwährend weiter geprüft werden. So wird sich ihre Richtigkeit (oder Falschheit) herausstellen. Nicht die zeitliche Differenz an sich ist kritisch zu sehen, sondern vielmehr wird sich eine womöglich bestehende Andersartigkeit nur im Vergleich erweisen oder widerlegen lassen.

---

¹⁷⁷ Ergänzend ist hinzuzufügen, dass die Arbeit auch nicht anstrebt, die psychologischen oder physiologischen Taxonomien in ihrer Richtigkeit zu hinterfragen. Sie will diese Terminologie nicht prüfen, sondern auf die zugrunde liegenden Erlebnisse selbst stoßen. Insofern statuiert sie keine konventionelle wissenschaftliche Trennung, sondern unterläuft sie.
¹⁷⁸ Vgl. dazu Michel Foucault: *Wahnsinn und Gesellschaft*. S. 161.

Begrifflich-methodisches Propädeutikum

Dem zuvor entwickelten Phänomenbegriff nach ist es ohnehin eine genuin phänomenologische Aufgabe, alles zur Verfügung stehende Material immer wieder neu aufzuarbeiten und im hermeneutischen Prozess die jeweils herausgestellten Phänomene und die daran angepasst entwickelten Termini zu modifizieren. Insofern ist kein Erleben jemals veraltet, sondern ruft zu ständiger Rückbesinnung auf.[179]

Radikaler noch könnte man die hermeneutische Differenz wenden, indem man bezweifelt, dass die Menschen aus früherer Zeit beziehungsweise aus einer anderen Kultur überhaupt Gleiches erlebt haben können wie der sich hermeneutisch an ihnen abarbeitende Phänomenologe späterer Tage. Mitunter wird leichtfertig schlicht unterstellt, Menschen hätten zu allen Zeiten die gleichen Erlebnisbestände.[180] Dem zuvor entwickelten Phänomen- und Lebensweltverständnis nach kann dies aber so nicht stimmen. Gleichwohl soll im Folgenden die These vertreten werden, dass es trotz unterschiedlicher Lebenswelten – und das bedeutet auch immer: unterschiedlicher unmittelbarer Erfahrungen – gewisse Konstanten des Erlebens gibt.[181] Der Nachweis der Stichhaltigkeit dieser Prä-

---

[179] Man kann darüber hinaus als zwar nebensächliche, aber nicht bedeutungslose Aufgabe einer solchen Untersuchung, wie sie hier versucht wird, auch die Tradierung der Zeugnisse festhalten. Nur wenn diese als Chancen zur Überprüfung im Diskurs präsent gehalten werden, kann die sich an ihnen bietende Gelegenheit genutzt werden.

[180] Ein Beispiel dafür ist John I. Beares Aussage im Angesicht der zumeist doxographischen Zeugnisse frühantiker Philosophen, sie alle hätten vor sich dieselben konkreten Tatbestände, Fakten gehabt (vgl. John I. Beare: *Greek theories of elementary cognition. From Alcmaeon to Aristotle*. Oxford 1906, S. 2). – Eine Untersuchung, die sich unterschiedlichen Erlebensweisen direkt zuwendet (wenn auch nicht aus phänomenologischer Sicht), ist die berühmte Untersuchung Joachim Radkaus zum Phänomen der Nervosität (vgl. Joachim Radkau: *Das Zeitalter der Nervosität. Deutschland zwischen Bismarck und Hitler*. München, Wien 1998). Einige interessante Schilderung dieses veränderten Erlebens hat Radkau von Max Weber berichtet (vgl. zum Beispiel ders.: *Max Weber. Die Leidenschaft des Denkens*. München, Wien 2005, S. 286 ff.).

[181] Diese These scheint auch Gallagher zu vertreten, wenn er von »relatively regular and constant phenomenal features« spricht, die man hinsichtlich der Erfahrungen finden könne (Shaun Gallagher: *How the body shapes the mind*. S. 2).

misse kann jedoch erst später erbracht werden.[182] Bis auf weiteres bleibt die Frage nach der Vergleichbarkeit von Erlebnissen damit unbeantwortet zurückgestellt.

---

[182] Vgl. dazu Kap. IV und V.3.

III. Phänomenologische Wahrnehmungstheorie

Die beiden vorhergehenden Kapitel haben in einem zuerst thematischen, dann methodischen Vorlauf den Zugang zum Thema freigelegt. Eine solche ausführliche Absicherung hinsichtlich der Möglichkeit des Vorhabens ist dabei kein bloßer Selbstzweck, sondern gehört zum Kern philosophischer Besinnung. Im Folgenden wird in einer stärker theoriebezogenen Weise versucht, den explizit zu machenden Vorgriff – die neuphänomenologische Perspektive – herzuleiten und darzulegen. Dies geschieht in zwei Schritten, wobei zunächst klassische Motive philosophischer und psychologischer Wahrnehmungstheorien kritisch betrachtet und anschließend die Thesen von Schmitz im Kontext des Verworfenen plausibiliert werden sollen. Eine solche Annäherung ist sinnvoll, um anhand der vorgängigen Kritik bereits um die wesentlichen theoretischen »Klippen« zu wissen. Das Hinterfragen der Grundmotive dient einem produktiven Zweck, nicht nur einer bloßen Selbstvergewisserung.

III.1 Kritik zentraler Grundmotive des Wahrnehmungsverständnisses

Obwohl die Wahrnehmung kein kanonischer Gegenstand philosophischer Auseinandersetzungen war, wurden im Laufe der Theorieentwicklungen doch eine nicht unerhebliche Anzahl verschiedenster Modelle entwickelt.[1] Eine Übersicht läuft daher Gefahr, uferlos und wenig fruchtbar zu sein. Vor diesem Hintergrund wird für die

---

[1] Einen Überblick über wesentliche neuzeitlichen Ansätze seit Descartes bietet

im Folgenden verhandelten Grundmotive auf den Paradigmenbegriff rekurriert, wie ihn Thomas S. Kuhn herausgestellt hat.[2] Er verstand darunter »allgemein anerkannte wissenschaftliche Leistungen, die für eine gewisse Zeit einer Gemeinschaft von Fachleuten maßgebende Probleme und Lösungen liefern.«[3] Während Kuhn dieses Konzept in einem umfassenden Sinn begriff und damit insbesondere auch gesellschaftlich-soziologische Tatbestände erfassen wollte, dient er hier einem bescheideneren Zweck. Er soll grundlegende Theoreme kennzeichnen, die – zum Teil in Reinform, häufig miteinander gepaart auftretend – das Nachdenken über Wahrnehmung so anleiten, dass sie bestimmen, was überhaupt als Wahrnehmung gilt, was hinsichtlich ihrer als legitimes wissenschaftliches Problem akzeptiert wird und in welcher Richtung nach entsprechenden Lösungsansätzen zu suchen ist. Mittels dieses Rasters wird eine metatheoretische Analyse verschiedenster Grundzüge von Wahrnehmungstheorien möglich.

Lambert Wiesing (Hrsg.): *Philosophie der Wahrnehmung. Modelle und Reflexionen.* Frankfurt 2002.

[2] Der Begriff »Paradigma«, wie er hier verstanden wird, weicht allerdings in zweierlei Hinsicht von Kuhns Bestimmung ab. Zum einen wird er aus dem Kontext wissenssoziologischer Analysen der Naturwissenschaften auf geistesgeschichtliche Grundzüge übertragen. Dies scheint allerdings insofern zulässig, als mit dem »Paradigma« vorläufig nur abstrakte gemeinsame Ansichten bezeichnet sein sollen. Zum anderen aber treten Paradigmen, anders als bei Kuhn, durchaus parallel oder miteinander verbunden auf. Insofern wird der Begriff in der vorliegenden Studie weniger strikt verstanden, dient eher einer nur vagen Kennzeichnung. Gerechtfertigt ist das im Sinne einer Analyse von weitreichenden Grundstrukturen, die auf Detailschärfe zumindest in einer ersten Annäherung verzichten kann. Näher am hier gemeinten Verständnis von Paradigma liegt vermutlich der Begriff »Denkstil«, wie ihn Ludwik Fleck verwendet (vgl. dazu Ludwik Fleck: *Entstehung und Entwicklung einer wissenschaftlichen Tatsache. Einführung in die Lehre vom Denkstil und Denkkollektiv.* Hrsg. v. L. Schäfer, T. Schnelle. Frankfurt 1980, zum Beispiel S. 129f.). Aufgrund der breiteren Verwendung, die Kuhns Begriff erfahren hat, wird auf diesen in modifizierter Weise zurückgegriffen.

[3] Thomas S. Kuhn: *Die Struktur wissenschaftlicher Revolutionen.* Übers. v. H. Vetter. Frankfurt 1976, S. 10.

135

III.1.1 Anatomisches Paradigma

Ein weit verbreitetes Paradigma ist das im Anschluss an Anatomie und – in modernen Zeiten – Physiologie entwickelte. Es kommt in zahlreichen Varianten vor, die zumeist bestimmt sind durch den Stand der jeweils aktuellen medizinisch-biologischen Erkenntnisse. Kernthese dieses Motivs ist die Annahme, dass Wahrnehmung im Wesentlichen auf Körper- oder Organismusfunktionen zurückzuführen sei. Schon einige Philosophen der vorsokratischen Zeit scheinen in diese Richtung gedacht zu haben.[4] Von Empedokles heißt es, er habe die These vertreten, dass Wahrnehmung auf dem Zueinanderpassen von Ausflüssen und Poren beruhe.[5] Poren – Hohlräume im Verbund von festen Teilen – sind Öffnungen von Körpern, durch die Wirkungen erfolgen können.[6] Insofern findet sich hier ein Ansatz, welcher – wenn die Überlieferungslage eine richtige Einschätzung gestattet – ein grobstoffliches Modell des menschlichen Körpers nutzt, um von ihm her Wahrnehmungen zu bestimmen.[7] Diese werden folglich auf entsprechende materielle Vorgänge zurückgeführt: »Der Geruch erfolge auf Grund der Einatmung [von Teilchen; S. K.]. Daher hätten auch diejenigen Wesen den schärfsten Geruch, die die heftigste Atembewegung hätten. Der meiste Geruch aber ströme von den feinen und leichten Substanzen aus.«[8] Die Art und Anzahl der Teilchen bedingt, was und in welcher Weise wahrgenommen wird. Als Paradigma würde eine solche Theorie natürlich das Interesse und Selbstverständnis der Menschen bestimmen. So könnte man sich vorstellen, wäre die empe-

---

[4] Beare hält dieses Denkmuster für einen Wesenszug der gesamten frühantiken griechischen Philosophie: »The most ancient Greek psychologists treated psychology as an integral part of physics or of physiology.« (John I. Beare: *Greek theories of elementary cognition.* S. 3).
[5] DK 31 A 86. Alle Zitate von Vorsokratikern stammen aus Wilhelm Capelle (Hrsg.): *Die Vorsokratiker.* Stuttgart 1968.
[6] DK 31 A 87.
[7] Empedokles' Theorie ist nicht spezifisch anatomisch, sondern wäre auch dem epistemisch-ontologischem Paradigma zuzuordnen. Dennoch gehört er auch in den anatomischen Denkstil, weil die Beschaffenheit etwa der Haut seine Vorstellungen von Wahrnehmung leitet.
[8] DK 31 A 86.

dokleische Theorie akzeptiert, dass es zu veränderten Verhaltensweisen käme. Wenn etwa bei einer Weinprobe das Bouquet bewertet werden soll, ließe sich erwarten, dass die Anwesenden zu extrem erhöhter Atemfrequenz über dem Glas neigen. Aus heutiger Sicht ein kontraintuitives Verhalten, insofern – rein phänomenal betrachtet – ein langsamer, tiefer Atemzug reichhaltigeren Aufschluss des Bouquets verspricht als kurzatmiges Hecheln.

Neben solchen verhaltenslenkenden Einflüssen hat das Paradigma aber auch ontologische Auswirkungen, die vielleicht gravierender sind. Wird Wahrnehmung auf bestimmte Merkmale der Anatomie zurückgeführt, hätte dies zur Folge, dass solche phänomenalen Vorkommnisse ausgeschlossen würden, die nicht zum jeweiligen Modell passen. Im Falle der Theorie Empedokles' wäre beispielsweise an die Dunkelheit zu denken – wenn man nicht annimmt, dass auch von ihr stoffliche Ausflüsse ausgehen –, für die nur übrig bliebe, sie in ihrer phänomenalen Qualität (die mehr ist als bloße Abwesenheit von Licht) als Phantasie oder Ähnliches abzutun.

Einen Ansatz zu solch einem Denken findet sich bei Demokrit, von dem Theophrast berichtet, er habe die Körperverfassung als Ursache des Sinneseindrucks erkannt.[9] Gemeint ist damit, dass der Körper je nach Zustand – Alter, Geschlecht, Krankheit, Ernährungszustand usw. – eine andere stoffliche Konfiguration besitzt, die determinierend die Wahrnehmung beeinflusst. Damit wird das Erleben in seiner Autonomie beschränkt und auf materielle Vorgänge zurückgeführt. Im Rahmen erklärend-prognostischer Methoden ist das durchaus sinnvoll, jedoch wirkt das Paradigma ebenso auf die Lebenswelt der Menschen zurück, indem es manches für unmöglich, irrelevant, anderes für eigentlich, echt usw. erklärt.

Ohne Anspruch auf historische Vollständigkeit zu erstreben, seien als weitere Belege für die Virulenz des anatomischen Theorems noch andere wichtige Stationen benannt. Aristoteles hebt zum Beispiel einerseits hervor, dass Wahrnehmung primär ein allgemeines Erleiden beziehungsweise Bewegtwerden sei.[10] Diese Bestimmung mutet recht weit an und scheint wenig mit dem anatomischen Pa-

---

[9] DK 68 A 135.
[10] Vgl. Aristoteles: *De anima*. 416b-c, 426a.

radigma zu tun zu haben. Zum einen aber verweist das Bewegtwerden teilweise auf materielle Vorgänge in gewisser Analogie zu vorsokratischen Positionen, wobei allerdings der Fokus auf ein Medium gerichtet wird.[11] Zum anderen – was hier besonders bedeutsam ist – vertritt Aristoteles die Meinung, dass die Sinnesorgane wesentliche Wahrnehmungsbedingung sind. Diese Ansicht, die nicht erst mit ihm aufkommt, ist inzwischen fester Bestandteil lebensweltlicher Unmittelbarkeit geworden. Auf die Frage, wie wahrgenommen wird, ist in nahezu ausnahmslos allen Fällen ein Verweis auf Sinnesorgane die Antwort. Bei Aristoteles folgt fast bruchlos auf die Verhandlung der seelischen Voraussetzungen für Wahrnehmung[12] der Übergang zu den Sinnen.[13] Aber ist dieser Schritt so evident? Die Analysen der seelischen Vermögen erweisen sich als phänomenologisch nachvollziehbar, insofern sie im Zusammenhang mit der Wahrnehmung darauf verweisen, dass diese den Menschen immer als Betreffendes angeht. Aristoteles betont das pathische Moment, wie es markant etwa im Erschrecken angesichts eines lauten Geräusches, einer plötzlichen, unvermittelten Bewegung im Augenwinkel oder dem unerwarteten Erleben eines intensiven Geschmacks hervortritt. Nicht alle Wahrnehmungen sind derart – nicht zum Beispiel das mitfühlende Wahrnehmen fremden Glücks oder Unglücks –, aber ganz sicher ist dies ein weithin tragfähiges Kennzeichen. Von diesem Modell geht Aristoteles direkt über zur Verhandlung einzelner Sinnesorgane. Dass hier eine Kluft liegt, entgeht ihm. Man kann sich jedoch ganz bewusst einmal fragen, was eigentlich geschehen muss, damit den Menschen die spezifischen Sinnesorgane im Zusammenhang mit alltäglicher, naiver Wahrnehmung auffällig werden. Dass man in irgendeiner Weise »mit« dem Auge sieht beziehungsweise dieses beteiligt ist, bemerkt man in der Regel erst, wenn es zu einer Störung, einer »Auffälligkeit« als dem Bemerken einer Unverwendbarkeit kommt.[14] Am leichtesten geschieht

---

[11] Vgl. Aristoteles: *De anima*. 419a, 421b.
[12] Vgl. erläuternd zur Lehre von den Vermögen bei Aristoteles besonders Wolfgang Bernard: *Rezeptivität und Spontaneität der Wahrnehmung nach Aristoteles.* S. 31–42.
[13] Vgl. dazu den Übergang bei Aristoteles: *De anima*. 418a. Weiterführend vgl. auch generell a. a. O., 415b-424b.
[14] Vgl. zum Konzept der Auffälligkeit Martin Heidegger: *Sein und Zeit.* S. 73.

dies wohl deshalb beim Auge, weil es schon durch den Lidschluss auf sich hinzuweisen vermag. Schwieriger wird es bereits beim Hören, denn das Ohr als physiologisches Organ fällt mit dem, was lebensweltlich als Organ genommen wird – die Muschel – gar nicht zusammen. Jedenfalls zeigt sich bei genauer Betrachtung des Erlebens, dass die Sinne im lebensweltlichen Wahrnehmen vorderhand nur bei Störungen eine Rolle spielen – wenn man unscharf sieht, reibt man sich die Augen, während gelingendes, scharfes Sehen zu keinem »Lob« der Augen führt, sondern gerade dazu, sie zu vergessen. Solche phänomenologischen Überlegungen als Variation der Annahme von der Sinnesorgannotwendigkeit verweisen der Tendenz nach darauf, dass mit einem Einsetzen der Theorie bei ihnen schon eine erhebliche Abweichung von der Lebenswelt und daher eine theoretische Abstraktion vollzogen wird. Ist diese Fokussierung jedoch erst einmal geschehen, wird das phänomenale Erleben gedeutet nach dem Muster anatomischer Erkenntnisse. Das ist für medizinische sowie therapeutische und ähnliche Belange sinnvoll und berechtigt, denn es entspricht den spezifischen Vorgriffen dieser Perspektiven, erweist sich aber aus phänomenologischer Sicht als kritikwürdig. Wenn man genauer betrachtet, wie Aristoteles zur Einteilung der klassischen fünf Sinne – Sehen, Hören, Riechen, Schmecken, Tasten – kommt, zeigt sich denn auch, dass diese Dimensionen nicht vom Phänomenalen her abgeleitet werden, sondern aus einer Elementenlehre. Aristoteles führt einen Vollständigkeitsbeweis, der pointiert darin besteht, aufzuzeigen, dass alle Objekte auf vier Elemente – Wasser, Feuer, Erde, Luft – zurückzuführen sind. Da die menschlichen Sinnesorgane aufgrund ihrer Konstitution prinzipiell in der Lage sind, Einwirkungen dieser vier Elemente zu erfassen, kann es keine weiteren Sinne als die fünf genannten geben, denn sonst würden diese entweder das Gleiche wie die anderen oder gar nichts wahrnehmen.[15] Ohne auf die Triftigkeit des Beweises hier eingehen zu wollen, ist aus phänomenologischer Sicht auffallend, dass sachfremde Erwägungen den Leitfaden abgeben. Der ontologisch motivierte Zusammenhang zwischen Sinnen und Elementen mag einer bestimmten Explikationsperspektive ge-

---

[15] Vgl. Aristoteles: *De anima*. 424b-c.

mäß sein, phänomenadäquat oder lebensweltlich zutreffend ist er nicht.[16] Es lohnte sich einmal, die von Aristoteles, aber auch von Kant[17] und John Locke[18] sowie vielen anderen geteilte Ansicht, es gäbe fünf äußere Sinne,[19] überhaupt zu hinterfragen. Wie lässt sich dieses physiologisch inspirierte Modell phänomenologisch »erden«? Die Sinnesorgane werden als solche[20] zumeist erst auffällig, wenn Störungen vorliegen. Im normalen Dahinleben kommt der Mensch nur bedingt dazu, sie zu thematisieren. Neben dem Lidschluss wäre als phänomenaler Hinweis auf die Rolle der Organe noch der erlebte Zusammenhang zwischen eigenem Körper – besonders seinen Bewegungen – und der Wahrnehmung zu nennen.[21] Eine Kopfdrehung kann zum Beispiel besseres Sehen oder Hören ermöglichen,

---

[16] Hier sei nochmals darauf hingewiesen, dass für die Kritik die in Kapitel II entwickelte Hinsicht maßgeblich ist. Aristoteles würde sich von dem Einwand vermutlich nur bedingt getroffen fühlen, insofern sein Anliegen nicht mit dem der hier verfolgten Phänomenologie identisch ist. Gleichwohl aber muss im Interesse der angesprochenen *lebensweltökologischen Gefahren* die Phänomenologie auch die impliziten, nicht intendierten Folgen sich selbst anders verstehender Ansätze thematisieren.

[17] Vgl. Immanuel Kant: *Anthropologie in pragmatischer Hinsicht*. S. 153 f. (Zählung nach Akademie-Ausgabe) und die erläuternde Auslegung dazu bei Reinhard Brandt: *Kritischer Kommentar zu Kants Anthropologie in pragmatischer Hinsicht*. Hamburg 1999, S. 206 f.

[18] Vgl. John Locke: *Versuch über den menschlichen Verstand*. II.ii.3 (zugrunde gelegt wird John Locke: *Versuch über den menschlichen Verstand. Bd. I: Buch I und II.* Übers. v. C. Winckler. Hamburg 2000).

[19] Aristoteles kennt freilich noch den Gemeinsinn, der allerdings weniger ein Sinnes- denn ein Verstandesvermögen ist. Vgl. dazu Aristoteles: *De anima*. 425a. Eine genaue Darlegung der frühantiken Tradition der »koinè aísthesis« liefert John I. Beare: *Greek theories of elementary cognition*. S. 250–336 (zu Aristoteles besonders S. 276 ff.).

[20] In anderer Hinsicht – etwa ästhetischer (als Segelohren, schöne blaue Augen usw.) – können sie natürlich häufig thematisiert werden.

[21] Husserl hat diesem Zusammenhang unter dem Begriff der kinästhetischen Empfindungen zahlreiche Überlegungen gewidmet. Vgl. dazu zum Beispiel Edmund Husserl: *Ding und Raum.* S. 170, 176, 277 oder ders.: *Die Krisis der europäischen Wissenschaften und die transzendentale Phänomenologie.* S. 163–167. – Dieses Motiv bauen Gallagher, Zahavi und auch Noë erheblich aus und leiten von ihm her alle Wahrnehmungsvorgänge ab. Vgl. dazu exemplarisch Alva Noë: *Action in perception*.

wodurch die Lage der Organe mindestens partiell bewusst zu werden vermag. Gleichwohl lässt sich die Fünfzahl der Sinne phänomenal weniger rückbinden. So fehlt – vom reinen Erleben her betrachtet – offensichtlich ein Temperaturorgan ebenso wie dasjenige für Stimmungen (zum Beispiel die Stimmung einer Gruppe von Menschen, eines Zimmers, eines Gemäldes, einer Landschaft usw.). Die physiologischen Theorien bieten als Überbrückung für solche Differenzen verschiedenste Modelle an, wobei der Temperatursinn in der Regel dem Tast- oder allgemeiner dem Hautsinn zugeschlagen wird, während die Wahrnehmung von Stimmungen häufig als kognitives Verarbeitungsprodukt gedeutet wird. Dies mag zwar im Rahmen der entsprechenden Theoriegebäude sinnvoll und kohärent sein, verweist jedoch auf ein ganz grundlegendes Problem: der physiologische Rekurs auf die Sinnesorgane deckt sich nicht mit lebensweltlichen Wahrnehmungserfahrungen. Rainer Rosenzweig führt an, dass man je nach Ansicht zwischen fünf bis dreiunddreißig Sinnesmodalitäten unterschieden hat,[22] wobei nicht zu jeder, aber zu vielen entsprechende physiologische Komplementärsysteme gesucht und angegeben wurden. Damit wird die gemeinhin übliche Fünfzahl auch aus einzelwissenschaftlicher Sicht fraglich. Sinnesorgane sind letztlich in einigen – wohlgemerkt nicht allen – Aspekten phänomenfremde, theoriebeladene Konstruktionen, die den erstrebten, möglichst unverbauten Zugang verhindern. Es ist dadurch jedoch nicht gesagt, dass sie keine Rolle spielen. Nach allem was man weiß, können Menschen ohne Augen nicht sehen. Aus dieser Tatsache darf allerdings nicht der Umkehrschluss gezogen werden, sie sähen mit den Augen.[23] Diesen Fehlschluss nennt Schmitz »*Physiologismus*«, womit er die These meint, welche annimmt, »daß Bot-

---

S. 8–11 und Shaun Gallagher, Dan Zahavi: *The phenomenological mind.* S. 109–111.
[22] Vgl. dazu Rainer Rosenzweig: »Einleitung. Sinne, Wahrnehmung und die Welt in unseren Köpfen«, in: ders. (Hrsg.): *Nicht wahr?! Sinneskanäle, Hirnwindungen und Grenzen der Wahrnehmung.* Paderborn 2009, S. 9–23, hier S. 10.
[23] Dagegen war im Grunde schon Aristoteles aufgetreten, indem er die Sinnesorgane an Seelenvermögen band. Insofern ist Schmitz' Kritik zumindest dahingehend zu ergänzen, dass sich bei Aristoteles Anknüpfungspunkte finden lassen, die helfen, das anatomische Paradigma zu überwinden.

schaften aus der Außenwelt zum Menschen nur auf dem Weg über die Sinnesorgane und deren Fortsetzung im Nervensystem gelangen, und nur in dem Maße, wie diese Körperteile Reize aufnehmen und durchlassen.«[24] Wahrnehmung wird demgemäß anatomisch gefiltert. Wiewohl eine Form des Zusammenhangs zwischen Organ und Erleben phänomenal einleuchtet – so verändert das Tragen einer Brille durch seinen Einfluss auf Parameter des organischen Vorgangs ganz unweigerlich auch die Wahrnehmungen –, darf hier keine Reduktion auf nur einen Mitspieler vonstatten gehen. Nach Schmitz lässt es sich sogar denken, dass ein Mensch, der über keine Sinnesorgane verfügt, noch Wahrnehmungen macht. Sein Argument lautet dabei kurz gefasst so, dass es – wie hier angedeutet –phänomenologisch keinen adäquaten Sinn hat, das Erleben an spezifische Organe gebunden zu verstehen. Wenn dem so ist, kann es also auch organungebundene Wahrnehmung geben und es wäre zumindest denkbar, dass ein Mensch ohne Sinnesorgane wahrnimmt.[25]

Einen zumindest ansatzweise in diese Richtung gehenden Fall hat Ramachandran bekannt gemacht. Er berichtet von der Patientin Diane, die in Folge einer Kohlenmonoxidvergiftung einen bleibenden Hirnschaden erlitt. Eine der Auswirkungen davon war, dass sie im herkömmlichen Sinne erblindete. Gleichwohl verstand sie es, Dinge im praktischen Umgang – Bleistift greifen, Brief einwerfen – optisch zu erfassen.[26] Ramachandrans Deutung des Falls greift ganz im Sinne des anatomischen Paradigmas auf eine physiologische Erklärung zurück.[27] Gleichwohl kann man Dianes Zustand auch im

---

[24] Hermann Schmitz: »Situationen oder Sinnesdaten – Was wird wahrgenommen?«, in: Allgemeine Zeitschrift für Philosophie, Bd. 19/2 (1994), S. 1–21, hier S. 2. Vgl. auch ders.: *System der Philosophie. Bd. III/5.* S. 1.

[25] Vgl. die theoretische Grundlage für eine solche Interpretation (allerdings von Schmitz dort in anderem Zusammenhang entwickelt) in Hermann Schmitz: *System der Philosophie. Bd. V.* S. 191.

[26] Vgl. Vilaynur S. Ramachandran, Sandra Blakeslee: *Die blinde Frau, die sehen kann.* S. 120 ff. Dianes Fall war titelgebend für das Buch. Weitere Ausführen zur vergleichbaren »Wahrnehmungsblindheit« vgl. Alva Noë: *Action in perception.* S. 3–7.

[27] Er argumentiert für zwei unterschiedliche Bahnen im Hirn – die Was- und die Wie-Bahn –, wovon bei Diane nur eine durch die Vergiftung zerstört wurde, die

Sinne von Schmitz interpretieren als Hinweis auf die wenigstens partiell organungebundene Grundlage menschlicher Wahrnehmung. Allerdings sollte man sich vor solchen Spekulationen in gleicher Weise hüten wie die von anderer Seite leichtfertig vorgenommene physiologistische Hypostasierung. Vielleicht besteht der wesentliche Ertrag der Besinnung auf die Organe darin, sie – anders als das dominante anatomische Paradigma es vorschlägt – in ihrer Bedeutung zumindest im Rahmen phänomenologischer Erwägungen konkreter Erfahrungen suspendieren zu können.

Die Auswirkungen des Physiologismus haben zumeist auch starke ontologische Implikationen. Ein Beispiel dafür liefert die Wahrnehmungstheorie des Lukrez, der in epikureischer Tradition argumentiert. Er geht davon aus, dass die Dinge feinstoffliche Abbilder – »simulacra«[28] – aussenden, die durch Öffnungen dem Menschen zukommen und dadurch Wahrnehmungen auslösen. Dieses Modell erinnert an die materialistische Position Demokrits. Interessant ist jedoch, welche Rückwirkungen es auf das Inventar der Welt hat. Es zeigt sich nämlich, dass eine solche Theorie dazu genötigt ist, zahlreiche Zusatzhypothesen einzuführen, damit sie Wahrnehmung und Wirklichkeit aneinanderbinden kann. Zwei Beispiele seien hier herausgegriffen: die Kontinuität der Wahrnehmung und die Größe des Mondes. Lukrez beobachtet, dass Wahrnehmungen kontinuierlich gemacht werden. Wie aber ist das möglich, wenn sie durch Abbilder zustande kommen? Abbilder sind als stoffliche Entitäten nämlich – wie jede geformte Materie – umgrenzt und von jeder anderen Entität getrennt, insofern müsste die Wahrnehmung dem Modell nach abgehackt erscheinen, vergleichbar einem zu langsam abgespielten Kinofilm oder einer Diashow. Lukrez ist dieser Hiat zwischen Theorie und Erleben bewusst, doch statt die Theorie zu hinterfragen, modifiziert er sie auf sehr intelligente Weise.[29] Seine Lösung des Dilemmas ist, eine extrem hoch-

---

andere nicht (vgl. Vilaynur S. Ramachandran, Sandra Blakeslee: *Die blinde Frau, die sehen kann.* S. 134 ff.). Die verbliebene Bahn gestattet die beobachteten Verhaltensweisen trotz vermeintlicher Blindheit.

[28] Vgl. Lukrez: *De rerum natura. Welt aus Atomen.* Lateinisch – Deutsch. Übers. v. K. Büchner. Zürich 1956, S. 321 (Buch 4, Vers 30).

[29] Überhaupt ist Lukrez' Werk ein sehr anschauliches Beispiel dafür, wie anpas-

frequente und allseitige Ausbreitung der Abbilder von allen Gegenständen zu behaupten.[30] Damit aber entstehen neue Probleme – wenn Dinge stoffliche Abbilder aussenden und dazu noch in hoher Zahl, müssten sie sich nicht alsbald auflösen oder jedenfalls verkleinern und abnutzen? Und sollte es nicht fortwährend zu Kollisionen in der Luft zwischen all den Abbildern kommen? Es bleibt nach dieser Theorie fast erstaunlich, dass man lebensweltlich dennoch wahrnimmt. Dies mag abschließend als Beleg für ontologische Folgeprobleme physiologischer Weichenstellungen Lukrez' Aussagen zur Größe des Mondes belegen.[31] Seiner Theorie gemäß müssen weiter entfernte Dinge unscharf erscheinen, denn auf ihrem Weg zum Menschen verlieren deren simulacra durch Reibung und Kollision stoffliches Material. Da der Mond aber am Nachthimmel nicht auf diese Art erscheint, könne seine wahre Größe nicht sehr verschieden von der scheinbaren sein. Gesehene und »wirkliche« Ausdehnung sollen nicht sehr divergieren. Diese Deutung zeigt, wie aus einer falsch konzipierten Wahrnehmung leicht ontologische Missverständnisse folgen können.

Besonders virulent und wirkmächtig wird das physiologistische Denken in der Neuzeit aber weniger im Rahmen der auf Sinnesorgane konzentrierten Perspektive, sondern im Zusammenhang mit einem Rekurs auf die Organe, in denen man den Sitz des Geistes vermutete. Während zum Beispiel Empedokles und Demokrit noch ganz allgemein von körperlichen Vorgängen sprachen, tritt das anatomische Motiv heute in Form von hirnphysiologischen Er-

---

sungsfähig Theorien sein können. Man kann Lukrez ganz ohne Frage eine gute Beobachtungsgabe und eine hohe analytische Intelligenz unterstellen, denn ihm gelingt es auf fruchtbare, detailreiche und faszinierende Art und Weise, seine Wahrnehmungstheorie an zahlreiche kritische Fälle anzupassen. Gerade deshalb ist sein Werk für eine Reflexion über Wahrnehmungstheorie sehr interessant und noch immer höchst lesenswert. Ein Beispiel für solche diffizilen Anpassungsleistungen, die verhindern, seine Theorie aus heutiger Sicht einfach als »überwunden« zu charakterisieren, ist etwa die Erklärung der Entfernungswahrnehmung. Dinge erscheinen unterschiedlich weit weg, weil die ausgeschickten Abbilder je nach Wegstrecke unterschiedliche Menge von Luft vor sich her schieben (vgl. Lukrez: *De rerum natura*. S. 337 (Buch 4, Vers 244–255)).
[30] Lukrez: *De rerum natura*. S. 329 ff. (Buch 4, Vers 161–167, 183 f.).
[31] Vgl. dazu Lukrez: *De rerum natura*. S. 459 (Buch 5, Vers 575–584).

wägungen auf. So heißt es bei Richard L. Gregory, er vertrete den Standpunkt, »dem zufolge das Gehirn (oder der Geist) sehr aktiv ist und aus kaum ausreichenden sensorischen Informationen Wahrnehmungen konstruiert.«[32] Pointiert hervorgetreten ist mit einer solchen Ansicht schon Descartes. Er erklärt, dass

alle Objekte uns über den Gesichtssinn nur dadurch mitgeteilt werden, daß sie [...] durch vermittelnde durchsichtige Körper zwischen ihnen und uns die kleinen Fasern der optischen Nerven auf unserem Augenhintergrund berühren und damit die Hirnregion, aus der diese Nerven kommen. Sie bewegen sie [...] in entsprechend verschiedenen Weisen, daß sie uns entsprechende Verschiedenheiten in den Dingen sehen lassen können, daß *es aber nicht unmittelbar die Bewegungen im Auge sind, sondern die im Gehirn, die der Seele die Gegenstände darstellen.*[33]

Wahrnehmung wird zu einem Vorgang im Gehirn, von dem jetzt erst angegeben werden muss, wie er überhaupt mit sinnlichen Vorgängen oder einer Außenwelt zusammenhängt. Das ist – phänomenologisch betrachtet – eine noch größere Theoretisierung als die Rede von Sinnesorganen, denn ein Gehirn im Sinne der Physiologie kommt in der Lebenswelt und auch als Phänomen nicht vor. Die zuvor bezüglich der Sinnesorgane deutlich gemachten Probleme verstärken sich hier weiter. Einerseits wird die Diskrepanz zwischen Erleben und Theorie größer, denn während die Sinnesorgane aufgrund physiologischer Differenzen auch theoretisch eine Vielfalt von Eindrücken sicherten, wird dies beim Gehirn ungleich schwieriger. Wie erklärt man nämlich die modalen Erlebnispluralitäten, wo doch das Organ selbst letztlich immer nur elektrochemische

---

[32] Richard L. Gregory: *Auge und Gehirn.* S. 10. – Man sieht an dieser These auch, dass das anatomische und das konstruktivistische Paradigma leicht Verbindungen eingehen. Dies ist sachlich begründet. Vgl. dazu Kap. III.1.2.
[33] René Descartes: *Les passions de l'âme. Die Leidenschaften der Seele.* Französisch – Deutsch. Übers. v. K. Hammacher. Hamburg 1984, S. 25 (Teil 1, Art. 13). [Hervorh. v. S. K.] Vgl. ähnlich auch ders.: *Dioptrik.* Übers. v. G. Leisegang. Meisenheim am Glan 1954, S. 87 ff. – Ein ganz analoges Modell vertritt ebenso Locke: »[Es] leuchtet [...] ein, daß sich von ihnen [den Sinnen; S. K.] eine gewisse Bewegung durch unsere Nerven oder Lebensgeister, durch bestimmte Teile unseres Körpers bis hin zum Gehirn, das heißt zum Sitz der Sensation fortpflanzen muß [...].« (John Locke: *Versuch über den menschlichen Verstand.* II.viii.12.)

Reizmuster »kennt«? Zumeist wird dann im Rahmen neurophysiologischer Theorien mit dem Lokalisationsargument operiert.[34] Andererseits vergrößern sich aber auch die ontologischen Probleme, weil das Gehirn selbst gar keinen Kontakt zu einer angenommenen Außenwelt hat. Während Sinnesorgane per se als Kontaktorgane verstanden wurden, die nur bestimmte Selektionen und Verzerrungen vornehmen, zieht mit der Fokussierung auf das Gehirn die Gefahr eines Idealismus drohend herauf – die These, dass der Mensch ganz in einer selbstgeschaffenen Vorstellungswelt ohne jeden Außenweltkontakt lebt.[35] Wenn das Gehirn aber die Wahrnehmungen »macht«, inwiefern kann man noch behaupten, sie seien Wahrnehmungen von Extramentalem?[36] Auf die Spitze getrieben wird dieses ontologische Dilemma schließlich vor dem Hintergrund von Träumen und Halluzinationen – wenn schon die Wahrnehmung selbst bloß konstruiert ist, was unterscheidet sie dann noch von diesen Erlebnisformen? Das führt zu einem Denken, das die Immanenz und Subjektivität der Wirklichkeit behauptet:

> So glauben wir denn [...], dass wir die Wirklichkeit, die Welt der Erfahrung mit ihren Gesetzen und Phänomenen, alles somit, was wir nur immer als »an sich« seiend annehmen müssen, nur auf uns einschrän-

---

[34] Vgl. dazu kritisch Thomas Fuchs: *Das Gehirn – ein Beziehungsorgan. Eine phänomenologisch-ökologische Konzeption.* Stuttgart 2008, S. 68 f.

[35] Hier liegt die Wurzel des so virulenten Motivs des Gehirns im Tank. Vgl. dazu die Erläuterungen in Shaun Gallagher, Dan Zahavi: *The phenomenological mind.* S. 147–151 und Shaun Gallagher: *How the body shapes the mind.* S. 134–149. Gallagher behauptet dort, phänomenologisch zutreffend: »This suggest that at the most basic levels of perception and action the hypothetical experience of a brain-in-the-vat would be essentially different from an embodied brain.« (A. a. O., S. 149.)

[36] Es ist interessant zu bemerken, dass der häufig als klassischer Vertreter einer idealistischen Position angesehene George Berkeley aus anderen Gründen zu seiner Position gelangt ist. Ihm ging es nämlich nicht um die Rolle physiologischer Organe, sondern um die Widersinnigkeit eines bestimmten Begriffs von transzendenter Materie. Sein Idealismus mündet dann auch – wenn man die Theorie ernstnimmt – in einen Realismus, der allerdings nur noch durch die Anrufung Gottes als einer Art »deus ex machina« gesichert werden kann. Vgl. dazu vor allem George Berkeley: *Eine Abhandlung über die Prinzipien der menschlichen Erkenntnis.* Hrsg. v. A. Klemmt. Übers. v. F. Überweg. Hamburg 1979, S. 30 (§ 9 f.), 34 (§ 18), 40 (§ 29), 109 f. (§ 146 f.).

Kritik zentraler Grundmotive des Wahrnehmungsverständnisses

ken müssen, dass also der Urgrund alles Wirklichen nicht irgend ein Etwas, welches absolut ausser uns liegt, sondern nur unser eigenes Ich sein könne.[37] Zuletzt hat Roth eine wirkmächtige Ausprägung des anatomischen Paradigmas in besonders prägnanter Form vertreten. Seine Erklärung der verschiedenen Sinnesmodalitäten lautet:

> Hier kommt [...] das Prinzip des »Verarbeitungsortes« zum Tragen: Der Ort, an dem eine bestimmte Erregung verarbeitet wird, bestimmt seine Modalität und auch seine Qualität. [...] Hieraus folgt, daß dasjenige, was wir als die wichtigsten Wahrnehmungsinhalte erleben, nämlich Modalität und Qualität einer Wahrnehmung, ein Konstrukt unseres Gehirns sind, und zwar aufgrund der räumlichen Anordnung der verschiedenen Verarbeitungszentren, ihrer *Topologie*, im Gehirn. Das bedeutet, daß das Gehirn seinen anatomischen und funktionalen Aufbau kennen muß [...].[38]

Abgesehen vom Konstruktionsparadigma, dass hier ebenfalls anzutreffen ist, zeigt das Zitat in voller Klarheit, wie Wahrnehmungen ihrem konkreten Inhalt nach auf physiologische Theoreme zurückgeführt werden. Dabei unterlaufen Roth jedoch fortwährend Kategorienfehler. So ist die angeführte Rede davon, das Gehirn müsse etwas kennen, schlicht unzulässig, denn sie setzt ein Bewusstsein voraus, dass man nur einem Gesamtorganismus, nicht jedoch dem Gehirn zuschreiben kann. An anderen Stellen spricht Roth in gleicher Weise irreführend davon, dass dem Gehirn etwas wichtig sei,[39] dass es nach bekannt und unbekannt sortiere[40] oder einen inneren Antrieb habe.[41] Das Gehirn wird auf diese Weise zu einem Menschen gemacht, insofern ihm Eigenschaften und Vermögen zuerkannt werden, die nur dem ganzen Organismus zustehen. In ihrer

---

[37] Adolf Rosinski: »Die Wirklichkeit als Phänomen des Geistes«, in: Philosophische Monatshefte, Bd. XXVIII (1892), S. 129–153, 257–277, hier S. 277. – Rosinskis Aufsatz stellt sicher ein Randphänomen dar, ist jedoch deshalb erwähnenswert, als er die paradigmeninternen Implikationen in staunenswert konsequenter Art und Weise expliziert.
[38] Gerhard Roth: *Das Gehirn und seine Wirklichkeit.* S. 110f.
[39] Vgl. Gerhard Roth: *Das Gehirn und seine Wirklichkeit.* S. 108.
[40] Vgl. Gerhard Roth: *Das Gehirn und seine Wirklichkeit.* S. 229, 231.
[41] Vgl. Gerhard Roth: *Das Gehirn und seine Wirklichkeit.* S. 310.

fundierten und zutreffenden Kritik an einem übertriebenen Physiologismus haben Andreas Engel und Peter König diesen Kategorienfehler im Anschluss an Anthony Kenny als »homunculus fallacy« bezeichnet, der schlicht Pseudolösungen vortäusche. »Die Tatsache, daß kognitive Akte von *Personen* vollzogen werden, wird in der kognitiven Neurobiologie gerne übersehen.«[42] Hier wäre es an der Zeit, den ganzen Menschen gegen eine solche unzulässige Reduktion auf bestimmte Zustände des Gehirns wieder zu seinem Recht kommen zu lassen.

Der schwerwiegendste Fehler Roths aber ist, dass er sich nicht klar darüber zu sein scheint, dass er für seine Differenzierungen schon immer die lebensweltlichen Erfahrungen voraussetzt, die er auf seine erst durch sie gewonnenen Konstrukte zurückführt. Wenn Roth etwa die Leistungsfähigkeit bildgebender Verfahren in der Hirnforschung preist und behauptet, man könne dank ihrer auch höhere kognitive Leistungen mit neuronalen Prozessen korrelieren,[43] wird übersehen, dass diese Korrelationen nur feststellbar sind, weil es Probanden gab, die den Erregungsmustern, Erregungsorten usw. ihre lebensweltliche Erfahrung zugeordnet haben.[44] Es wird verkannt, dass »ohne eine Beschreibungsebene, auf der die Handlungen des Gesamtsystems thematisch werden, die kognitionswissenschaftliche Theorie schlicht ihre Explananda aus den Augen verlieren würde.«[45] Aus den nur dank menschlicher Sinnstiftung entdeckten Korrelationen sind Karten des Gehirns entstanden, die jetzt wiederum lebensweltlich vorzugeben sich anschicken, wer was wie erlebt. Wird auf diese Weise nicht aber der Fundierungszusammenhang umgekehrt?

Und selbst wenn dem nicht der Fall sein sollte, lässt sich jedenfalls aus dem bloßen Bestehen einer Korrelation nicht ableiten, dass

---

[42] Andreas Engel, Peter König: »Das neurobiologische Wahrnehmungsparadigma. Eine kritische Bestandsaufnahme«, in: A. Engel, P. Gold (Hrsg.): *Der Mensch in der Perspektive der Kognitionswissenschaften.* Frankfurt 1998, S. 156–194, hier S. 184.
[43] Vgl. Gerhard Roth: *Das Gehirn und seine Wirklichkeit.* S. 275.
[44] Eine weiterführende und gehaltvolle Kritik der bildgebenden Verfahren der Hirnforschung liefert Thomas Fuchs: *Das Gehirn – ein Beziehungsorgan.* S. 73 f.
[45] Andreas Engel, Peter König: »Das neurobiologische Wahrnehmungsparadigma«. S. 191.

die Wahrnehmung ganz im physiologischen Korrelat aufgeht. Roths Überlegungen gipfeln schließlich in der idealistisch anmutenden These, es sei Tatsache, »daß alles, was im Hinterhauptslappen und im unteren Temporallappen stattfindet, als ›Sehen‹, und alles, was im oberen und mittleren Temporallappen an Aktivität vor sich geht, als ›Hören‹ empfunden wird, eine *Konvention des Gehirns mit sich selbst* [ist].«[46] Wahrnehmung wird ganz auf physiologische Korrelate reduziert, welche fast gar nichts mehr mit einer Außenwirklichkeit oder mit immanenten Eigenschaften zu tun haben,[47] sondern variantenreich durch das Gehirn interpretiert werden können.

Roths Theorie ist ein Musterbeispiel für unzulässige Grenzüberschreitungen. Der Geltungsanspruch wird universalisiert, ohne zu bedenken, dass die eigene Methode und Ontologie entsprechende Beschränkungen nahelegen. Im Rahmen medizinischer Eingriffe etwa kann Roths Theorie sehr hilfreich sein, aber aus phänomenologischer Sicht muss man zugleich sagen, dass sie keine adäquate Beschreibung lebensweltlicher Wahrnehmung liefert, obwohl sich Roth dem Gestus nach zutraut, auch über diese Wahrnehmung etwas zu sagen.

Diese Bemerkungen mögen zur Verdeutlichung des Paradigmas und seiner Dimensionen genügen. Wichtiger ist es herauszustellen, welche kritische Erwiderung phänomenologisch sinnvoll ist. Die sich selbst als Neurowissenschaftler verstehenden Engel und König haben für eine Rückbindung der Neurobiologie an eine phänomenologisch-hermeneutische Tradition argumentiert,[48] um so die wesentlichen Defizite zu beheben. Kritisch sehen sie am kognitionswissenschaftlichen Zugang nämlich das Übersehen des Gebrauchszusammenhangs beziehungsweise überhaupt die Kontextualität der Wahrnehmung, das Verdrängen der holistischen Situationen zu-

---

[46] Gerhard Roth: *Das Gehirn und seine Wirklichkeit*. S. 319.
[47] So werden Qualia als bloße Marker für das Gehirn gedeutet, die diesem Anzeigen, das es sich um bewusste Gehirnprozesse handelt (vgl. Gerhard Roth: *Das Gehirn und seine Wirklichkeit*. S. 295 f.).
[48] Andreas Engel, Peter König: »Das neurobiologische Wahrnehmungsparadigma«. S. 173. Sie verweisen auf die Arbeiten von Merleau-Ponty, Heidegger und Martin Kurthen.

gunsten einer atomistischen Ontologie und den von ihnen so benannten »Neuro-Chauvinismus«, der unterstelle, dass »die neurobiologische Forschung *den* wesentlichen Zugang zum Phänomen [...] liefere.«[49] Ein solcher Chauvinismus äußert sich beispielhaft in Roths grenzüberschreitender Ausweitung der kognitionswissenschaftlichen Theorie auf viele andere Gegenstandsbereiche. Als Ausweg aus den Defiziten geben Engel und König im Anschluss an die phänomenologisch-hermeneutische Tradition vor allem an: »die Herausstellung der *konstitutiven Aspekte* und des *Handlungsbezugs* von Kognition, das phänomenologische Konzept der *Situation* (bzw. der Situiertheit des kognitiven Subjekts), die (Wieder-)Einführung *holistischer* Intuitionen in die Hirntheorie und ein phänomenologisch orientierter *Anti-Reduktionismus*.«[50] Wie leicht zu sehen ist, wird in der hier vorliegenden Arbeit bereits genau in diesem Sinne argumentiert.[51] Es kann dabei nicht darum gehen, phy-

---

[49] Andreas Engel, Peter König: »Das neurobiologische Wahrnehmungsparadigma«. S. 183. Zum Vorherigen vgl. a. a. O., S. 172–182.

[50] Andreas Engel, Peter König: »Das neurobiologische Wahrnehmungsparadigma«. S. 185 f.

[51] Ein wichtiges Beispiel für die Notwendigkeit der Beachtung der Situiertheit des Menschen ist die Laborsituation selber, wie sie bei hirnphysiologischen Experimenten vorkommt. Es handelt sich bei den Experimenten in den meisten Fällen um außergewöhnliche Konstellationen, die zwar hinsichtlich ihrer Beeinflussungsfaktoren im Rahmen mathematisch-statistischer Erwägungen bedacht, jedoch nie grundsätzlich hinterfragt werden. Michael Pauen hat zum Beispiel darauf hingewiesen, dass das berühmte Libet-Experiment schon deswegen in seinen Ergebnissen nicht überinterpretiert werden dürfe, da die Probanden vorher wussten, dass sie bestimmte Handlungen würden ausführen müssen. Daher erscheint die physiologisch vor der konkreten Handlung feststellbare Neuronenaktivität weniger überraschend (vgl. Michael Pauen: »Neurowissenschaften und Selbstverständnis. Warum keine Revision unseres Menschenbildes durch den wissenschaftlichen Fortschritt droht«, in: R. Rosenzweig (Hrsg.): *Nicht wahr?! Sinneskanäle, Hirnwindungen und Grenzen der Wahrnehmung*. Paderborn 2009, S. 209–231, hier S. 222 f.). Der französische Arzt Georges Canguilhem hat angesichts der Laborsituation kritisch festgestellt: »Die unter Laborbedingungen untersuchten funktionellen Normen des Lebewesens haben nur Sinn im Rahmen der operativen Normen des Wissenschaftlers. [...] [D]ie Bedingungen der Laboruntersuchung [versetzen] das Lebewesen in eine pathologische Situation [...], aus der paradoxerweise Schlußfolgerungen mit der Geltung einer Norm sollen gezogen werden können.« (Georges Canguilhem: »Versuch über einige Probleme, das Normale und das

siologische Theorien grundsätzlich abzulehnen oder als falsch zu brandmarken, sondern deren Verhältnis zu Lebenswelten und Phänomenen zu beleuchten. Die lebensweltökologischen Folgen der Neurobiologie – zumeist diskutiert im Rahmen des Freiheitsdenkens und der Rechtsphilosophie – sind nämlich nicht unerheblich.[52] Wenn das anatomische Paradigma das lebensweltliche Selbstverständnis bestimmen würde, müsste sich der Mensch selbst als bloße Folge neuronaler, ihm unverfügbarer Prozesse verstehen und würde somit zu einem bloßen »Passagier« auf gehirndeterminierten »Flügen«. Gegen solche phänomenal und phänomenologisch inadäquaten Deutungen der Wirklichkeit hat die Phänomenologie ein *radikalaufklärerisches Motiv*[53] gesetzt – dasjenige der *empirischen Selbstbesinnung*. Nicht nur (oder primär) der Mut, sich des Verstandes zu bedienen, ist demnach Kernkompetenz des aufgeklärten Menschen (denn Verstandesleistungen sind schließlich alle Theorien gleichermaßen), sondern der Mut, sich auf die unmittelbaren Zeugnisse als Autoritätsquellen zur Prüfung einzulassen. Damit wird die Kritik an Traditionen, Paradigmen, Theorien usw.

Pathologische betreffend«, in: ders.: *Das Normale und das Pathologische*. Übers. v. M. Noll, R. Schubert. Frankfurt, Berlin, Wien 1977, S. 9–156, hier S. 97.) Eine Phänomenologie der Situationen als erlebter Wirklichkeiten könnte helfen, die Ergebnisse der »pathologischen« Laborsituationen in ihrer Tragfähigkeit besser zu bewerten.

[52] Jaensch schreibt in dieser Perspektive, dass die »rationalistische Konstruktionstendenz nicht nur theoretische, sondern auch eminent praktische und das Leben angehende Fragen betrifft und hier bedeutende Schädigungen herbeiführen kann, indem sie die Erfahrung verbaut.« (Erich Jaensch: »Zur Philosophie der Wahrnehmung und psychologischen Grundlegung der Erkenntnistheorie«. S. 397.)

[53] Schmitz kann in diesem Sinne verstanden werden, wenn er – zumindest vom Phänomenologen – die fortwährende empirische Prüfung verlangt (vgl. etwa Hermann Schmitz, Wolfgang Sohst: *Hermann Schmitz im Dialog*. S. 1 f.). Das ist ein sehr hoher Anspruch, den zu erfüllen vermutlich nur den wenigsten, wenn nicht gar keinem Menschen gegeben ist. Dennoch stellt dieses praktische Hindernis die Sinnhaftigkeit des Vorgehens selbst nicht grundsätzlich in Frage. – Zugleich ist in Bezug auf Schmitz festzustellen, dass er der Kultur als Traditionszusammenhang insgesamt sehr kritisch gegenübersteht. Philosophiegeschichte ist ihm zuallererst Phänomenverdeckungsgeschichte und gesamtkulturell betrachtet sieht er einen allgemeinen Verfall (vgl. zu diesem Punkt Hermann Schmitz: *System der Philosophie*. *Bd. IV: Die Person*. Bonn 2005, S. XIII).

nicht zu einer vermeintlichen Rückkehr in ein »romantisch-naives Arkadien«. Vielmehr erweist sich diese Besinnung auf das Erleben als eine notwendige Begleiterscheinung von Kulturen, um die lebensweltlichen und theoretischen Deutungen nicht nur fortwährend der theorie- oder lebensstilimmanenten Bewährung auszusetzen, sondern diese Konstruktionen grundlegender an dem Unverfügbarsten[54] zu prüfen, was den Menschen gegeben ist – den Phänomenen.[55]

Bei Verhandlung dessen, was Schmitz als Physiologismus bezeichnet, war bereits mehrfach neben dem Konstruktivismus ein weiteres Motiv zu bemerken. In seiner Wurzel hängt es mit den auf Sinnesorgane fokussierten physiologischen Ansichten zusammen, weshalb es zum anatomischen Paradigma gezählt werden kann. Aristoteles[56] und andere waren ganz bruchlos von der Verhandlung der Sinnesorgane dazu übergegangen, das Wahrgenommene in die den physiologischen Vorgängen entsprechende Bestände zu gliedern – Geräusche, Farben, Geschmäcker usw. Besieht man jedoch möglichst unbefangen die je eigenen Wahrnehmungen, muss man sich fragen, ob eine den Sinnesorganen entsprechende phänomenale Differenzierung überhaupt in der von Aristoteles unterstellten Prominenz vorkommt. Ist es nicht vielmehr so, dass man nicht ein Geräusch, eine Farbe, einen Geruch usw. als strikt getrennte Vorkommnisse wahrnimmt, sondern ganz evidentermaßen bestimmte Gegenstandskonstellationen, Atmosphären, Strukturen,

---

[54] Dem entwickelten Phänomenbegriff nach ist klar, dass der Superlativ vergleichend zu verstehen ist. Ein reines Unverfügbares ist eine Illusion.
[55] Die Notwendigkeit einer in diesem Sinne empirischen Aufklärung erweist sich im Angesicht der Neurowissenschaften als besonders wichtig, denn bedingt durch die hohe Abstraktheit und den Einsatz kompliziertester Maschinen verweisen sie den Menschen mehr denn je an Experten, die ihm seine und seiner Umwelt Wirklichkeit deuten.
[56] Schmitz hält Aristoteles für einen reinen Physiologisten (vgl. Hermann Schmitz: *System der Philosophie. Bd. III/5.* S. 192), wohingegen Wolfgang Bernard differenzierter mit Verweis auf die Abhängigkeit des Organs vom Vermögen argumentiert (vgl. Wolfgang Bernard: *Rezeptivität und Spontaneität der Wahrnehmung nach Aristoteles.* S. 164). Letzteres erscheint durchaus plausibel, jedoch legt insbesondere die durch die Elementenlehre entwickelte Theorie von den Sinnesorganen nahe, Aristoteles an diesem Punkt nicht phänomenologisch zu »rehabilitieren«.

Kontexte usw.? Die Annahme, das Erleben sei in spezifische Sinnessphären zu differenzieren, nennt Schmitz »*Sensualismus*«[57]. Auch diese Kritik eines Motivs des anatomischen Paradigmas mag zunächst auf Widerstand stoßen, indem sie heutige lebensweltliche Selbstverständlichkeiten hinterfragt. Jedoch lassen sich mindestens zwei Plausibilisierungen des Einwandes anführen, die aus phänomenologischer Sicht nahe legen, auf sensualistische Prämissen zu verzichten.

Einmal nämlich finden sich leicht Wahrnehmungen, die gar nicht zu den üblichen Sinnlichkeitsbezirken passen wollen. Dazu gehören neben Dunkelheit und Stimmungen auch zum Beispiel die Stille oder der erste Eindruck von einer Sache oder Person. All diese Fälle sind dem unbefangenen Wahrnehmen unmittelbar präsent, stellen sensualistische Theorien aber vor erhebliche Anpassungsschwierigkeiten. So werden der erste Eindruck oder die Stimmungen zumeist zurückgeführt auf das Bemerken von solchen Aspekten, die mit der Theorie im Einklang stehen – Gesichtszüge, unterschwellige Bewegungen, »geheime« körperliche Signale usw.[58] Aus diesen Aspekten soll sich dann mithilfe von Assoziationsprozessen der phänomenale Gesamteindruck erklären lassen. Wiewohl das theoretisch kohärent sein mag, scheint es im Sinne der angestrebten phänomenologischen Kritik sinnvoll und zweckmäßig, auf die Annahme der Bindung der Wahrnehmung an einzelne Sinneswege und Modifikationen zu verzichten. In analoger Weise hat sich Ernst Cassirer, obgleich nicht aus einer phänomenologischen, sondern kantianischen Tradition herkommend, einer solcher Haltung angeschlossen:

> In Wahrheit zeigt indes das Phänomen der Wahrnehmung, wenn es in seiner ursprünglichen Grundgestalt, in seiner Reinheit und Unmittelbarkeit genommen wird, keine derartige Zerlegung [in Sinne; S. K.]. Es gibt sich als ein zunächst noch ungeschiedenes Ganze [sic!], als ein Gesamterlebnis, das zwar in irgendeiner Weise gegliedert ist, dessen Gliederung aber keineswegs seine Zerfällung in disparate sinnliche Ele-

---

[57] Vgl. Hermann Schmitz: *System der Philosophie*. Bd. III/5. S. 9.
[58] In der Gegenwart ist ein solcher Ansatz zu finden bei Paul Ekman: *Ich weiß, dass du lügst. Was Gesichter verraten*. Übers. v. H. Mania. Reinbek bei Hamburg 2011.

mente in sich schließt. Diese Trennung entsteht erst dann, wenn die Wahrnehmung nicht mehr in ihrem einfachen Gehalt betrachtet, sondern bereits unter einen bestimmten gedanklichen Gesichtspunkt gestellt und unter ihm beurteilt wird.[59]

Damit erweist sich die geforderte Absehung vom sensualistischen Theorem nochmals als eine Vorbedingung möglichst unbefangener Annäherung an Wahrnehmung.

Als zweiter Ansatz zu einer Plausibilisierung der Sensualismuskritik erweist sich außerdem die Synästhesieforschung. Diese versucht, Belege dafür zu erbringen, dass die grundlegende Stufe menschlicher Wahrnehmung noch gar nicht strikt in sinnesspezifische Bereiche getrennt ist.[60] Im Rahmen der Synästhesietheorien gehe man davon aus,

> dass die so genannten »fünf Sinne« ursprünglich nur sehr unvollständig voneinander getrennt seien, dass sie große »Überlappungsbereiche« aufweisen und erst durch die interaktiven quasi »Wahrnehmungsexperimente« des sich bildenden und autopoietisch selbstprogrammierenden Gehirns ihre scharfen transmodalen Abgrenzungen aufweisen [...].[61]

Diese auf ein präsinnesspezifisches Erleben rekurrierende Perspektive trifft das lebensweltliche Wahrnehmen in Anbetracht phänomenaler Wirklichkeit adäquater. Man kann in der allgemein verbreiteten synästhetischen Metaphorik – der Rede vom »spitzen S«,

---

[59] Ernst Cassirer: *Philosophie der symbolischen Formen. Dritter Teil: Phänomenologie der Erkenntnis.* Darmstadt 1982, S. 33.
[60] Vgl. Heinz Werner: *Einführung in die Entwicklungspsychologie.* S. 61–73.
[61] Hinderk M. Emrich, Markus Zedler, Wolfgang Dillo: »Synästhesie. Das Zusammenspiel der Sinne«, in: R. Rosenzweig (Hrsg.): *Nicht wahr?! Sinneskanäle, Hirnwindungen und Grenzen der Wahrnehmung.* Paderborn 2009, S. 183–195, hier S. 184. – Hingewiesen muss an dieser Stelle auf die falsche These, Synästhesie sei empirisch nicht anzutreffen. Die Autoren des zitierten Aufsatzes (a. a. O., S. 190) gehen davon aus, dass 4 % der Weltbevölkerung Synästhetiker sind. Richard E. Cytowic, der das Phänomen populär bekannt gemacht hat, geht davon aus, dass zehn von einer Million Menschen synästhetische Wahrnehmungen haben (vgl. Richard E. Cytowic: *Farben hören, Töne schmecken. Die bizarre Welt der Sinne.* Übers. v. H. Schickert. München 1996, S. 13). Wie auch immer es sich empirisch verhalten mag, die absolute Zahl der betroffenen Menschen ist nicht vernachlässigbar.

»warmen Farben«, »stürmischen Melodien«, »hellen Tönen« usw. – einen Nachhall synästhetischer Wahrnehmungen sehen.[62] Aus diesem Grund haben zum Beispiel Merleau-Ponty, Schmitz oder in Ansätzen Straus die besondere Rolle der Synästhesie hervorgehoben.[63] Auch entwicklungspsychologisch ist die Frage diskutiert worden, ob die Auftrennung in Sinnessphären nicht eine späte Leistung ist.[64] Dafür spricht schließlich ebenso die Tatsache, dass bei drogeninduziertem Rausch – insbesondere unter Meskalineinfluss – die synästhetische Wahrnehmung häufig dominiert.[65] Einige Theoretiker haben daher den Schluss gezogen, dass die synästhetische Wahrnehmungsweise die urtümliche ist, am prominesten Merleau-Ponty:

> Die synästhetische Wahrnehmung ist vielmehr die Regel, und wenn wir uns dessen selten bewußt sind, so weil das Wissen der Wissenschaft unsere Erfahrung verschoben hat und wir zu sehen, zu hören und überhaupt zu empfinden verlernt haben, vielmehr aus der Organisation unseres Körpers und der Welt, so wie die Physik sie auffaßt, deduzieren, was wir sehen, hören und empfinden müssen.[66]

---

[62] Stefan Volke hat die Rolle synästhetischer Charaktere als wesentliche Bausteine der Phonetik in dieser Hinsicht untersucht (vgl. Stefan Volke: *Sprachphysiognomik. Grundlagen einer leibphänomenologischen Beschreibung der Lautwahrnehmung*. Freiburg, München 2007).

[63] Vgl. dazu zum Beispiel Erwin Straus: *Vom Sinn der Sinne*. S. 221–226, Maurice Merleau-Ponty: *Phänomenologie der Wahrnehmung*. S. 264–275 und Hermann Schmitz: *System der Philosophie*. Bd. III/5. S. 47–68. – Interessant ist, dass Gallagher zwar einerseits seine Abhängigkeit von Merleau-Ponty betont (vgl. Shaun Gallagher: *How the body shapes the mind*. S. 10), den Gedanken der Synästhesie aber gerade nicht aufnimmt. Er argumentiert einerseits für eine grundlegende Intermodalität der Erfahrung (a. a. O., S. 159, 170), behält aber andererseits damit implizit die grundlegende Sinnestrennung in gewissem Sinne bei. Auch Noë will die erfahrene Intermodalität hinnehmen und erklären, bleibt jedoch theoretisch dem Sensualismus treu (vgl. Alva Noë: *Action in perception*. S. 107–112).

[64] Vgl. Heinz Werner: *Einführung in die Entwicklungspsychologie*. S. 62 f.

[65] Vgl. zum Beispiel Heinrich Klüver: *Mescal and mechanisms of hallucinations*. Chicago 1966, S. 49 f., 93 f. oder Willy Mayer-Gross, Johannes Stein: »Über einige Abänderungen der Sinnestätigkeit im Meskalinrausch«. S. 382–385.

[66] Maurice Merleau-Ponty: *Phänomenologie der Wahrnehmung*. S. 268. – Cytowic ist der Ansicht, dass die Synästhesie zwar eine allen Menschen prinzipiell mögliche Wahrnehmungsweise ist, aber nicht als ursprüngliche, sondern als durch Verände-

Der Hinweis, den Merleau-Ponty gibt, sollte aus philosophischer Sicht – und aus phänomenologischer Sicht zumal – unbedingt beachtet werden. Sinnesspezifische Wahrnehmungen dürfen nicht von vornherein unterstellt werden, sondern müssen sich erst im Rahmen empirischer Prüfung erweisen.[67] Die Kritik am Sensualismus als Teil des anatomischen Paradigmas verdeutlicht noch einmal, was unter dem radikalaufklärerischen Gestus der Phänomenologie zu verstehen ist. Nur wenn es gelingt, schon von vornherein die Perspektive im Rahmen des Möglichen offen zu halten, können die Phänomene überhaupt als Prüfungs- und Bezugsinstanz in Betracht kommen. Andernfalls liefe man Gefahr, bloß eine Abstraktion durch eine andere zu ersetzen.

III.1.2 Konstruktivistisches Paradigma

Schon die zitierten Äußerungen Roths und Gregorys haben neben dem anatomischen auch das konstruktivistische Paradigma angezeigt. Dieser Zusammenhang ist nicht bloß zufällig, sondern sachlich gefordert. Die anatomischen Theorien in genannter Bedeutung des Wortes stehen nämlich vor dem Dilemma, dass die von ihnen angenommenen Mechanismen nicht hinreichen, das phänomenale Erleben zu erklären. Das machen schon die genannten Fälle der Stille, der Stimmungen usw. deutlich. Es bedarf demnach zusätzlicher Prozesse, die verständlich machen, warum das Wahrnehmen so ist, wie es sich erlebensfaktisch verhält. Historisch lässt sich dabei feststellen, dass – grob gesprochen – der Anteil des physiologischen Apparates immer weniger, der Anteil der Verarbeitungsprozesse immer mehr Bedeutung gewann. Während bei Aristoteles noch davon ausgegangen wurde, dass die Sinne selbst eine gehaltvolle Unterscheidungsleistung vollbringen,[68] geht heutzutage Roth – wie ge-

---

rungen bedingte. Vgl. dazu Richard E. Cytowic: *Farben hören, Töne schmecken*. S. 15.
[67] Schmitz hat die Differenzierung unterschiedlicher Sinnessphären für nicht möglich erklärt (vgl. Hermann Schmitz: *System der Philosophie*. Bd. III/5. S. 15 ff.).
[68] Vgl. Aristoteles: *De anima*. 418a. An dieser Stelle ist das Verb aktiv gemeint.

zeigt – davon aus, dass die Sinne praktisch völlig unzureichendes Material liefern, welches das Gehirn überhaupt erst sichten und interpretieren muss. Auf diese Weise erfährt das konstruktivistische Paradigma eine Verschärfung. Während es früher den Sinnen, die zumeist in einer Form des Kontakts mit einer Außenwelt gesehen wurden, nachgeordnet war, geht die Tendenz in der Moderne dahin, dem Konstruieren mehr Gewicht zu verleihen. Pointiert hat Schmidt den Kern eines solchen radikalisierten Paradigmas auf den Punkt gebracht:

> Sieht man [...] das Wahrnehmungsproblem nicht vom Aspekt der Sinnesorgane, sondern vom Standpunkt des Gehirns aus, dann eröffnet sich eine völlig andere Perspektive. [...] Das Gehirn ist kein umweltoffenes Reflexsystem, sondern ein funktional geschlossenes System, das nur seine eigene »Sprache« versteht und nur mit seinen eigenen Zuständen umgeht. [...] Bei der Bedeutungszuweisung operiert das Gehirn auf der Grundlage früherer interner Erfahrung und stammesgeschichtlicher Festlegungen: erst dann wird ein Wahrnehmungsinhalt bewußt. [...] Da das Gehirn keinen direkten Zugang zur Welt hat, ist es als Teil des Nervensystems kognitiv und semantisch abgeschlossen. Es ist [...] *selbstreferentiell* und *selbstexplikativ*.[69]

Wahrnehmung sei also eine vom Gehirn selbst – bei minimaler, gegebenenfalls vielleicht sogar wegfallender sinnlicher »Zuarbeit« – autonom erbrachte Leistung.

Während Schmidt und Roth mit ihrer Ansicht eine Extremform des Paradigmas präsentieren, ist es in schwächeren Modifikationen schon lange Teil der philosophischen Reflexion über Wahrnehmung gewesen. Aristoteles zum Beispiel geht davon aus, dass es einen Verarbeitungsprozess, eine Synthesis gibt, die wesentlichen Anteil am Zustandekommen der Wahrnehmungen hat.[70] Auch

---

[69] Siegfried J. Schmidt: »Der Radikale Konstruktivismus«. S. 14f. Schmidt greift an dieser Stelle auf Thesen Roths zurück.
[70] Vgl. Aristoteles: *De anima.* 428b. – Bernard argumentiert dafür, die Unterscheidung zwischen einzelsinnlicher Wahrnehmung und synthetischer Wahrnehmung nicht mit dem Gegensatz rezeptiv – spontan zu identifizieren, weil für Aristoteles schon die Sinneswahrnehmung im engsten Sinne eine unterscheidende Tätigkeit ist. Vgl. dazu Wolfgang Bernard: *Rezeptivität und Spontaneität der Wahrnehmung bei Aristoteles.* S. 236 f.

Kant vertritt ein in Teilen konstruktivistisches Modell, wenn er fordert,

daß der *Verstand* herrsche, ohne doch die Sinnlichkeit (die an sich Pöbel ist, weil sie nicht denkt) zu schwächen: weil ohne sie es keinen Stoff geben würde, der zum Gebrauch des gesetzgebenden Verstandes verarbeitet werden könnte. [...] Die Wahrnehmung der Sinne (empirische Vorstellungen mit Bewußtsein) können nur innere *Erscheinungen* heißen. Der Verstand, der hinzukommt und sie unter einer Regel des Denkens verbindet (*Ordnung* in das Mannigfaltige hineinbringt), macht allererst daraus empirisches Erkenntnis, d. i. *Erfahrung*.[71]

Bei Roth konstruiert das Gehirn, während hier der Verstand auf eine Menge raumzeitlich strukturierter Sinnesvorstellungen zurückgreift und diese gemäß der ihm zukommenden Kategorien ordnet. Kant hält dabei die Ordnungsformen für apriorisch, wohingegen Roth das Gehirn als anpassungsfähig versteht und somit eine absolute Apriorität der Konstruktionsmechanismen verneinen würde. Wahrnehmung im engeren Sinne der perzeptuellen Affektion wird dem kantischen Modell zufolge zu einem bloß passiven Hinnehmen der Eindrücke, die erst durch den Verstand und dessen Ordnungstätigkeit im Interesse der Erkenntnis ausgebeutet werden können.[72] Kant bemüht sich, die Verstandesleistung, insofern sie mit apriorischen Kategorien operiert, als objektiv zu kennzeichnen. Jedoch bleibt offensichtlich, dass für Wahrnehmungen, wie sie phänomenal erlebt werden – also mehr als bloße Sinnesaffektionen – konstruktive Prozesse die Sinneszeugnisse ergänzen müssen.

Auch im Rahmen der Phänomenologie der Wahrnehmung ist das konstruktivistische Paradigma nicht einflusslos geblieben. Husserls Rede von »hyletischen Daten« – Farbdaten, Tondaten, Geruchsdaten, Schmerzdaten usw. – weist in diese Richtung, denn

---

[71] Immanuel Kant: *Anthropologie in pragmatischer Hinsicht*. S. 144 (Zählung nach Akademie-Ausgabe). Vgl. auch ders.: *Kritik der reinen Vernunft*. A 1 (ähnlich auch B 1): »*Erfahrung ist ohne Zweifel das erste Produkt, welches unser Verstand hervorbringt, indem er den rohen Stoff sinnlicher Empfindung bearbeitet.*«
[72] Immanuel Kant: *Kritik der reinen Vernunft*. A 19 f./B 33 f., A 50/B 74. Vgl. dazu auch die Analysen von Wolfgang Bernard: *Rezeptivität und Spontaneität der Wahrnehmung bei Aristoteles*. S. 221 ff.

diese Daten sind die »Materie für Bewußtseinsfunktionen«[73]. Intentionale Akte sorgen für bestimmte Auffassungen der Daten, also eine Formung. Dies ist gemäß dem zuvor Gesagten als Konstruktionsakt zu verstehen. In der Nachfolge von Husserl hat zuletzt Dieter Lohmar an dieses zu kritisierende Motiv phänomenologischer Wahrnehmungstheorie angeknüpft. In seiner Analyse behauptet er, für Wahrnehmung sei die »phantasmatische Selbstaffektion« entscheidend, denn nur indem man den Gegenstand schon antizipieren, vorausmeinen könne, gelinge es, ihn zu erfahren.[74] Lohmar schreibt: »Selbstaffektion ist also eine transzendentale Funktion der Wahrnehmung, und zwar in dem Sinne, dass sie gewährleistet sein muss, damit eine inhaltlich bestimmte Intention auf Gegenstände überhaupt möglich ist.«[75] Muss man also schon selbst den Gegenstand wahrnehmen wollen und ihn sich gleichsam vorstellen, bevor es zu einer wirklichen Wahrnehmung kommen kann? Tatsächlich legt Lohmar dies nahe, denn diese Selbstaffektion lässt den Gegenstand vorscheinen, was erst die Gegenstands- und Erkenntniskonstitution gestattet.[76] Es ist verwunderlich, dass mit einer solchen Theorie der Anspruch erhoben wird, eine phänomenologische Analyse der Wahrnehmung vollzogen zu haben. Denn es ist doch offensichtlich, wie die Wahrnehmung hier vor dem Hintergrund einer stets vorausgesetzten Theorie abstrakt modelliert wird. Die Vorzeichnungsleistung der Selbstaffektion übernimmt in diesem Kontext eine Konstruktionsaufgabe, die nötig wird, weil nach Husserls Theorie ein bestimmter Vorgriff die Konstitutionen leiten muss. Das mag rein modellimmanent eine Bereicherung sein, aber dem phänomenologischen Anspruch einer möglichst unbefangenen Prüfung des Verhältnisses von Theorie und Erfahrung hält Lohmars Ansatz letztlich ebenso wenig wie derjenige Husserls stand.

Am vehementesten zum konstruktivistischen Ansatz in der

---

[73] Edmund Husserl: *Phänomenologische Psychologie*. S. 166 f.
[74] Vgl. Dieter Lohmar: *Phänomenologie der schwachen Phantasie. Untersuchungen der Psychologie, Cognitive Science, Neurologie und Phänomenologie zur Funktion der Phantasie in der Wahrnehmung*. Dordrecht 2008, hier vor allem S. 1–7.
[75] Dieter Lohmar: *Phänomenologie der schwachen Phantasie*. S. 67.
[76] Dieter Lohmar: *Phänomenologie der schwachen Phantasie*. S. 7.

Wahrnehmungstheorie hat sich neben Roth und Schmidt vor allem Paul Watzlawick bekannt. Seine Analysen sind in einem kommunikationstheoretischen Modell fundiert, das von der Produziertheit der lebensweltlichen Wirklichkeit ausgeht. »[D]ie Tatsache«, so heißt es, »daß der gesamte Sinn eines Ereignisablaufs von dem Ordnungsprinzip abhängt, das ihm der Beobachter sozusagen aufstülpt, [ist] von wesentlicher Bedeutung für unsere Wirklichkeitswahrnehmung [...].«[77] Nach Meinung Watzlawicks ist die Welt ohne eine solche Ordnung regellos, chaotisch und völlig unvorhersehbar, weshalb es menschlicher Antrieb sei, Sinn zu stiften.[78] Diese Theorie ist insofern interessant, als sie – anders als Roth – die Konstruktion nicht physiologisch, sondern kulturell-kommunikativ versteht. Eine gewisse Parallele zum dargelegten Phänomenbegriff von Schmitz besteht dabei darin, dass auch Schmitz zugeben würde, dass Kulturen unterschiedliche Ordnungsweisen – er spräche wohl von Explikationsweisen beziehungsweise Abstraktionsbasen –[79] besitzen. Dennoch darf nicht übersehen werden, dass die Ordnungsstiftung bei Watzlawick viel willkürlicher verstanden wird. Außerdem bekennt sich Watzlawick bewusst zu den Konstruktionen als zu akzeptierender Faktizität, während Schmitz mittels phänomenologischer Revision diese gerade auf das hin reduzieren möchte, was sich – relativ auf jemand zu einer Zeit – als nicht konstruiert erweist. Wiewohl Watzlawicks Analyse hinsichtlich des Verstehens der Pluralität von Lebenswelten wichtige Beiträge liefert, sollte eine Wahrnehmungstheorie mit phänomenologischem Anspruch nicht von vornherein einen Kulturrelativismus unterstellen, der immer schon ein Konstruktivismus ist. Ob es nämlich invariante Wahrnehmungsstrukturen oder invariante Ordnungsmuster gibt, diese Frage übergeht Watzlawick schlicht.

In welch schwieriges theoretisches Fahrwasser ein übersteigerter

---

[77] Paul Watzlawick: *Wie wirklich ist die Wirklichkeit? Wahn, Täuschung, Verstehen.* München 1978, S. 72.
[78] Vgl. Paul Watzlawick: *Wie wirklich ist die Wirklichkeit?* S. 72 f., 83.
[79] Der Begriff der Abstraktionsbasis verweist darauf, dass Kulturen immer bloß spezifische Merkmale als Bezugspunkte zulassen, mit denen sich die Menschen jeweils auseinandersetzen können (vgl. Hermann Schmitz: *Adolf Hitler in der Geschichte.* Bonn 1999, S. 11). Vgl. dazu auch Kap. V.3.

Konstruktivismus geraten kann, sei abschließend noch einmal an Roth vorgeführt. Nimmt man dessen These ernst, dass das Gehirn die Wahrnehmungswirklichkeit konstruiert, dann gilt das auch für das Gehirn selbst, wie es Mediziner im Operationssaal oder im Rahmen bildgebender Verfahren sehen. Damit würde aber die Quelle der Konstruktion selbst zu einer Konstruktion. Roth hat diese kritische argumentative Selbstanwendungsfigur vorausgesehen. Er führt zur Behebung des Dilemmas eine Zwei-Welten-Lehre ein, indem er phänomenale und transphänomenale Sphäre unterscheidet.[80] Erstere ist die erlebte Welt, letztere ist die Welt, die die erste ermöglicht. Es ist das transphänomenale Gehirn, welches konstruiert. Dabei bleibt es selbst unzugänglich.[81] Der Neurokonstruktivismus muss also, um nicht selbstaufhebend zu sein, eine nicht nachweisbare, unerreichbare Seinssphäre postulieren, mit der Konsequenz, dass unklar bleibt, welchen Stellenwert die phänomenale Sphäre überhaupt noch hat. Ist sie bloß, wie Roth selbst spekuliert, eine »virtuelle Welt«? Hier greift Roth, dem nach eigenem Bekunden an der Philosophie immer missfallen hat, dass diese keinen Wahrheits-, sondern in der Hauptsache »nur« einen Verstehensanspruch habe,[82] auf metaphysische, empirisch nicht falsifizierbare Argumente zurück, um Recht zu behalten. Wissenschaftstheoretisch ist eine solche metaphysische Legitimierung der eigenen Position wohl zulässig, aber wäre es nicht angebracht und philosophisch zudem redlicher, nicht solch bedeutungsschwere Zusatzhypothesen einzuführen, sondern vielmehr die Prämissen der eigenen Konstruktionsthese zu hinterfragen? Roth tut dies jedenfalls nicht, eine Reflexion auf die Bedingungen seines eigenen Verstehens unterbleibt.[83]

---

[80] Vgl. dazu und zum Folgenden Gerhard Roth: *Das Gehirn und seine Wirklichkeit*. S. 324–331.
[81] Eine Parallele zur kantischen Unterscheidung von transzendentaler und empirischer Welt liegt nahe.
[82] Vgl. Gerhard Roth: *Das Gehirn und seine Wirklichkeit*. S. 11.
[83] Auch Roths These, man falle nicht wirklich ins Bodenlose, wenn man erkennt, dass man das Konstrukt eines unzugänglichen transphänomenalen Gehirns sei, lässt den Leser verwundert zurück (vgl. Gerhard Roth: *Das Gehirn und seine Wirklichkeit*. S. 331). Eine so radikale Wandlung des humanen Selbstbildes soll keine

Anhand der wenigen, aber repräsentativen Fälle sind die Dimensionen und Probleme des konstruktivistischen Paradigmas deutlicher geworden. Der richtige Kern dieses Motivs ist die Erkenntnis, dass Menschen in irgendeiner Weise die Wahrnehmung beeinflussen. Solche humanen Modifikationen sind lebensweltlich selbstverständlich – die Erlebnisse von Farbenblinden, Tauben, Brillenträgern, Einäugigen, Autisten usw. sind andere als die der Normalsinnigen. Es besteht, wie Jaensch es nannte, eine »Ferne des Realen«, insofern es durch diffuse Mechanismen und Vorgänge vermittelt wird. Jedoch darf daraus nicht der radikale Umkehrschluss im Sinne Schmidts gezogen werden, dass die Wirklichkeit *bloßes* Konstrukt sei. Vielmehr käme es darauf an, zu differenzieren – was ist Konstrukt, was vermutlich nicht. Dazu ist eine genaue Inventarisierung, also Deskription und Erfassung dessen nötig, was jede Konstruktionstheorie immer schon voraussetzt – lebensweltliche Wirklichkeit. Alle Konstruktionstheorien sind nämlich letztlich auch immer Versuche, mittels abstrakter Modelle das verstehbar zu machen, was Menschen je schon erleben. Es käme daher in besonderer Weise darauf an, dieses Vorausgesetzte erst einmal zu würdigen. Dies gilt sogar für die Konstruktionstheoretiker selbst, denn nur wenn klar ist, was eigentlich erklärt werden soll, besteht die Chance auf adäquate Theoriebildung. Jaensch formuliert dies zutreffend so:

> Die Beherzigung des Satzes von der »Ferne des Realen« soll nicht zur Skepsis führen, sondern die entschiedenste Hinwendung zur Erfahrung und zur Wirklichkeit gewährleisten. Er richtet sich besonders gegen jene in der Einzelwissenschaft aufs weiteste verbreitete rationalistische Konstruktionstendenz, die so oft mit dem Argument arbeitet,

---

Beirrung auslösen? Roth macht sich nicht klar, dass seine ganze Argumentation schon aus einem sehr spezifischen, theoretisch höchst aufgeladenen Hintergrund erfolgt, der in der Lebenswelt kaum Anhalte findet. Für einen Neurowissenschaftler mag der Rückgriff auf ein transzendentales Gehirn – obwohl schon die Unterstellung, es sei ein Gehirn (warum nicht ein Computer oder Gott?), eigentlich nicht zu rechtfertigen ist – gleichgültig sein, für das zurzeit dominante Selbst- und Weltbild, für Rechtsprechung und Medizin, Ethik und Pädagogik usw. ist es das sicher nicht.

dass »das und das nicht sein *kann*«, und damit den Weg der reinen vorurteilsfreien Erfahrung versperrt.[84]

Auch dieses Paradigma ist vorhand nicht mit der phänomenologischen Einstellung vereinbar, wiewohl es durchaus zutreffende Beobachtungen macht. Konstruktionen kommen lebensweltlich vor, sonst wäre der Prozess phänomenologischer Revision unnötig. Dennoch gilt es zunächst die Grenzen der Konstruktion zu bestimmen, nicht bereits von vornherein mit ihrer Omnipräsenz zu argumentieren. Daher darf Phänomenologie im Rahmen einer Annäherung an die Wahrnehmung nicht mit konstruktivistischen Prämissen arbeiten.

III.1.3 Epistemologisch-ontologisches Paradigma

Das anatomische und das konstruktivistische Paradigma haben im Diskurs über die Wahrnehmung wohl den größten Einfluss. Allerdings werden sie häufig flankiert von einem unscheinbaren weiteren Paradigma, dem epistemologisch-ontologischen. Dieses besteht darin, Wahrnehmung nur im Hinblick auf die Erkenntnisfähigkeit des Menschen zu thematisieren. Schon historisch wurde Wahrnehmung zumeist im Zusammenhang mit Fragen nach der Validität sinnlicher Erfahrung behandelt, etwa im Höhlengleichnis Platons.[85] Eine solche Perspektive ist zweifelsohne legitim und für die philosophische Selbstreflexion des Menschen in seiner Stellung in der Welt notwendig. Jedoch führt das Paradigma, wenn es stillschweigend die Annäherung an Wahrnehmung leitet, zu Verzerrungen. Auf Esquirols Definition der Halluzination als einer Wahrnehmung, der nichts in der Welt entspricht, war schon hingewiesen worden. Hier wird ein Erleben vor dem Hintergrund epistemologisch-ontologischer Annahmen bestimmt, ohne dass das Augenmerk auf mögliche phänomenale Eigenheiten gerichtet wird. Roth ist in ähnlicher Weise durch das Paradigma beeinflusst, wenn er

---

[84] Erich Jaensch: »Zur Philosophie der Wahrnehmung und psychologischen Grundlegung der Erkenntnistheorie«. S. 396.
[85] Vgl. besonders Platon: *Politeia*. 514a-516a.

schreibt, dass »unsere Wahrnehmungswelt ihrem Inhalt nach sehr vieles [enthält], was keinerlei Entsprechung in der Außenwelt hat.«[86] Das kann man nur behaupten, wenn man konkrete Vorstellungen darüber hat, was die Außenwelt sein soll und wie der Mensch zu ihrer Erkenntnis gelangt.[87] Ein unbefangenes Einlassen auf die phänomenale Wirklichkeit der Wahrnehmung ist allerdings dann schon nicht mehr möglich. Darum ist es methodisch geboten, im Rahmen der phänomenologischen Überlegungen sich von Rekursen auf eine theoretisch unterstellte, in bestimmter Weise geartete Außenwelt frei zu halten und sich ganz dem konkreten Erleben zu widmen.

Wird das Paradigma nicht suspendiert, hat dies mitunter erhebliche Einschnitte hinsichtlich der Adäquatheit der Theorie zur Folge. Beispielhaft zeigt sich dies an der einseitigen Thematisierung der Wahrnehmung in der zeitgenössischen analytischen Philosophie. Diese ist dazu übergegangen, von *dem* Problem der Wahrnehmung zu sprechen, welches darin bestehe, »eine befriedigende Antwort auf die Frage zu geben, was die unmittelbaren Gegenstände der Wahrnehmung sind.«[88] Eine solche Problemstellung ergibt sich – wie die Sinnesdatentheorie herausgestellt hat – deshalb, weil Wahrgenommenes und Wirkliches nicht identisch sind. Sinnestäuschungen sollen diese Annahme empirisch belegen, wozu häufig auf das Beispiel des im Wasser gebrochen erscheinenden Stabes zurückgegriffen wird.[89] Wenn das materielle Ding, welches als unge-

---

[86] Gerhard Roth: *Das Gehirn und seine Wirklichkeit.* S. 253.
[87] Wie sich diese Vorstellungen wiederum begründen lassen, bleibt phänomenologisch fraglich. Gallagher und Zahavi erklären zutreffend: »Phenomenologists […] would deny that it is possible to look at our experiences sideways to see whether they match with reality.« (Shaun Gallagher, Dan Zahavi: The phenomenological mind. S. 27.)
[88] Alexander Staudacher: *Das Problem der Wahrnehmung.* S. 11.
[89] Das Beispiel wird nicht nur von Ayer verwendet, sondern ist schon bei Sextus Empiricus (vgl. Sextus Empiricus: *Pyrrhoneioi hypotyposeis.* I,119), Augustinus (vgl. dazu Wolfgang Bernard: *Rezeptivität und Spontaneität der Wahrnehmung bei Aristoteles.* S. 78) und Lukrez (vgl. Lukrez: *De rerum natura.* S. 351 (Buch 4, Vers 436–442)) zu finden. Neben anderen greifen es auch Specht (Wilhelm Specht: »Zur Phänomenologie und Morphologie der pathologischen Wahrnehmungstäuschungen«. S. 2, 556), Scheler (Max Scheler: »Über Selbsttäuschungen«, in: Zeitschrift

brochen und gerade anzunehmen ist, geknickt erscheint, muss in der Wahrnehmung etwas anderes als das Ding selbst erscheinen. Dieses Erscheinende sollen die Sinnesdaten sein. Was zunächst wie eine simple, unanfechtbare Konklusion sich ausnimmt, müsste jedoch hinterfragt werden. Denn erfährt man wirklich eine Illusion? Ließe sich nicht auch dafür argumentieren, dass im konkreten Fall gar keine Illusion vorliegt, sondern die völlig zutreffende lebensweltliche Wahrnehmung eines Stocks, der halb in der Luft, halb im Wasser sich befindet? Wäre es nicht gerade erst eine Illusion, wenn der gebogen erscheinende Stab auch an der Luft gebogen oder im Wasser nicht gebrochen erschiene? Ohne diese Fragen hier weiter zu verfolgen, lässt sich an ihnen zeigen, dass die Perspektive auf die vermuteten Gegenstände der Wahrnehmung bereits die Wahrnehmung als sie selbst nicht mehr zum Verhandlungsgegenstand macht. So schreibt etwa Schantz, dass

> [es] das ausschlaggebende Kriterium der Güte einer philosophischen Theorie der Wahrnehmung [...] ist [...], zu befriedigenden Antworten auf die [...] epistemologischen und metaphysischen Fragen zu gelangen. Diejenige Theorie wollen wir letzten Endes akzeptieren, die plausiblere epistemologische und metaphysische Konsequenzen hat als ihre Konkurrenten.[90]

Ob sich nicht gerade eine Theorie der Wahrnehmung vor allem darin auszeichnen muss, dass sie das Erleben am plausibelsten erfasst, kommt gar nicht zur Diskussion, weil die epistemologisch-ontologische Hinsicht fraglos akzeptiert wird. Staudacher, der die Wahrnehmung ähnlich betrachtet wie Schantz, zeigt insofern ein ausgeprägteres Phänomenbewusstsein, als er den Menschen aus

---

für Pathopsychologie, Bd. 1 (1912), S. 87–163, hier S. 92 ff.) und Wiesing (Lambert Wiesing: *Das Mich der Wahrnehmung*. S. 141) auf. Im Rahmen der Phänomenologie der Täuschungen dürfte dieser Fall vermutlich der am meisten diskutierte sein.

[90] Richard Schantz: *Der sinnliche Gehalt der Wahrnehmung*. München, Hamden, Wien 1990. S. 9f. Der Terminus »Metaphysik« ist hier im Sinne von »Ontologie« zu verstehen. – Dass Schantz als die eigentliche Stärke der Sinnesdaten-Theorie ihr »rückhaltlose[s] Beharren auf der Phänomenologie der sinnlichen Erfahrung« ausmacht (vgl. ders.: »Wahrnehmung und Wirklichkeit«. S. 9), bezeugt eine unterlassene phänomenologische Besinnung.

der subjektiven Perspektive zutraut, die Angemessenheit einer Theorie über die Wahrnehmung durch Vergleich mit dem Erleben zu bestimmen[91] – eine Revision oder wenigstens Ergänzung der primär epistemologisch-ontologischen Thematisierung nimmt er jedoch ebenfalls nicht vor.

Im Interesse einer phänomenologischen Betrachtung der Wahrnehmung ist die – für sich genommen legitime – epistemologisch-ontologische Perspektive nach dem Gesagten zu suspendieren. Die mit ihr verbundene Infragestellung des Phänomenalen führt zu Konstruktionen, die sich nicht in erster Linie um empirische Adäquatheit, sondern theoretische Schlüssigkeit bemühen. Sinnesdaten werden, wie gezeigt, nicht deshalb postuliert, weil Menschen sie tatsächlich erleben, sondern weil sie von einer bestimmten ontologischen Hintergrundannahme gefordert werden.[92] Im unbefangenen Wahrnehmen gibt es sie nicht, sondern zumeist Dinge, Atmosphären, gewisse Zusammenhänge usw. Für eine epistemologische Bewertung der Wahrnehmung wäre es entscheidend, sie zuerst einmal genau hinsichtlich ihrer Validität zu betrachten.

III.1.4 *Phänomenologisches Paradigma*

Das phänomenologische Paradigma hat sich im Laufe der bisherigen Darlegungen schon klar herausgestellt, da die Untersuchung sich an ihm orientiert. Es sei abschließend besonders deshalb noch einmal aufgegriffen, um zu zeigen, welche unzureichenden Versuche auch hier unternommen wurden. Auf diese Weise gewinnt die im Anschluss vorgestellte Theorie von Schmitz schärfere Kontur und höhere Plausibilität, da sie die genannten Fehler aller Paradigmen zu vermeiden sucht.

Husserls Wahrnehmungstheorie hatte sich bereits insofern als

---

[91] Vgl. Alexander Staudacher: *Das Problem der Wahrnehmung.* S. 28 f. – Vgl. zur Kritik am Sinnesdaten-Repräsentationalismus auch Alva Noë: *Action in perception.* S. 22 ff., 85 ff., 116 sowie Shaun Gallagher, Dan Zahavi: *The phenomenological mind.* S. 101, 105.
[92] Vgl. dazu – als eine von vielen Stimmen – Jitendra N. Mohanty: »Modes of givenness«, in: ders.: *Phenomenology and ontology.* Den Haag 1970, S. 3–11.

problematisch erweisen, als sie auf bestimmte Konzepte zurückgriff, die einer phänomenologischen Bestätigung nicht fähig fahren – etwa dasjenige der hyletischen Daten. Generell ist auch sein Ausgang vom Bewusstsein sehr traditionell und wenig geeignet, das involvierte In-der-Welt-sein der Menschen zu erfassen.[93] Ihm nachfolgend hat Roman Ingarden eine Wahrnehmungstheorie entwickelt,[94] welche Wahrnehmung ebenso als Bewusstseinsakt versteht. Er grenzt sich in sinnvoller Weise vom Sensualismus ab,[95] versucht außerdem ein umfassendes Inventar der lebensweltlichen Wahrnehmungsvorkommnisse zu erstellen,[96] behält jedoch sowohl die erkenntnistheoretische Perspektive als auch das Bewusstseinsprimat bei. Beides sollte – wie dargelegt – im Interesse einer phänomenologischen Untersuchung suspendiert werden.

Aron Gurwitsch hat ebenfalls mit seinem Beitrag eine möglichst weitgehende Unbefangenheit verfehlt. Seine Analysen, die sehr viele wichtige phänomenologische Erkenntnisse bereithalten, beginnen mit der Aussage: »Für die phänomenologische Theorie der Wahrnehmung ist der Begriff der *Wahrnehmungsabschattung* von so zentraler Bedeutung, daß jede Erörterung wahrnehmungsphänomenologischer Fragen von ihm ihren Ausgang nehmen muß.«[97] Hier wird wie bei Staudacher und Schantz – wenn auch inhaltlich

---

[93] Dafür kann als Indiz auch gelten, dass Zahavi – trotz aller Nähe zu Husserl – mit dem Konzept des Embodiment über im engeren Sinne husserlsche Vorstellungen hinausgeht und somit dessen traditionellen Bewusstseinsbegriff umgestaltet. Zahavi meint, sich dafür trotzdem auf Husserl als Quelle beziehen zu können, was jedoch nur bedingt zu überzeugen vermag.
[94] Auf die Differenzen zwischen beiden Ansätzen wird hier nicht eingegangen. Vgl. aber dazu Roman Ingarden: »Über die Möglichkeit einer Erkenntnis der Objektivität der sinnlichen Wahrnehmung«, in: ders.: *Zur Objektivität der sinnlichen Wahrnehmung. (= Gesammelte Werke Bd. 8.)* Hrsg. u. übers. v. W. Galewicz. Tübingen 1997, S. 1–37, hier S. 22.
[95] Vgl. Roman Ingarden: »Zum Problem der Objektivität der äußeren Wahrnehmung«, in: ders.: *Zur Objektivität der sinnlichen Wahrnehmung. (= Gesammelte Werke Bd. 8.)* Hrsg. u. übers. v. W. Galewicz. Tübingen 1997, S. 38–166, hier S. 44.
[96] Vgl. Roman Ingarden: »Zum Problem der Objektivität der äußeren Wahrnehmung«. S. 44. So zählt er unter anderem nicht desillusionierte Halluzinationen hinzu.
[97] Aron Gurwitsch: »Beitrag zur phänomenologischen Theorie der Wahrneh-

anders, so doch argumentationstheoretisch analog – ein Konzept vorangestellt. Eine solche Zentralstellung bedürfte allerdings einer weitreichenden Begründung, die Gurwitsch nicht liefert. Betrachtet man sein konkretes Vorgehen, so ist offensichtlich, dass er damit zwar phänomenologisch gehaltvolle Sachverhalte herausstellt (wie zum Beispiel die notwendige Perspektivität jeder Wahrnehmung), bedingt durch seinen konzeptuellen Vorgriff bleibt es jedoch fraglich, ob seine phänomenologischen Thesen in jedem Falle zutreffen. So diskutiert er den Fall des Wahrnehmens eines Hauses und meint, es entspräche »in der Tat dem phänomenalen Befunde: was wir wahrnehmen ist ein Haus, das wir von seiner Vorderseite her sehen, das aber in der fraglichen Einzelwahrnehmung selbst sich als von anderen Seiten her wahrnehmbar darbietet [...].«[98] Aber sehen Menschen nicht primär schlicht ein Haus ganz unabhängig von gesehenen oder verdeckten oder potentiell entdeckbaren Seiten? Führt hier das theoretische Konzept zu verzerrten Phänomenen? Es scheint geboten, stärker auf die Vorbedingungen der Rede von Abschattungen zu reflektieren. In ihr wird nämlich implizit unterstellt, dass Wahrnehmung eine Art ständiger Vorverwiesenheit auf Zukünftiges beziehungsweise Mögliches sei – Gurwitsch spricht von der Wahrnehmung, hierin Husserl nachfolgend, als einem »Prozeß der Erfüllung«[99]. Warum sollte dies aber so sein? Erleben Menschen ihre Wahrnehmungen nicht als abgeschlossen? Lässt sich das Phänomen fortwährender Verweisungsstrukturen – Protentionen – nicht nur deshalb herausstellen, weil implizit schon immer ein objektiver, allseitiger Gegenstand vorausgesetzt wird? Bei Husserl zeigt sich dieses Motiv, wenn er in fast bedauerndem Ton feststellt, dass für das Erfahrungsbewusstsein das wirkliche Objekt nur eine Art regulative Idee sei, denn die unendlichen Verweisungen lassen sich realiter nie zu einer vollkommenen Erfahrungsevidenz

---

mung«, in: Zeitschrift für philosophische Forschung, Bd. 13 (1959), S. 419–437, hier S. 419.
[98] Aron Gurwitsch: »Beitrag zur phänomenologischen Theorie der Wahrnehmung«. S. 421.
[99] Aron Gurwitsch: *Das Bewusstseinsfeld*. Übers. v. W. D. Fröhlich. Berlin, New York 1975, S. 175.

bringen.[100] Damit wird allerdings an die Wahrnehmung ein epistemologisch-ontologischer Maßstab angelegt, der die vorgängig nötige Besinnung auf sie behindert.

Zuletzt hat Wiesing einen phänomenologisch zu verstehenden Ansatz vorgestellt, der die Wahrnehmung in den Mittelpunkt rückt. Sich abwendend vom Primat des Bewusstseins im Sinne Descartes' thematisiert er »nicht das Ich [...], welches die Wahrnehmung hervorbringt, sondern die Wahrnehmung, welche *mich* hervorbringt.«[101] Kritisch gegen die Tradition ergänzt er – sein Vorhaben präzisierend –:

> Die Geschichte der Wahrnehmungstheorie liest sich wie eine lange Geschichte der Vorgeschichten. Nahezu ausschließlich geht es um die Bedingungen, die sehen, hören, riechen, fühlen und schmecken ermöglichen. [...] Ist der Konstruktionszwang des Menschen mit einem Interesse an den Vorgeschichten der Wahrnehmung verbunden, so muß ein Interesse für das Phänomen der Wahrnehmung selbst dessen Nachgeschichte in den Blick nehmen [...]. [N]icht nach den *subjektiven Bedingungen der Möglichkeit von Wahrnehmung*, sondern statt dessen nach den *Folgen der Wirklichkeit von Wahrnehmung für das Subjekt* wird gefragt.[102]

Warum aber ist für die Wahrnehmung selbst als Phänomen, wie Wiesing behauptet, deren Wirkung entscheidend? Seine Kritik an einer übermäßigen Fokussierung auf die Bedingungen der Entstehung – seien es physiologische, kulturelle oder transzendentale – ist richtig, jedoch überspringt er im gleichen Atemzug die Wahrnehmung in eine andere Richtung, nämlich in die ihrer Folgen. Sollte es nicht Anspruch einer phänomenologischen Betrachtung sein, das Phänomen selbst zu fassen, wie es sich unabhängig von Ursachen und Wirkungen gibt? Wiesing wäre auf einem phänomenologisch nachvollziehbaren Weg, wenn er mit Folgen dasjenige meinte, was schon Aristoteles als das pathische Moment herausgestellt hatte. Wahrnehmung ist in der Hauptsache ein Betroffenwerden von etwas. Eine genauere Lektüre zeigt allerdings, dass es ihm – in der

---

[100] Vgl. Edmund Husserl: »Cartesianische Meditationen«. S. 96 f.
[101] Lambert Wiesing: *Das Mich der Wahrnehmung*. S. 8.
[102] Lambert Wiesing: *Das Mich der Wahrnehmung*. S. 111 f.

Phänomenologische Wahrnehmungstheorie

Hauptsache jedenfalls – eher um eine anthropologisch-existentialistische Betrachtung geht, in welcher er die Rolle der Wahrnehmung als Bedingung für das Sein des Menschen herausstellt: »Ein Subjekt hat keine Wahrnehmungen, sondern ist wahrnehmend! [...] Ich mag in der Welt noch so frei sein, doch daß ich in der Welt bin, ist die vollkommen unfreie Folge der Wirklichkeit meiner Wahrnehmung.«[103] Wahrnehmung als sie selbst kommt deshalb auch nur bedingt in Wiesings Blick.

Die wenigen behandelten Beispiele aus dem weiten Feld der phänomenologischen Bewegung zeigen an, dass auch dieses Paradigma, welches eine möglichst unbefangene Freilegung der Wahrnehmung als sie selbst anstrebt, vor erhebliche Aufgaben gestellt ist und sein Ziel vermutlich öfter verfehlt als erreicht hat.[104] Aus diesem Grund ist eine ständige Neubesinnung auf alle Phänomene fortwährende Aufgabe und aufklärerische Notwendigkeit. Im Folgenden wird dies unter Bezugnahme auf den Ansatz von Schmitz versucht, dessen wesentliche theoretische wie begriffliche Parameter dazu herausgestellt werden.

---

[103] Lambert Wiesing: *Das Mich der Wahrnehmung*. S. 122 ff.

[104] In Teilen gilt dies auch für die Arbeiten von Gallagher und Zahavi. Wiewohl sie sich explizit zur Wichtigkeit der Phänomenologie bekennen, bleiben sie doch (in unterschiedlichem Grade) dem Programm einer (neuro-)physiologischen »Erdung« verbunden. Ihre Ansätze kulminieren alle in dem Versuch, Phänomenologie und Neurowissenschaften zusammen zu bringen (vgl. exemplarisch Josef Parnas, Dan Zahavi: »The link. Philosophy – Psychopathology – Phenomenology«. S. 2, 6, 12). Das ist ein legitimes Anliegen und – im Vergleich mit der Position von Schmitz – sicher mit mehr konkreten neurowissenschaftlichen Entwicklungschancen und womöglich experimentell produktiver. Für das vorliegende Problem der Wahrnehmungsphänomenologie ist es jedoch gerade fraglich, ob die unterstellte »kausale Beziehung« zwischen Wahrnehmung und neuronaler Basis Bestand hat (vgl. in diesem Sinne exemplarisch Shaun Gallagher, Dan Zahavi: *The phenomenological mind*. S. 7). Jedenfalls ist die These selbst nicht phänomenologisch. Für einige eindeutig unphänomenologische Überlegungen zur vermeintlichen Erklärung von Phänomenen vgl. vor allem Shaun Gallagher: *How the body shapes the mind*. S. 97 (Phantomglieder durch neuronale Matrix bedingt) oder S. 77 (kleinkindliche Gesichtsimitation als das Feuern von Spiegelneuronen).

III.2 Wahrnehmung als leibliche Kommunikation

Die Philosophie von Schmitz ist sicher ihrem Anspruch und Umfang nach einer der ungewöhnlichsten Ansätze der jüngeren Vergangenheit. Schon die Anlage des Vorgehens als System erscheint – gerade vor dem Hintergrund des postmodernen Hangs zu Partialität und Pluralität statt zu Totalität –[105] anachronistisch, wenn Schmitz auch überzeugend nachweisen kann, dass die Konvergenz zum System kein bloß Gewolltes, sondern ein sich aus der Sache Ergebendes ist.[106] Nicht der Wunsch nach Totalität, sondern die radikale Besinnung auf die Stellung des Menschen im Ganzen führt dazu oder kann jedenfalls zu einem solchen System führen. Für den Rezipienten bietet eine derart komplexe Philosophie jedoch das Problem, dass ein einzelner Aspekt – wie in diesem Fall die Wahrnehmung – nicht herausgegriffen werden kann ohne Bezugnahme auf viele andere Aspekte des Gesamtgebäudes. Egal an welcher Stelle im Zusammenhang man beginnt, die Relationen zwischen den Konzepten führen immer auf zahlreiche weitere Pfade. Dennoch soll im Folgenden versucht werden, die Exkurse auf ein vertretbares Minimum zu beschränken, selbst auf die Gefahr hin, für den Gesamtansatz am Rande relevante Teilaspekte auszulassen.

Ein Problem scheint nun zu sein, dass plötzlich – entgegen der bisherigen Verteidigung einer möglichst theoriefernen Annäherung – doch wieder ganz unbefangen einer Theorie sich zugewendet wird. Ist das legitim? Das ist es, wenn man sich die hermeneutischen Bedingungen des Verstehens, wie sie eingangs erläutert wurden, nochmals in Erinnerung ruft. Ein standpunkt- oder perspektivenloses Verstehen gibt es für den Menschen nicht. Bedenkt man dies, so wird klar, dass die Wahl des rechten hermeneutischen Vorgriffs entscheidende Bedeutung erlangt. Die in Kapitel II und III.1 geleisteten Vorarbeiten haben gezeigt, dass viele etablierte Theorien als Vorgriff gar nicht oder nur bedingt zu verwenden sind, wenn man sich zum phänomenologischen Paradigma bekennt. Der An-

---

[105] Vgl. Wolfgang Welsch: *Unsere postmoderne Moderne*. S. 77.
[106] Vgl. Hermann Schmitz: *System der Philosophie. Bd. I: Die Gegenwart*. Bonn 2005, S. 65f.

satz von Schmitz hatte sich dabei aber im Vergleich mit anderen Positionen als derjenige erwiesen, der die geringsten Verzerrungen verspricht. Ob er dies wirklich tut und inwiefern er dem Phänomen der Wahrnehmung gerecht werden kann, wird sich im Folgenden implizit ergeben müssen, weshalb sich diese Untersuchung auch als ein heuristischer Test der Phänomenologie von Schmitz versteht.[107]

Die Bestimmung der Wahrnehmung durch Schmitz als leibliche Kommunikation ist schon in Ansätzen erörtert worden. Daran ist vertiefend anzuknüpfen. Im Vordergrund steht dabei zunächst die Exegese der Theorie.[108] Etwaige Kritik kann phänomenologisch sinnvoll erst nach ihrer Anwendung auf die Differenzerlebnisse vollzogen werden. Schematisch ist das Folgende dreifach ausgerichtet – es sollen das Wer, das Was und das Wie der Wahrnehmung herausgestellt werden. Diese Unterteilung findet im Werk von Schmitz so direkt keinen Anhalt, erscheint aber im Sinne eines besseren Verständnisses sinnvoll.

---

[107] Dies ist beileibe keine bloß nebensächliche Leistung, sondern erweist sich deshalb als notwendig, weil seine Philosophie lange Zeit kaum rezipiert wurde. Erst in den letzten Jahren – insbesondere im Umfeld der Philosophie der Gefühle (vgl. zum Beispiel Heiner Hastedt: *Gefühle. Philosophische Bemerkungen.* Stuttgart 2005, S. 11 f.) – hat sich dies geändert. Eine Rezeption dient immer auch der Prüfung und dem besseren Verständnis einer Theorie, so dass die vorliegende Untersuchung dazu einen Beitrag zu leisten sucht. – Im Folgenden sollen die Begriffe von Schmitz als rein deskriptive verstanden werden, die sich am je eigenen Erleben werden prüfen lassen müssen. Es gibt im Werk von Schmitz eine subtile Tendenz, das Herausgestellte ohne weiteres zu ontologisieren und zu verabsolutieren. Dagegen betonte schon Rentsch (wie zitiert) der Tendenz nach richtig, dass es gelte, Schmitz Thesen von ihrem weitreichenden Geltungsanspruch zu befreien und sie in einer mittleren Dimension fruchtbar zu machen (vgl. ähnlich auch die Überlegungen von Gallagher und Zahavi, den Leib primär phänomenologisch, nicht ontologisch zu verstehen (Shaun Gallagher, Dan Zahavi: *The phenomenological mind.* S. 154)). Aus methodischer Sicht ist die von Rentsch angemahnte Zurückhaltung wünschenswert und im Folgenden beibehalten.

[108] Gleichwohl ist das Folgende keine bloße Paraphrase, sondern bemüht sich um eine freie Darstellung des Ansatzes, damit im Zuge dieser »Übersetzungsleistung« Schmitz' Theorie auf neue, fruchtbare Weise expliziert wird. Aus diesem Grund wird auf direkte Zitate verstärkt verzichtet.

III.2.1 Das »Wer« der Wahrnehmung

Als »Ort« beziehungsweise »Medium« der Wahrnehmung, sozusagen als das »Wer« der Wahrnehmung erweist sich der *Leib*. Wie ist das zu verstehen? Anders als Husserl, der zumeist auf Bewusstseinsvorgänge zu stoßen meinte, fokussiert sich Schmitz auf das, was man selbst an oder von sich spürt:

> Jedermann macht die Erfahrung, daß er nicht nur seinen eigenen Körper mit Hilfe der Augen, Hände u. dgl. sinnlich wahrnimmt, sondern in der Gegend dieses Körpers auch unmittelbar, ohne Sinneswerkzeuge zu gebrauchen, etwas von sich spürt: z. B. in Hunger, Durst, Schmerz, Angst, Wollust, Müdigkeit, Behagen. [...] Das sinnlich Wahrgenommene könnte »körperlich« und das in der Gegend des eigenen Körpers als zum eigenen Wesen gehörig unmittelbar (unsinnlich) Gespürte oder Empfundene »leiblich« heißen.[109]

---

[109] Hermann Schmitz: *System der Philosophie.* Bd. II/1. S. 5. – In der neueren englischsprachigen Phänomenologie haben sich vergleichbare Konzepte entwickelt. Parallelen zum Leibbegriff zeigt etwa Gallaghers Konzept des »body schema«, während das »body image« hinsichtlich der Wahrnehmbarkeit dem Körper im Sinne von Schmitz zu entsprechen scheint: »A *body image* consists of perceptions, attitudes, and beliefs pertaining to one's own body. In contrast, a *body schema* is a system of sensory-motor capacities that function without awareness or the necessity of perceptual monitoring.« (Gallagher: *How the body shapes the mind.* S. 24.) Auch weitere Bestimmungen von Leib (Schmitz) und Körperschema (Gallagher) lassen sich aufzeigen, etwa die Nicht-Referentialität (a. a. O., S. 26), die Präkognitivität (a. a. O., S. 31), die eigenartigen, aufweichbaren Grenzen (a. a. O., S. 36), die Möglichkeit, Gegenstände in sich aufzunehmen (a. a. O., S. 37), die Bereitstellung eines egozentrischen, eigenen Raumes (a. a. O., S. 59, 138 f.), die besondere Rolle des Ausdrucks (a. a. O., S. 107–123) und viele weitere. Allerdings bleibt Gallagher, trotz seines Bemühens um terminologisch scharfe Distinktionen, hinter Schmitz zurück, insofern der body-Begriff von ihm zwar wünschenswert klar differenziert wird (a. a. O., S. 31 f.), dabei jedoch eine Dimension übersehen bleibt. Neben dem objektiv-messbaren Körper (wie ihn die Wissenschaften thematisieren), dem subjektiv erfahrbaren (dem Leib im Sinne von Schmitz vermutlich) und dem unbewusst wirksamen (diese Kategorie ist natürlich nicht phänomenologisch) gibt es noch den »subjektiv objektiv« zugänglichen. Letzterer ist der Körper, wie man ihn jeweils sicht- und tastbar erfahren kann, ohne ihn sogleich wissenschaftlich zu erfahren. Diese Unterscheidung ist wichtig und fehlt Gallagher (vgl. etwa a. a. O., S. 149 f.), wenn er von »Herzschlagfrequenz« (eine offensichtlich wissenschaftliche Kategorie) auf den Leib im Sinne von Schmitz schließt. Nichtsdestotrotz sind sehr

Dass hier auf etwas tatsächlich vom Körper Abweichendes hingewiesen wird, lässt sich leicht nachvollziehen. So fühlt sich etwa ein durch Verletzung geschwollener Körperteil – Knöchel, Wange, Fingergelenk – in der Regel groß, voluminös an, während er sinnlich betrachtet oft nur geringere Größenzuwächse aufweist. Besonders auffällig wird dies zum Beispiel auch bei örtlichen Betäubungen im Mundbereich im Rahmen von Zahnbehandlungen. Die Lippe fühlt sich riesig und häufig herabhängend an, während der Blick in den Spiegel deren körperliche Unverändertheit belegt. Solche Divergenzen sind es, auf die Schmitz zur Abgrenzung hinweisen will.[110]

Entscheidendes Differenzierungsmerkmal ist für ihn die Ört-

---

viele Gemeinsamkeiten festzustellen und eine Anschlussfähigkeit des embodiment-Theorems an den Ansatz von Schmitz (und umgekehrt) unbedingt gegeben.
Ähnliches gilt auch für das Konzept des »lived body« (Gallagher und Zahavi) sowie – mit stärkeren Abstrichen – den Verweis auf die Rolle eines bestimmt gearteten »sensomotorischen Wissens« (Noë). Der »lived body« wird aus dem husserlschen Leibbegriff entwickelt und ist damit schon begriffsgeschichtlich Schmitz nahe. Die Bestimmungen sind auch hier ähnlich (exemplarisch seien genannt die Nichtoder nur partielle Wahrnehmbarkeit (vgl. Shaun Gallagher, Dan Zahavi: *The phenomenological mind.* S. 153), die Möglichkeit der Einleibung (a. a. O., S. 156 ff.) oder die eigenartige, eigene Räumlichkeit des Leibes (a. a. O., S. 157, 160)), grundlegende Unterschiede bestehen aber im Hinblick auf die Möglichkeit physiologischer Korrelationen (so ist es doch fraglich, ob der wissenschaftlich thematisierte Körper auch gelebt wird – und falls ja, so doch in jedem Fall in anderer Weise als der Leib (vgl. a. a. O., S. 154, 156)) und erneut die ungenaue Differenzierung der semantischen Dimensionen des Körperbegriffs (a. a. O., S. 153).
Bei Noës Konzept fällt auf, dass es stärker medizinisch-wissenschaftlich orientiert ist, weniger phänomenologisch. Dennoch kommt auch er auf wichtige, leibbezogene Eigenschaften zu sprechen (beispielsweise die Präkognitivität (vgl. Alva Noë: *Action in perception.* S. 25), der egozentrische Raum (a. a. O., S. 89) oder die Möglichkeit der Einleibung (a. a. O., S. 16, 96)), die er an ein implizites sensomotorisches Wissen bindet. Letzteres geht sicher zu großen Teilen in dem auf, was bei Schmitz mit dem Leib mitgemeint ist.
[110] Ein Beleg für die Differenz von Leib und Körper ist auch der Fall einer operierten Blindgeborenen, der bisher der Körper nur über Tasteindrücke zugänglich war. Diese ist von der optischen Form einer ihr dargebotenen körperlichen Hand überrascht und kann sie nicht sofort – trotz lebenslangen Nutzens ihrer eigenen Hände – zuordnen. Vgl. zu diesem Fall Marius von Senden: *Raum- und Gestaltauffassung bei operierten Blindgeborenen vor und nach der Operation.* Leipzig 1938, S. 91.

lichkeit.[111] Körperliche Dinge besitzen eine relative Örtlichkeit, das heißt, sie besitzen einen Platz nur in Bezug auf andere Entitäten. Ein einfaches Beispiel wäre etwa der eigene, sinnlich wahrgenommene Arm, den man – als körperliches Ding betrachtet – nur einen Platz in Relation zu anderen Objekten, etwa dem eigenen Kopf, einem Tisch, einer Wand usw. zuweisen kann. Gleichwohl muss ein Mensch sich nicht erst durch Feststellung von Lage- und Abstandsbeziehungen in der Welt orientieren, um sich selbst und seine Gliedmaßen zu finden. Es gibt also eine zweite Form der Örtlichkeit, die absolute. Diese ist dem Leib eigen und zeichnet sich dadurch aus, dass in ihr absolute Orte vorkommen, die nicht erst durch Relationen gewonnen werden, sondern selbstgebend, autonom sind. Für das Bemerken einer solchen Örtlichkeit wird von Schmitz als Standardfall der Schreck als »Einbruch des Plötzlichen«[112] angeführt. Wenn man sich unbefangen dem Schreckerleben nähert, es nicht physiologisch als Ausschüttung von Hormonen oder verhaltensbiologisch als Alarmspannung versteht, kann man bemerken, dass in ihm die üblichen Beziehungen zur Welt gleichsam einschmelzen und prägnant man selbst als »Selbst« und als »hier« befindlich hervortritt. Sartre hat solch ein Erleben im Rahmen der Scham mit seiner berühmten Schlüsselloch-Situation treffend beschrieben.[113] Es tritt durch das Plötzliche eine Art Zusammenbruch der üblichen Relationen auf und es schält sich eine basale, diese Relationen erst ermöglichende Sphäre heraus. Der Ort, der etwa in Sartres Fall auffällig wird,[114] als die Person durch ein Schlüsselloch spähend vermeintlich ertappt wird, ist nicht mehr der neutrale, relative Ort vor der Zimmertür im Flur eines Hauses in der Straße einer bestimmten Stadt, sondern ein absoluter Ort, denn man kann von ihm nicht fliehen. Von dem Schlüsselloch

---

[111] Vgl. dazu Hermann Schmitz: *System der Philosophie.* Bd. II/1. S. 6f.
[112] Vgl. Hermann Schmitz: *Der Leib.* S. 2.
[113] Vgl. Jean-Paul Sartre: *Das Sein und das Nichts.* Vor allem S. 467–477.
[114] Sartres Fokus liegt mehr auf dem Auffälligwerden des »Ich« als dem Ort. Schmitz weist jedoch darauf hin, dass es fünf miteinander an der Wurzel verbundene Dimensionen gibt (vgl. dazu das vorliegende Kapitel), so dass man sagen kann, in der Scham dominiert die Ich-Dimension über die Hier-Dimension. Dennoch tritt auch der Ort bemerkbar hervor.

kann man sich entfernen, aber der Ort, der in der Scham und deutlicher noch im Schreck sich abzeichnet, lässt das nicht zu. Die markante Redewendung, vor Scham im Boden versinken zu wollen, erweist sich vor diesem Hintergrund als Ausdruck des Dilemmas, dem absoluten Ort des Leibes nicht entkommen zu können.[115]

Der Leib besitzt nun nicht nur einen solchen absoluten Ort, sondern unter Umständen mehrere. Er tritt selbst nicht immer als Einheit auf, besitzt vielmehr eine Inselstruktur.[116] Auch das unterscheidet ihn vom Körper, der kontinuierlich erscheint – die Haut bildet ein Ganzes ohne Lücken. Leiblich jedoch erfahren Menschen keineswegs ein Kontinuum, sondern einzelne Inseln, Zonen, Bezirke.[117] Schließt man die Augen und achtet auf das, was man – bei Stille und Geruchslosigkeit – erlebt, so kann etwa im Sitzen das Gesäß als eine solche Insel auffällig werden, gleichzeitig dazu auch eine juckende Stelle am Finger. Beide sind absolute Orte, denn sie sind weder kontinuierlich miteinander verbunden, noch kann man zwischen ihnen messbare Abstandsbeziehungen angeben. Diese Inseln sind wandelbar, denn wenn zum Beispiel das Jucken verschwindet, bleibt nicht notwendig die Leibeszone bestehen. Das mag nun wiederum seltsam klingen – ist denn der Leib das bloß kontingente Erscheinen und Verschwinden einzelner Erregungsbezirke? Wem erscheinen sie denn überhaupt? Und warum erscheinen diese Inseln als jemeinige? Denn dass das Jucken das eigene ist, darüber ist man zumeist nicht im Zweifel. Tatsächlich gibt es eine grundlegende Einheit des Leibes, die sich aus eben dem Ort beziehungsweise der »Mutterinsel« herleitet, welche Schmitz die *primitive Gegenwart* nennt. Diese taucht im Moment des Einbruchs des Plötzlichen auf, denn dann »geht es wie ein Riss

---

[115] Auf diesen absoluten Ort scheinen auch die Überlegen von Gallagher und Zahavi bezüglich des egozentrischen Raumes zu gehen, den sie dem »(lived) body« zuschreiben. Vgl. dazu Shaun Gallagher, Dan Zahavi: *The phenomenological mind.* S. 160 f. und Shaun Gallagher: *How the body shapes the mind.* S. 137 f.

[116] Gallagher ist – wenn auch nur sehr am Rande und unthematisch – auf die Möglichkeit der Inselstruktur gestoßen. Vgl. Shaun Gallagher: *How the body shapes the mind.* S. 29.

[117] Vgl. zum Begriff des Leibesinseln Hermann Schmitz: *System der Philosophie.* Bd. II/1. S. 25–28.

durch die erlebte Dauer, und was übrig bleibt, ist wie auf eine Spitze gestellt, auf der kein Spielraum ist für die Auseinandersetzung mit dem Begegnenden als Partner [...].«[118] Im Schreck kommt es zum Zusammenfallen der sonst ganz selbstverständlichen Beziehungen zur Welt. Man wird gleichsam zurückgeworfen auf etwas, und dieses, woraufhin man stürzt, ist die primitive Gegenwart. Sie ist nicht in Reinform erlebbar, sondern nur als vorweggenommener Fluchtpunkt der in Schmerz, Schreck, Angst, Scham usw. sich abzeichnenden Bewegung.[119] Primitive Gegenwart ist dasjenige, was die Einheit des Leibes sichert.[120] Wie alle Begriffe von Schmitz muss auch dieser sich im Erleben ausweisen lassen, sonst verliert er seine Berechtigung. Und tatsächlich ist das möglich. Nochmals sei das Beispiel der sitzenden Person mit dem juckenden Finger aufgegriffen. Angenommen, diese Person hat sich im Park auf eine Bank niedergelassen, sinniert vor sich hin, spürt den juckenden Finger. Plötzlich springt ein Bekannter, der sich unbemerkt angeschlichen hatte, aus dem Gebüsch neben der Bank hervor mit lautem Schrei. Sofort würden – leiblich gesehen – Gesäß und juckender Finger als Inseln verschwinden zugunsten eines nur vage anzugebenden absoluten Ortes des Leibes als Ganzen. Dieser so auffällig werdende Ort ist es, den Schmitz mit primitiver Gegenwart bezeichnet.

Im Moment des Schrecks geschieht eine Art Zusammensturz, terminologisch als *Engung* bezeichnet. Ihr entgegen steht das Motiv der *Weitung*.[121] Auch diese beiden Vorgänge sind leicht dem eigenen Erleben zu entnehmen. Im Schreck wird die Welt gleichsam ärmer, kleiner, viele Bezüge gehen verloren. Hier liegt Engung vor, die sich auch darin zeigt, dass man sich im Schreck bedrängt fühlt. Klaustrophobie lässt erkennen, dass leibliche Engung, die in diesem Fall bedrohlich sich auswirkt, nicht notwendig etwas mit den rela-

---

[118] Hermann Schmitz: *Bewusstsein*. S. 34.
[119] Vgl. Hermann Schmitz: *Bewusstsein*. S. 35.
[120] Sie sichert somit die Einheit vor den beiden nicht gangbaren Alternativen der (Selbst-)Referentialität und des infiniten Regresses. Vgl. dazu auch die Überlegungen in Shaun Gallagher: *How the body shapes the mind*. S. 62, 137.
[121] Vgl. zu Engung und Weitung Hermann Schmitz: *System der Philosophie. Bd. II/1*. S. 73–89.

tiven räumlichen Verhältnissen der Gegenstände zu tun haben muss. Weitung hingegen kann vorliegen, wenn man sich freut. Dann tritt eine Art »Öffnung« des Leibes ein, wie sich auch an typischen Verhaltensmustern – Freudensprünge, ausladende Gesten usw. – zeigt. Offensichtlicher noch wird die Weitung ebenfalls nach Engungserlebnissen wie dem Schreck. Angenommen, der Freund im Park hat seinen Spaß gehabt, sich leise zu einem Gespräch niedergelassen, dann wird auch der Betroffene seine Haltung wiedergewinnen und sich entspannen. Dabei wird die Engung gleichsam aufgehoben, der Leib erfährt eine Weitung. So könnte nun plötzlich der juckende Finger wieder zum Problem werden – vorher war er schlicht verschwunden.

Den Zustand, in dem sich Menschen zumeist befinden, charakterisiert Schmitz als entfaltete Gegenwart.[122] Primitive Gegenwart wird nur in der Vorzeichnung sichtbar, so dass – abgesehen von Zuständen der Bewusstlosigkeit, wie sie bei starker Engung auftreten können (vor Schreck ohnmächtig werden) – Menschen einen leichten Entfaltungsgrad immer schon besitzen. Jedoch sind sie anders als Tiere zu hochgradigen Emanzipationen fähig.[123] Was aber meint Entfaltung? Engung und Weitung sind räumliche Begriffe, also läge es nahe, Entfaltung als eine strikt topologische zu verstehen. Dem ist aber nicht so. Schon Sartres Beispiel verdeutlich dies, denn ein beim verbotenen Spähen Ertappter verliert nicht nur Bezüge zum Raum, sondern auch andere Sphären verändern sich. Die Zeit erscheint dann häufig, wie auch bei Angst, Schmerz, Schreck usw., andersartig abzulaufen. Beim Schamerleben rückt außerdem, wie Sartre herausstellt,[124] das Selbst verstärkt in den Fokus. Und bedenkt man das eigene Schmerzerleben, insbesondere die Fälle stärkster Schmerzen, so wird auch auffällig, dass die Welt an Bestimmung verliert. Der Psychologe spricht in diesem Zusammenhang von Bewusstseinstrübung, wohinter sich eine »Zurückfaltung«

---

[122] Vgl. dazu zum Beispiel Hermann Schmitz: *System der Philosophie. Bd. IV.* S. 4–8.

[123] Auf das wichtige Problem der Leiblichkeit der Tiere kann im Rahmen der Untersuchung nicht eingegangen werden.

[124] Er spricht vom »Einbruch des Ich« (vgl. Jean-Paul Sartre: *Das Sein und das Nichts.* S. 469).

verbirgt. Man kann während akuter Schmerzen – und auch im Nachhinein – oft keine genauen Angaben zu den umweltlichen Bedingungen machen. Wenn man einen Gesunden fragt, wie lange er das letzte Mal mit wie vielen Personen in einem Auto gefahren ist, wird er darauf sicher Antwort geben können. Ein nicht sedierter, akut kranker, mit stärksten Schmerzen ringender Patient wird hingegen nach einem Krankentransport auch in der Erinnerung häufig weder die Dauer der Fahrt noch die Anzahl der Rettungssanitäter angeben können, denn seine Welt ist zeitweise unbestimmter geworden.

Diese Beispiele, die man problemlos um etliche erweitern könnte, verweisen darauf, dass Entfaltung nicht nur räumlich verstanden werden darf. Schmitz ist der Meinung, dass es fünf Dimensionen der Entfaltung gibt, nämlich: Ich, Jetzt, Hier, Dasein und Dieses.[125] Sie alle sind Bereiche, in denen sich das leibliche Leben von der primitiven Gegenwart als dem Zusammenfall der Dimensionen in einem ausdehnungslosen Punkt entfernen. Es ist an dieser Stelle nicht nötig, die Dimensionen jeweils einzeln ausführlich zu behandeln, jedoch sinnvoll, beispielhaft die Bandbreite jeder einzelnen anzudeuten, um die Phänomenadäquatheit zu plausibilisieren. Die Ich-Dimension schwankt zwischen ständiger Selbstbetroffenheit durch alles, wie es kleine Kinder auszeichnet, und dem gleichsam nüchternen Selbstverhältnis von Dandys und Abenteurern[126] sowie dem krankhaften Ichverlust bei Depersonalisationspatienten. Hinsichtlich des Jetzt zeigt sich im Moment des Schrecks ein Zusammenfall der leiblichen zeitlichen Sphäre auf ein fast punktuelles Jetzt, während der Mensch im Alltag über einen viel umfassenderen

---

[125] Die entsprechenden Erläuterungen finden sich in Hermann Schmitz: *System der Philosophie. Bd. I.* S. 204–232.
[126] Zu dieser Entselbstung vgl. auch Michael Großheim: *Politischer Existentialismus. Subjektivität zwischen Entfremdung und Engagement.* Tübingen 2002. Die dortige Analyse betrifft zwar primär das allgemeinere Problem der Subjektivität, weniger spezifisch die Ich-Dimension der entfalteten Gegenwart, beides hängt jedoch miteinander zusammen. Gewisse Extremsportarten – zum Beispiel Bungeejumping – sind nur deshalb als Korrekturen entfremdeter Subjektivität zu verstehen, weil sie einen Sturz in primitive Gegenwart darstellen und die Entfremdung somit zeitweise kurieren.

Horizont verfügt. Der Mensch ist dann nicht augenblicksgebunden, sondern lebt in einer sich über Vergangenes und Zukünftiges hinweg erstreckenden Gegenwart.[127] Ähnlich verhält es sich hinsichtlich des Hier. Während man im Moment geringer Entfaltung gleichsam auf engsten Raum zusammenfällt – wie im Schreck oder bei einem Sprung in eiskaltes Wasser –, ist der Mensch leiblich im Normalfall ganz anders räumlich situiert. Bei einem Sonnenbad auf dem Balkon unter strahlend blauem Himmel etwa kann es zu erheblicher Weitung kommen. Ebenso lässt sich leiblich nachvollziehen, warum Schmerz, Angst, Schreck den Menschen so gewaltsam erscheinen, denn diese Erlebnisse bedrücken mit voller Daseinsgewissheit. In entfalteter Gegenwart, etwa beim schon angesprochenen Sonnenbad, wird vieles gar nicht als vollwirklich erfahren, was sich im Moment des Schrecks anders verhält. So kann zum Beispiel beim dösenden Sonnenbaden lange eine Fliege auf der Haut oder ihr Summen unbemerkt bleiben beziehungsweise nicht voll bewusst werden, weil ihm aufgrund der Entfaltung geringeres phänomenales Dasein zukommt. Wenn der Mensch aber bereits weniger entfaltet ist, wie es bei gestressten Personen vorkommt, wird eine Fliege um so auffälliger und »daseiender«. Der Grund ist, so Schmitz, dass die primitive Gegenwart dem Menschen nicht »eine Auskunft [bietet], die ihm die Entscheidung über Dasein oder Nichtsein im Einzelnen abnimmt, sondern [...] einen Maßstab für Dasein überhaupt, mit dessen Hilfe er beginnen kann, Dasein und Illusion in seinem Erleben zu sondern und so seine Umgebung neu zu organisieren.«[128] Von der primitiven Gegenwart her wissen Menschen, was Wirklichkeit ist. In Angst, Schmerz, Schreck usw. ist die Wirklichkeit des Bedrängenden bar jeder Fraglichkeit, in entfalteterer Gegenwart hingegen kann die Realität von etwas zum Problem werden. Das zeigt sich auch hinsichtlich der Bestimmtheit von Begegnendem, was Schmitz als Dieses im Sinne eines principium individuationis kennzeichnet. Der dösende Sonnenbadende

---

[127] Das scheint der richtige Gehalt von Husserls Ansatz bei Retentionen und Protentionen zu sein, dem sich Gallagher und Zahavi anschließen. Vgl. dazu Shaun Gallagher, Dan Zahavi: *The phenomenological mind.* S. 83–91.
[128] Hermann Schmitz: *System der Philosophie. Bd. I.* S. 223.

lebt nämlich phänomenal gar nicht mehr in einer fest bestimmten, mit einzelnen, strikt umgrenzten Entitäten besetzten Welt, sondern ihm ist alles viel verschwommener zugänglich. Auffällig wird dies, wenn er plötzlich aufschreckt und seine Welt sich neu formiert. Die Weitung führte zu einer verringerten Bestimmtheit seiner Lebenswelt – zum Beispiel kam ihm die Fliege vermutlich kaum zu prägnantem Bewusstsein –, die nun umschlägt in übermäßige Einzelheit. Ähnliche Erlebnisse zeigen sich beim Aufwachen. Alle diese fünf Dimensionen hängen an der Wurzel in der primitiven Gegenwart zusammen und entfalten sich meist in gemeinsamer Weise hin zu dem, was Menschen alltäglich als Wirklichkeit erleben.[129]

Der Leib im Sinne von Schmitz erweist sich demzufolge phänomenologisch als ein dynamisches Feld, denn er offenbart viele Veränderlichkeiten und Dimensionen. Das Wechselspiel zwischen Engung und Weitung geschieht dabei durch den Kanal des »vitalen Antriebs«[130]:

> Im vitalen Antrieb sind Engung (Spannung) und Weitung (Schwellung) konkurrierend in einander verschränkt. Die Verschränkung nimmt verschiedene Gestalten an. Sie kann kompakt sein, so dass beide Tendenzen zäh an einander haften, auch wenn sich die Dominanz zwischen ihnen verschiebt. Ein Beispiel ist das Einatmen, bei dem anfangs die Schwellung, am Ende die Spannung überwiegt [...]. Außer kompakt kann der vitale Antrieb auch rhythmisch sein, mit flukturierendem Wechsel der Dominanz von Spannung und Schwellung, obwohl dem Ganzen des Zustandes eine von beiden Tendenzen den Stempel aufdrückt.[131]

Diese Kategorie des Leiblichen ist nicht in gleicher, intuitiv verständlicher Weise an nachvollziehbaren Beispielen zu belegen wie die bisher verhandelten. Worauf will Schmitz hinweisen? Offensichtlich geht es ihm darum, die treibenden Kräfte im leiblichen Geschehen zu fassen. Was sorgt dafür, dass Menschen bei Wut leiblich sich engen und anspannen, während sie in Trauer häufig er-

---

[129] Vgl. Hermann Schmitz: *Bewusstsein*. S. 37.
[130] Vgl. dazu Hermann Schmitz: *Der Leib*. S. 15–20.
[131] Hermann Schmitz: *Bewusstsein*. S. 40.

schlaffen? Träger oder »Motor« solcher leiblichen Vorgänge ist der *vitale Antrieb*, der

> nicht Trieb [ist] […], sondern die teils expansive (mehr oder weniger schwungvolle), teils kontraktive (zusammenhaltende) Lebendigkeit, also die Dynamik der leiblichen Ökonomie, in der Schwellung und Spannung antagonistisch konkurrieren. Er ist dem Leib immanent, unabhängig von Außenreizen […].[132]

Es handelt sich demnach um die spezifisch zu bemerkende leibliche Agierensweise des Menschen; man könnte von der spezifisch leiblichen »Motorik« sprechen. Der vitale Antrieb ist das verbindende Band zwischen Engung und Weitung. Der Begriff dient Schmitz dazu, die Phänomene der Spannung und Schwellung, die miteinander in unterschiedlicher Weise verbunden sein können, in ihrem Zusammenspiel zu fassen.

Eingebettet ist der vitale Antrieb in seinem Wirken in die *leibliche Disposition*, worunter man einen individuellen, durch Erfahrungen geformten habituellen leiblichen Charakter eines Menschen verstehen kann.[133] Der vitale Antrieb reagiert auf gleiche Vorkommnisse unterschiedlich bei verschiedenen Menschen. Manche führen sich bei einem Schmerzereignis weinerlich auf, andere dagegen stoisch. Weinerliche Reaktionsweisen zeugen von einem stärker engagierten Antrieb mit der Tendenz zu Regression und Verlust der Spannung, wohingegen stoische Gelassenheit auf eine feste, stabile, womöglich sogar übertrieben kompakte Bindung im vitalen Antrieb hinweist.[134] Es kommt auf diese Disposition an, also darauf, wie der Mensch leiblich agiert und reagiert. Solche Dispositionen

---

[132] Hermann Schmitz: *Der unerschöpfliche Gegenstand*. S. 128. Vom Trieb ist der vitale Antrieb dadurch unterschieden, dass er gegenstands- und ziellos ist (vgl. ders., Wolfgang Sohst: *Hermann Schmitz im Dialog*. S. 102).
[133] Vgl. dazu Hermann Schmitz: *System der Philosophie*. Bd. IV. S. 315–346 und ders.: *Der Leib*. S. 80 f. – Diese leibliche Disposition muss nicht notwendig individuell sein.
[134] In diesem Zusammenhang spielt auch der Begriff der personalen Emanzipation eine Rolle, der jedoch für das Wahrnehmungsthema weniger bedeutsam ist und daher hier nicht verhandelt wird. Vgl. zur personalen Emanzipation Hermann Schmitz: *System der Philosophie*. Bd. IV. S. 21–27.

gibt es auch auf kollektiver Ebene,[135] womit auf kulturspezifische Reaktionsweisen – im Typus des leicht reizbaren, aber auch schnell sich wieder beruhigenden Südländers im Vergleich zum gleichgültigen, ruhigen, unaufgeregten Norddeutschen oft Teil der alltäglichen Vorurteilsstrukturen – hingewiesen werden soll. Die Leiblichkeit ist auch Quelle der Subjektivität und des Bewussthabens. Schmitz argumentiert dafür, dass es eine letzte Wurzel geben muss, von der her Bewusstsein, dass er Bewussthaben nennt, sich stiftet.[136] Dieser Ursprung ist das *affektive Betroffensein*, also »die Leiblichkeit durch ihr mitschwingendes Empfangen von Anregungen und impulsives Einsetzen von Initiative [...].«[137] Im leiblich-affektiven Betroffensein schält sich heraus, was einen angeht, was einen wirklich betrifft, was einen nicht gleichgültig lässt. Bewussthaben, das immer auch mit Sichbewussthaben verbunden ist,[138] bedeutet ein Involviertsein, eine Betroffenheit, bei der nicht alles in objektiver Weise gegeben ist. In der Scham, im Schmerz, in der Angst stehen dem Menschen nicht gleichgültig-neutrale Fakten gegenüber, sondern immer auch – zumeist implizit, unthematisch – der Hinweis auf etwas Eigenes, Subjektives. Man selbst ist es, der von dem jeweiligen Ereignis betroffen wird. Was sich dabei offenbart, sind subjektive Tatsachen, Tatsachen nämlich, die »höchstens *einer*, und zwar nur im eigenen Namen, [...] aussagen kann, während die Anderen zwar mit eindeutiger Kennzeichnung [...] darüber sprechen, aber nie und nimmer das Gemeinte aussagen können.«[139] Es macht phänomenal wie phänomenologisch einen Unterschied,[140] ob jemand oder man selbst Schmerzen hat, ob

---

[135] Vgl. Hermann Schmitz: *System der Philosophie. Bd. IV.* S. 294 f.
[136] Vgl. dazu Hermann Schmitz: *Bewusstsein.* S. 14, 21 ff.
[137] Hermann Schmitz: *Der unerschöpfliche Gegenstand.* S. 201.
[138] Vgl. dazu Hermann Schmitz: *Bewusstsein.* S. 23 und ähnlich Shaun Gallagher, Dan Zahavi: *The phenomenological mind.* S. 58 f.
[139] Hermann Schmitz: *Der unerschöpfliche Gegenstand.* S. 6.
[140] Dass es in den Wissenschaften gerade keinen Unterschied macht, sondern diese ganz in der Sphäre objektiver Sachverhalte verbleiben, bedingt ihre Sonderstellung und zeigt noch einmal, dass im eingangs entwickelten Schema Phänomen – Lebenswelt – Abstraktion die Phänomene nicht als bloß eine weitere Abstraktionen zu verstehen sind.

jemand oder man selbst sterbenskrank ist. Dabei handelt es sich nach Schmitz nicht um bloße Sprachkonventionen, sondern er radikalisiert diese Einsicht zu der Forderung, die Annahme aufzugeben, die Welt sei ausschließlich die Welt objektiver Tatsachen.[141] Neben der aus Engung und Weitung sich ergebenden Kategorisierung des Leibes kennt Schmitz noch eine zweite bipolare Struktur, die im leiblichen Erleben eine Rolle spielt. Er unterscheidet nämlich *epikritische* und *protopathische* Tendenz und hebt damit ab auf den »Gegensatz zwischen einer scharfen, spitzen, Punkte und Umrisse setzenden Tendenz und einer stumpfen, diffusen, strahlenden Umrisse verschwemmenden.«[142] Man kann sich leicht verständlich machen, was damit gemeint ist, wenn man an Vokale denkt. Ein gehörtes »i« ist in diesem Sinne epikritisch, wird oft als »spitz« erlebt, wohingegen ein »o« sich eher als dumpf und daher protopathisch zeigt.[143] Der markante Unterschied beider Tendenzen ist, dass bei ihnen ein Ort entweder prägnant und prominent gefunden wird, nämlich bei der epikritischen, während ein solcher im anderen Fall gerade verschwindet. Häufig, aber nicht notwendig immer sind epikritische Tendenz und Engung beziehungsweise protopathische und Weitung verbunden. Es gibt jedoch auch eine ortsfindende Weitung – zum Beispiel beim Freudensprung – oder eine ortsentdifferenzierende Engung – etwa beim schweren Kopf nach übermäßigem Alkoholkonsum.[144] Diese zweite Polarität der leiblichen Dynamik führt bei Schmitz zu weniger an sie anschließenden Begriffsbildungen, aber sie kann besonders im Rahmen der Ästhetik fruchtbar angewandt werden.[145]

---

[141] Vgl. dazu Hermann Schmitz: *Kurze Einführung in die Neue Phänomenologie.* Freiburg, München 2009, S. 32. – Klassisch formuliert hat Ludwig Wittgenstein die These von der durchgängigen objektiven Tatsächlichkeit der Welt (vgl. Ludwig Wittgenstein: »Tractatus logico-philosophicus. Logisch-philosophische Abhandlung«. S. 11 (Satz I)), wiewohl er (wie schon zuvor erläutert), wenn man den »Tractatus« als Ganzen betrachtet, in den Schlusssätzen andeutet, dass ihm die Beschränktheit der entwickelten Perspektive klar ist (vgl. a. a. O., S. 85 (Satz 6.52–7)).
[142] Hermann Schmitz: *System der Philosophie. Bd. II/1.* S. 143.
[143] Vgl. dazu die Hinweise bei Stefan Volke: *Sprachphysiognomik.* S. 200–211.
[144] Vgl. Hermann Schmitz: *Höhlengänge.* S. 81.
[145] Vgl. dazu zum Beispiel Hermann Schmitz: *System der Philosophie. Bd. II/2: Der Leib im Spiegel der Kunst.* Bonn 2005, S. 203–210.

Mit diesen Kategorien sind die für das vorliegende Thema wesentlichen Einteilungen des Leiblichen als dem Subjekt der Wahrnehmung gekennzeichnet. Schmitz' Analysen sind noch viel umfassender, denn sein »Alphabet der Leiblichkeit« als Inventar der relevanten Kategorien umfasst eigentlich: »Enge, Weite, Engung, Weitung, Richtung, Spannung, Schwellung, Intensität, Rhythmus, (leibliche Ökonomie als das Ganze von Intensität und Rhythmus), privative Weitung, privative Engung, protopathische Tendenz, epikritische Tendenz, Leibinselbildung, Leibinselschwund.«[146] Für die hier vorliegende spezifische Perspektive reicht das Erläuterte jedoch aus, insofern es primär um ein produktives Verständnis der Differenzerlebnisse gehen soll.

Gleichwohl erscheint noch eine letzte Klärung nötig, die man als Widerspruch innerhalb der Theorie deuten könnte. In einem der Beispiele war vom leiblich spürbaren Jucken im Finger die Rede, aber wenn man das Leibkonzept ernst nimmt, kommt dort ein Finger gar nicht vor. Wie verhalten sich also Leib und Körper zueinander? Richtig ist, dass die Rede von der Stelle »am Finger« insofern nicht korrekt war, als der Finger als Körperglied im Spüren nicht auffindbar ist, sondern lediglich ein Jucken an dem absoluten Ort der bestimmten Leibesinsel bemerkt wird. Man weiß aber aus Erfahrung, dass das Kratzen am sichtbaren Finger leiblich für Wohlbefinden, vielleicht sogar für Erlösung von Peinigendem sorgen kann. Demzufolge scheint es nahe zu liegen, Leib und Körper als in irgendeiner Weise verschränkt zu betrachten. Schmitz unterscheidet daher neben reinem Leib – dem ohne Zuhilfenahme der Sinne Gespürten – und reinem Körper – dem durch Beschauen und Bestasten Zugänglichen – noch den körperlichen Leib sowie das perzeptive Körperschema.[147] Ohne auf diese Differenzierungen hier weiter einzugehen, ist offensichtlich, dass Menschen ihren Leib zumeist als einen körperlichen Leib gegeben haben, denn im alltäg-

---

[146] Hermann Schmitz: System der Philosophie. Bd. II/1. S. 170. Der Begriff der »leiblichen Ökonomie« meint den vitalen Antrieb.
[147] Vgl. dazu Hermann Schmitz: System der Philosophie. Bd. I. S. 24 f., 50–55. Vgl. dagegen die schon erwähnte unvollständige Dreiteilung bei Shaun Gallagher: How the body shapes the mind. S. 31 f.

lichen Dahinleben besitzt der Leib nicht nur absolute Orte, sondern sehr wohl auch relative, zum Beispiel den Finger, an dem es juckt. Schwieriger verhält es sich hinsichtlich der nicht mehr phänomenologisch zu beantwortenden Frage, wie sich Leib und Körper kausal zueinander verhalten. Während phänomenal gewisse Korrelationen offensichtlich sind – der Genuss von Alkohol kann zum Beispiel die leibliche Dynamik und vielleicht auch Disposition eines Menschen verändern –, ist dies in kausaler Hinsicht schwer zu beantworten. Schmitz will in jedem Fall eine Rückführung des Leibes auf physiologische Bestände als unzulässig kennzeichnen und schließt die Möglichkeit eines körperlosen Leibes nicht aus. Auf das Leib-Körper-Problem wird daher noch einmal zurückzukommen sein.[148]

III.2.2 Das »Was« der Wahrnehmung

Die vorstehenden Erläuterungen betrafen den Leib in seinen phänomenalen und phänomenologischen Dimensionen. Er ist es, der wahrnimmt beziehungsweise über den wahrgenommen wird.[149] Ganz notwendig und folgerichtig kommt die Frage nach den Objekten der Erfahrung auf. Wie schon gezeigt haben Staudacher, Schantz und andere dieses als das zentrale Problem der Wahrnehmung herausgestellt. Soll sich ihnen nun doch angeschlossen werden? Obwohl diese Vermutung nahe liegt, führt sie in die Irre, denn die genannten Autoren rekurrieren auf das epistemologisch-ontologische Paradigma, indem sie Wahrnehmungsobjekt und echtes Objekt aus erkenntnistheoretischen Gründen unterscheiden. Die hier gestellte Frage nach dem »Was« der Wahrnehmung ist jedoch ganz anders gelagert, insofern kein objektiver, »eigentlicher« Bezugs-

---

[148] Vgl. dazu Kap. V.2.
[149] So auch vergleichbar (eingedenk der genannten Differenzen) Shaun Gallagher: *How the body shapes the mind*. S. 138 f.: »In its *prenoetic* roles the body functions to make perception possible and to constrain intentional consciousness in various ways. Here are included operations of body schemas – the body's non-conscious, sub-intentional appropriation of postures and movements, its incorporation of various significant parts of the environment into its own organization.«

gegenstand unterstellt wird. Vielmehr geht es schlicht um den Gegenstand der Wahrnehmung, so wie er sich phänomenologisch finden lässt. Alle Fragen nach Repräsentationen sind damit schon suspendiert.

Die vermutlich ganz selbstverständliche Antwort auf die Was-Frage lautet: Menschen nehmen im weitesten Sinne Dinge war, also Häuser, Autos, Hunde, Bäume, Wolken, Berge usw. Unstrittig ist, dass diese Objekte in der Wahrnehmung vorkommen, aber sind sie auch deren eigentlicher Bezugspunkt? Aus dem Werk von Schmitz lassen sich zwei Argumente extrahieren, die gegen diese Annahme sprechen. Das eine ist empirischer Art und verweist darauf, dass es viele Objekte gibt, die nicht entsprechend dem dominanten ontologischen Paradigmas des Festkörpermodells zu fassen sind.[150] In dieser Hinsicht waren schon Stimmungen, Atmosphären, Gefühle, aber auch Stille oder Dunkelheit genannt worden. Diese Fälle lassen berechtigte Zweifel daran aufkommen, ob es primär Dinge sind, die wahrgenommen werden. Verstärkt wird dies noch dadurch, dass Dinge sich je nach Kontext anders geben. In der unmittelbaren Wahrnehmung ist ein einzelner Baum nicht immer derselbe Baum, wie man sich leicht überzeugen kann. Der Biologe Jakob von Uexküll hat dies im Rahmen seiner Umweltlehre prominent thematisiert.[151] Es spielen also nichtdingliche Kontexte eine entscheidende Rolle. Oft nehmen Menschen diese Kontexte sogar vor oder unabhängig von Dingen wahr, wie der für persönliche Begegnungen so wichtige erste Eindruck lehrt. Man hat von einer Person einen solchen Eindruck oft prägnant und augenblicklich gegeben, ohne sagen zu können, woran – an welchen dinglichen Aspekten – er sich festigt. Ein zweites Argument, welches man mit Schmitz gegen die naheliegende Antwort auf die Gegenstandsfrage einwenden kann, ist formalerer Natur.[152] Um einzeln sein zu können, muss

---

[150] Zu diesem ontologischen Paradigma vgl. Hermann Schmitz: *Der unerschöpfliche Gegenstand*. S. 36 ff. und zu dessen Entstehung ders.: *Der Ursprung des Gegenstandes. Von Parmenides bis Demokrit*. Bonn 1988.
[151] Vgl. Jakob von Uexküll, Georg Kriszat: »Streifzüge durch die Umwelten von Tieren und Menschen«, in: dies.: *Streifzüge durch die Umwelten von Tieren und Menschen. Bedeutungslehre*. Hamburg 1956, S. 19–101, hier vor allem S. 94–100.
[152] Vgl. dazu und zum Folgenden Hermann Schmitz: *Bewusstsein*. S. 120 f.

es schon die Möglichkeit des Fallseins einer Gattung geben. Von sich aus mögen Objekte einzeln sein, aber ein bestimmtes Einzelnes setzt eine Bedeutung voraus, der gemäß es seine Bestimmung hat. Solche Bedeutungen, das heißt Gattungen, sind nun aber selbst auch wieder abhängig von vorhergehenden Zuweisungen. Da dieser Prozess nicht in einem infiniten Regress enden kann, ist eine Form der Letztbedeutung – diese nicht im absoluten Sinne verstanden, sondern relativ auf das Begegnende – nötig. Woraus können demnach die Einzelbedeutungen stammen, die erst die Wahrnehmung von konkreten einzelnen Objekten gestatten? Schmitz verweist auf Situationen, diese seien die »primären, grundlegenden Gegenstände der Wahrnehmung.«[153] Was sollen aber Situationen sein und inwiefern gestatten sie die gesuchte Bedeutungsstiftung?

In gewisser Weise ist der Begriff der *Situation* der ontologische Kernbegriff der Phänomenologie Schmitz'. Gegen das Festkörpermodell gerichtet, welches immer schon einzelne, isolierte, fest bestimmte und zumeist wenig veränderliche Entitäten annimmt, erlaubt es der Situationsbegriff, die lebensweltlich vorkommende Unbestimmtheit, Wandelbarkeit, Pluralität besser zu begreifen, ohne sie kognitiven oder physiologischen Mängeln des Subjekts zuzuschreiben. Situationen sind durch ihre besondere Form der Individuiertheit gekennzeichnet. Während die vermeintlich naheliegenden Gegenstände der Wahrnehmung einzelne, klar umrissene Objekte sind – ein Haus, ein Auto usw. –, sind sie diffus, »chaotisch mannigfaltig«[154]. Ein Beispiel für eine solche chaotisch mannigfaltige Situation ist der schon einmal erwähnte erste Eindruck von einer Person oder auch einem Objekt.[155] Sofort erfährt man etwas über beziehungsweise von dem Gegenstand der Wahrnehmung,

---

[153] Hermann Schmitz: *Bewusstsein*. S. 121.
[154] Vgl. dazu Hermann Schmitz: *Situationen und Konstellationen*. S. 51–61.
[155] In Schmitz' Werken wird in diesem Zusammenhang sehr häufig auf das Beispiel der Gefahrensituation im Straßenverkehr hingewiesen (vgl. zum Beispiel Hermann Schmitz: *Situationen und Konstellationen*. S. 52 oder ders.: »Situationen oder Sinnesdaten – Was wird wahrgenommen?« S. 5 f.). Obgleich der Fall durchaus zutrifft, ist es doch problematisch, dass Schmitz – wie auch in anderen Kontexten – auf eine größere Varianz der Beispiele während seines Schaffens nicht geachtet hat. Durch wiederholte Anwendung seiner Terminologie auf verschiedenste empirische Befun-

ohne jedoch bereits genau sagen zu können, was. Häufig bedarf es genaueren Nachdenkens und einigen zeitlichen Abstands, bevor es gelingt, die erfahrenen Gehalte deutlich und präzise anzugeben. Situationen sind daher nicht unbestimmt – man erfährt ja etwas, eine Art von Bedeutsamkeit, von der man bisweilen immerhin schon eine vage Tendenz, eine grobe Richtung angeben kann –,[156] aber man vermag noch nicht klar und konkret zu benennen, was genau es mit ihr auf sich hat. Diese Form der Bestimmtheit nennt Schmitz chaotische Mannigfaltigkeit.[157]

Eine solche Mannigfaltigkeit ist derart, dass »über Identität und Verschiedenheit in dem Mannigfaltigen gar nicht oder nicht vollständig entschieden ist. [...] [Es ist] an sich selbst noch offen oder unentschieden hinsichtlich der Frage, was in ihm womit identisch und was wovon verschieden ist.«[158] Die bekannten Vexierbilder geben ein illustrierendes Analogon für diese Mannigfaltigkeit,[159] insofern bei ihnen nie ganz entschieden ist, was eigentlich vorliegt. Situationen als die eigentlichen Gegenstände der Wahrnehmung sind in diesem Sinne chaotisch mannigfaltig. Schmitz definiert:

> Eine *Situation* [...] ist charakterisiert durch Ganzheit (d. h. Zusammenhalt in sich und Abgrenzung nach außen), ferner eine integrierende Bedeutsamkeit von Sachverhalten, Programmen und Problemen und eine Binnendiffusion dieser Bedeutsamkeit in der Weise, daß die in ihr enthaltenen Bedeutungen (d. h. Sachverhalte, Programme, Probleme) nicht sämtlich [...] einzeln sind.[160]

---

de wäre jedenfalls der phänomenologischen Variation und Prüfung, die er selbst als sein wesentliches Werkzeug benennt, besser gedient.

[156] So kann man zum Beispiel bei Betreten eines Raumes oft sofort sagen, ob er gefällt, ob er freundlich oder bedrängend, schwer oder heiter ist usw.

[157] Er differenziert weiterführend zwischen verschiedenen Mannigfaltigkeitstypen (vgl. dazu seinen Überblick in Hermann Schmitz: *Bewusstsein*. S. 70 f.). Für den hier verhandelten Zusammenhang ist das weniger relevant und bleibt daher unthematisiert.

[158] Hermann Schmitz: *System der Philosophie*. Bd. I. S. 312.

[159] Dieser Fall ist insofern kein Vorkommnis reiner chaotischer Mannigfaltigkeit, als nur zwei mögliche Bestimmungen – etwa alte Frau oder junge Frau, ein Becher oder zwei Gesichter – in Frage kommen. Dennoch zeigt er als nur relativ chaotisch Mannigfaltiges an, um was es Schmitz phänomenologisch geht.

[160] Hermann Schmitz: *Situationen und Konstellationen*. S. 22.

Situationen sind demnach binnendiffus, insofern – wie beim ersten Eindruck – nicht ganz klar ist, was es mit ihnen auf sich hat. Dennoch sind sie doch auch bestimmt, denn man verwechselt schließlich den konkreten ersten Eindruck einer Person nicht mit demjenigen des Zimmers, in dem man sie traf. Eine Situation besitzt der Definition nach drei wesentliche Aspekte, nämlich Sachverhalte, Programme und Probleme.[161] Sachverhalte geben an, »dass etwas ist«, Programme, »dass etwas sein soll (als Norm) oder sein möge (als Wunsch)« und Probleme, »ob etwas ist«.[162] Auch hier lässt sich plausibel machen, dass die Begriffsbildung dem unmittelbaren Erfahren angepasst ist. Wahrnehmungen werden nicht im Modus unbeteiligten Konstatierens gemacht, sondern erfolgen im Alltag in Form einer Anwesenheit des Menschen bei der Sache. Das zeigt sich bei Reaktionen auf erfahrene Sachen, wenn man etwa einen Gegenstand als eklig oder anziehend, eine Sache als rätselhaft oder unklar erlebt. Ekelhaftigkeit ist, mit Schmitz gesprochen, ein Programm, nämlich die Aufforderung, Abstand zu nehmen, Rätselhaftigkeit ein Problem, insofern wie beim Vexierbild etwas sich nicht bestimmen lässt.[163] Abstoßende und anziehende Ansprüche des Wahrgenommenen sind dem Erleben nach, und allein darauf kommt es in phänomenologischer Perspektive an, keine Zutat, keine Projektion des Bewusstseins, sondern eine den Situationen inhärente Eigenschaft. Ein von Schmitz – allerdings in anderem Kontext – herangezogenes Beispiel ist das eines Menschen, der eine ihm vielleicht nahestehende, zumindest jedoch bekannte Person detailliert beschreiben soll, wenn er etwa eine Vermisstenanzeige aufgeben muss oder ein Phantombild anzufertigen ist.[164] In solchen Fällen kann es dazu kommen, dass zwar bestimmte Einzelheiten wie ungefähre Größe, Statur usw. gewusst werden, manche zentrale Eigenschaften, neben anderen besonders Augen- oder Haarfarbe, dagegen nicht. Das ist keineswegs ein Gedächtnisfehler, sondern

---

[161] Nur Sachverhalte müssen, Programme und Problemen können vorkommen (vgl. dazu Hermann Schmitz: *System der Philosophie. Bd. III/4: Das Göttliche und der Raum.* Bonn 2005, S. 416).
[162] Hermann Schmitz: *Kurze Einführung in die Neue Phänomenologie.* S. 47.
[163] Vgl. dazu Hermann Schmitz: *Bewusstsein.* S. 121.
[164] Vgl. Hermann Schmitz: *System der Philosophie. Bd. III/5.* S. 42.

schlicht der Art und Weise menschlicher Wahrnehmung und ihres Gegenstandes geschuldet. Schmitz' Rede von Situationen macht deutlich, dass in einem solchen Fall der zu beschreibende Mensch nicht zu wenig Beachtung fand, sondern die Sachverhalte nur nicht zu völliger Individuiertheit gebracht wurden. Natürlich hatte die Person eine Augenfarbe, aber der Sachverhalt schälte sich – weil im alltäglichen Normalerleben in der Regel wenig relevant oder thematisch – nicht prägnant heraus. Dafür können Menschen über ihre Nächsten häufig andere Angaben machen, zum Beispiel über die Art seines Ganges – leicht, hüpfend, schwerfällig, unrund usw. – oder über seine Bewegungen im allgemeinen – plump, eckig, filigran, grazil usw. Solche Sachverhalte sind, im Rahmen der verhandelten anderen Paradigmen, gerade die eigentlich schwerer wahrzunehmenden. Nach Schmitz sind sie jedoch prominent im alltäglichen Erleben präsent, weil sie wesentlicher Bestandteil der wahrgenommenen Situationen sind.

Was geschieht, wenn ein Mensch gezwungen ist, eine Personen- oder Gegenstandsbeschreibung abzuliefern, kann man als *Explikation* bezeichnen. Sie lässt Einzelnes aus Situationen hervortreten.[165] Der Beschreibende ist in der Erinnerung gezwungen, aus dem situativ Wahrgenommenen individuelle Sachverhalte herauszuschälen. Das gelingt geübten Beobachtern besser als ungeübten, aber in gewissem Maße vermag das jeder normalsinnige Mensch. Nicht nur in der Erinnerung, sondern schon der Wahrnehmung selbst vollzieht man solche Explikationen. Wer gedankenverloren wahrnimmt, dem wird die Welt chaotisch mannigfaltiger und damit unexplizierter begegnen als demjenigen, der sie ganz bewusst beobachtet. Gleichwohl ist auch dieser genau Wahrnehmende – ein Detektiv oder Wissenschaftler vielleicht – nicht in der Lage, alles zu erfassen. Vieles entgeht ihm. Jedoch nicht nur, weil er als Mensch notwendig beschränkt ist in seinen Fähigkeiten, sondern aus zwei wichtigen Gründen: zum einen ist jede Explikation zugleich auch immer eine Verdeckung, zum anderen sind Situationen unerschöpflich. Der erste Hinweis auf die Verdeckung ist aus dem lebensweltlichen Alltag heraus leicht zu verstehen. Situationen erfahren durch

---

[165] Vgl. Hermann Schmitz: *System der Philosophie. Bd. III/4.* S. 414.

den Menschen in der Wahrnehmung eine Vereinzelung hin zu bestimmten Sachverhalten. Allerdings sind Explikationen – hermeneutisch gesprochen – Auslegungen. Wer bei allen Menschen auf die Augenfarbe achtet, dem entgeht anderes wie der Gang, die Farbe der Hose, im Extremfall vielleicht sogar das Geschlecht oder ähnliche, sonst gemeinhin auffällige Sachverhalte. Der genau beobachtende Detektiv kann demnach nicht behaupten, die Welt »besser« wahrzunehmen als der schwelgerisch in der Naturstimmung sich aufhaltende Künstler, sondern beide explizieren jeweils anders. Der zweite Hinweis auf die Unerschöpflichkeit der Situationen geht zurück auf ihren Wesenskern, dass sie nämlich chaotisch Mannigfaltiges sind. Situationen sind Bedeutsamkeiten, aus denen erst Einzelnes herausgeholt, expliziert werden kann.[166] Insofern aber die chaotische Mannigfaltigkeit nicht aus einzelnen Fakten zusammengesetzt ist, kann sie auch nicht aus explizierten Sachverhalten ein-

---

[166] An dieser Stelle muss angemerkt werden, dass Schmitz den Begriff der Explikation an die sprachliche Rede bindet (vgl. zum Beispiel Hermann Schmitz: *Situationen und Konstellationen*. S. 9 oder ders.: *Bewusstsein*. S. 48 f.). In früheren Schriften aber ist diese Bindung von Explikation an Sprache weniger prominent (vgl. ders.: *System der Philosophie*. Bd. III/4. S. 414 und der Sache, nicht dem Begriff nach ders.: »Situationen oder Sinnesdaten – Was wird wahrgenommen?« S. 6). Im Folgenden wird die These vertreten, dass Wahrnehmung eine Form von Explikation in leiblicher Kommunikation ist, was eine Erweiterung des Verständnisses von Explikation zur Folge hat. Schmitz hat den Begriff der Individuation (vgl. ders.: *Der unerschöpfliche Gegenstand*. S. 20 f., ders.: *System der Philosophie. Bd. III/1: Der leibliche Raum*. Bonn 2005, S. 19 f. und ders.: *Der Spielraum der Gegenwart*. S. 208) für solche nicht-redebezogenen Entwicklungen hin zur Vereinzelung bereit gehalten, allerdings – anders als den Explikationsbegriff – weniger stark thematisiert. Eine strikte Grenze zwischen Individuation und Explikation scheint jedoch nicht wahrscheinlich. Darum ist nicht ersichtlich, warum man die Vereinzelung der Situationen in der Wahrnehmung nicht gleichermaßen Explikation nennen sollte. Im Hintergrund der von Schmitz vertreten These steht dessen Unterscheidung von leiblichem, hermeneutischem und analytischem Denken (vgl. ders.: *Bewusstsein*. S. 86). Leibliches Denken expliziere nicht, sondern gehe ganzheitlich mit Situationen um und käme daher schon Tieren zu. Gleichwohl ist es plausibel anzunehmen, dass auch manche Tiere durchaus Einzelnes als etwas Bestimmtes – Freund, Feind, Nahrung – wahrnehmen. Vor diesem Hintergrund ist eine scharfe Trennung menschlicher Explikation von tierischer Individuation nicht zu akzeptieren. Damit soll aber gleichwohl nicht die besondere Explikationsleistung menschlicher Rede bestritten sein.

fach rekonstruiert werden, sondern sie widersetzt sich dauerhaft diesem Bestreben. Immer wieder muss der Mensch sich an Situationen als Explikationsobjekten abarbeiten. Im Umgang mit Situationen gibt es ein Kontinuum, an dessen einem Ende die isolierende sprachliche Explikation, an dessen anderem Ende der ganzheitlich-intuitive Umgang steht. Wahrnehmung gelangt nicht zur Vollexplikation, spielt sich aber ansonsten auf der ganzen Skala ab.[167]

Mit dem bisher Dargelegten sind wesentliche Merkmale des Gegenstandes der Wahrnehmung benannt. Jedoch ist das »Was« noch nicht vollends klar herausgestellt, denn Situationen sind auch Freundschaften, die Sprache oder eine Kultur. Auf diese kann sich jedoch Wahrnehmung als konkrete leibliche Kommunikation nur sehr ausschnitthaft beziehen. Insofern ist offensichtlich, dass das in der Wahrnehmung Begegnende eine spezifisch eigenartige Form von Situation sein muss. Schmitz hat dies selbst betont, indem er

---

[167] Eine auffällige Parallele zu diesem Modell bilden Noës umfangreiche Überlegungen zur Frage der Situativität – oder in seiner Terminologie: Virtualität – der Wahrnehmungsgegebenheiten (vgl. Alva Noë: *Action in perception*. S. 33, 50, 53–63, 67, 134f., 165f., 186–194, 215f.). Er stellt fest: »The content of a perceptual experience is not given all at once the way the content of a picture is given in the picture all at once […]. As a matter of phenomenology, the detail is present not as *represented*, but as *accessible*. Experience has content as a potentiality. In this sense, the detail is present perceptually in my experience *virtually*.« (A. a. O., S. 215.) An anderer Stelle heißt es, in noch deutlicherer Parallelität zu Schmitz: »The upshot of all this is that *all* detail is present in experience not as represented, but rather as accessible. One consequence of this is that when you do take your experience offline, as it were, and ask yourself *what is in my consciousness now* – that is, when you attempt to reflect on what is available in your current fixation – you will encounter an ineliminable indeterminacy […]. All the detail before me is *not* given in an instant; the sense of presence of all of it is necessarily indeterminate insofar as it is grounded on the awareness that by looking here, or there, I can *determine* what I see.« (A. a. O., S. 193.) Wiewohl konkret sensomotorisch gedacht, handelt es sich bei dem Determinationsvorgang – in gewissem Sinne – um einen Explikationsvorgang. Vgl. dazu auch ähnliche Andeutungen a. a. O., S. 166. Zugang zu den »virtuellen« – man könnte mit Schmitz sagen: impliziten – Details liefern die Fähigkeiten des Menschen (a. a. O., S. 217), wobei Noë wie gesagt vor allem an Bewegungsvermögen denkt. Hier ist Schmitz' Explikationsansatz weniger körperlich orientiert, aber auf funktioneller Ebene verfolgen beide ein gleiches Bestreben, wenn es bei Noë heißt: »There is a sense in which how things look depends on what you are interested in, or on what you ask, on how you probe.« (A. a. O., S. 165.)

festhält: »Den für die Wahrnehmung primär relevanten Situationstypus bilden die *Eindrücke;* sie sind Situationen, die in einem Augenblick ganz zum Vorschein kommen. [...] Solche Eindrücke sind vielsagend, ohne daß man alles, was sie zu sagen haben, einzeln herausholen könnte [...].«[168] Der spezifische Situationstyp, mit dem man es in der Wahrnehmung grundlegend zu tun hat, ist demnach der Eindruck, der durch seine Ganzheitlichkeit und Binnendiffusität geprägt ist.[169] Seine Eigenart liegt besonders in der Augenblicklichkeit, während andere Situationen – Sprache, Freundschaft, Persönlichkeit – sich erst über eine gewisse Dauer geben und entwickeln.

Nimmt man den geschilderten Ansatz ernst, stellt sich abschließend eine wichtige Frage. Ausgegangen waren die Überlegungen zum Begriff der Wahrnehmung von der aus der Lebenswelt geschöpften Ansicht, einzelne Dinge wie Häuser, Bäume, Autos usw. bildeten den Kernbereich dessen, was in der Erfahrung unmittelbar begegnet. Schmitz zeigt in seinen Analysen, dass es aber einen grundlegenderen Typus von Gegenstand gibt, nämlich die situativen Eindrücke. Wo bleiben nun jedoch in der um empirische Erdung bemühten Phänomenologie die lebensweltlich entscheidenden Vorkommnisse? Muss sich der Alltagsmensch vom Phänomenologen seine Wahrnehmungen berichten lassen? In gewisser Weise muss er das zwar, aber die eingangs genutzte naiv-selbstverständliche Antwort auf die Wasfrage erweist sich nicht als völlig verkehrt. »Die gewöhnliche Wahrnehmung«, so Schmitz, »ist vor-

---

[168] Hermann Schmitz: »Situationen oder Sinnesdaten – Was wird wahrgenommen?« S. 6. Vgl. auch ähnlich ders.: »Wahrnehmung als Kommunikation mit vielsagenden Eindrücken«, in: ders., G. Marx, A. Moldzio: *Begriffene Erfahrung. Beiträge zur antireduktionistischen Phänomenologie.* Rostock 2002, S. 54–64, hier S. 59. – Dass in dem dem Thema der Wahrnehmung eigentlich gewidmeten Band des »System der Philosophie« die Eindrücke kaum eine Rolle spielen, hängt damit zusammen, dass Schmitz dort spezifischere Formen von Wahrnehmungen – nämlich von Dingen und Qualitäten – behandelt (vgl. dazu Hermann Schmitz: *System der Philosophie. Bd. V.* S. 72). Das ist dem Aufbau des Systems geschuldet, dessen Ordnung dazu führt, dass themenrelevante Bezüge in rezeptionsspezifisch ungünstiger Weise verteilt über mehrere Bände zur Sprache kommen.
[169] Vgl. zum Eindrucksbegriff bei Schmitz auch Hermann Schmitz: *System der Philosophie. Bd. III/4.* S. 430 ff.

nehmlich mit *Dingen* und *Halbdingen* beschäftigt.«[170] Nur darf man nicht glauben, Dinge stünden als solitäre, autonome Entitäten gleichsam neutral im Raum, sondern sie sind ein in Situationen eingebetteter und sich aus ihnen ergebender Gegenstandstypus. Dinge verfügen über ein Gesicht und einen Charakter, worunter Schmitz spezifische Situationen versteht. Er schreibt: »Der Charakter gibt im Allgemeinen zu verstehen, um was für ein Ding (Halbding) es sich handelt und worauf man insofern von ihm her gefaßt zu sein hat. [...] Das Gesicht pflegt auch bei konstantem Charakter beständig zu wechseln.«[171] Beispielhaft zeigt sich dies etwa an einem Haus, das je nach Tageszeit, Lichtverhältnissen, Beobachterstandpunkt usw. ein anderes Gesicht präsentiert, aber dem Charakter nach gleich bleibt. Der Charakter selbst ist aber auch situativ, denn hinsichtlich seiner ist keineswegs ein festes, ewig gültiges Inventar an Sachverhalten herausstellbar, sondern ein Haus kann auch nach Jahren der wahrnehmungsmäßigen Bekanntschaft noch – wenn auch in der Regel vermutlich nur minimale – Veränderungen erfahren. Halbdinge wiederum sind den Dingen zwar ähnlich, sie weichen aber in mehrfacher Hinsicht signifikant von ihnen ab. Zu den Halbdingen zählt Schmitz den Wind, die Stimme oder auch den Blick. Was zeichnet sie aus? Dass sie in der Wahrnehmung präsent sind, ist offensichtlich, ihre Andersartigkeit im Vergleich zu dem, was gemeinhin als Ding gilt, ebenso. Die drei wesentlichen Unterschiede bestehen hinsichtlich der Weise der Dauer der Halbdinge, ihrer Äußerung und ihrem Charakter.[172] Das Besondere der Dauer der Halbdinge liegt darin, dass sie verschwinden und wiederkehren können, ohne dass es zweckhaft wäre, nach dem zwischenzeitlichen Status zu fragen. Wo die Stimme ist, wenn man sie nicht hört, ist phänomenologisch offensichtlich sinnlos.[173] Bei einem Ding aber,

---

[170] Hermann Schmitz: *Bewusstsein*. S. 124. [Hervorh. v. S. K.]
[171] Hermann Schmitz: *System der Philosophie*. Bd. III/5. S. 129.
[172] Dazu vgl. Hermann Schmitz: *System der Philosophie*. Bd. III/5. S. 130, ders.: *Bewusstsein*. S. 42 f. und ders.: *Der unerschöpfliche Gegenstand*. S. 216 f.
[173] Gleichwohl kann man überlegen, ob diese Frage für jeden Menschen in gleicher Weise sinnlos sein muss. Ein Naturwissenschaftler würde vielleicht auf gewisse physiologische Anlagen verweisen und ein Aristoteliker womöglich mit dem Vermögensbegriff eine Antwort zu geben suchen. Hier zeigt sich einmal mehr die Re-

das vielleicht kurzzeitig optisch verdeckt ist, hat die Frage nach der Zwischenzeit sehr wohl Berechtigung. Eine eigentümliche Weise der Äußerung haben Halbdinge insofern, als sie einen nur zweigliedrigen kausalen Einfluss ausüben, während Dinge durch einen dreigliedrigen ausgezeichnet sind. Bei Halbdingen fallen Ursache und Wirkung zusammen. Hinsichtlich Stimme oder Blick zum Beispiel kann man phänomenologisch nicht zwischen Wind als Ursache, wie ihn die Physik als Luftbewegung kennt, und Wind als erlebtem leiblichen Stoß oder Widerstand unterscheiden. Diese unmittelbare Kausalität bedingt es, dass Halbdingen eine besondere Zudringlichkeit eigen ist. Stimme oder Blick machen viel stärker leiblich betroffen als ein Stein, Auto oder sonst ein Ding, denn da es keinen »Träger« gibt, fehlt die Möglichkeit zur Distanzierung. Schließlich können Halbdinge, anders als Dinge, ihren Charakter nicht wechseln. Ein Charakterwechsel eines wahrgenommenen Dings liegt dann vor, wenn sich etwa ein Haus plötzlich als Kulisse oder riesiges Photoplakat entpuppt. Es wechselt dann phänomenal seinen Charakter, nicht nur sein Gesicht, denn es erscheint plötzlich nicht bloß verändert, sondern schlagartig als etwas anderes. Halbdinge hingegen vermögen solch einen Wandel nicht durchzumachen.

Diese beiden Gegenstandstypen sind gleichsam vordergründig aus Situationen erscheinende Objekte, die im alltäglichen, gewöhnlichen Wahrnehmen immer die Hauptsache bilden. Sie erscheinen selbst nicht rein, sondern durch die situativen Charaktere und Gesichter hindurch. In den meisten Fällen spielen dabei natürlich Farben, Töne usw. eine Rolle. Bisher kamen diese jedoch im Rahmen des Gegenstands der Wahrnehmung nach Schmitz nicht vor. Ist das nicht kontraintuitiv? Tatsächlich argumentiert Schmitz dafür, dass »im Grenzfall der Wahrnehmung [...] die ›Sinnesdaten‹ sogar ganz entfallen [können].«[174] Er will damit darauf verweisen, dass Situationen zumindest theoretisch nur leiblich, also ohne Bezug auf sinnesspezifische Entitäten wahrgenommen werden könnten.[175] Die-

---

lativität des Phänomenbegriffs mit ihren auch problematischen oder jedenfalls schwerwiegenden Implikationen.
[174] Hermann Schmitz: *System der Philosophie*. Bd. III/5. S. 23.
[175] Vgl. Hermann Schmitz: *System der Philosophie*. Bd. III/4. S. 107 ff.

ser Grenzfall mag dahingestellt bleiben, denn wichtiger ist, dass Schmitz zugleich zugibt, dass Wahrnehmung in der Regel auch »Sinnesdaten« präsentiert.[176] Die Rede von Sinnesdaten in Anführungszeichen macht jedoch zugleich deutlich, dass eine Distanzierung erfolgt. Sinnesdaten sind phänomenologisch gesehen nicht die Bausteine der Wahrnehmung, denn die Situationen sind die grundlegenden Gegenstände. Welche Rolle bleibt dann aber noch für Farben, Töne, Berührungen usw.? Sie kommen zumeist nicht selbständig als Entitäten vor, wie sich das insbesondere die atomistisch argumentierende Sinnespsychologie dachte,[177] sondern sind eingebunden in Situationen wie den Gesichtern. Die von Schmitz mit dem Neologismus »*Quale*«[178] bezeichneten Sinnesqualitäten kommen in freier Form zum Beispiel als Augengrau, Flächenfarbe im Sinne von David Katz oder häufiger als Klang vor.[179] In der gebundenen Form stehen sie als sie selbst nicht prominent dem Wahrnehmenden gegenüber, sondern erscheinen vielmehr als Teil der sie einbindenden Situation, also zum Beispiel als Farbe des Hauses, Klang des Instruments usw. Gleichwohl können auch die gebundenen Quale gelöst werden aus diesen Situationen, wobei hier die Ausleibung eine entscheidende Rolle spielt. Damit stößt die Darlegung der neuphänomenologischen Wahrnehmungstheorie aber schon die Tür auf zu der Frage nach dem »Wie« der Wahrnehmung.

III.2.3 Das »Wie« der Wahrnehmung

Gegenstand der Wahrnehmung sind Situationen, zumeist Eindrücke – in Grenzfällen ohne sinnliche Wahrnehmungsbestandteile –

---

[176] Vgl. Hermann Schmitz: *System der Philosophie. Bd. III/5.* S. 22 f.
[177] Ernst Mach scheint in diese Richtung gegangen zu sein. Vgl. dazu vor allem Ernst Mach: *Analyse der Empfindungen und das Verhältnis des Physischen zum Psychischen.* Jena 1919, vor allem S. 5, 11, 18 f.
[178] Der Hauptgrund für die Wortneubildung liegt darin, dass das Wort »Sinnesqualitäten« eine sensualistische Position im schon geschilderten Sinn nahelegt, was jedoch gerade nicht intendiert ist. Vgl. dazu genauer Hermann Schmitz: *System der Philosophie. Bd. III/5.* S. 20–24. [Hervorh. v. S. K.]
[179] Vgl. Hermann Schmitz: *System der Philosophie. Bd. III/5.* S. 211, 215.

sowie gegebenenfalls freie Quale. Der Vollzug des Wahrnehmens geschieht über beziehungsweise mit dem Leib. Wenn man nun danach fragen würde, wie hier eine Brücke zu schlagen sei, wäre die Frage im Grunde genommen schon falsch gestellt. Wer nach einer Brücke – wenn auch nur metaphorisch – fragt, unterstellt immer einen vorgängigen Graben. Das weist etwa in die Richtung, in der Hartmann sich bewegte, als er versuchte, den Hiat zwischen Subjekt und Objekt irgendwie zu überspannen.[180] In der Theorie erwies sich das als äußerst schwierig, wohingegen phänomenal die Menschen gar keinen Zweifel haben, auf verschiedenste Weise Kontakt zu haben mit etwas anderem als ihnen selbst.[181] Der Leibbegriff wird aber explizit – sowohl bei Merleau-Ponty als auch bei Schmitz – in Opposition zum klassischen Subjekt-Objekt-Dualismus verstanden.[182] Insofern ist der Leib nicht als abgetrennt von allem Innerweltlichen zu verstehen, sondern je schon als Fundament aller Weltlichkeit. Gleichwohl ist die Frage nach den genauen leiblichen Wirkweisen der Wahrnehmung berechtigt, ebenso wie die Frage nach dem Kontakt mit Dingen, die selbst nicht leiblich sind. Schmitz nennt als wesentliche leibliche Vorgänge im Zuge des Wahrnehmens die Ein- sowie Ausleibung, während er als die gesuchte »Brücke« die synästhetischen Charaktere und die Bewegungssuggestionen benennt. Ihnen wird sich daher bei der Frage nach dem »Wie« zuzuwenden sein.

Unter *Einleibung* versteht Schmitz »[l]eibliche Kommunikation von der Art, daß mindestens ein Leib – eventuell mehrere, auf diese Weise sich innig verbindende Leiber – in ein ad hoc sich bildendes übergreifendes leibliches Gefüge eingeht (eingehen) und diese Einbettung durch Bezug auf die Enge des Leibes zu Stande kommt

---

[180] Vgl. zum Beispiel Nicolai Hartmann: *Grundzüge einer Metaphysik der Erkenntnis.* S. 43–54.
[181] Diesen richtigen Impetus betonen auch Gallagher, Zahavi und Noë. Vgl. dazu Shaun Gallagher, Dan Zahavi: *The phenomenological mind.* S. 23, 100–104, 155 und Alva Noë: *Action in perception.* S. 24, 217.
[182] So heißt es bei Merleau-Ponty: »Ding und Welt sind mir gegeben mit den Teilen meines Leibes, nicht dank einer ›natürlichen Geometrie‹, sondern in lebendiger Verknüpfung […].« (Maurice Merleau-Ponty: *Phänomenologie der Wahrnehmung.* S. 241.)

[...].«[183] Sie kommt in zwei Formen und deren Mischformen vor, nämlich als solidarische und als antagonistische.[184] Bei solidarischer Einleibung harmonieren die Partner hinsichtlich der Vorherrschaft im Prozess größtenteils miteinander, während bei antagonistischer Einleibung einer der beteiligten Leiber die Dominanzrolle innehat.[185] Beispiel für Einleibung ist insbesondere der Blickkontakt,[186] denn bei ihm wird nicht, wie die traditionellen Paradigmen nahelegen, bloß eine Farbwahrnehmung – die Iris des anderen Auges – gemacht, sondern es geschieht ganz unmittelbar leiblich etwas. Blicke sind »gewissermaßen das primäre Medium von Herrschaft, in gänzlich uninstitutionalisierter Form.«[187] Sie können verletzend, bestrafend, freundlich, einladend oder auch mitleidig sein. Es kommt in diesen Fällen im Wahrnehmen zu einem Wechselspiel des eigenen Blickens und des fremden Anblickens, also zu bestimmten Einleibungsvorgängen, die – wie beim bösen Blick – zu einer Engung des Betroffenen führen oder – wie beim einladenden Blick einer neuen Bekanntschaft – zu einer Form von Weitung.

---

[183] Hermann Schmitz: *System der Philosophie*. Bd. III/5. S. 95.
[184] Schmitz differenziert noch weiter in wechselseitige antagonistische oder einseitig antagonistische, latente oder patente sowie interne und externe Einleibung, aber diese Feinunterscheidungen sollen hier unbeachtet bleiben (vgl. zu diesen Differenzierungen Hermann Schmitz: *Der Leib*. S. 29–50). Schmitz neigt dazu, sehr viele, mitunter schwer noch phänomenologisch eineindeutig nachzuvollziehende begriffliche Scheidungen einzuführen, die die Leistung seines grundsätzlichen Einblicks in wichtige Dimensionen (Engung – Weitung, Einleibung – Ausleibung, epikritisch – protopathisch usw.) menschlichen Erfahrens mehr verdecken als enthüllen. Freilich hält Schmitz diese Differenzierungen nicht für Wortspielerei oder »Sophistik«, sondern für sachangemessen. Die vorliegende Studie orientiert sich im Sinne größerer Produktivität und besserer Anschlussfähigkeit an den allgemeinen Diskurs jedoch nur an den terminologischen Grundzügen. Der damit womöglich einhergehende Schärfeverlust wird mehr als aufgewogen durch die Chance, wesentliche philosophische Perspektiven zu öffnen auch für einen Schmitz-fernen Rezipienten.
[185] Vgl. Hermann Schmitz: *System der Philosophie*. Bd. V. S. 39–45.
[186] Er ist ein häufig herangezogenes Beispiel von Schmitz. Vgl. exemplarisch die Analysen in Hermann Schmitz: *System der Philosophie*. Bd. III/2. S. 378–389 oder ders.: *Der Leib*. S. 31 f.
[187] Michael Großheim: »Blick, Leib und Herrschaft«, in: Der blaue Reiter. Journal für Philosophie, Bd. 4 (2/1996), S. 15–21, hier S. 19. Dort auch weiterführende Bemerkungen zum Blick.

Nicht nur der Blick wirkt in dieser Weise, sondern nach Schmitz ist Einleibung die für Wahrnehmung wichtigste Kommunikationsform.[188] Ein gehörter Glockenschlag wirkt, besonders wenn er unerwartet ertönt, engend, ein gesehenes Himmelsblau an einem Sommertag oder die erlebte Weite auf einem Berggipfel weitend.

Neben der Einleibung spielt die *Ausleibung* im Rahmen des Wahrnehmens eine zwar geringere, dennoch relevante Rolle, insofern es durch sie einzigartige Möglichkeiten der Freiwerdung von Entitäten gibt. Ausleibung ist leibliche »Kommunikation mit prädimensionaler Tiefe durch Ausströmen und Versinken, also ohne Auseinandersetzung mit ihr [...].«[189] Prädimensionale Tiefe meint die Form der Weite, das heißt im weitesten Sinne des Raumes, welche leiblich – ohne Bezug auf Gegenstände und messbare Abstände – erlebt wird.[190] Diese Tiefe ist nicht die eines Zimmers, die man angeben kann, indem man den Abstand von der Eingangstür zur hinteren Wand misst, sondern sie ist eher volumenartig. Prägnant erlebbar wird sie in der Weite nächtlicher Dunkelheit, wie Schmitz betont. Dabei wird Tiefe erfahren, ohne dass sie Dimensionen – Länge, Höhe, Breite – hätte, sondern es wird gleichsam reine, orts- und bezugslose Tiefe erlebt. Ausleibung ist demnach die Weitung des Leibes in Richtung dieser Tiefe. Sie geschieht zum Beispiel bei der Trance oder im autogenen Training. Zumeist, dies war bereits festgehalten worden, vollzieht sich Wahrnehmung durch Einleibung. Jedoch bietet die Ausleibung Gelegenheit zu besonderen Erfahrungen, nämlich der »situationslosen Wesensschau«[191]. Dieser Terminus wirkt zunächst irritierend, scheint er doch auf eine lange Tradition philosophischer Ansätze – von Platon bis Husserl – zu verweisen, die ansonsten wenig mit dem leibphänomenologischen Vorgehen gemein haben. Dennoch greift Schmitz auf diesen Terminus zurück, weil in der Ausleibung die

---

[188] Vgl. Hermann Schmitz: *Der unerschöpfliche Gegenstand.* S. 138.
[189] Hermann Schmitz: *Der unerschöpfliche Gegenstand.* S. 152. Vgl. auch ders.: *System der Philosophie. Bd. III/5.* S. 99.
[190] Vgl. dazu und zum Folgenden Hermann Schmitz: *System der Philosophie. Bd. III/1.* S. 393–397.
[191] Vgl. Hermann Schmitz: *Der unerschöpfliche Gegenstand.* S. 153.

Wahrnehmung [...] eine Präzision [hat], die nicht mehr auf ein individuelles, raumzeitlich bestimmtes Quantum zielt, sondern auf genau nuancierte und dadurch anschaulicher Abhebung [...] fähiger Arten [...]. Deutlich wird diese Verlagerung der Aufmerksamkeit auch am Weingenuss. Wer sich mit genießerischer Ausleibung in das aparte Aroma einer Weinsorte vertieft, wird etwa »diese feine, pikante Säure« rühmen, aber nicht »das Saure da«. Die entspannte sinnliche Ichhaltung [...] kann auf diese Weise zur Begegnung mit einem Absoluten werden, mit einer Qualität nicht von etwas, sondern als eine Sache, wie sie an sich selbst ist, ohne Relativierung durch Rollen und Nebenbedeutungen, die sonst durch umspannende Sachverhalte, Programme und Probleme dem Begegnenden zugewiesen werden.[192]

Durch Ausleibung besteht der Tendenz nach die Gelegenheit, unabhängig beziehungsweise jenseits von individuierten Vorkommnissen Sachen in besonderer Weise als sie selbst zu erleben. So treten etwa Quale – die Sinnesdaten mancher klassischen philosophischen Theorie – erst im Sonderfall der Ausleibung als prägnante Entitäten hervor, während sie sonst eingebunden in Situationen gleichsam unauffällig bleiben.[193] Schmitz verweist exemplarisch auf das sogenannte »Mach-Erlebnis«, welches Ernst Mach selbst auf folgende Weise schildert:

> Etwa 2 oder 3 Jahre später [d. h. mit ungefähr 17 oder 18 Jahren; S. K.] empfand ich plötzlich die müßige Rolle, welche das »Ding an sich« spielt. An einem heitern Sommertage im Freien erschien mir die Welt samt meinem Ich als *eine* zusammenhängende Masse von Empfindungen, nur im Ich stärker zusammenhängend.[194]

Die Wahrnehmung Machs erweist sich – in der Terminologie der Neuen Phänomenologie – als eine Ausleibung, durch die Gegenstände als Bezugsobjekte unwichtig werden, währenddessen isolierte, reine Quale deutlich hervortreten. Man kann sich ähnliche Erlebnisse denken beim dösenden Schlaf auf menschenleerer Wiese

---

[192] Hermann Schmitz: *Bewusstsein*. S. 126.
[193] Vgl. dazu Hermann Schmitz: *System der Philosophie*. Bd. III/5. S. 219–223.
[194] Ernst Mach: *Die Analyse der Empfindungen und das Verhältnis des Physischen zum Psychischen*. S. 24. Vgl. eine ähnliche Schilderung, die von Albert als ontologische Erfahrung der Einheit des Seienden gedeutet wird, in Karl Albert: *Die ontologische Erfahrung*. S. 149.

unter wolkenlosem, blauem Himmel – dann würde die Farbe des Himmels als »Wesen« wahrnehmbar oder auch ein Geruch, der gerade in der Luft liegt, ein Geräusch, das zu hören ist usw. Mit den beiden Mechanismen der Ein- und Ausleibung sind die wesentlichen leiblichen Vorgänge angesprochen. Doch es erhebt sich ein gewichtiger Einwand: wenn Wahrnehmung leibliche Kommunikation ist, kann dann in ihr überhaupt Leibfremdes vorkommen? Dass dies der Fall ist, scheint evident, denn Autos, Bäume usw. sind nicht leiblich, aber wesentliche Bestandteile der lebensweltlich erfahrenen Wirklichkeit. Hier wird die schon angesprochene »Brücke« doch benötigt, ohne allerdings zugleich einen Subjekt-Objekt-Dualismus zu unterstellen, denn leiblich ist der Mensch immer schon in bestimmter Weise bei den Situationen. Es gibt, so Schmitz, »*leibnahe Brückenqualitäten*«, die sich dadurch auszeichnen, dass sie »sowohl am eigenen Leib gespürt als auch an begegnenden Gestalten wahrgenommen werden können. Wenn ein Gegenstand solche Qualitäten besitzt, kann er auch ohne eigenen vitalen Antrieb Partner im gemeinsamen vitalen Antrieb der Einleibung sein.«[195] Es gibt Qualitäten, die an nicht-leiblichen Wahrnehmungsobjekten vorkommen, und dennoch dem leiblichen Subjekt bekannt sind. Die beiden Phänomene, auf die Schmitz hinweist, sind Bewegungssuggestionen und synästhetische Charaktere. *Bewegungssuggestionen* liegen dann vor, wenn sich gleichsam in der Wahrnehmung eine Bewegung aufdrängt oder ankündigt, ohne wirklich vorzuliegen.[196] Eine Melodie kann zum Beispiel schnell oder langsam, hektisch oder ruhig, die Linienführung einer Autokarosserie dynamisch oder statisch, schwungvoll oder lahm sein. Architekten, Designer, Komponisten, aber auch Maler oder Dichter – man denke an Sprachmelodie – beschäftigen sich praktisch mit dem Phänomen der Bewegungssuggestionen. Solche Bewegungsanmutungen kommen leiblich und eben auch an leibfremden Dingen vor.[197] Dass Bewegungssuggestionen leiblich »verstanden«

---

[195] Hermann Schmitz: *Der Leib*. S. 33. [Hervorh. v. S. K.]
[196] Vgl. Hermann Schmitz: *System der Philosophie*. Bd. III/5. S. 38.
[197] Hierhin gehören zum Teil auch Ausdrucksgesten. Man könnte sagen, dass das, was Gallagher im Unterschied zur Topokinese (ortsgerichtete Bewegungen der

werden können, belegen exemplarisch Tanzgebärden, die die Anmutungen der Musik leiblich nachzeichnen. *Synästhetische Charaktere* wiederum schlagen eine Brücke nicht von Gestalten oder Gebärden hin zum Leib, sondern von Qualen. Diese werden, wie gezeigt, zumeist in Gesichter eingebunden erlebt. An sich sind Farben, Töne, Schälle usw. leibfremd, ihnen entspricht nichts leiblich, doch sie haben einen Zug, der sie leibnäher macht. Man sagt durchaus phänomenal und phänomenologisch korrekt, Farben seien warm oder kalt, Töne hoch oder tief, Gerüche spitz oder dumpf usw. Das sind die von Schmitz herausgestellten synästhetischen Charaktere, die mit den Qualen im Verbund vorkommen.[198] Es ist evident, dass Menschen solche Merkmale wie hoch, tief, schwer, leicht, warm, kalt usw. aus der Erfahrung ihrer Leiblichkeit kennen. Schmitz weist nun darauf hin, dass die Rede von derartig zu charakterisierenden Qualen keine bloße Metaphorik ist,[199] sondern auf wesentliche Bestandteile der Wahrnehmung rekurriert. Ein Rot erfährt man mitunter durchaus als stechend, aggressiv oder intensiv. Dieser Charakter schlägt somit eine Brücke zwischen Leib und Qualen.[200]

Mit den genannten Bestimmungen sind die wesentlichen Grundzüge der Wahrnehmungsphilosophie von Schmitz erläutert. Es ist offensichtlich, dass sie ganz andere Wege einschlägt als die eingangs des Kapitels verhandelten traditionelleren Paradigmen – mit der Ausnahme des Ansatzes von Merleau-Ponty und den Überlegungen im Umfeld des Embodiment-Theorems vielleicht. Im Folgenden wird sich die Stichhaltigkeit der Begriffe am Grenzfall der Differenzerlebnisse erweisen müssen.

Hand etwa) als Morphokinese (gestische Realisierung von Formen) beschreibt, stellt Bewegungsgestalten mit dem genannten leiblich verstehbaren suggestiven Anteilen darf. Vgl. dazu Shaun Gallagher: *How the body shapes the mind*. S. 113.
[198] Vgl. dazu Hermann Schmitz: *System der Philosophie*. Bd. III/5. S. 47–69.
[199] Vgl. dazu Hermann Schmitz: *System der Philosophie*. Bd. III/5. S. 61.
[200] Schmitz betont, dass es gleichsam hinter den synästhetischen Charakteren, den Bewegungssuggestionen und den situativen Aspekten eine leibfremde Komponente – das Urqual – sich abzeichnet. Die Brückenqualitäten stellen nur die phänomenologisch nachweisbare leibliche Kommunikationsebene dar, ersetzen nicht das leibfremde Vorkommnis selbst. Vgl. dazu Hermann Schmitz: *System der Philosophie*. Bd. III/5. S. 67f.

IV. Eine Phänomenologie der Differenzerlebnisse

Unwirklichkeitserfahrungen als in weiter Hinsicht pathologische, unnormale, ungewöhnliche Erlebnisse von Menschen werden hier thematisiert, um der *lebensweltlichen Wahrnehmungswirklichkeit* auf die Spur zu kommen.[1] Dass nicht direkt auf die Phänomene abgezielt ist, erklärt sich daraus, dass die Lebenswelt letztlich diejenige Sphäre ist, um die es Menschen in ihrem Tun zumeist geht. Zwar ist die Phänomenologie bestrebt, auf die fundierende, kritisch geprüfte Ebene der Phänomene zu gelangen, aber nicht aus bloßem Selbstzweck, sondern um die phänomenale Erfahrungswirklichkeit zu korrigieren und im Sinne einer Lebensweltökologie zu verbessern. Deshalb steht diese als Thema im Fokus. Philosophie ist auf diesem Wege keine Tätigkeit im sprichwörtlichen Elfenbeinturm, sondern ein rationaler Kampf um die Lebenswelt und gegen deren Verdeckung und Verkünstelung. Keine Unmittelbarkeit steht dabei als Ziel vor Augen, sondern primär eine Korrektur oder mindestens kritische Besinnung. Differenzerlebnisse bieten dazu in jedem Fall hinreichend Gelegenheit.

---

[1] Leider lassen es evidente methodische Probleme nicht zu, tierisches Wahrnehmen in gleicher Weise wie das des Menschen phänomenologisch aufzuschließen. Zwar ist man – dank leiblicher Kommunikation – nicht zwangsläufig nur an behavioristische Zugangsweisen verwiesen, aber die Analyse bleibt auch dann noch erheblich erschwert und spekulativ. Einige wenige interessante Bemerkungen zur Wahrnehmungswelt der Tiere finden sich bei Hans Volkelt: *Über die Vorstellungen der Tiere. Ein Beitrag zur Entwicklungspsychologie.* Leipzig, Berlin 1914 und Frederik J. J. Buytendijk: *Mensch und Tier. Ein Beitrag zur vergleichenden Psychologie.* Hamburg 1958. Jedoch scheint das empirische Fundament zurzeit insgesamt noch zu gering, um weitreichende Folgerungen daraus ziehen zu können. Gleichwohl ist es wahrscheinlich, dass eine Analyse einiger Differenzerlebnisse auch bei Tieren in Ansätzen möglich ist.

Wenn im Folgenden die Pathologien der Wahrnehmungswirklichkeit behandelt werden, erfolgt dies in zwei wesentlichen Schritten. Zunächst wird das Phänomenfeld systematisiert und – möglichst empirienah – analysiert. Dazu erweist es sich als notwendig, Klassen von Erlebnisgehalten zu bilden. Eine solche Kategorisierung impliziert häufig zugleich eine ontologische Taxonomie oder mindestens ontische Gegenstandsarten. Auf dem Feld der Differenzerlebnisse kommt erschwerend hinzu, dass es hier ausgeprägte medizinische Nomenklaturen gibt, die ihrerseits höchst umstritten sind.[2] Aus diesem Grund ist die Klassenbildung der Wahrnehmungen, wie sie sich in Kapitel IV.1 findet, von vornherein *ohne ontologischen oder medizinisch-diagnostischen Sinn* zu verstehen. Sie folgt vielmehr *rein phänomenalen Gesichtspunkten*. Das heißt, wo im Erleben der Patienten und Betroffenen sich Gemeinsamkeiten oder Parallelen zeigen, werden diese begründet in eine Klasse sortiert, ohne dass daraus folgt, es handle sich um dieselbe Krankheit, denselben Gegenstand usw.[3] Anhand der herausgestellten Klassen sollen entscheidende phänomenale und phänomenologische Vorgänge aufgezeigt und erläutert werden. Im Zuge der Klassenbildung werden die gewonnenen empirischen Einsichten mit spezifischen theoretischen Deutungsangeboten, wie Schmitz sie entwickelt hat, verbunden und somit die leibphänomenologisch fundierten Kenntnisse pointiert zur Anschauung gebracht. Schließlich wird in einem

---

[2] In seiner Studie zu Depersonalisationserfahrungen hat Wolfradt einige wesentliche Versuche, den speziellen Zustand mit verschiedensten Merkmalskatalogen einzufangen, aufgezählt. Vgl. dazu Uwe Wolfradt: *Depersonalisation. Selbstentfremdung und Realitätsstörung.* S. 72–79. All die Versuche erweisen sich aus phänomenologischer Sicht als ungenügend, insofern sie eben im Interesse durchaus legitimer, aber phänomenferner Zugriffe – Anamnese, Therapie usw. – Beschneidungen in Form von Konstellation vornehmen.

[3] Damit folgt die vorliegende Untersuchung dem Pfad, den auch Theunissen angesichts pathologischer Erfahrungen wählte. Er schrieb, dass »die nosologische Systematik für die [ ] anzustellenden Überlegungen von untergeordneter Bedeutung ist. Denn […] es gibt eine, meine ich, gegenüber allen solchen Differenzen ursprünglichere und sie infolgedessen gewissermaßen auch übergreifende Erfahrung.« (Michael Theunissen: *Negative Theologie der Zeit.* S. 47.) Eine solche übergreifende Erfahrungsweise ist die leibliche im Sinne von Schmitz.

zweiten Schritt auf einige der schon genannten Wegweiser und auch einige noch ungenannte Positionen im Interesse eines prüfenden Vergleichs zurückzukommen sein. In Auseinandersetzung mit bereits entwickelten Wahrnehmungswirklichkeitstheorien kann die erarbeitete Ansicht bedeutender Kontur gewinnen, ihre Stärken, aber auch ihre Defizite entfalten.

IV.1 Erlebnisdimensionen

Eine Kategorisierung durch Gruppen sieht sich im Angesicht der hier thematisierten empirischen Basis vor zwei Möglichkeiten gestellt. Sie könnte sich nach den Umständen der Erlebnisse richten – also auf die Zustände wie Rausch, Traum, Wahn usw. Bezug nehmen – oder nach phänomenologischen Differenzen. Der zweite Weg mutet jedoch deshalb sinnvoller an, weil er von sachfremden terminologischen Implikationen freigehalten werden kann. Im Fokus der Betrachtung steht, welche Arten der Abweichungen und Unterschiede zur gewöhnlich als wirklich erlebten Welt hervorgehoben werden und welche gleichsam pathologischen Veränderungen der Wahrnehmungswelt auffallen. Dabei gilt es zu beachten, dass bestimmte Erlebnisse von Differenzen gegebenenfalls zugleich in verschiedene Klassen eingliederbar sind, weil sich an ihnen mehrere Phänomene zeigen. Ebenfalls können verschiedene Dimensionen von Erfahrungen, die nachfolgend differenziert werden, unter Umständen zusammenfallen. Dass sie dennoch als selbständige Phänomene gelten sollen, rechtfertigt sich aus bestimmten Fällen, in denen sie sich in reinerer Form herausschälen. Außerdem ist es keineswegs ausgemacht, dass die vorliegenden Klassen alle möglichen Fälle abdecken. Vielmehr bilden sie ein Inventar von Gruppen über dem vorliegenden Material. Phänomenologie ist notwendig unabgeschlossen, so dass zukünftige Reflexionen über Differenzerlebnisse die Klassenbildung ergänzen und verändern werden. Ein grundlegender und tragfähiger Einstieg ist mit dem Folgenden indes bereitet. Dass von Dimensionen die Rede ist, verweist dabei schon terminologisch auf das graduelle Wesen der Phänomene. Wirklichkeit ist nicht an distinkten Merkmalen oder Werten ablesbar, sondern realisiert sich in bestimmten Bereichen – den Dimensionen – auf je andere Weise.

IV.1.1 Dämpfung

Ein auffälliges, typisches Differenzerlebnis, welches in unterschiedlichsten Kontexten auftritt, ist dass der »Dämpfung« oder des »Filters«. Prägnant findet es sich bei Patienten, die unter Depersonalisation zu leiden haben.[4] Einem Betroffenen war, »als wollte ihn etwas einhüllen und sich zwischen ihn und die Außenwelt einschieben. ›Es war wie eine Barriere zwischen mir und der Welt.‹«[5] Von einer anderen Person ist folgende Äußerung überliefert: »Es ist alles wie in eine schleierhafte, nebelartigere Art von Realität verwandelt. Nur die Ansätze zur Realitätsbetonung fühle ich. […] [Es ist,] als ob sich ein Fell über meinen Kopf und ganzen Körper zöge und ich von der Außenwelt abgeschlossen sei.«[6] Patienten berichten, dass sie zwar korrekt wahrzunehmen glauben, aber bei verminderter Fülle: »Meine Ohren hören gut, aber sie scheinen verstopft.«[7] Verwandt ist die ebenfalls häufig zu findende Rede von einem »Schleier«: »Ich mache manchmal die Augen weit auf, als wenn ich dann durch einen Schleier sehen könnte, hinter dem Schleier ist die Wirklichkeit. Es ist mir alles unwirklich, aber dahinter sehe ich noch das

---

[4] Eine Zusammenfassung wichtiger deskriptiver Züge finden sich bei Paul Schilder: »Deskriptiv-psychologische Analyse der Depersonalisation«, in: J.-E. Meyer (Hrsg.): *Depersonalisation*. Darmstadt 1968, S. 46–141, vor allem S. 60ff. Dort wird allerdings auf direkten Quellenumgang verzichtet.
[5] Ernst Störring: »Die Depersonalisation. Eine psychopathologische Untersuchung«, in: Archiv für Psychiatrie und Nervenkrankheiten, Bd. 98 (1933), S. 462–545, hier S. 464.
[6] Konstantin Oesterreich: »Die Entfremdung der Wahrnehmungswelt und die Depersonnalisation in der Psychasthenie«. Bd. 8, S. 63ff. – Statt vom Fell spricht eine andere Betroffene davon, ihr sei, »als wäre der Kopf mit Filz überzogen.« (Karl Haug: *Die Störung des Persönlichkeitsbewusstseins und verwandte Entfremdungserlebnisse. Eine klinische und psychologische Studie*. Stuttgart 1936, S. 82.)
[7] Konstantin Oesterreich: »Die Entfremdung der Wahrnehmungswelt und die Depersonnalisation in der Psychasthenie«. Bd. 8, S. 92.

Wirkliche.«[8] Ganz ähnlich die typische Aussage eines Patienten, er erlebe die Wirklichkeit »nur schwach, wie durch einen Schleier [...].«[9] Solche Dämpfungen oder Filterungen werden nicht nur bei pathologischen Entfremdungszuständen erlebt, treten hier aber prägnanter hervor.[10] Schon im alltäglichen Erleben kommt so etwas vor, etwa wenn nach einem Schwimmbadbesuch Wasser im Ohr verblieben ist. Natürlich sind die Menschen in diesem Fall nicht schockiert, aber phänomenal liegt tatsächlich eine vergleichbare Dämpfung des akustischen Eindrucks vor.[11] Die Entfremdung wird dabei allerdings nicht virulent, weil es für sie eine plausible Erklärung gibt. Man stelle sich jedoch vor, die Verstopfung des Ohres durch Wasser erfolge unbemerkt im Schlaf. Der morgens Erwachende würde weitaus dramatischer von der veränderten Wahrnehmungswelt betroffen sein. Weiterhin zeigen Benommenheitszustände solche Filterungen. Nicht nur ein körperliches Trauma – etwa bei einem Unfall –, sondern auch emotionale Erschütterungen können dazu führen, wie man häufig hören kann, dass Emp-

---

[8] Joachim-Ernst Meyer: *Die Entfremdungserlebnisse. Über Herkunft und Entstehungsweisen der Depersonalisation.* Stuttgart 1959, S. 34.

[9] Willy Mayer-Gross: *Selbstschilderungen der Verwirrtheit. Die oneiroide Erlebnisform. Psychopathologisch-klinische Untersuchungen.* Berlin 1924, S. 220. Vgl. auch Uwe Wolfradt: *Depersonalisation. Selbstentfremdung und Realitätsstörung.* S. 21.

[10] Das Besondere an den Entfremdungskrankheiten ist, dass die Patienten zwar pathologische Erlebnisweisen haben, jedoch ansonsten bei klarem Verstand sind. Auf diese Weise können sie, anders als Wahnkranke, Schizophrene oder Berauschte, in sehr präziser Form beschreiben, wie und was sie wahrnehmen. Vgl. zu diesem Punkt das einsichtige Bekenntnis einer Patientin: »[...] I believe I have a rational sickness, in that I can recognize it as such, which is a blessing and a curse [...].« (Eugene Meyer, Lino Covi: »The experience of depersonalization: A written report by a patient«, in: B. Kaplan (Hrsg.): *The inner world of mental illness. A series of first-person accounts of what it was like.* New York, Evanston, Boston 1964, S. 254–259, hier S. 256.)

[11] Damit wird, wie eingangs erläutert, keine Identität des »normalen Dämpfungserlebens« mit den pathologischen Entfremdungszuständen behauptet. Dies ist schon deshalb unmöglich, weil beim Gesunden solche Dämpfungen wohl nur auf dem akustischen Gebiet vorkommen, nicht in so umfassender Weise wie beim Depersonalisationspatienten. Dennoch lassen sich phänomenale Parallelen herausstellen, die helfen, den Wirklichkeitseindruck der lebensweltlichen Wahrnehmung nachvollziehbar zu machen.

fänger schlechter Nachrichten – zum Beispiel über das Ableben eines Familienmitglieds – solche gedämpften, nicht mehr voll durchdringenden Wirklichkeitserfahrungen haben. Eventuell ließe sich auch die Benommenheit an einem Morgen nach übermäßigem Alkoholkonsum so verstehen, wiewohl hier die Dämpfung einen geringeren Grad zu haben scheint und anfällig ist für Durchdringung, was sich an der dann auftretenden Abneigung gegenüber hellem Licht, lauten Geräuschen usw. zeigt.

Wie lassen sich diese gedämpften Wahrnehmungsweisen mit dem ausgearbeiteten Begriffsinventar fassen und verständlich machen? Aus den Zeugnissen ergibt sich, dass den Depersonalisationsbetroffenen nicht die Bestimmtheit der Wirklichkeit verlorengegangen ist: das Weltinventar ist dasselbe.[12] Damit sieht sich die Analyse verwiesen auf das Wie und das Wer der Wahrnehmung. Hier lässt sich fragen, ob entweder der Kommunikationsakt oder ob der Leib als Wahrnehmungssubjekt verändert sind. Es ist häufig zu bemerken, dass Derealisation – als Verlust des Wirklichkeitseindrucks der Außenwelt – mit Depersonalisation – als Verlust des Wirklichkeitseindrucks des eigenen Selbst – einhergeht.[13] Diese Beobachtung weist deutlich darauf hin, warum es insbesondere der Leib selbst ist, der betrachtet werden muss. Die in der leiblichen Kommunikationen relevanten Aspekte wie Quale, synästhetische Charaktere und Bewegungssuggestionen scheinen nicht verändert, wohl aber das Selbst und die Gewissheit über den Fakt, dass etwas ist, also das Dasein (im Fall der Depersonalisation sogar des eigenen Daseins). Diese Bestimmung ist eine der fünf Dimensionen, in die sich die primitive Gegenwart entfaltet. Lässt sich sagen, dass es hier zu einer Störung kommt? Phänomenal jedenfalls kann man eine

---

[12] Von einem Patienten wird berichtet: »Keine Entfremdungsgefühle gegenüber der Wahrnehmungswelt; er sah alles in den natürlichen Farben, aber ohne Anteilnahme [...].« (Karl Haug: *Die Störungen des Persönlichkeitsbewusstseins und verwandte Entfremdungserlebnisse*. S. 34.) Die Deutung, es läge keine Entfremdung vor, ist angesichts fehlender Involviertheit zu hinterfragen. Für den hier relevanten Kontext ist jedoch der Hinweis entscheidend, dass die Wahrnehmungswelt selbst als nicht verändert beschrieben wird.
[13] Vgl. zum Zusammenhang beider Störungen Joachim-Ernst Meyer: *Die Entfremdungserlebnisse*. S. 1–5.

Eine Phänomenologie der Differenzerlebnisse

unterschiedliche Ausprägung der Dimensionen festhalten. Während das Dieses, das Jetzt und das Hier weiter entfaltet sind, scheinen das Ich und vor allem das Dasein dahinter zurück zu bleiben. Für die Entfaltung generell ist der vitale Antrieb leitend, der Engung und Weitung aneinander bindet. Den Schilderungen nach zu urteilen, ist bei Entfremdungszuständen der Weitepol bedeutungslos. Aber der Engepol des Leibes wird von den Betroffenen gleichsam gesucht: »Die Umgebung erschien ihm traumhaft, alles so verändert, daß er mit dem Kopf gegen das Holz schlug, mit der Hand die Zweige berührte, um sich von der Wirklichkeit zu überzeugen.«[14] Diese typische Verhaltensweise mag zunächst selbstzerstörerisch erscheinen, leiblich interpretiert ergibt sie jedoch Sinn, denn das Schlagen des Kopfes an harte Gegenstände ist eine Weise radikaler Engung und Anspannung.[15] Von hier aus gesehen verweist die gedämpfte Wahrnehmungsweise also auf einen Verlust der Möglichkeit starker leiblicher Engung und Spannung. Vollständig ausgefallen ist die Chance auf Engung nicht, denn dann wäre Bewusstlosigkeit die Folge, wie es bei Ohnmachtsanfällen in Ekstase geschehen kann. Vielmehr scheint der Leib in seiner Dynamik gehemmt. Die von Patienten vielfältig unternommenen Handlungen des Anstoßens, Anfassens usw. sind Versuche, eine leibliche Veränderung hin zu primitiver Gegenwart und damit zu höherer Daseinsgewissheit zu gewinnen. Moderne Leibpraktiken dieser Art sind die bereits erwähnten sogenannten Risikosportarten, von denen die Teilnehmer häufig berichten, sie fühlten sich durch sie erst richtig lebendig. Leiblich gesehen beruht dies auf erhöhtem Spannungsanteil im leiblichen Antrieb sowie einer Form der Regression in Richtung auf primitive Gegenwart. Bei Derealisationsbetroffenen scheint die gewöhnliche Form der dynamischen Rückbindung an die primitive Gegenwart behindert, das Betroffensein ist gehemmt. Dämpfung, Schleier, Nebel usw. sind demnach Ausdrücke,

---

[14] Joachim-Ernst Meyer: *Die Entfremdungserlebnisse.* S. 52.
[15] In diesem Sinne ist es leibphänomenologisch leicht nachzuvollziehen, warum in der Therapie der Depersonalisation die Patienten, wie Wolfradt berichtet, instruiert werden, direkten körperlichen Kontakt zu Gegenständen zu suchen oder laut den eigenen Namen zu sprechen (vgl. dazu Uwe Wolfradt: *Depersonalisation. Selbstentfremdung und Depersonalisation.* S. 52).

um die erlebte Andersartigkeit des Wirklichkeitseindrucks zu beschreiben.

Im Alltagsleben fernab pathologischer Zustände kommt die verminderte Regressionsmöglichkeit ebenfalls vor. Menschen, die man gemeinhin ihrem Wesen, ihrem Charakter nach als lethargisch oder gleichgültig bezeichnen würde, verfügen in vergleichbarer Weise über eine mindestens verlangsamte leibliche Dynamik. Sie werden weniger stark von Wahrgenommenem betroffen, nur wird ihnen dies nicht zu einem pathologischen Zustand. Würde eine ängstliche Person ihre Wahrnehmungen mit denen einer gleichgültig-distanzierten tauschen können, wäre sie vermutlich ob des veränderten Wirklichkeitsgewichts überrascht. In diesem Zusammenhang spielt die individuelle leibliche Disposition eine wichtige Rolle.[16] Sie stellt das für einen Menschen spezifische leibliche Reaktionsvermögen dar. Es ist zu vermuten, dass weniger leicht reizbare Personen weniger stark von Regressionen in die leibliche Enge betroffen sind, weil ihre Disposition tendenziell stabiler, gefestigter, schwingungsunanfälliger ist. Das Entarten der geminderten Engungs- und Spannungskomponente hin zu Entfremdungserlebnissen scheint vor diesem Hintergrund eher graduell denn diskret zu sein, worauf auch Meyer hinweist, wenn er von deren »ubiquitäre[m] Vorkommen«[17] spricht. Eine mögliche Verbindung zwischen Persönlichkeit – die zumindest in Teilen sicher auf der leiblichen Disposition beruht – und Derealisation ist auch von psychologischer Seite bemerkt worden.[18] Insbesondere unsichere, wenig selbstbewusste Menschen seien betroffen. Dieser Hinweis lässt sich leibphänomenologisch so verstehen, dass solche Menschen ohnehin über ein labiles Niveau leiblicher Dynamik verfügen, welches viel leichter in der geschilderten Weise entarten kann. Der weniger stark

---

[16] Die von Meyer getätigte Aussage, dass die »seelische Konstellation [...] eben viel bedeutsamer [ist] als das auslösende Trauma« (Joachim-Ernst Meyer: *Die Entfremdungserlebnisse*. S. 9), ließe sich wohl in dieser Hinsicht leiblich interpretieren.
[17] Joachim-Ernst Meyer: *Die Entfremdungserlebnisse*. S. 1. [Hervorh. im Original anders.] Sachlich ähnlich auch Uwe Wolfradt: *Depersonalisation. Selbstentfremdung und Realitätsstörung*. S. 41 ff., 80.
[18] Vgl. dazu Joachim-Ernst Meyer: *Die Entfremdungserlebnisse*. S. 3. Dort auch Hinweise auf weitere Literatur.

Betroffene kommt vermutlich daher auch kaum in die gleiche Gefahr, den dynamischen Kontakt zur Enge zu verlieren. Auf der anderen Seite – und dies ist für die Frage nach der Vergleichbarkeit individueller Wirklichkeiten sehr bedeutsam – folgt daraus ebenso, dass das Wirklichkeitserleben bei Menschen mit verminderter, aber nicht pathologischer leiblicher Dynamik vermutlich weitaus geringere Register zeigt als bei anderen. Generell jedoch offenbart sich somit, dass die in der Wahrnehmung auffällige Differenz, welche mit dem Hinweis auf Dämpfung, Nebel, Schleier usw. angesprochen ist, auf eine gehemmte leibliche Dynamik deutet, wobei insbesondere die Regression zum Engepol sowie die Möglichkeit leiblicher Spannung gemindert scheinen.

Die ebenfalls benannten Fälle alltäglicher Dämpfung – Wasser im Ohr, Trauma, Erschütterung – sind zwar dem Erleben nach verwandt, beruhen aber auf einem anderen leiblichen Prozess. Wenn man sich die Fälle so weit als möglich vor Augen führt, lässt sich nachvollziehen, dass hier nicht nur eine Dämpfung vorliegt, sondern zugleich auch eine Entindividualisierung. Der Schwimmer nach dem Hallenbesuch ist sich weniger über die Wirklichkeit oder Unwirklichkeit unsicher, als vielmehr darüber, was dort eigentlich vorliegt. Er hört schlechter der Genauigkeit nach. Insofern ist nicht sein vitaler Antrieb besonders geartet, sondern er kommt zu nur begrenzter Individuation des Gegenstandes. Würde er allerdings – wie im Gedankenexperiment vorgeführt – unbemerkt in einen solchen Zustand geraten, wäre er vermutlich auch hinsichtlich des allgemeinen Wirklichkeitscharakters der Wahrnehmung ebenso unsicher wie die Derealisationspatienten. Dennoch bliebe als Merkmal bestehen, dass sich ihm die Dinge selbst schon als vage, undeutlich usw. geben. In diesem Fall misslingt also bereits die Kommunikation in besonderer Weise.

Noch anders wiederum verhält es sich beim verkaterten Partygänger, dem die Welt auch dumpf erscheinen mag. Bei ihm jedoch ist die Welt selbst sehr wohl bestimmt, in Fällen des grellen Lichts, lauten Krachs, intensiver Farben sogar überbestimmt. Hier erweist sich die leibliche Dynamik als »aus der Spur geraten«, und zwar derart, dass sie Engungen durch entsprechende Wahrnehmungsvorgänge besonders ausgesetzt erscheint. Dafür kommen zwei wesentliche Gründe in Frage: zum einen scheint es möglich, dass die leibliche Kommunikation schon auf einem niedrigeren Niveau beginnt als im Normalfall, dass sozusagen der Puffer zur primitiven Gegenwart hin geringer ist; zum anderen ist der vitale Antrieb, der Spannung und Schwellung verbindet, gelockert, so dass ein Abfangen des Bedrängenden nur bedingt möglich ist. Es fehlt eine abfedernde leibliche Defensive.

Die verhandelten Beispiele verweisen allesamt – wenngleich in unterschiedlicher Weise – auf eine Differenzdimension, die nahelegt, ein leibliches Engungsvermögen als Bedingung für lebensweltlich normalwirkliche Wahrnehmungen zu unterstellen. Diese Engung ist aber nicht bloß als sie selbst wichtig, sondern in der Hauptsache durch die Art und Weise, wie sie leiblich erreicht oder jedenfalls angezielt werden kann. Wenn der Kontakt zu ihr vermindert ist, führt dies zu einer Minderung des Wahrnehmungseindrucks, in pathologischen Fällen bis hin zu dessen Verschleierung. Als wichtiger Bezugspunkt erwies sich dabei die leibliche Disposition des Menschen, welche in entscheidender Weise das Erfahren mitprägt.

Dies belegt abschließend als mit der Dämpfung zusammengehöriges Phänomen der Eindruck der Ferne oder Distanz, von dem Betroffene berichten. Menschen kommen dazu, etwas als weniger oder gar nicht wirklich zu charakterisieren, wenn es in eigentümlicher Ferne steht. Von einem Derealisationspatienten berichtet Oesterreich:

> Als Untertertianer traf er einmal einen Schulbekannten auf der Straße, und plötzlich fragte er sich, »ob er das auch wirklich sei«. »Ja er ist es, sagte ich mir, ich sprach ja mit ihm, aber doch kam mir alles so vor, als ob es anders sei als sonst. Zeitweise war diese Erscheinung sehr heftig.« »Es war alles in die Ferne gerückt, unendlich viel matter.«[19]

---

[19] Konstantin Oesterreich: »Die Entfremdung der Wahrnehmungswelt und die Depersonnalisation in der Psychasthenie«. Bd. 8, S. 66. – Dieser Patient ist zugleich Beleg dafür, wie wichtig das Inbetrachtziehen der sozialen Hintergründe für die korrekte Bewertung der Zeugnisse ist. Der junge Mann bildete sich selbst anhand von psychiatrischer Literatur weiter, was spätere Zeugnisse von ihm problematisch macht, da sie – stärker als gewöhnlich – interpretativ sind.

Es zeigt sich bei diesen Wahrnehmungen erneut die Dämpfungsdimension, die allerdings bereichert scheint um das Fernhafte. Dabei ist nicht anzunehmen, dass der Schulkamerad von dem Patienten optisch oder akustisch in weiter Ferne wahrgenommen wurde. Für diesen Fall müssten entsprechend ungewöhnliche oder inadäquate Verhaltensweisen zu erwarten sein – lautes Reden trotz objektiver Nähe, konzentriertes Blicken in die Ferne oder womöglich körperliche Kollisionen aufgrund falscher Distanzeinschätzungen. Davon ist aber im Bericht keine Rede. Eine ähnliche Erfahrung machte eine andere Patientin mit gleichen Symptomen, die am Tische mit ihren Eltern sitzend den Eindruck gewann: »Die Sprache meiner Eltern klang so eigentümlich und wie aus weiter Ferne.«[20] Schließlich greift ein Betroffener sogar zu dem Vergleich, alles sei wie durch einen umgedrehten Feldstecher betrachtet.[21] Leiblich – das liegt nach dem zuvor Gesagten auf der Hand – bleiben die Wahrnehmungsobjekte deshalb fern, weil sie nur noch bedingt betroffen machen, keine beengende Macht haben. Diese Macht fehlt ihnen aber nicht von sich selber her, als wären sie defekt, sondern ist Folge einer Modifikation des Leibes des Wahrnehmenden. Solche Distanzerfahrungen sind nicht nur pathologischer Natur, sondern kommen im Alltag durchaus öfter vor. Beispiele dieser Art wären zum einen der Eindruck einer von fern kommenden Stimme, die man hört, während man versunken in etwas – einen Gedanken, ein Buch, eine Tätigkeit – sich leiblich von der Umwelt abgekehrt hat. Wendet man der Stimme die Aufmerksamkeit zu, verliert sie oft schlagartig den Eindruck der Ferne, weil der Sprechende womöglich in unmittelbarer Nähe zum Hörenden stand und schon die ganze Zeit sprach. Zum anderen wird die Distanz auffällig bei Entfremdungen durch große Aufregung, wie sie Studenten in Prüfungssituationen mitunter erleben. Dann kann es vorkommen –

---

[20] Konstantin Oesterreich: »Die Entfremdung der Wahrnehmungswelt und die Depersonnalisation in der Psychasthenie«. Bd. 8, S. 93. Weitere derartige Aussagen lassen sich leicht finden, so zum Beispiel bei Joachim-Ernst Meyer: *Die Entfremdungserlebnisse*. S. 38 oder Karl Haug: *Die Störungen des Persönlichkeitsbewusstseins und verwandte Entfremdungserlebnisse*. S. 43.
[21] Vgl. Karl Haug: *Die Störungen des Persönlichkeitsbewusstseins und verwandte Entfremdungserlebnisse*. S. 13.

besonders, wenn die Situation sich durch schwierige Fragen oder eigene Unsicherheit zuspitzt –, dass die Stimmen der Prüfer sich dem Eindruck nach entfernen, womöglich sogar die Wände des Zimmers usw. In Schockerfahrungen scheint Vergleichbares zu passieren. Hier kommt es anscheinend zu einem Aushaken nach übertriebener Engung, wodurch ebenfalls eine erneute Engung behindert wird. All diese besonders gearteten Erfahrungen lassen sich leiblich verstehen als Folge fehlender Beengung durch das Begegnende, wie es zuvor herausgestellt worden ist. Dieser Befund betrifft sowohl Dämpfung allgemein als auch speziell das Fernhafte, welches jedoch phänomenal mitunter gesondert aufzutreten vermag.

IV.1.2 Intensität

Im Zusammenhang mit der Dämpfung war schon mehrfach die Rede auf Unterschiede hinsichtlich der Intensität oder Stärke gekommen. Psychologische Theorien haben mitunter versucht, die phänomenale Differenz zwischen bloßen Vorstellungen und echten Wahrnehmungen auf einen solchen Unterschied der Intensität zurückzuführen. Dagegen hat jedoch bereits Specht gefragt: »Aber was geschieht, wenn die Intensität der Tonempfindung verringert wird? Gleicht sich etwa die Tonwahrnehmung immer mehr einer Tonvorstellung an? Oder wird umgekehrt aus der Tonvorstellung eine Tonwahrnehmung dadurch, daß ich anstatt eines leisen einen lauten Ton vorstelle?«[22] Gegen seine mit den Fragen verbundene Implikation muss man sicher einwenden, dass der Fall des Übergangs einer Wahrnehmung in eine Vorstellung phänomenal vorkommen kann. Im Rahmen von Hörtests etwa, bei denen der Betroffene weiß, worauf er gefasst sein muss, wodurch er somit keineswegs ein unbeteiligter oder überraschter Zuhörer ist, lässt sich leicht ein fließender Übergang eines zunächst nur vorgestellten in einen noch ganz leisen, später dann lauter werdenden und offensichtlich wirklich wahrgenommenen Ton denken. Jedoch belegt ein

---

[22] Vgl. Wilhelm Specht: *Wahrnehmung und Halluzination*. S. 50 f.

Versuch des amerikanischen Psychologen Cheves W. Perky, dass es nicht ein stetiger Übergang der Intensität ist, der Wahrnehmungen und Vorstellungen verbindet. Er ließ Probanden in einem Raum sich beliebige Gegenstände vorstellen. Die Versuchspersonen wurden dann nach der Beschaffenheit ihrer Vorstellungen befragt und dadurch bewusst ein wenig abgelenkt, während auf die Wand, auf die die Probanden beim Vorstellen blickten, unbemerkt farbige Formen projiziert wurden. Normalerweise unterscheiden Menschen sehr zuverlässig zwischen Wahrnehmungen und Vorstellungen, so dass eine empörte Reaktion auf diesen Trick zu erwarten war. Jedoch geschah nichts dergleichen, sondern (mit Ausnahmen bei technisch bedingten Enttarnungen) die Probanden nahmen durchweg an, Vorstellungen zu haben, wo sie eigentlich Perzeptionen hatten.[23] Somit scheinen Übergänge in diese Richtung möglich, ohne dass eine stetige Intensitätsangleichung erforderlich wäre. Der zweite von Specht angesprochene Fall scheint jedoch evidenter, denn eine Vorstellung wird gemeinhin nicht für eine Wahrnehmung gehalten. Aber stimmt das in jedem Fall? Vorkommnisse von Halluzinationen und insbesondere das Wahnerleben sollten auch hier eine gewisse Skepsis nahelegen. Fuchs verweist darauf, dass Gesunde es durchaus statistisch signifikant häufig erleben, dass sie ein Lautwerden ihrer Gedanken wahrnehmen.[24] Damit aber werden Vorstellungen zumindest kurzzeitig doch phänomenal zu Wahrnehmungen. Auch hier erweist sich der Übergang freilich nicht durch bloße Intensitätssteigerungen bedingt, sodass Spechts Kritik in der Sache zutrifft.

Doch obwohl stetige Intensitätsübergänge kein phänomenologisches Distinktionsmerkmal darstellen, sind sie nicht ohne weiteres zu übergehen. Man sollte sich allerdings frei machen vom sinnesphysiologischen Konzept der Intensität, welches bei diesem Terminus latent präsent ist, und darunter vielmehr eine wahr-

---

[23] Vgl. dazu Cheves W. Perky: »An experimental study of imagination«, in: The American journal of psychology, Bd. 21 (1910), S. 422–452, hier vor allem S. 428–432.
[24] Thomas Fuchs: »Halluzinationen bei endogenen Psychosen«, in: H.-J. Möller, H. Przuntek, G. Laux (Hrsg.): *Therapie im Grenzgebiet von Psychiatrie und Neurologie*. Bd. 2. Berlin 1996, S. 59–72, hier S. 60.

genommene Stärke verstehen. Solche Intensitätsdifferenzen als Scheidepunkte zwischen Wirklichkeit und Unwirklichkeit sind in vielen Zeugnissen zu finden. Abweichungen finden sich sowohl in Richtung einer Verstärkung als auch Minderung dieses Krafteindrucks der Wahrnehmungen. Michaux berichtet aus seinen Meskalin-Selbstversuchen: »Was die gewöhnliche Realität (noch mehr die photographierte) sonst Gutes hat, ist die Tatsache, daß sie sich vor uns, in uns auslöschen läßt, die gute, die brave, die so leicht zu vergessende Realität. Diese hier ganz im Gegenteil beharrt, geht nicht weg, läßt nicht los.« Beim Betrachten einer Photographie eines Bootes bekennt er beispielhaft: »Alle Schärfe zu scharf. Die […] Ruder sind […] ziemlich scharf an ihrem Ende. Aber heute ist es nicht die gleiche Schärfe. Ihre Schärfe proklamiert die Schärfe. Ihre Schärfe durchdringt mich.«[25] Michaux erfährt eine leibliche Betroffenheit durch das Bild, die ihm die Andersartigkeit der Realität offenbart. Interessant ist, dass hier ganz offensichtlich der synästhetische Charakter der Schärfe besonders hervorspringt.[26]

Einen ganz anderen Fall, der aber eine analoge Verstärkung der

---

[25] Henri Michaux: *Turbulenz im Unendlichen.* S. 22. Hier scheint der dem Distanzerleben entgegengesetzte Fall sich zu zeigen. Nähe und Intensität sind phänomenal offensichtlich korreliert. – Diese Quelle ist eine zumindest semi-literarische, insofern das authentische Erlebnis im Interesse gewisser sprachlicher Qualitätsmaßstäbe (Wohlklang, Metrik usw.) anders sich ausgedrückt findet als bei den um möglichst hohe Wiedergabetreue bemühten Patientenschilderungen. Dennoch stellt sie eine legitime Quelle dar, weil der Autor dem – quasi-phänomenologischen – Impetus folgt, möglichst akkurat zu beschreiben. Außerdem ist es angesichts der Andersartigkeit des Rauscherlebens nicht von vornherein ausgemacht, ob »nüchterne« Prosa eine bessere Deskription zu geben vermag als eine lyrisch-prosaische Sprache.

[26] In einem ganz anderen Kontext tritt eine ähnliche Intensität der synästhetischen Charaktere hervor. Eine Frau berichtet aus dem Koma beziehungsweise vom allmählichen Ende des Komas, als sie wieder Wahrnehmungen macht, das Folgende: »Das sind so schrecklich grelle und grässliche Töne, dass sie mir bis ins Mark gehen. […] Er [der Singende; S. K.] soll aufhören, er tut mir weh damit. […] Überhaupt ist jetzt alles sehr, sehr laut, was von außen kommt, und es ist ganz furchtbar kalt.« (Susanne Rafael: *Kopfzerbrechen.* S. 21, 24 f.) Auch dieser Fall verweist auf den Zusammenhang von Intensität, Wirklichkeit und der Rolle, die die Leiblichkeit dabei spielt. Mit dem »Mark« könnte – gemäß dem hermeneutischen Interpretationsvorgriff dieser Arbeit – der Leib gemeint sein, der in besonderer Weise von den schiefen, disharmonischen Tönen betroffen wird.

Intensität des Wahrnehmungsobjekts belegt, überliefert Carl Schneider von einem Fieberdeliranten, dem »die ganz eigentümliche Bannung in Erinnerung geblieben [sei], welche von den Bildern her ihn ergriffen habe und vermöge deren er in den Bildern geradezu aufgegangen sei.«[27] Während nosologisch gesehen hier ein völlig divergenter Zustand herrscht, bleibt die Gemeinsamkeit mit Michaux' Erfahrung doch deutlich – auch der im Fieber Halluzinierende erfährt die Wahrnehmung als von höherer Eindringlichkeit und Intensität.

Gleichwohl bezeugen weitere Quellen eine ebenso prominente Differenz in Richtung auf eine Minderung der Wahrnehmungsstärke. So werden halluzinierte Stimmen häufig als »Luftsprache, Geistersprache, Radiosprache, Flüstersprache«[28] beschrieben. Einerseits verweist das Wortfeld natürlich auf die für den Wahrnehmenden problematische Verortung des Erlebten im objektiven Raum. Andererseits aber verweist es auch auf den eigenartigen, schwächeren Charakter, der diesen Stimmen manchmal zu eigen sein kann. Das betrifft nicht nur das Gebiet des Akustischen oder Optischen, sondern ebenso das des im weitesten Sinne Haptischen. Ein schizophrener Patient hat den Eindruck, in seinem Bett des Öfteren Stromschläge versetzt zu bekommen. Als der Arzt später – unbemerkt – dem Patienten tatsächlich einen echten Stromschlag verpasst, soll sich laut Bericht Folgendes abgespielt haben:

> Fährt direkt darauf plötzlich mit dem Kopf ein klein wenig hoch und schaut den Arzt mit großen, offenbar erstaunten Augen an und spricht in merklich etwas schnellerem Tonfalle als sonst: »Augenblicklich merke ich es ja, entschuldigen Sie, Herr Hausarzt, augenblicklich merke ich es.« Wird aber gleich wieder ruhig und bleibt mit wieder gleichgültig werdender Miene liegen. – (Es ist also doch wie vorhin, daß sie wieder elektrisiert werden?) – Zögernd: »Ein bißchen ja, ein bißchen anders ist es, dies wird wohl Starkstrom sein, das andere war schwächer.«[29]

---

[27] Carl Schneider: »Über Sinnentrug. I. Beitrag«, in: Zeitschrift für die gesamte Neurologie und Psychiatrie, Bd. 131 (1931), S. 719–813, hier S. 772.
[28] Carl Schneider: »Über Sinnentrug. I. Beitrag«. S. 769.
[29] Konrad Zucker: »Experimentelles über Sinnestäuschungen«, in: Archiv für Psychiatrie und Nervenkrankheiten, Bd. 83 (1928), S. 706–754, hier S. 721. – Diese

Der Patient stellt zwischen den vorherigen und dem vom Arzt heimlich veranlassten Stromschlägen eine Intensitätsdifferenz fest, obwohl er an der Wirklichkeit des halluzinierten Stromschlags nicht zweifelt. Man ist berechtigt anzunehmen, dass in diesem Fall Halluzinationen eine gewisse Intensität fehlt, die sie den Wahrnehmungen gleichmachen würde. Ähnliche Unterscheidungen treffen auch andere Patienten trotz ihres ansonsten eingeschränkten kognitiven Vermögens.[30]

Die eingangs gestreifte Hypothese, Wahrnehmung und Vorstellung unterschieden sich nur gemäß ihres Intensitätsgrades voneinander, erwies sich empirisch als nicht zutreffend. Dennoch aber ist mit der Intensität eine Dimension möglicher Differenz aufgezeigt, die erkennen lässt, dass sie für die lebensweltliche Wahrnehmung entscheidende Bedeutung hat. Nicht nur die an den genannten Fällen nachweisbare Relevanz im Erleben von Halluzinationen und Wahrnehmungen kommt hier in Betracht, sondern eine noch viel basalere. Was zeichnet beispielsweise Träume aus? Muss man in Bezug auf sie nicht auch eine verminderte Intensität behaupten? Wenn von Ausnahmefällen wie Alpträumen abgesehen wird, lässt sich als eine von mehreren Differenzen des Traums im Vergleich zum alltäglichen Wahrnehmen eine derartige mangelnde Intensität durchaus empirisch aufzeigen. Der Fall des Erwachens ist in dieser Hinsicht besonders interessant. Ein Weckerklingeln kann anfangs als ein Vorkommnis im Traum noch für einige Zeit integriert werden – als Glockenschlag oder als Türklingel zum Beispiel –, wird jedoch im Moment des Aufwachens in seiner anders-

---

Studie ist in zweierlei Hinsicht ein Beleg für den Wandel in der wissenschaftlichen Herangehensweise auf psychologischem Gebiet. Zum einen fällt die um möglichste genaue Beschreibung des unmittelbar Erlebten bemühte Darstellung auf. Tonfall, Augenöffnung, Art des Blicks, Haltungen werden festgehalten, was die Schilderungen für die phänomenologische Analyse um so wertvoller macht. Entsprechendes fehlt in der heutigen Forschungsliteratur. Zum anderen ist auch ein Wandel im Verhältnis zu den Patienten beobachtbar, denn – obwohl sicher nicht schädlich – sind die Experimente, die Zucker mit den Betroffenen vornimmt, indem er ihre halluzinierten Objekte – Stromschlag, Käfer, Wasser usw. – durch reale ersetzt, ethisch problematisch.

[30] Vgl. dazu die weiteren Fälle bei Konrad Zucker: »Experimentelles über Sinnestäuschungen«.

artigen Intensität als echtes Wahrnehmungsobjekt auffällig. Dieser kurze Moment zeitnahen Vergleichens gibt zu erkennen, dass das Traumerleben in direkter Konfrontation mit den Wachwahrnehmungen (zumindest meistens) eine geminderte Form der Eindringlichkeit besitzt. Tatsächlich weist auch die häufige Beobachtung, dass Derealisationspatienten und Halluzinierende Schwierigkeiten haben, Schlafen und Wachen auseinanderzuhalten, darauf hin.[31] Bei ihnen fehlt es schon der Wahrnehmung selbst an einer eigentümlichen Intensität, so dass der Traum weitaus weniger in seiner geminderten Stärke bemerkt werden kann. Schließlich sei als letzter empirischer Aufweis der verminderten Intensität des Traumerlebens auf die zahlreichen Belege hingewiesen, dass den Derealisationspatienten die entfremdete Welt als eine Traumwelt erscheint:

> So ist es, als wenn man in einer anderen Welt lebt, als wenn man schon tot wäre. Auch der Schlaf ist so komisch, ich merke gar nicht, daß ich aufwache. [...] Ich finde immer, es müßte noch einmal richtig krachen, daß ich zum Bewußtsein komme. Ich habe das Gefühl, ich müßte etwas in Trümmer schlagen, daß ich aufwache.[32]

Der Patient identifiziert von sich aus seine entfremdeten Erlebnisse mit einem traumähnlichen Zustand. Dieser Hinweis belegt, dass Wahrnehmung sich also durch eine gewisse Form des Nachdrucks phänomenal auszeichnet, die dem Depersonalisierten anscheinend abhanden gekommen ist.

Mit der Intensität ist offenkundig eine weitere Differenzdimension gefunden. Wie lässt sie sich leibphänomenologisch verstehen? Zwei wesentliche Interpretationsbezüge erweisen sich als sinnvoll. Einerseits spielt wieder die Regression in Richtung der leiblichen Enge eine Rolle. Dies zeigt sich schon daran, dass die Depersonalisierten in besonderer Weise Intensitätsminderungen beklagen. Andererseits aber kommt ferner die leibliche Kommunikation selbst

---

[31] Vgl. zum Beispiel Karl Jaspers: *Allgemeine Psychopathologie*. S. 332 und Karl Haug: *Die Störungen des Persönlichkeitsbewusstseins und verwandte Entfremdungserlebnisse*. S. 102.
[32] Joachim-Ernst Meyer: *Die Entfremdungserlebnisse*. S. 6. Vgl. ähnlich auch Konstantin Oesterreich: »Die Entfremdung der Wahrnehmungswelt und die Depersonnalisation in der Psychasthenie«. Bd. 7, S. 260.

als wichtige Determinante in den Fokus. Es waren in dieser Hinsicht Ein- und Ausleibung unterschieden worden. Die von Michaux und dem im Fieber Halluzinierenden überlieferten Erlebnisberichte legen nahe, dass die Ein- beziehungsweise Ausleibung bei bestimmten, nicht alltäglichen Erfahrungen besondere Modifikationen erfahren. Sie sind gleichsam verstärkt, sodass der Delirant gebannt wurde und Michaux sich an Bildern verletzen zu können glaubte. Nach den verhandelten Differenzerlebnissen ist die Hypothese wahrscheinlich, dass es bei Wahrnehmungen häufig eine Form von Intensität gibt, die ihr typisches »Aroma«[33] zu großen Teilen ausmacht. Träume erscheinen den Menschen im Vergleich meist weniger eindrücklich,[34] Vorstellungen, Erinnerungen, Phantasien ebenso. Diese Wahrnehmungsintensität ist dabei nicht identisch mit der Intensität der Quale. Ein sehr lauter Ton wird nicht als »wirklicher« erlebt als ein nur mittellauter. Gleichwohl sind beide Intensitäten auch nicht unabhängig voneinander, wie das bereits diskutierte Beispiel des immer leiser werdenden Tons belegt, bei dem mit sinkender Lautstärke auch die Wahrnehmungsintensität irgendwann verschwindet, sodass eine Verwechslung mit einer Vorstellung zumindest möglich wird. Woher aber stammt die perzeptive Intensität? Sie ist abhängig vom leiblichen Betroffensein.

Ein fiktives, gleichwohl nachvollziehbares Beispiel kann diese Korrelation verdeutlichen. In einem Zug sitzt eine Person, in die Lektüre eines Buches außerordentlich vertieft. Ihr gegenüber nimmt ein anderer Mitreisender Platz, wobei natürlich Geräusche, Gerüche, eventuell sogar leichte Berührungen im engen Abteil nicht ausbleiben. Doch der sehr versunken Lesende nimmt das gar nicht »richtig« wahr, sondern höchstens »am Rande«, wie man gemeinhin und phänomenologisch durchaus adäquat sagt. Gäbe es die Möglichkeit, den Zeitlauf an dieser Stelle des Geschehens anzuhalten und den lesenden Bahnfahrer zu befragen, so machte er womöglich Angaben derart, dass er glaube, da hätte sich etwas bewegt, dass er glaube, etwas hätte ihn berührt. Gewiss ist er sich jedoch

---

[33] Vgl. Hermann Schmitz: *System der Philosophie*. Bd. III/5. S. 29.
[34] Während des Träumens, wenn ein Vergleich den Menschen nicht möglich ist, wird die Differenz natürlich nicht bemerkt.

nicht und auch eine definitive Sicherheit, ob das wahrgenommen oder bloß vorgestellt beziehungsweise eingebildet sei, hat er nicht. Warum nicht? Offensichtlich haben ihn die Umweltereignisse nicht oder nur marginal erreicht. An der Gesundheit seiner Wahrnehmungsorgane besteht kein Zweifel, also bleibt die Möglichkeit, dass es sich um ein Defizit der leiblichen Zuwendung handelt. Tatsächlich ist es plausibel, die Buchlektüre als einen leiblichen »Teilverschluss« zu verstehen. Die dem Buch beziehungsweise seinen Inhalten gewidmete Aufmerksamkeit sorgt dafür, dass der vitale Antrieb kompakt wird, denn Spannung und Schwellung werden enger aneinander gebunden. Gleichzeitig kommt es zu einer gewissen Engung, was sich daran zeigt, dass die Person erfahrungsgemäß weniger in der Welt engagiert ist. Sie könnte, würde man sie fragen, ohne Änderung ihres leiblichen Zustandes nicht genau angeben, wo sie ist, wie spät es ist, vielleicht nicht einmal ad hoc aus dem Stand, wer sie ist.[35] Durch diese Umstände also ist der Leib als Resonanzboden für die Kommunikation mit Begegnendem gehemmt. Im Fall des zugestiegenen Mitreisenden erreichen den Lesenden leiblich zwar noch Bestände, aber sie betreffen ihn nicht beziehungsweise nur minimal, insofern sein Leib durch andere Vorgänge schon eingenommen ist. Was ihn noch erreicht, ist dann wenig individuiert, unsicher, vage. Erst die Zuwendung zum Objekt – durch Weglegen des Buches – lässt dieses zu einer »vollen« Wahrnehmung kommen. Die Einleibung beginnt sofort über die Blicke des anderen Menschen. Jetzt besteht auch hinsichtlich der Wahrnehmungen keinerlei phänomenaler Zweifel mehr. Der Grund dafür ist die Möglichkeit, das Wahrgenommene über den vitalen Antrieb gleichsam an die eigene primitive Gegenwart zu binden. Nicht so, als ob jeder Eindruck erst geprüft werden müsste, sondern so, dass der Mensch nur die primitive Gegenwart in ihrer geschilderten Vorzeichnung überhaupt hat, um so etwas wie Wirklichkeit in Reinform zu erfahren. Leibliches Betroffensein ist demnach – anders formuliert – die durch Begegnendes ermöglichte Chance des

---

[35] Dies gelingt freilich nur bei besonders intensiver Lektüre. Die Person ist sich zwar sicher, sie selbst zu sein, aber kann – in genau dieser Sekunde – nicht angeben, wer sie ist. Dazu bedarf es entfalteter Gegenwart.

Sturzes auf die Urquelle aller Gewissheit. Diese Macht des Begegnenden verleiht ihm seine Intensität.[36] Wenn es jedoch, wie im Fall des lesenden Fahrgastes, zu keinem echten Betroffensein kommt, bleibt auch die Intensität aus. Da das Betroffenseinkönnen selbst wiederum in seiner Ausprägung abhängig ist von der leiblichen Disposition der Menschen, findet sich hier erneut ein Hinweis auf individuelle Wirklichkeitsdifferenzen. Allerdings dürfen diese nicht so verstanden werden, als seien Wahrnehmungen in ihrem Charakter ganz subjektabhängig. Dagegen spricht schon das empirische Faktum, dass sich Menschen lebensweltlich weitgehend einig sind, was wahrgenommen wird. Gleichwohl macht die leibphänomenologische Analyse die ebenfalls evidenten »Ränder« und »Grenzen« der gemeinschaftlichen Konsenssphäre verständlich.

In konkreten Wahrnehmungen dominiert die Einleibung, das heißt diejenige Form der leiblichen Kommunikation, bei der der

---

[36] Auf prägnante Weise belegt eine äußerst seltene und deshalb besonders interessante Erfahrung den Zusammenhang von Intensität, Leib und Wirklichkeit. Mike May war nach frühkindlicher Erblindung als Erwachsener die Chance zuteil geworden, durch eine Operation sein Augenlicht zurückzuerhalten. Von seinem ersten postoperativen Augenaufschlag wird Folgendes berichtet: »Ein Sturzbach weißen Lichts ergoss sich jäh in Mays Auge, in seine Haut, sein Blut und seine Nerven, es war überall, war um ihn herum und in ihm drin [...]. [S]olche Intensität musste Helligkeit sein, [...] aber tat nicht weh, war nicht einmal unangenehm, und es stürzte auf ihn ein und umrauschte ihn [...]. Und jetzt, nach einer Sekunde Licht, fing die Helligkeit an, eine Struktur zu gewinnen [...] und eine Sekunde später hörte sie auf, von allen Seiten auf ihn einzustürzen [...].« (Robert Kurson: *Der Blinde, der wieder sehen lernte. Eine wahre Geschichte.* Übers. v. U. Enderwitz. Hamburg 2008, S. 179 f.) Hier zeigt sich exemplarisch das Bedrängende, welches in der Wahrnehmung eine wichtige Rolle für Wirklichkeitsfeststellung spielt. May ist so sehr betroffen, dass es kurze Zeit dauert, bis sein Leib ein solches Niveau der Entfaltung erreicht, dass er mit schon annähernd Individuiertem in Kontakt treten kann. Die Schilderung ist – literarisch durch einen Dritten verarbeitet – auch deshalb beispielhaft, weil sie die aufschließende Kraft des in der vorliegenden Untersuchung gewählten hermeneutischen Vorgriffs aufzuzeigen gestattet. Während man vor dem Hintergrund physiologischer Theorien die Rede des Eindringens des Lichts in Haut, Auge usw. für bloße Metaphorik oder dichterische Phantasie erklären muss, gestattet der leibphänomenologische Ansatz ein wörtlicheres und, sofern Mays Erleben durch die Aussagen korrekt beschrieben ist, phänomenadäquateres Verständnis. Es wären demnach nicht Haut, Auge usw., die betroffen von der Engung sind, sondern der Leib mitsamt Leibesinseln.

Leib in irgendeiner Weise durch ein anderes leibliches oder leibnahes Etwas im Rahmen eines sich bildenden Gefüges beeinflusst wird. Michaux' Erlebnisse unter Meskalineinfluss zeigen, dass bei Wahrnehmungen eine Beziehung zwischen Einleibung, leiblicher Engung und Intensität besteht. Zwei Auszüge aus seinen Beobachtungen weisen in diese Richtung:

> Ich spüre nichts, doch ich weiß schon, daß die Kennziffern auf dem Rückschild des Autos mir unangenehm, erschreckend, unerträglich sein werden. Die dicken Polizeizahlen werden mir mit ihrem gebieterischen, brutalen Aussehen wehtun, und vielleicht hämmern sie schon jetzt auf mich ein. Eilig verberge ich sie mit belaubten Zweigen und Farnkrautstauden, die ich draußen abreiße. Nachdem das getan ist, stellt sich heraus, daß der Wagen selbst mir übertrieben, unmenschlich massiv erscheint, widernatürlich, ein richtiger erloschener Vulkan. Ich bedecke ihn ebenfalls […] mit Gezweig. […]
> Die strahlenden Blicke […] tun mir weh, wie eine zu scharfe Dusche. Ich möchte die Last ihrer Blicke ablegen können, die übrigens weder besonders forschend noch mißbilligend noch böse sind. Was mich stört, ist, daß ich dem Druck eines normalen Blickes nicht mehr standhalten kann […].[37]

Michaux wird von bestimmten leibnahen Brückenqualitäten – der Linienführung des Autos oder allgemeiner dessen Physiognomie, den synästhetischen Charakteren der Buchstaben des Nummernschildes usw. – so betroffen, dass sie ihm leiblich Schmerzen zufügen. Das von außen betrachtet in normalem Kontext seltsame Handeln, ein Auto mit Zweigen zu tarnen, erklärt sich daher leiblich als Versuch, die in der Wahrnehmung sich vollziehende Kommunikation zu beeinflussen. Die Dinge tun weh, weil sie in der Einleibung gleichsam zu mächtig werden, ihre Intensität zu groß anmutet. Noch evidenter zeigt sich dies beim Erleben fremder Blicke. Hier scheint Michaux unter dem Einfluss der Droge unfähig, sich im Rahmen der Kommunikation zu behaupten. Vielmehr erfährt er

---

[37] Henri Michaux: *Turbulenz im Unendlichen*. S. 32f. Kritisch ist anzumerken, dass die Autokennzeichen-Erfahrung der Schilderung weniger erlebt denn gedacht erscheint. Aber die anschließende Wahrnehmung des Autos selbst ist Indiz dafür, dass es sich um kein von Michaux bloß erdachtes Erleben handelt.

die Blicke der anderen als sehr eindringlich und verletzend. In der leiblichen Kommunikation führen die Blicke damit – in Analogie zu Schmerz oder Angst – zu einer Engung, weil sie als dominante Mächte im sich bildenden Interaktionsgefüge auftreten. An diesen Fällen lässt sich erkennen, dass für die lebensweltliche Wahrnehmung etwas dann im herkömmlichen Sinne wirklich ist, wenn es eine gewisse Intensität gerade nicht übersteigt. Während der Zugreisende sich hinsichtlich der Wirklichkeit aufgrund geminderter Intensität unsicher ist, bemerkt Michaux eine andersartige Differenz in Richtung einer übermäßigen Stärke. Lebensweltliche Wirklichkeit zeigt sich somit in beiden Fällen abhängig von leiblichen Vorgängen, wobei einerseits die Weise der Kommunikation, andererseits die Resonanz des Leibes selbst zentrale Einflussfaktoren sind.

Im Rahmen der Ausleibung – worunter ein Versinken und Aufgehen in Weite zu verstehen ist – bietet sich gleichermaßen die Chance, eine Differenz in der Intensitätsdimension zu bemerken. Auch davon hat Michaux gute Beschreibungen überliefert. In seiner Beschäftigung mit Träumen als Unwirklichkeiten stellt er die Tagträume als besondere Refugien heraus. Er schreibt dazu:

> [D]er Tagtraum, der von jeher *mein* Traum gewesen ist, der Traum, der sich einstellt, ohne daß man schläft, der angelockt wird durch Gleichgültigkeit, durch die Neigung, alles kommen und seinen Gang gehen zu lassen, zu treiben, zu schweben. Der Traum, der am Tag geträumt wird, von jemandem der meint, es lohne sich nicht, ganz aufzuwachen und die Welt ganz so konkret, so begrenzt, so geschlossen, so determiniert zu sehen, wie sie wirklich ist.[38]

Wichtig ist hier zweierlei, nämlich zum einen der Hinweis auf die Vorbedingung des Tagtraums und zum anderen dessen Andersartigkeit im Vergleich zur wirklichen Welt. Wenn die Rede davon ist, man müsse sich treiben oder gehen lassen, verweist das auf die Notwendigkeit der Lockerung der leiblichen Spannung. Dies ist nicht nur notwendig für Tagträume, sondern generell für Träume.

---

[38] Henri Michaux: *Zwischen Tag und Traum*. S. 50. Diese Schilderung ist freilich schon eine theoretische Verarbeitung der Erlebnisse und insofern eine Interpretation. Sie erweist sich aber als leibphänomenologisch zutreffend.

Wer intensiv und angestrengt gedanklich ein Problem wälzt, wird keinen Schlaf finden. Diese benötigte leibliche Lockerung des Antriebs, also des Zusammenhangs von Spannung und Schwellung, verweist auf eine Weitung. Nun ist der Traum in jedweder Form gemeinhin keine Wahrnehmung. Aber der Hinweis, den man aus Michaux' Schilderung ziehen kann, legt nahe, dass es auch in der Ausleibung zu einer Intensitätsveränderung kommt, durch die die gewöhnliche lebensweltliche Wirklichkeit in ihrer Besonderheit erkennbar wird. Der Tagtraum kommt erst zustande, wenn der Leib gelöster, weniger gesammelt ist, etwa im Zustand der Müdigkeit oder der Entspannung. Dafür ist auch die Beobachtung ein Hinweis, dass das Erwachen als eine Verengung erlebt wird: »Von jeher erweiterte sich mir im Traum alles, wie die Pupille sich im Schlaf erweitert, die Räume erscheinen mir weiter, die Menschen vergrößert. Ich sehe oft himmelanstrebende Gestalten, im Augenblick des Erwachens wird plötzlich alles enger.«[39] Das Erwachen ist leiblich ein Zurückfinden des Leibes aus einem Entspannungs- und Weitungszustand zu einer kompakteren, engeren leiblichen Form. In diesem Sinne entbehrt der Traum im Vergleich zur alltäglichen Wahrnehmung also aufgrund seiner üblichen leiblichen Struktur der Intensität.

Jedoch kommen auch Träume vor, die eben aufgrund ihrer Eindringlichkeit geradezu höchst auffällig sind und den Menschen beschäftigen. Zumeist handelt es sich dabei um Träume mit negativ konnotierten Inhalten – die sogenannten Alpträume. Ihnen kommt eine hohe Intensität zweifellos zu. Wie aber kann das sein? Das Erleben einer manisch-depressiven Patientin vermag in dieser Hinsicht Aufschluss zu geben, denn es wird berichtet: »In depressiven Zeiten habe sie anfangs viel schwere Träume und Alpdrücken, das scheue sie sehr, während in den Träumen der euphorischen Phasen ihr alles weiter und größer erscheine, die Personen riesig, die Räume ausgedehnt und die Farben viel lebhafter.«[40] Bedenkt man die Kategorien der Leiblichkeit, ist die Erklärung der phänomenalen

---

[39] Willy Mayer-Gross: *Selbstschilderungen der Verwirrtheit*. S. 34. [Hervorh. im Original anders.]
[40] Willy Mayer-Gross: *Selbstschilderungen der Verwirrtheit*. S. 30.

Wirklichkeit offensichtlich. In Depressionen scheint der Leib einer Entfaltung über ein geringes Maß hinaus nicht fähig. Es fehlt ihm gerade an Dynamik, er ist in seltsamer Weise verkümmert. Dies äußert sich prominent in den typischen Körperhaltungen der Depressiven, die sich häufig gebückt und mit langsamen, kleinen Schritten bewegen. Der Leib formt die Ausdrucksgestalt, die Gebärde. Angesichts dieser Differenz zum üblicherweise bestehenden Normalniveau ist die leibliche Disposition dahingehend verändert, dass sich der Leib beschränkter entfaltet und beschränkter zu leiblicher Kommunikation fähig ist. Es ist wenig verwunderlich, dass in diesem Zustand bedrückende Träume vorkommen, denn deren als bedrohlich empfundene Intensität rührt daher, dass der Leib ohnehin zu keiner stabilen und distanzierenden Kommunikation mehr fähig scheint. In manischen Phasen als übertrieben euphorischen Zuständen kehrt sich diese Sachlage um, weshalb die Träume hier vermutlich eher den Charakter leichter Tagträume und Phantasien bekommen, jedenfalls nicht mehr die Intensität der Alpträume haben.

Was man an all diesen Fällen der Differenz im Bereich der Intensitätsdimension feststellen kann, ist die Abhängigkeit des üblichen Wahrnehmungseindrucks von einer Art Mittelmaß an Intensität. Die Dinge gehen dem Menschen in der Wahrnehmung leiblich nahe, ohne ihn im Normalfall zu überwältigen (das führte eher zu einem Wirklichkeitsschock wie bei Michaux angesichts des Ruders) oder gleichgültig zu lassen (wie das Depersonalisierten passiert). Dabei scheint zumeist der Gegenstand der Wahrnehmung weniger relevant für das Zustandekommen des Eindrucks als die Struktur des je eigenen Leibes selbst. Aber wie die Experimente von Perky und die kritischen Fragen Spechts bereits gezeigt haben, ist Intensität kein immer sich darbietendes Merkmal der Wahrnehmungswirklichkeit.

IV.1.3 Prägnanz

Die zwei schon verhandelten Dimensionen von Differenzen sind eng miteinander verwandt und können in Grenzfällen vermutlich nicht streng voneinander geschieden werden. Mit der Prägnanz, die im Folgenden angesprochen sein soll, tut sich ein anderer phänomenaler Bezirk auf. Zur Illustration kommt erneut das Aufwachen in Frage. Was nimmt man eigentlich wahr, wenn man erwacht? Die auf der Hand liegende Antwort wäre, es sei dieselbe Wahrnehmung wie auch im Wachzustand. Genauere Analysen des Erlebens legen jedoch nahe, dass sich hier – zumindest kurzzeitig im Moment des unmittelbaren Erwachens – etwa anderes findet. Am ehesten zu bemerken ist dieser Aspekt bei unvermitteltem Erwachen, wenn es zu keinem allmählichen Hinübergleiten in die Wachwelt kommt. Dann tritt leicht ein Zustand gewisser Orientierungslosigkeit, Ungeordnetheit ein. Man weiß nicht recht, was los ist und wo man ist. Die Wahrnehmung ist in gewisser Weise unscharf, denn sie erfasst nichts Bestimmtes. So stößt man dann beim sofortigen Aufstehen leicht an Möbel, die einem eigentlich seit Jahren hinsichtlich Beschaffenheit und Ort bekannt sind. In diesem Zustand, wenn er zu Analysezwecken auf Dauer gestellt würde, fehlt es an Prägnanz. Nichts oder nur wenig Einzelnes hebt sich ab, alles bleibt vage. Hinsichtlich der Wirklichkeit des Begegnenden ist alles noch unentschieden. Man ist geneigt zu sagen, dass die Frage nach der Realität nicht einmal gestellt zu werden vermag, weil es nichts gibt, auf oder an was man sie richten könnte. Für gewöhnlich wird dieser Zustand nicht auffällig, weil er sehr kurz ist und von Menschen als geübten »Könnern« leicht zu verkraften ist. In pathologischen beziehungsweise nicht alltäglichen Zuständen allerdings bietet sich die Chance, der Prägnanzdimension genauer nachzuspüren.

Im Rahmen von psychologischen Experimenten wurden Probanden Spiegel- oder Prismenbrillen aufgesetzt, die zu einer Veränderung der optischen Wahrnehmungen führten. Entweder wurde das Sichtfeld verfärbt, verzerrt oder gedreht. Diese Versuche gingen über Tage und Wochen, wobei die Adaptionsleistung erstaunlich war. Interessant ist dabei besonders das Erleben beim erstmaligen Abnehmen der Brillen. Ein Teilnehmer berichtet: »Meine Welt ist zu einem scheinbar chaotischen Durcheinander veränderlicher Distanzen, Richtungen, Bewegungen und Gestalten geworden [...].«[41]

---

[41] Ivo Kohler: *Über Aufbau und Wandlungen der Wahrnehmungswelt. Insbesondere über »bedingte Empfindungen«*. Wien 1951, S. 44.

Erlebnisdimensionen

Wahrgenommen wird ein Durcheinander, eine fehlende Ordnung und Bestimmtheit. Ganz vergleichbar sind die Erlebnisse von operierten Blindgeborenen, die von einer undifferenzierten, sie einhüllenden Umwelt berichten: »[S]ie sehen die Farben etwa so, wie wir einen Geruch von Torf oder Lack riechen, der uns einhüllt und auf uns eindringt, ohne jedoch genauer bestimmbar irgendeine Form von bestimmter Ausdehnung auszufüllen.«[42] In diesen Fällen zeichnet sich das Wahrgenommene im Vergleich zur lebensweltlichen Wirklichkeit durch eine Entdifferenziertheit aus. Das Begegnende ist durcheinander, unsortiert, chaotisch. Auch Depersonalisationspatienten berichten von derartigen Erlebnissen.[43] Diese Entdifferenzierung kann so weit gehen, dass nicht einmal klar zu sein scheint, wer Subjekt und was Objekt einer gegebenen Situation ist. Darauf wies schon Dilthey hin, der sich auf das Aufwachen eines Patienten nach einer Narkose bezog,[44] von dem überliefert ist:

> Mit einemmal sah ich meine beiden Freunde … aber von allen anderen Gegenständen noch nichts … bei diesen zweien vermißte ich nun einen dritten, nämlich mich selbst; aber nicht mit dem Bewußtsein, daß *ich* dabei sein müßte, sondern nur mit der historischen Erinnerung, daß kurz vorher ein Dritter noch dabei war. Ich suchte diesen Dritten etwa drei Sekunden lang buchstäblich wie in einem öden leeren Raum, bis in einem Moment mit einer lebhaften Bewegung der Hand mein Selbstbewußtsein wieder erwacht war, und ich mich wieder unter ihnen fühlte […].[45]

---

[42] Marius von Senden: *Raum- und Gestaltauffassung bei operierten Blindgeborenen vor und nach der Operation*. S. 113. Vgl. auch den Erlebnisbericht bei Robert Kurson: *Der Blinde, der wieder sehen lernte*. S. 179–185.
[43] Vgl. zum Beispiel die Schilderung bei Karl Haug: *Die Störungen des Persönlichkeitsbewusstseins und verwandte Entfremdungserlebnisse*. S. 22.
[44] Vgl. Wilhelm Dilthey: »Beiträge zur Lösung der Frage vom Ursprung unseres Glaubens an die Realität der Außenwelt und seinem Recht«. S. 124.
[45] Diese Schilderung, auf die sich Dilthey bezog, geht zurück auf ein Werk Ernst Bibras aus dem Jahr 1847. Der zitierte Auszug stammt aus Arnold Pick: »Zur Lehre von den Störungen des Realitätsurteils bezüglich der Außenwelt; zugleich ein Beitrag zur Lehre vom Selbstbewußtsein«, in: Zeitschrift für Pathopsychologie, Bd. 1 (1912), S. 67–86, hier S. 84.

Während bei den zuvor verhandelten Wahrnehmungen die Unbestimmtheit hinsichtlich der Objekte bestand, betrifft sie hier gleichsam das Selbst. Das Besondere an dem Fall ist, dass der Erwachende um das Fehlerhafte weiß, aber erst in Folge einer intensiven Bewegung, die man als Bemerken einer Leibesinsel verstehen kann, zur prägnanten Fassung der Situation kommt. Es schien ihm bis dahin etwas zu fehlen, das Wahrgenommene gleichsam noch nicht zur vollen Prägnanz gebracht.

Im Rahmen von Experimenten ist auch Herbert Kleint auf die Prägnanzdimension gestoßen. Er ließ unter anderem Probanden in einem Stuhl Platz nehmen und bat sie, die Augen zu schließen. Unbemerkbar wurde der Stuhl durch eine Mechanik um 90 oder 180 Grad gedreht und die Personen aufgefordert, die Augen wieder zu öffnen. Ihre Schilderungen der dann erfolgten Wahrnehmungen sind durchsetzt von der Feststellung einer Prägnanzdifferenz:

> Alles ist fremd, weiß nicht, wo ich war. Vor mir Farbenkomplexe, gelbe und andere Farbqualitäten, ohne Konturen, nicht auf Gegenstände bezogen, mehr wie eine Kulisse, nicht echt. Dann sprang es plötzlich als Gegenstände heraus, Konturen waren da. Wußte aber noch nicht, wo es hingehörte. Dann: ich bin hier, dort Tür, dort Schrank. Es war unangenehm, Beklemmung und Überraschung. [...]
>
> Diffus, fremdes Bild, wie bei Vexierbildern, Gegenstände nicht als solche anerkannt, ein dunkler Körper (Regal) nicht erkannt, hatte Orientierung verloren, Körpereindruck nicht da, diffuse Fläche, Chaos, Wirklichkeitscharakter nicht ausgeprägt. [...]
>
> Alles mehr diffus, unwirklich, fremd, eigenartig, deswegen beunruhigend [...].
>
> Ich weiß nicht wo ich bin, es ist wie manchmal beim Aufwachen. Das Gesehene hat weniger Abstand von mir, gehörte mehr zu mir. Eindruck zwischen Traum und Wachen, keine »Dinge«. Man mußte sich erst klar werden, hier bist du, dort ist die Wand. Alles fremd, weniger wirklich, weniger bekannt.[46]

---

[46] Herbert Kleint: »Versuche über die Wahrnehmung«. Bd. 149, S. 41 f. Die Zitate stammen von vier unterschiedlichen Probanden. Wichtig für das Verständnis des Versuchs ist, dass die Probanden über das Wesen der Versuche nicht aufgeklärt waren. Wüssten sie vorher, was ihnen bevorsteht, würde die Entfremdung nicht in gleicher Weise einsetzen. Das erklärt zum Beispiel auch, warum die Desorganisation und Unbestimmtheit der Wahrnehmungswelt bei dem Probanden, der nach

Erlebnisdimensionen

Nach dem unbemerkbaren Drehen des Stuhls und dem anschließenden Öffnen der Augen nehmen die Betroffenen zwar wahr, aber in einer Weise, die sie als diffus und weniger wirklich kennzeichnen. Parallelen zum zuvor schon gestreiften Erwachen werden gezogen. Das in der Wahrnehmung Begegnende ist unprägnant, vage, und zwar in mehrfacher Hinsicht: nämlich sowohl in seiner räumlichen Bestimmung und seiner Zugehörigkeit zum Ich als auch hinsichtlich seiner Einzelheit. Im ersten Zitat gesteht der Proband zu, Quale zu erleben, ohne dass sie einen bestimmten Gegenstand – ein Gesicht – bilden. Ein anderes Zitat lässt erkennen, dass der Abstand zwischen dem Ich und dem wahrnehmungsmäßig Begegnenden verschwommen ist. Im Ganzen scheint hier eine Art ungeformter Stoff auf, eine nur begrenzt geordnete Mannigfaltigkeit, die phänomenal dem nahe kommt, was Schmitz phänomenologisch den Weltstoff nennt.[47]

Die für die Frage nach der Wirklichkeit entscheidende Differenz, die die Probanden implizit und explizit thematisieren, liegt darin, dass das Wahrgenommene sich nicht als Bestimmtes gibt. Für sich genommen muss das keineswegs auf Unwirklichkeit verweisen, denn auch ein in der Ferne nur vage zu erahnendes Objekt würde man im Alltag für wirklich erachten. Allerdings ist man dann immer schon prinzipiell darauf eingestellt, sich womöglich getäuscht zu haben, was sich daran zeigt, dass der Enttäuschungseindruck wesentlich geringer ausfällt, als wenn sich ein aus der Nähe betrachtetes Objekt als Illusion erweist. Prägnante Bestimmtheit scheint also doch nicht unerheblich für die Zuerkennung voller Wirklichkeit im Wahrnehmen zu sein.

Ein weiteres lebensweltliches Beispiel soll dies abschließend veranschaulichen. Man kann sich nämlich fragen, woher Kinder oder Heranwachsende beim ersten Blick in ein Mikroskop eigentlich wissen können, wann sie ein Objekt scharf sehen.[48] Rein phänome-

---

langer Zeit die verzerrende Brille abnimmt, weniger radikal ist, denn er war in gewisser Hinsicht leiblich darauf vorbereitet.
[47] Vgl. dazu Kap. V.5.
[48] Für diesen Fall muss natürlich vorausgesetzt sein, dass sie das zu sehende Objekt noch nicht von Abbildungen, aus Erzählungen usw. kennen. Auch vernachlässigt

nal betrachtet ließe sich sagen, dass bei jeder möglichen Brennweiteneinstellung irgendein Gegenstand sichtbar ist. Doch vermutlich werden die Betroffenen sehr schnell – spätestens beim Vergleich der Unterschiede bei differenten Brennweiten – dazu kommen, einige phänomenale Gegebenheiten als weniger »richtig«, weniger wirklich auszuschließen. Es hat den Anschein, dass die Bestimmtheitsdimension in diesem Kontext ebenfalls eine wichtige Funktion einnimmt.[49]

Auf welche Weise lässt sich die Prägnanz leibphänomenologisch verstehen? Wiewohl natürlich auch hier die Rolle der grundlegenden leiblichen Kategorien – der von Engung und Weitung – sicher relevant ist, muss deren Einfluss nicht wiederholt werden, da er sich durch das zuvor Gesagte erwiesen hat. Bei Prägnanz spielt nämlich gleichsam als dominanter Oberton etwas anderes mit. Speziell die von Kleint unternommenen Versuche lassen erkennen, inwiefern das Begegnende selbst als Faktor in der Wahrnehmung nicht ausreicht, um Bestimmtheit sicherzustellen. Die traditionellen Paradigmen setzen zumeist ein immer schon Individuiertes als Objekt voraus,[50] welches dann auf verschiedenste Weisen teils rezeptiv, teils konstruktiv durch das Subjekt erkannt werden soll. Doch Kleints Experiment – ebenso wie das morgendliche Erwachen im geschilderten Fall – legt nahe, diese Ansicht aufzugeben. Prägnanz der Wahrnehmung ist phänomenologisch betrachtet keine Frage des

---

werden hier die Einflüsse des üblichen Wahrnehmenlernens im entwicklungspsychologischen Sinn, welche vermutlich große Relevanz haben.

[49] Die hier vorgestellten Erlebnisse verminderter Bestimmtheit verweisen ihrem Gehalt nach auf das ähnlich gelagerte Konzept der Prägnanz, wie es die Gestaltpsychologie vertreten hat. Diese meinte, dass es »für jedes Wesen, sofern es sich überhaupt in Gefügen äußert, ein ganz bestimmtes Gefüge [gibt], in dem es sich am reinsten und zwingendsten verwirklicht; dieses nennt man ›ausgezeichnet‹ oder ›prägnant‹.« (Wolfgang Metzger: *Psychologie. Die Entwicklung ihrer Grundannahmen seit der Einführung des Experiments.* Darmstadt 1954, S. 65.) Eine solche Tendenz hin zu einer Mindestprägnanz scheint auch der Wahrnehmung im Allgemeinen eigen zu sein, denn Unprägnanz wird sofort auffällig, wie die verhandelten Zeugnisse nachweisen.

[50] Idealistische Positionen nehmen das natürlich nicht an, diese seien daher hier ausgenommen.

Objekts allein, sondern sie wird in gewissem Sinne in leiblicher Kommunikation »ausgehandelt«.[51] Kleints Probanden vermochten eine gewöhnliche Wahrnehmung mit fest bestimmten Dingen, Räumen, Konturen, Farben usw. erst dann zu machen, als ihr Leib sich vom Druck des sie überwältigenden, weil unerwarteten Begegnenden frei gemacht hatte. Dabei ist zugleich auffällig, dass – anders als bei Erfahrungen ähnlicher Eindringlichkeit wie Schmerz – hier kein radikaler Sturz in Richtung Enge erfolgt. Die Betroffenen schildern keinen Zusammenfall der Welt, keine Fokussierung auf einen bestimmten, punktuellen Ort, sondern bleiben in gewissem Sinne noch Herr der Lage. Es erweist sich daher phänomenologisch als adäquater, von einem Verlust der leiblichen Zentrierung zu sprechen. Im Versuch Kleints, aber auch beim Erwachen fehlt ein Zentrum, von dem her Bestimmungen gegeben werden könnten. Den grundlegenden Bezugspunkt stellt die primitive Gegenwart dar, die aber gar nicht hervortritt, wenn die Zeugnisse korrekt die Erlebnisse wiedergeben. Zu vermuten ist, dass der vitale Antrieb, mittels dessen Dynamik die primitive Gegenwart erreichbar ist, aushakt. Geschockt durch das Unerwartete vermag er nicht, flexibel zu reagieren, so dass eine Individuation des Begegnenden im Wahrnehmungsprozess, also in leiblicher Kommunikation, ausbleibt. Prägnanz selbst wiederum, wenn sie sich einstellt, ist dann die in der Interaktion sich verwirklichende epikritische, ortsfindende Tendenz. Von ihr her erst gelingt es, das Begegnende fest zu fassen.

---

[51] Das ist es, worauf Schmitz insbesondere mit dem Konzept der Situationen hinzuweisen scheint. Das Begegnende wird aber durch die Bezogenheit auf den Leib nicht notwendig subjektiv, wie schon die lebensweltlich evidente Übereinstimmung der individuellen Welten belegt. – Einen konzeptuell anderen Versuch zur Erklärung der Umkehrbrillen-Versuche legt Noë vor, der aber zumindest in der Hinsicht mit demjenigen von Schmitz übereinstimmt, als auch er die Ursache für die veränderte Wahrnehmung beim Subjekt sucht. Dieses wird allerdings nicht als Leib schlechthin, sondern als mit impliziten sensomotorischem Wissen in der Welt engagierter Körper verstanden. Vgl. dazu exemplarisch Alva Noë: *Action in perception.* S. 7 f.

IV.1.4 Erregung

Eine weitere Differenzdimension, die bei Wahrnehmungen von Unwirklichem oder minder Wirklichem hervortritt, enthüllt sich im Rahmen der Versuche, das gewöhnliche Maß an Realität wiederherzustellen. Wer müde oder erschöpft ist, dem verringert sich – in noch verkraftbarem, weniger auffälligem Maße – die Wirklichkeit des Wahrgenommenen. Typische, für Menschen in der Regel selbstverständliche Maßnahmen in diesem Kontext sind etwa das Benässen des Gesichts, der Stirn oder des Nackens mit kaltem Wasser, der Gang an die frische Luft oder – wie häufig bei Autofahrern zu beobachten – das Hören von Musik bei hoher Lautstärke. All diese Handlungen scheinen auf den ersten Blick wenig miteinander zu tun zu haben, jedoch erweisen sie sich aus leibphänomenologischer Perspektive als wesensverwandt. Bei Müdigkeit und Erschöpfung ist die leibliche Spannung gemindert, man ist nicht mehr kraftvoll oder vital, sondern erschlafft. Um eine leibliche Straffung, eine Stärkung des vitalen Antriebs zu ermöglichen, braucht es eine bedrängende, erregende Macht, die den Leib wieder fokussiert, engt und somit spannt. Laute Musik, kaltes Wasser oder frische Luft, die dann freilich besser kühl statt warm, besser windig als drückend ist, erfüllen diese Bedingung. Dass es sich bei den drei geschilderten Verhaltensweisen nicht um bloß kulturell etablierte, letztlich aber beliebige Zufallstaten handelt, sondern vielmehr um sinnvolle Aktionen, belegen zahlreiche ähnliche Vorkommnisse aus pathologischen Zuständen.

Der bereits zuvor zitierte Depersonalisationspatient fordert, es müsse noch einmal »richtig krachen«, damit er zu Bewusstsein käme.[52] Ein anderer Kranker berichtet: »Ein kaltes Bad bringt zuweilen kurze kolossale Erfrischung. Es kam mir vor, als ob die Stumpfheit dann vollkommen fehlte.«[53] Es liegt diesen Fällen dasselbe

---

[52] Joachim-Ernst Meyer: *Die Entfremdungserlebnisse*. S. 6.
[53] Konstantin Oesterreich: »Die Entfremdung der Wahrnehmungswelt und die Depersonnalisation in der Psychasthenie«. Bd. 8, S. 70. Vgl. dort auch die sachlich verwandte Bemerkung, dass eine Patientin bei Erregung selbstbewusster wirke (a. a. O., Bd. 7, S. 271).

leibliche Erleben zugrunde wie bei den geschilderten alltäglichen Handlungen. Doch nicht nur Derealisationsbetroffene entdecken den Zusammenhang von Erregung und Wirklichkeit, auch in anderen Kontexten wird er thematisch. Bei epileptischen Anfällen erfährt man häufig eine Art von Überwältigung, von der Ramachandran annimmt, sie sei die Wurzel religiöser Erfahrungen.[54] Ohne solche Deutungen hier zu kritisieren, ist phänomenologisch festzuhalten, dass eine besondere Wirklichkeitswahrnehmung gemacht zu werden scheint. Eine Epileptikerin meint, »in the violent attacks one feels as though the body has been entered by a terrific alien power; and that that power is trying, after entrance, to push its way out again.«[55] Diese Erfahrung deutet die Patientin selber, ohne Ramachandran gekannt zu haben, als Wurzel des Konzepts dämonischer Besessenheit. Damit verweist sie auf eine Differenzdimension, denn betroffen und in gewissem Sinne »besessen« ist man in leiblicher Kommunikation, besonders bei antagonistischer Einleibung, immer. Jedoch wird die bei epileptischen Anfällen wahrgenommene Macht als ungleich dominanter, präsenter, wirklicher erlebt. Auch hier sieht sich die Analyse auf den behaupteten Zusammenhang von Erregung und Wirklichkeit verwiesen.

Weniger bedeutungsschwer als solche religiösen Motive, aber sachlich analog sind schließlich die Hinweise, die Michaux und Sacks geben. Als er aus den intensiven Erlebnissen des Meskalinrausches erwacht, empfindet Michaux die Welt dröge und dumpf. Er spürt die Gefahr, dieser besonderen Erfahrung zu verfallen. Seine Reaktionsweise auf diese Bedrohung ist leibphänomenologisch sehr interessant: »Rasch gehe ich zum Fenster, öffne es weit, und die Helligkeit, die meinen überempfindlichen Augen ungewohnt ist, und die frische Luft, die mir eine Erkältung einbringen wird, beide tun mir gleichzeitig weh und vertreiben meine Vision […].«[56] Der Kontakt mit frischer Luft und bedrängender Helligkeit führt zu

---

[54] Vgl. Vilaynur S. Ramachandran, Sandra Blakeslee: *Die blinde Frau, die sehen kann*. S. 283–304.
[55] Margiad Evans: »Epilepsy«, in: B. Kaplan (Hrsg.): *The inner world of mental illness. A series of first-person accounts of what it was like*. New York, Evanston, London 1964, S. 345–355, hier S. 352.
[56] Henri Michaux: *Turbulenz im Unendlichen*. S. 73.

einem Zurückfinden in die Wirklichkeit. Dieser kurzfristige Erfolg durch eine Form von Erregung fruchtet jedoch nicht auf Dauer. Michaux ist einige Zeit nicht im herkömmlichen Sinne in der Lebenswelt beheimatet, empfindet eine gewisse Distanz. Zur Selbstkur fährt er an die Küste, wovon er berichtet:

> Zwei Monate später, als ich ans Meer gefahren war, hatte ich an einem frischen Herbstabend dem schneidenden Seewind standzuhalten und dem bewegten, Energie weckenden Meer, und mußte auf andere Kraftreserven zurückgreifen, als jene trübe Atmosphäre mir bieten konnte, die ich noch in mir weiterschleppte. Ich hielt stand, wie es sein mußte und wie es meiner Natur entsprach, und da trat jene schroff abweisende Seite meines Wesens wieder hervor, die mir acht Wochen lang gefehlt hatte. Seitdem habe ich den Eindruck gehabt, daß diese Haltung sich noch steigerte, daß Härte und Widerstand gegen jedes Zerfließen meine Parolen seien […].[57]

Ganz deutlich geht aus dieser Schilderung hervor, dass eine gewisse Erregung, ein gewisses Engagement – Michaux spricht von Energie und Kraft – es vermochten, die erlebte Wirklichkeit wieder zu normalisieren, ihr das stumpfe, distanzierte Aroma zu nehmen. Es handelt sich dabei um keine Idiosynkrasie Michaux', was vergleichbare Erfahrungen wie das Spazierengehen an frischer Luft bei Müdigkeit belegen. Auch Depersonalisationspatienten verhalten sich wie Michaux: »Es verschafft ihr [der Patientin; S. K.] vorübergehend Erleichterung, wenn ihre Haut stimuliert wird. Wann immer sie Gelegenheit dazu hat, geht sie ins Freie; sie genießt es, in einem offenen Wagen zu fahren, wo sie den Wind auf ihrem Körper spüren kann […].«[58]

All diese offensichtlich verwandten Fälle lassen sich leibphänomenologisch als besondere Erregungszustände verstehen. Eine Nähe zur Intensitätsdimension ist dabei wahrscheinlich; im Regelfall werden beide nicht strikt voneinander zu unterscheiden sein. Jedoch lässt sich das Motiv der Erregung in Grenzfällen – Michaux' Schilderung liefert das beste Beispiel – doch als autonomes Phänomen herausschälen. Worum handelt es sich aber leiblich bei dem

---

[57] Henri Michaux: *Turbulenz im Unendlichen*. S. 75.
[58] Oliver Sacks: *Der Mann, der seine Frau mit einem Hut verwechselte*. S. 81.

Zusammenhang von Erregung und Wirklichkeit? Offensichtlich gelingt es erst durch eine Anregung des Leibes, wieder so wahrzunehmen, wie das im Rahmen alltäglicher Wirklichkeitserfahrung für gewöhnlich geschieht. Die leiblichen Vorgänge beim Bad in kaltem Wasser, beim Spaziergehen an frischer Luft usw. scheinen eine verloren gegangene Spannung zu reaktivieren oder wiederherzustellen. Ohne diese leibliche Spannung fehlt es an der Chance zu einer für Wirklichkeit essentiellen Betroffenheit. Zur Verdeutlichung des Gemeinten stelle man sich den Leib als ein Netz vor, das eine gewisse Spannung benötigt, um die ihm begegnenden Dinge überhaupt zu registrieren. Ist das Netz zu locker gespannt, entgeht ihm alles, ist es zu straff gespannt, prallt das Begegnende gleichsam an seiner Kompaktheit und Härte ab. Die hier Erregung genannte Dimension ist leiblich gesehen der Vorgang, den Leib wieder so zu spannen, dass er das Wahrgenommene auf eindringliche Weise zu bemerken versteht. Solche Erregungen liefern in den geschilderten Fällen leiblich bedrängende, engende Vorkommnisse. Ein warmes Bad führte zum Beispiel eher noch zu verstärkter Entspannung bis hin zum Einschlafen, eine harmonische, tendenziell protopathische Musik eher zum Schwelgen und Träumen denn zum Erwachen. Es geht in der Erregung also um ein Betroffenmachen des Leibes, wodurch sich dessen vitaler Antrieb wieder fokussieren kann.[59] Nicht nur die geschilderten pathologischen Fälle verweisen darauf, sondern auch bekannte alltägliche Phänomene. Die »kalte Dusche« holt, wie man sprichwörtlich sagt, die Leute ins Leben zurück. Leichte Schläge auf den Oberschenkel oder auf die Wangen dienen Sportlern zur Förderung der eigenen Wachheit und Leistungsfähigkeit vor dem unmittelbaren Beginn der Wettkämpfe. Insbesondere Gewichtheber riechen vor ihrem Einsatz mitunter an Ammoniak, dessen beißender Geruch ihnen hilft, leiblich den Herausforderungen angemessen begegnen zu können.[60] Immer führt in diesen Vor-

---

[59] Schmitz weist daher zurecht darauf hin, dass die Grundanlage des Leibes tendenziell protopathisch ist (vgl. Hermann Schmitz: *Der Leib*. S. 25). Der Leib neigt von sich her zu Weitung, Entfaltung, Entspannung usw., weshalb er der häufigen Betroffenheit bedarf. Insbesondere, so Schmitz, kommt ein Bewusstsein ohne affektives Betroffensein nicht vor (vgl. ders.: *Bewusstsein*. S. 21 f.).
[60] Es ließe sich dafür argumentieren, dass im Falle der Gewichtheber die Erregung

kommnissen eine erregende Betroffenheit zu stärkerer Betonung der wahrgenommenen Wirklichkeit. Insofern ist eine Erregung im hier verhandelten Sinn ein Bedingungsfaktor für die adäquate Kommunikationsbereitschaft des Leibes.[61]
Abschließend sei bemerkt, dass die besondere Rolle der Halbdinge für die Erregungsdimension auffällig ist. In besonderer Weise verschaffen Stimmen, Geräusche, Winde oder Gerüche die Form der Spannung, die benötigt wird. Schmitz hatte darauf verwiesen, inwiefern Halbdinge besonders bedrängend wirken, weil bei ihnen eine nur zweigliedrige Kausalität vorliegt. Es gibt im Angesicht der Stimme keine Chance zu einer sofortigen Distanzierung, weil bei ihr Ursache und Wirkung zusammenfallen. Leiblich fehlt ein stabiler Kommunikationspartner, der eine Distanznahme und damit

---

sogar dazu genutzt wird, den Leib in Richtung auf übermäßige Spannung zu modifizieren. Dadurch würde dessen Kommunikationsfähigkeit beschränkt, was der Konzentration auf die bevorstehende Aufgabe helfen könnte. Gemäß der hier vertretenen Ansicht käme es damit – außerhalb des fokussierten Objekts beziehungsweise Vorgangs, des Hebens des Gewichtes nämlich – zu einer Wirklichkeitsverminderung. Dies scheint zuzutreffen, wie die Hinweise von Sportlern belegen, sie hätten ihre Umwelt, das Publikum, die Zurufe usw. gar nicht mehr »richtig« wahrgenommen.

[61] Zwei anders gelagerte Fälle von Erregung scheinen darauf zu verweisen, dass sie nicht notwendig zu einer Engung durch Betroffensein führt, sondern gegebenenfalls zu einer gesteigerten Konzentration und Fokussierung. Von einer Patientin mit optischen Halluzinationen berichtet Jaspers, dass deren Einbildungen dann verschwanden, wenn sie sich ganz bewusst auf bestimmte wahrgenommene Objekte fixierte (vgl. Karl Jaspers: *Allgemeine Psychopathologie*. S. 61). Hier führt Konzentration zu einer stärkeren Herausbildung der Wirklichkeitswahrnehmung. Sacks wiederum schildert den Fall eines nach jahrelangem Alkoholmissbrauch mit erheblichen Gedächtnisausfällen gekennzeichneten Mannes, der sich an die letzten 20 Jahre seines Lebens nicht mehr erinnert und auch nicht weiß, dass diese Erinnerung ihm fehlt. Es wird ihm aber dennoch klar, dass etwas nicht stimmt, denn seine Bekannten und Verwandten sehen für ihn alle zu alt aus, die Welt sieht anders aus usw. Diese Diskrepanzen führen dazu, dass er ganz fahrig, nervös wird. Erlösung findet er – was für die vorliegende Fragestellung relevant ist – bei religiöser Andacht, Musik oder Kunst (vgl. Oliver Sacks: *Der Mann, der seine Frau mit einem Hut verwechselte*. S. 61 f.). Auch hier scheint weniger eine übertriebene Engung als eine verstärkte Konzentration leiblich vorzuliegen, die es dem Mann gestattet, zum Wahrgenommenen zumindest vorübergehend einen adäquaten Kommunikationsstandpunkt einzunehmen.

Depotenzierung der Betroffenheit gestattet. Gerade dieser Umstand aber macht Halbdinge hinsichtlich ihres Erregungspotenzials so markant.

IV.1.5 Affektive Relationalität

Eine weitere wichtige Dimension von Differenzen wird erkennbar, wenn man die die Wahrnehmungen begleitenden oder einbettenden Gefühle betrachtet. Häufig wird im Kontext von Derealisationen hervorgehoben, dass affektiv ein Mangel erfahren werde. Oesterreichs Patient meint, »die Empfindungen der [...] Sinne sind nicht verändert, sondern nur die Gefühlsbetonung ist dumpf.«[62] Andere betonen immer wieder, dass die Wichtigkeit, der Wert des Wahrgenommenen fehle: »Im Beginn seiner Psychose [...] erschien ihm [...] seine ganze Umgebung *traumhaft und ohne alle Ernstbeziehung zu seinem Ich*, bloß als eine ›*Welt von Bildern*‹.«[63] »Es ist wesentlich: Die Unfähigkeit, in der Sache zu leben und mitzugehen. Ich sehe und höre alles ganz deutlich, aber es ist nichts.«[64] Ein Betroffener meint, die »früher vorhandenen seelischen Verbindungsfäden«[65] seien zerrissen. Das Bild, man schwimme im Wasser, ohne richtig nass zu werden,[66] trifft den Aspekt der affektiven Relationalität besonders gut. Nicht die wahrgenommene Welt ist ver-

---

[62] Konstantin Oesterreich: »Die Entfremdung der Wahrnehmungswelt und die Depersonnalisation in der Psychasthenie«. Bd. 7, S. 271. Vgl. ähnlich a. a. O., Bd. 8, S. 68: »›*Die Sinneseindrücke sind ganz ungeändert.*‹ Diese Überzeugung hat er [der Patient; S. K.] ›ganz evident‹. Er meint, es sei ›eine gewisse *Taubheit des Gefühls*, entstanden durch Nervenschwäche.‹«
[63] Gerhard Kloos: *Das Realitätsbewusstsein in der Wahrnehmung und Trugwahrnehmung*. S. 33.
[64] Ernst Störring: »Die Depersonalisation«. S. 468. Vgl. auch Eugene Meyer, Lino Covi: »The experience of derealization«. S. 256: »The important things have left and the unimportant stay behind, making the loss only more apparent by their presence.«
[65] Karl Haug: *Die Störungen des Persönlichkeitsbewusstseins und verwandte Entfremdungserlebnisse*. S. 122.
[66] Vgl. Joachim-Ernst Meyer: »Depersonalisation und Zwang als polare Störungen der Ich-Außenwelt-Beziehung«. S. 311. Meyer diagnostiziert – ganz im Sinne der

ändert, sondern der Bezug zu ihr.⁶⁷ Alles erscheint als weniger bedeutsam und unwichtig. Es fehlt, wie Michaux sich ausdrückt, der rechte »Geschmack«⁶⁸, ohne den es kein Leben, keine Lebendigkeit – man könnte sagen: keine lebensweltliche Wirklichkeit im üblichen Sinn – gibt. In der Wahrnehmung begegnen hier die Objekte in unveränderter Form, aber sie sind nicht in den üblichen Hintergrund eines sie tragenden Gefühls eingebunden.

Berichte von Schizophrenen legen dabei nahe, dass auch der entgegengesetzte Fall einer zu starken affektiven Relationalität eintreten kann. Besonders in der apophänen Phase kommt es zu ungeheuren Bedeutungsaufladungen des Wahrgenommenen.⁶⁹ Dabei erscheint nicht primär das konkret Begegnende verändert,⁷⁰ sondern dessen hintergründige, aber grundlegende affektive Beziehung zum Subjekt. Die Erscheinungen bekommen einen übersteigerten Bezug auf den Wahrnehmenden. Häufig äußern die Schizophrenen die Ansicht, alles gelte ihnen oder sei für sie gemacht.⁷¹ Dabei können die Betroffenen in dieser Wahnphase gar keine konkreten einzelnen Aspekte ihrer Wahrnehmungen benennen, an denen die Andersartigkeit des Erlebens festzumachen wäre. »Er könne

---

hier entwickelten leibphänomenologischen Analysen – eine Unfähigkeit, sich anrühren zu lassen.

⁶⁷ Gallagher formuliert lakonisch: »Affective content, that is, experiential content that generates prenoetic emotional effects, complicates both the phenomenological and neurological picture.« (Shaun Gallagher: *How the body shapes the mind*. S. 200.) Vgl. auch a. a. O., S. 151: »It is not that perception predates emotional reaction, but that affect already shapes percpetion.«

⁶⁸ Henri Michaux: *Turbulenz im Unendlichen*. S. 102.

⁶⁹ Vgl. dazu die Beispiele in Klaus Conrad: *Die beginnende Schizophrenie. Versuch einer Gestaltanalyse des Wahns*. Stuttgart 1966, vor allem S. 46–80.

⁷⁰ Auch solche Veränderungen kommen allerdings vor. Vgl. dazu zum Beispiel Barbara J. Freedman: »The subjective experience of perceptual and cognitive disturbances in schizophrenia«, in: Archives of general psychiatry, Bd. 30 (1974), S. 333–340, vor allem S. 333 f. Die dort geschilderten Fälle belegen nochmals, dass die in diesem Kapitel differenzierten Dimensionen selten in reiner und getrennter Form auftreten. In der Schizophrenie kann es auch hinsichtlich der Distanz und Intensität zu Veränderungen kommen.

⁷¹ Vgl. dazu Thomas Fuchs: *Psychopathologie von Leib und Raum*. S. 128 ff. und Klaus Conrad: *Die beginnende Schizophrenie*. S. 46–58.

nicht sagen, woran er es erkannte, man sah es eben«[72], wird als Antwort eines Patienten auf die Frage nach dem Grund seiner besonderen Einsichten überliefert. Dabei erscheint diese apophän erlebte Welt als wirklicher, weil sie bedeutsamer ist. Die sonst übliche Wahrnehmung erfährt eine Entfremdung, erscheint häufig kulissenhaft.[73] Die affektive Beziehung zwischen Mensch und Wahrgenommenem erweist sich damit als wesentlicher Faktor für die Erfahrung von Wirklichem als solchem.

Auch hier sieht sich die Analyse berechtigt, auf die fundamentale Rolle der leiblichen Kommunikation hinzuweisen. Zunächst mag das verwirren, denn Gefühle können – nach traditioneller Auffassung – gar keine Wahrnehmungsgegenstände im eigentlichen Sinne sein, sondern seien bloß subjektive, gegebenenfalls physiologische Zustände. Jedoch schlägt Schmitz aus phänomenologischer Perspektive vor, Gefühle anders zu verstehen. Er bestimmt: »Gefühle sind Atmosphären, weiter als Halbdinge wie eine Stimme ohne stetigen räumlichen und zeitlichen Zusammenhang. Eine Atmosphäre im für Gefühle einschlägigen Sinn ist die randlose Besetzung eines flächenlosen Raumes im Bereich dessen, was als anwesend erlebt wird.«[74] Nicht um innere Zustände handelt es sich, sondern um erlebbare Mächte, die man – vergleichbar einem Duft – als in besonderer Weise räumlich erfährt. Die so verstandenen Gefühle können leiblich als Kommunikationspartner wahrgenommen werden.

Auf den engen Zusammenhang von Wahrnehmung und Gefühl ist in der Literatur häufig hingewiesen worden. Zuletzt haben von ganz unterschiedlichen Standpunkten sowohl Antonio R. Damasio als auch Ratcliffe die Rolle der Gefühle als Bedingungen für die Wirklichkeitserfahrungen betont. So meint Damasio, es gäbe »Hin-

---

[72] Klaus Conrad: *Die beginnende Schizophrenie.* S. 51. Vgl. dazu auch Karl Jaspers: *Allgemeine Psychopathologie.* S. 84.
[73] Vgl. dazu die vielen Hinweise auf die Film- oder Kulissenhaftigkeit der Wahrnehmungen zum Beispiel bei Thomas Fuchs: *Psychopathologie von Leib und Raum.* S. 129, Klaus Conrad: *Die beginnende Schizophrenie.* S. 118, Karl Haug: *Die Störung des Persönlichkeitsbewusstseins und verwandte Entfremdungserlebnisse.* S. 72 und Ernst Störring: »Die Depersonalisation.« S. 527.
[74] Hermann Schmitz: *Bewusstsein.* S. 114. [Hervorh. im Original anders.]

tergrundempfindungen«, welche als Körperzustandsrepräsentationen den menschlichen Weltbezug wesentlich anleiten.[75] Und Ratcliffe betont in seiner wichtigen und gehaltvollen Studie:

> Existential feelings are central to the structure of all human experience. In addition, changes in existential feeling have an important part to play in many kinds of psychiatric illness. [...] They are not directed at specific objects or situations but are background orientations through which experience as a whole is structured.[76]

Beide Ansätze sind zwar in concreto nicht mit der von Schmitz gegebenen Definition in Einklang zu bringen, verweisen aber der Tendenz nach auf die auch durch die behandelten Zeugnisse belegte Relevanz des affektiven Bezugs für Wahrnehmung. Lebensweltlich ist dieser Zug ebenfalls evident. Schlechtgelaunte oder euphorische Menschen nehmen – phänomenal betrachtet – nicht Gleiches wahr. Ein schwermütig-melancholisches Musikstück führt bei dem einen zu noch weitergehender Regression und einem Verlust des Antriebs, während es dem anderen vielleicht störend erscheint. Die Philosophie der Gefühle hat – in Abkehr von einem nur am Leitmotiv der Vernunft orientierten Denken – zuletzt zahlreiche Vertiefungen erfahren.[77] Die vorliegende Studie stößt mit der Dimension der affektiven Relationalität auf die Gefühle als für das Wahrnehmen relevante Entitäten. Jedoch können diese als besondere Gegenstände hier nicht weiter thematisiert werden, weil dafür im Grunde eine eigene Studie nötig wäre. Entscheidend ist für die Frage nach der Wirklichkeit der lebensweltlichen Wahrnehmung eine solche Ontologie der Gefühle auch gar nicht, denn es genügt, dass sich bezüglich der Gefühle die Kommunikations-

---

[75] Antonio R. Damasio: *Descartes' Irrtum. Fühlen, Denken und das menschliche Gehirn.* Übers. v. H. Kober. München 1997, vor allem S. 207–213.
[76] Matthew Ratcliffe: *Feelings of being.* S. 2.
[77] Die wohl wichtigsten Publikationen der letzten Zeit sind Ingrid V. Ferran: *Die Emotionen. Gefühle in der realistischen Phänomenologie.* Berlin 2008, Jan Slaby: *Gefühl und Weltbezug. Die menschliche Affektivität im Kontext eines neoexistentialistischen Konzepts von Personalität.* Paderborn 2008, Kerstin Andermann, Undine Eberlein (Hrsg.): *Gefühle als Atmosphären. Neue Phänomenologie und philosophische Emotionstheorie.* Berlin 2011, Christoph Demmerling, Hilge Landweer: *Philosophie der Gefühle. Von Achtung bis Zorn.* Stuttgart 2007 und Heiner Hastedt: *Gefühle.*

mechanismen in gleicher Weise leiblich verstehen lassen wie bei den bereits verhandelten Differenzdimensionen.

Im Rahmen einer übermächtigen Betonung des affektiven Hintergrundes im Vergleich zu den individuierten Wahrnehmungsobjekten fällt als Differenz zum gewöhnlichen Erleben die gesteigerte Bedeutungshaftigkeit auf, die sich paart mit einer zugleich bemerkbaren Vagheit oder Entdifferenzierung. Die betroffenen Schizophrenen können zwar grob benennen, dass ihnen etwas anders vorkommt und zumeist auch, worin der Grundzug der Differenz besteht – alles sei gestellt, für einen gemacht, man werde beobachtet usw. –, aber eine genauere Explikation des Gegebenen misslingt. Das Unvermögen, genau und präzise angeben zu können, was eigentlich der Fall ist, wird den Kranken häufig zu einem zentralen, schwerwiegenden Problem. Als Reaktion darauf kommt es zu einer Art »Reflexionskrampf«[78], der Kranke kreist nur noch um sich selbst, verliert endgültig den Bezug zur Umwelt. Somit lässt sich leibphänomenologisch sagen, dass die Differenz in einer geänderten Betroffenheit durch Gefühle besteht, die es bedingt, dass die Wahrnehmungen hinsichtlich affektiver Gehalte an Individuiertheit verlieren.[79] Durch diesen Verlust neigen Schizophrene dazu, mittels verstärkter Reflexion nach Anhalten für Explikationen – Vereinzelungen von Sachverhalten, Programmen oder Problemen aus den begegnenden situativen Entitäten – zu suchen. Infolge dieser Fokussierung werden ihnen aber selbst kleinste Nebensächlichkeiten zu Hinweisen auf mögliche Vorgänge – ein Flüstern wird zu einer geheimen Absprache, das Klingeln an der Tür zu einem Versammlungsaufruf, ein Lächeln zu einer an sie gerichteten Warnung usw.

Auf der anderen Seite zeigen die Fälle des geminderten Gefühlsbezugs, dass eine Wahrnehmung bloßer Sinnesdaten ebenfalls der

---

[78] Klaus Conrad: *Die beginnende Schizophrenie.* S. 79.
[79] Auch Blankenburg weist, im Anschluss an Straus, darauf hin, dass die Dimensionen, in denen Schizophrene gleichsam entgleisen, diejenigen sind, die auch den Alltag aller Menschen bestimmen (vgl. Wolfgang Blankenburg: *Der Verlust der natürlichen Selbstverständlichkeit.* S. 79). Er betont damit, dass die von den Schizophrenen bemerkte Differenz – wie auch immer sie sich medizinisch erklären lassen mag – auf wesentliche Bestimmungen der Lebenswelt zu blicken gestattet.

lebensweltlichen Realität nicht entspricht. Vielmehr wird dann gerade die Reichhaltigkeit der lebensweltlichen Erfahrung spürbar.[80] Die affektive Kontextualisierung des Wahrnehmens ist demnach phänomenologisch keine sekundäre Zutat, sondern essentiell. Im Fall des Beziehungsverlustes scheint es sich so zu verhalten, dass zwar Einzelnes zu begegnen vermag, aber eine Integration in einen sie tragenden Hof der Bedeutsamkeit misslingt. Zurück bleibt Wahrgenommenes, dass man zwar als solches richtig erkennt, dem aber etwas fehlt und das einem zugleich auch weniger zu sagen hat. Es kann auf Fragen, die für gewöhnlich implizit in menschlicher Wahrnehmung durch die Sachverhalte der Situationen schon beantwortet sind, keine Erwiderung geben. Was es mit den Dingen auf sich hat, warum sie da sind, was man mit ihnen tun soll – all das gerät in den Hintergrund. Der Schizophrene hingegen hat in der apophänen Phase gerade den Eindruck, den Bedeutungshof deutlich zu sehen, wobei er allerdings nicht sagen kann, was genau er ist. In Hinsicht auf leibliche Vorgänge ist zu vermuten, dass mindestens die Disposition insofern verändert ist, als der Kommunikationsakt in seinen Freiheitsgraden gemindert scheint. Gleichwohl wäre eine Analyse der besonderen Wahrnehmung des Affektiven nur dann vollständig, wenn – wie schon gesagt – die Gefühle selbst stärker beleuchtet würden. Für die hier vorliegende Fragestellung genügt die Erkenntnis, dass eine Form affektiver Einbettung den lebensweltlichen Wirklichkeitseindruck bestimmt. Dieser wiederum setzt eine leibliche Kommunikation mit Gefühlen voraus, die diesen gegenüber sowohl eine Explikation der Bestände als ein Beibehalten des Situativen gestattet. Übermäßige Vereinzelung lässt den lebensweltlichen Wirklichkeitseindruck ebenso verschwinden wie ein Leben in bloßen Bedeutungshöfen.

---

[80] Eine bloße Sinnesdatenwelt wäre für den Menschen sinnentleert und führte ihn zu nichts. Die Wahrnehmung ist immer auch affektiv, denn sie ist kein Registrieren, sondern ein Orientieren. Dazu bedarf es affektiver Relationalität, denn, wie Hastedt richtig herausstellt, »Gefühle erschließen die Welt; ohne Gefühle wäre der Mensch vermutlich ein ganz hilfloses Wesen.« (Heiner Hastedt: *Gefühle*. S. 141.)

IV.1.6 Ekstatik

Alle bisher verhandelten Dimensionen ließen leibphänomenologisch erkennen, dass die Engung einen wesentlichen Anteil am Zustandekommen lebensweltlicher Wahrnehmungswirklichkeiten hat. Sicher ist die leibliche Engung in dieser Hinsicht dominant – die Motive der Härte des Realen oder des Widerstands als Realitätsmerkmal haben hier ihre Wurzeln.[81] Gleichwohl gibt es eine Gruppe von Erfahrungen, die darauf hinweisen, dass auch mit einem Hinausgleiten des Leibes in die Weitesphäre eine besondere Wirklichkeitserfahrung verbunden sein kann. Otto Friedrich Bollnow hat im Rahmen seiner Phänomenologie der Stimmungen in diesem Sinne argumentiert: »Die gehobenen Stimmungen erleichtern die Auffassung und erschließen neue Gehalte, während es dann die Aufgabe der gedrückten Stimmungen ist, das dort Gewonnene kritisch zu überprüfen.«[82] Unter Heranziehung des explizierten hermeneutischen Vorgriffs kann man sagen, dass mit den Stimmungen sowohl die leibliche als auch die affektiv-atmosphärische Komponente thematisiert sind. In leibphänomenologische Begriffe übersetzt will Bollnow darauf hinweisen, dass die primitive Gegenwart – zugänglich durch leibliche Engung – zwar immer der letzte Prüfstein für Wirklichkeit eines Wahrgenommenen bleibt, aber doch auch in der entfalteten Gegenwart – also der weitenden Entfernung von der primitiven Gegenwart – Wirklichkeit in einer einzigartigen Weise zugänglich wird. In diesen andersartigen Weitungserfahrungen tritt die Dimension der Ekstase erkennbar hervor.[83]

---

[81] Vgl. dazu Kap. IV.3.3.
[82] Otto Friedrich Bollnow: *Das Wesen der Stimmungen*. Frankfurt 1980, S. 126. Vgl. zur ekstatischen Dimension der Differenz generell a. a. O., S. 118–131.
[83] Der Ekstasebegriff, wie er hier verwendet wird, ist nicht mit dem von Gernot Böhme entwickelten zu verwechseln. Dieser verstand unter Ekstasen »Formen der Präsenz […], durch die ein Ding charakteristisch aus sich heraustritt.« (Gernot Böhme: »Das Ding und seine Ekstasen. Ontologie und Ästhetik der Dinghaftigkeit«, in: ders.: *Atmosphären. Essays zur neuen Ästhetik*. Frankfurt 1995, S. 155–176, hier S. 167.) Böhmes Begriff trifft eher auf das zu, was Schmitz Gesicht oder Charakter nennt, insofern für Böhme Ekstasen die Erscheinungsweisen eines Dings in seinem konkreten Zur-Erscheinung-kommen meinen (vgl. a. a. O., S. 174).

Eine Phänomenologie der Differenzerlebnisse

Bollnow behauptet im Anschluss an Ludwig Binswanger, der Optimist und der Pessimist würden unterschiedliche Wirklichkeiten erleben.[84] Im lebensweltlichen Alltag scheint dies auch tatsächlich zu stimmen. Nicht so sehr in der Art und Weise, dass bestimmte Dinge bei dem einen vorkommen, dem anderen nicht, aber die Situation als primärer Gegenstand der Wahrnehmung erfährt unterschiedliche Explikationen der in ihr eingegliederten Sachverhalte, mehr noch aber der Programme und Probleme. Was dem einen Programm ist – eine anstehende Prüfung soll bestanden werden –, ist dem anderen Problem – wie soll die Prüfung nur bestanden werden. Wo der Pessimist Hindernisse erfährt – nicht bloß hineindeutet, sondern als legitimen Bestandteil des Erlebnisses –, da bemerkt der Optimist womöglich keine. In pathologischen Fällen wiederum tritt die Andersartigkeit von ekstatischen Erfahrungen im hier gemeinten Sinne noch deutlicher hervor. Von dem bereits erwähnten operierten Blindgeborenen May wird dessen erster Eindruck des Himmels so überliefert: »May sah nach oben. Er versank in einem Blau, das so gesättigt und allgegenwärtig war, dass er nichts weiter herausbrachte als: ›Ich sehe ihn.‹«[85] Die Erfahrung des Blaus in seiner Weite – vermutlich war der Himmel annähernd wolkenlos – überwältigt May und bringt die Wirklichkeit des Quals deutlich hervor. Man kann dies als einen Fall von Wesensschau in Schmitz' Sinne interpretieren. Die Parallelen zum bereits thematisierten Mach-Erlebnis sind frappierend, wiewohl May auf eine sich an die Wahrnehmung anschließende Deutung verzichtet. Ähnlich gelagert sind manche Erfahrungen des Göttlichen.[86] Michaux, selbst Atheist, erlebt im Meskalinrausch das Folgende:

---

[84] Vgl. Otto Friedrich Bollnow: *Das Wesen der Stimmungen*. S. 119.
[85] Robert Kurson: *Der Blinde, der wieder sehen lernte*. S. 193.
[86] Insbesondere die sogenannte »unio mystica« wäre im Sinne der Ekstasedimension zu bedenken. Vgl. dazu die Analysen bei Hermann Schmitz: *Der Leib*. S. 51 f., ders.: *Bewusstsein*. S. 61 ff. und ders.: *System der Philosophie*. Bd. III/4. S. 188 f., 196, 204. Auf diese Fälle soll hier jedoch verzichtet werden, da sie hermeneutisch aufgrund theologisch-theoretischer Zusätze schwerer zu deuten sind als die schon herangezogenen Zeugnisse. Aus ihnen würde außerdem voraussichtlich keine substantielle Erweiterung der leibphänomenologischen Erkenntnisse folgen.

Licht, Licht überall. Wieviele Ozeane aus Licht zittern unbemerkt über die Welt hin. ... Erschöpfung durch das Licht! ... Das Unglaubliche ist geschehen [...]. Ich habe Tausende von Göttern gesehen. Ich habe das überwältigende wunderbare Geschenk empfangen. Mir, der ich ohne Glauben bin [...], mir sind sie erschienen. Sie waren da, in lebendiger Gegenwart, lebendiger gegenwärtig als irgend etwas, das ich jemals gesehen habe. Und es war unmöglich, und ich wußte es, und doch![87]

Dass dies eine Wahrnehmung im Rahmen der Ekstasedimension ist, mag vielleicht nicht auf den ersten Blick ersichtlich sein. Aber die eingangs des Zitats erwähnte Überflutung durch Licht mit anschließender Erschöpfung, ohne dass von Angst, Furcht oder Bedrückung die Rede ist,[88] weist auf eine leibliche Weitung hin, wie sie auch May und Mach hatten. Dieser Interpretation folgend kommt es zu dem Erlebnis des Göttlichen im Rahmen einer bestehenden Ausleibung. Besonders interessant ist, dass in der Ekstase die Wirklichkeit des Begegnenden – Michaux spricht von »lebendiger Gegenwart« – prägnant wird. James hat einige solcher Erfahrungen gesammelt.[89] So heißt es etwa:

Es passierte einmal, als ich von der Spitze eines hohen Berges über eine zerklüftete und zerfurchte Landschaft blickte, die sich bis hin zum gewölbten Ozean erstreckte, der in den Horizont überging; und an derselben Stelle noch einmal, als ich unter mir nur grenzenlos ausgedehnte weiße Wolken sah [...]. Ich fühlte bei diesen Gelegenheiten den zeitweiligen Verlust meiner eigenen Identität, der begleitet war von einer Erleuchtung, die eine tiefere Bedeutung offenbarte, als ich sie für gewöhnlich dem Leben zusprach. Dies gibt mir die Rechtfertigung zu sagen, ich habe mit Gott kommuniziert.[90]

Es zeigen sich die gleichen wesentlichen Bedingungen, wie sie auch schon zuvor bei Differenzen in der Ekstasedimension zu bemerken

---

[87] Henri Michaux: *Turbulenz im Unendlichen*. S. 47.
[88] Freilich handelt es sich um ein literarisches Zeugnis, so dass womöglich diese Hinweise aus ästhetischen Gründen weggelassen wurden. Aber das Erleben passt in leibphänomenologischer Perspektive so zu den ganz anders gearteten Erfahrungen der Ekstase, dass eine größere Verfälschung durch Michaux plausibel ausgeschlossen werden kann.
[89] Vgl. insbesondere William James: *Die Vielfalt religiöser Erfahrung*. S. 85–110.
[90] William James: *Die Vielfalt religiöser Erfahrung*. S. 102.

waren. Der Betroffene erfährt eine leibliche Weitung – genauer: eine Ausleibung im Angesicht phänomenaler Weite der Landschaft –, wodurch das intensive Erleben Gottes möglich wird. Damit sind einschlägige Fälle von Wahrnehmungen genannt, die nahelegen, lebensweltliche Wirklichkeit nicht notwendig als ein an leibliche Engung oder erhöhte Spannung gebundenes Phänomen zu verstehen. In seltenen, aber doch nicht unmöglichen Zuständen tritt eine ekstatische Wirklichkeitserfahrung ein.[91]

Zur weiteren Erläuterung sei noch eine letzte Gruppe von Differenzerlebnissen in der Ekstasedimension genannt, die deshalb Erwähnung verdient, weil sie zweierlei belegt. Die Out-of-body-Erfahrungen – das heißt das Wahrnehmen seiner selbst außerhalb des eigenen Körpers – verweisen einerseits auf die weitreichende Aufschlussfähigkeit, die der hier zugrunde gelegte hermeneutische Vorgriff gestattet. Andererseits zeigt sich auch, dass diese seltsam bis exotisch oder gar esoterisch anmutenden Erfahrungen eine Brücke schlagen könnten zwischen leibphänomenologischen und stärker physiologischen Ansätzen. Fuchs stellt heraus, dass das außerkörperliche Erlebnis mit einem Gefühl der Leichtigkeit, einer außergewöhnlichen Helligkeit, Verlangsamung des Zeitablaufs, intensiver Klarheit und unabweisbarem, sogar gesteigertem Realitätscharakter verbunden ist.[92] Eine Interpretation dieser Wahrnehmung als bedingt oder ermöglicht durch leibliche Weitung liegt nahe. Schon zuvor hatte Michaux' Erlebnis den Zusammenhang zwischen Helligkeit und Weite veranschaulicht, welcher hier wieder auftritt. Die Weitung führt zu einer Entdifferenzierung der räumlichen und ebenso der zeitlichen Dimension, was jedoch nicht zu einer Minderung, sondern Stärkung des Realitätseindrucks führt. Dabei geschieht, wie Fuchs richtig betont, im außerkörperlichen Erleben keineswegs eine Entfremdung wie in der Derealisation, denn diese führt zu einem gedämpften Erleben. Von Out-of-body-Erfahrun-

---

[91] Ein Halluzinierender berichtet zum Beispiel, dass er seine pathologischen Erfahrungen immer nur machte, wenn er in einer Art ichvergessener Ekstase war (vgl. Arnold Pick: »Zur Lehre von den Störungen des Realitätsurteils bezüglich der Außenwelt«. S. 81 f.).

[92] Thomas Fuchs: »Außerkörperliche Erfahrungen bei Reanimation«. S. 100 f.

gen Betroffene berichten jedoch von einem verstärkten Wirklichkeitseindruck und häufig von Glücksgefühlen.[93] Insofern liegt mit der ekstatischen Dimension eine genuin eigene Sphäre vor. Dass solche Erlebnisse, die gemeinhin als Humbug oder Spinnerei abgetan werden, sich leibphänomenologisch verständlich machen lassen, ist im Sinne der Heuristik bemerkenswert und beweist, inwiefern die eingangs unternommene umfangreiche Absicherung eines möglichst offenen Zugangs zu den Phänomenen berechtigt war. Der zweite Aspekt, weshalb diese Phänomengruppe abschließend aufgegriffen wurde, hat mit einem zuletzt verstärkt erwachten Interesse der physiologisch orientierten Neurowissenschaften an ihr zu tun.[94] Deren Experimente, die der Sache nach Fortsetzungen der Spiegelkasten-Versuche von Ramachandran darstellen,[95] verweisen darauf, dass durch technische Mittel eine Veränderung des leiblichen Empfindens möglich wird. Die Versuche greifen auf Projektionstechniken zurück, mittels derer den Probanden über die Augen ein Bild ihres Körpers präsentiert wird, das in räumlicher Hinsicht mit dem eigentlichen Körper nicht identisch ist. Zumeist erscheint der projizierte Körper ein paar Meter versetzt. Unter Zuhilfenahme von Berührungen (neuphänomenologisch gesprochen: Leibinselbildung) tritt der Effekt ein, dass die Probanden sich mit dem projizierten Körper identifizieren, sich in das Bild einleiben. Gleichwohl scheuen diese Studien den Weg eines Einlassens auf die konkrete Erfahrung, während die Phänomenologie häufig – bei Schmitz vielleicht in besonderer Weise – das Einlassen auf Technik unterlässt. Es scheint sich hier ein Weg zu bieten, beide Ansätze fruchtbar zu verbinden.

Abgesehen von solchen wissenschaftsimmanenten Erwägungen

---

[93] Vgl. Thomas Fuchs: »Außerkörperliche Erfahrungen bei Reanimation«. S. 104 f.
[94] Vgl. dazu die Arbeiten von Bigna Lenggenhager, Tej Tadi, Thomas Metzinger, Olaf Blanke: »Video ergo sum. Manipulating bodily self-consciousness«, in: Science, Bd. 317 (2007), S. 1096–1098, Greg Miller: »Out-of-body experiences enter the laboratory«, in: Science, Bd. 317 (2007), 1020–1021 und H. Henrik Ehrsson: »The experimental induction of Out-of-body experiences«, in: Science, Bd. 317 (2007), S. 1048.
[95] Vgl. dazu Vilaynur S. Ramachandran, Sandra Blakeslee: *Die blinde Frau, die sehen kann*. S. 95–100.

zeigen die Out-of-Body-Erfahrungen, wie sie Fuchs analysiert hat, dass auch in ihnen eine Form der Weitung bei Ausleibung zu gesteigerter Wirklichkeitserfahrung führt. Warum aber kommt es dazu, wo doch Weitung häufig genug in Schlaffheit, Entspannung und gerade Teilnahmslosigkeit endet, wie die alltägliche Erfahrung bei einem Sonnenbad in ruhiger Umgebung lehrt? Bei dieser Weitung scheint sich eine Dominanz der protopathischen Tendenz des Leibes einzustellen, wodurch er zerfließt und keine eindringlichen Wahrnehmungen mehr zu machen in der Lage ist. Im Falle der Ekstasen im hier gemeinten Sinn hingegen kommt es trotz allem zu einer sehr prägnanten und machtvollen Erfahrung von etwas. Auf leiblicher Ebene bietet sich dafür nur eine Erklärung an, dass nämlich in der Ausleibung das Begegnende – im Falle des Himmels zum Beispiel das Qual – eine Art Fixpunkt bildet, der den Leib suggestiv sammelt. Deshalb sprechen die Betroffenen vielleicht auch von dem Eindruck des »Versinkens«. In jedem Fall verhindert etwas das Zerfließen des Leibes, wodurch trotz Weitung eine doch sehr prägnante Erfahrung gemacht werden kann. Diese bezieht sich dann aber nicht auf vieles, sondern meist nur auf einen einzigen Sachverhalt. Die Aussage von May, jetzt sähe er »ihn«, verweist darauf, dass die Wahrnehmung intensiv, aber inhaltlich eher situativ denn sonderlich individuiert gewesen sein muss. Im Hinblick auf die lebensweltliche Wirklichkeit lässt sich aus der Ekstasedimension jedenfalls festhalten, dass im Alltag die Wahrnehmung solche Prägnanz im Rahmen leiblicher Weitung selten erreicht. Die Grundstruktur des Leibes ist derart, dass ihm Engung als wesentliche Erdung gemäßer scheint. Dennoch kommt die ekstatische Erfahrungsweise vor, wobei schon ihre Seltenheit verständlich macht, warum sie im Rahmen theologischer Betrachtungen eine so große Rolle spielen.

IV.1.7 Rationalität

Alle bisher verhandelten Dimensionen erlebter Differenzen ließen sich leiblich verständlich machen beziehungsweise in Verbindung mit leiblichen Vorgängen bringen. Jedoch zeigt eine weiterführende

Analyse von Zeugnissen, dass es auch zwei andere Hinsichten gibt, die nicht genuin leiblich sind, nämlich die der Rationalität und der Sozialität. Damit ist gemeint, dass die Feststellung von Wirklichkeit im Angesicht von Wahrnehmungen mitunter nur durch Reflexion oder sozialen Konsens möglich ist. Diese Dimensionen sind im eigentlichen Wortsinn keine der Differenz, denn die Betroffenen reagieren darin in einer Weise, die auch lebensweltlich durchaus vorkommt. Gleichwohl werden sie im Rahmen der pathologischen Fälle besonders deutlich sichtbar und erweisen pointiert ihre Wirksamkeit.

Was ist mit der Rationalitätsdimension gemeint? Wenn man im Alltag plötzlich ein Geräusch, etwa einen Glockenschlag, wahrnimmt, der sonst nicht zu hören ist, kann es passieren, dass dessen Realität fraglich wird. Hat man ihn wirklich gehört oder sich nur eingebildet? In diesem Kontext spielen rationale Erwägungen eine wichtige Rolle. Gibt es in der Nähe überhaupt mögliche Quellen für das Geräusch – Kirchen, Uhren usw.? Ist die Uhrzeit einem Glockenschlag entsprechend? Wenn all diese Erwägungen negativ ausfallen, wird man am Ende, obwohl nicht völlig überzeugt, dazu neigen, es für eine Täuschung oder Halluzination zu halten. Bei Wahrnehmungen, für die sich keine Ursache finden lässt, spielen derartige Reflexionen eine große Rolle. Im Rahmen psychopathologischer Erfahrungen verhält sich das nicht anders. Ein Patient Spechts, der von Ratten halluzinierte, erkannte den Unwirklichkeitscharakter seiner Erlebnisse durch logische Kriterien, denn er meinte, Ratten können doch nicht durch den Mund herausfahren und im Körper wieder verschwinden.[96] Hier hilft die Überlegung, Unterschiede zu markieren, die phänomenal womöglich nicht gegeben waren. Dass es der zusätzlichen Reflexionen bedarf, zeigt an, inwiefern nicht auf empfindungsimmanente, leibliche Differenzen zurückgegriffen werden kann. Der Leib fällt in diesem Fall als Mittel zur Feststellung von Wirklichkeit anscheinend aus. Die Reflexionen müssen dabei nicht immer zu einer aus lebensweltlicher Perspektive adäquaten Realitätseinsicht führen, wie insbesondere die mitunter hochkomplexen Deutungsvorgänge von Halluzinieren-

---

[96] Vgl. Wilhelm Specht: *Wahrnehmung und Halluzination*. S. 16.

den und Wahnkranken belegen. Jaspers schildert den Fall eines jungen Mannes, der Stimmen hört und der seine eigenen Gedanken laut geäußert wahrzunehmen meint. Von diesem Mann sind folgende Überlegungen überliefert:

> Ein Irrtum ganz ausgeschlossen; ich sage mir, das können keine Halluzinationen sein, denn wenn niemand da ist, höre ich auch nie jemand sprechen. [...] Ich muß ein Leiden haben, daß meine Sprachmuskeln von selber arbeiten, wenn ich denke; so daß ich nicht höre, was ich denke, aber die Leute hören es, denn sie sprechen es mir nach. [...] Ich kann es ja gar nicht übelnehmen, denn für die Leute muß es doch ekelhaft sein, immer alles hören zu müssen, was ich denke. Die sprechen das nach, um mich davon zu kurieren.[97]

Der Patient unternimmt eine in mehrfacher Hinsicht gehaltvolle Deutung, denn nicht nur bringt er seine Erfahrungen mit einer rationalen Erklärung in Einklang, sondern er offenbart zugleich eine empathische Komponente, weil er seine Mitmenschen als Vollzugshelfer der Täuschung und auch als mitfühlende Betroffene charakterisiert. Wahrgenommenes scheint demnach, um trotz vermeintlich irrationaler und ungewöhnlicher Gehalte als wirklich gelten zu können, einer gewissen Stimmigkeit im Zusammenhang mit den impliziten lebensweltlichen Hintergründen zu bedürfen. Ein weiteres Beispiel für solche rationalen Deutungen im Angesicht von pathologischen Wahrnehmungen liefert eine von Schneider mitgeteilte Schilderung:

> Ich fühlte mich genötigt, auf diesen Ofen den Blick zu richten, der sich alsbald zu drehen schien und mit der Wand ab- und zunehmende Winkel bildete und daher dem Blicke bald mehr die weiße Vorderwand, bald mehr die Kante und die Seite darbot und ihn dann nach rechts auf die grüngestrichene Wand und von dieser abwärts zu dem braunen Wandstreifen längs des Fußbodens hinlenkte. Daß der Ofen sich wirklich bewegte, glaube ich nicht, ich schrieb vielmehr die Bewegung meinem Auge zu, das absichtlich von außen durch einen Apparat mit Hilfe von Elektrizität gedreht wurde.[98]

---

[97] Karl Jaspers: »Zur Analyse der Trugwahrnehmung«. S. 505.
[98] Carl Schneider: »Über Sinnentrug. II. Abschnitt: Die Frage der Klassifikation des Sinnentrugs und die Voraussetzungen zur Erforschung seiner Entstehungs-

Dieser Bericht bezeugt in anderer Perspektive die Notwendigkeit, als wirklich Erlebtes in einen Zusammenhang mit sonstigen Erfahrungen, Wissen, Ansichten usw. zu bringen. Der Verweis auf Elektrizität ist insofern elegant, da er auf eine nicht direkt wahrnehmbare theoretische Entität rekurriert und dadurch vorderhand nicht zu widerlegen ist.[99]
Im Vergleich mit der alltäglichen Wahrnehmung ist markant, dass bei dieser die rationale Prüfung nur bei seltenen Ausnahmen eingreift. Zumeist leben die Menschen in einem lebensweltlichen Netz, welches die möglichen kritischen Vorkommnisse durch Theorien und Weltbilder im Vorhinein beantwortet und eingeordnet hat. Im pathologischen Kontext treten jedoch Fälle auf, die nach einer Einordnung verlangen, weil das lebensweltliche Hintergrundgerüst nicht mehr greift. Dies zeigt in deutlicher Weise die Situation eines Patienten von Ramachandran, der bei einem Autounfall erhebliche Kopfverletzungen erlitten hatte. In Folge der Schädigungen verlor er, Larry, die Fähigkeit, zwischen Schein und

---

bedingungen und Erscheinungsgesetze«, in: Zeitschrift für die gesamte Neurologie und Psychiatrie, Bd. 132 (1931), S. 458–521, hier S. 513. – Im Mitwandern der Dinge bei Augenbewegung sieht ganz ähnlich auch ein anderer Patient den Hinweis auf die Irrealität des Erlebten (vgl. Karl Jaspers: »Zur Analyse der Trugwahrnehmung«. S. 482).

[99] Im Rahmen psychopathologischer Erfahrungen kommt häufig die Bezugnahme der Patienten auf Elektrizität, Strahlung usw. vor, was vermutlich darin seinen Grund hat, dass diese Kräfte zum einen lebensweltlich bekannt sind – wenn auch als theoretische Entitäten – und zum anderen eine nicht an konkrete, dinghafte Wahrnehmungen gebundene Wirksamkeit haben. Man kann vermuten, dass es die an Halbdingen von Schmitz herausgestellte zweigliedrige Kausalität ist, auf die die Patienten implizit abzielen. Es gibt für die von ihnen gemachten Erfahrungen dem eigenen Erleben nach keine passende Ursache, sondern nur das vermeintliche Wahrnehmungsvorkommnis. Dafür bieten Elektrizität und elektromagnetische Strahlung plausible Erklärungen an, insofern sie ohne eine unmittelbar benennbare Quelle auftreten können (irgendeine Quelle muss es natürlich geben, aber die entsprechenden Apparaturen können theoretisch in weiter Entfernung, dem Patienten unzugänglich sich befinden). Der Rekurs auf Elektrizität verweist auch auf die Zeitgebundenheit der Deutungen, denn während heute vermutlich stärker Manipulation durch Strahlung oder Funkwellen herangezogen werden, dürfte vor etwa 1850 die Annahme einer Beeinflussung auf andere Weise – böse Geister usw. – plausibler erschienen sein.

Wirklichkeit zu unterscheiden.[100] Er behalf sich mit rationalen Mechanismen im Sinne der hier verhandelten Dimension, wie sich aus einem Gespräch mit seinem Arzt ergibt:

›Während ich Sie anblicke, sitzt ein Affe auf ihrem Schoß‹, erklärte Larry. ›Ein Affe?‹ ›Ja, direkt auf ihrem Schoß.‹ Ich dachte, er scherze. ›Woher wissen Sie, dass es eine Halluzination ist?‹ ›Ich weiß es nicht. Aber da es unwahrscheinlich ist, dass ein Professor einen Affen auf dem Schoß hält, nehme ich an, dass da in Wirklichkeit keiner ist.‹ Er lächelte fröhlich. ›Aber er sieht verdammt lebendig und wirklich aus.‹[101]

Der Patient kompensiert die fehlenden phänomenalen Anhalte für die Scheidung von Wirklichem und Unwirklichem in der Wahrnehmung durch Rekurs auf Überlegungen.[102]

Solches Verhalten zeigt im Kontrast, dass im normalen lebensweltlichen Bezug eine subtile rationale Stimmigkeit schon vorliegen muss, denn gemeinhin fangen die Menschen im Alltag nicht an, sich intensiver gedanklich mit ihren Erfahrungen auseinanderzusetzen. Nur in Ausnahmefällen – wenn Wahrnehmungen vage erscheinen oder wenn sie nur sehr kurz waren – greift man auf solche Mechanismen zurück. Insofern ist der Rekurs auf die Rationalitätsdimension schon ein Hinweis auf eine in irgendeiner Weise veränderte oder gestörte Wahrnehmung. Dafür lassen sich zwei mögliche Gründe benennen. Einerseits könnte der Gegenstand von sich her eine präzise Erfassung verhindern, andererseits der Wahrnehmende selbst. Der erste Fall tritt dann ein, wenn Dinge nur peripher, räumlich oder zeitlich »am Rande« gegeben sind – ein kurz gesehenes Gesicht, ein sich schnell bewegendes Tier, ein weit entferntes Schiff usw. Hier kompensieren rationale Überlegungen einen Mangel der Wahrnehmung. Wichtiger aus phänomenologi-

---

[100] Vgl. Vilaynur S. Ramachandran, Sandra Blakeslee: *Die blinde Frau, die sehen kann.* S. 180 f.
[101] Vilaynur S. Ramachandran, Sandra Blakeslee: *Die blinde Frau, die sehen kann.* S. 182.
[102] Ähnlich verhält sich ein im Meskalinrausch Träumender, der in seinen Träumen mittels Lidschluss zu unterscheiden sucht, was Wahrnehmung und was Halluzination ist (vgl. Heinrich Klüver: *Mescal and mechanisms of hallucinations.* S. 88). Eine Patientin von Mayer-Gross sagt aus, dass Nachdenken ihr helfe, Sinnestäuschungen zu korrigieren (vgl. Willy Mayer-Gross: *Selbstschilderungen der Verwirrtheit.* S. 25).

scher Sicht sind aber die andererseits möglichen Vorkommnisse gestörter Wahrnehmung, die auf den Leib als Resonanzboden verweisen. Es lässt sich nämlich vermuten, dass mitunter die leibliche Kommunikation eine gelingende Erfahrung – im Vergleich zum Normalniveau des Erlebens – erschwert. Wenn der Leib so modifiziert ist, dass ihn Dinge kaum noch betreffen, greifen rationale Erwägungen als kompensatorische Mechanismen ein und versuchen auf sekundärem Weg, das Verfehlte nachzutragen. Dies verhilft zu lebensweltlich ausreichend Sicherheit, aber zu keiner vollen Gewissheit, denn dafür wäre eine leibliche Rückbindung an die primitive Gegenwart als Quelle jedweder Wahrnehmungsvalidität nötig. Entfremdungspatienten sind in dieser Hinsicht übermäßig reflexiv eingestellt, denn ihnen ist die Fähigkeit zu unbefangener leiblicher Kommunikation abhanden gekommen. Gleichwohl führt das ständige Nachdenken – der Reflexionskrampf – gerade nicht zu einer Rückgewinnung des vermissten Eindrucks, sondern zu einer Verstärkung desselben. Die Romanfigur Bernardo Soares verweist darauf, wenn er – selbst ein Musterbeispiel entfremdeter Subjektivität –[103] meint: »Je genauer ich das Schauspiel der Welt betrachte, den sich beständig ändernden Stand der Dinge, desto überzeugter bin ich vom Fiktiven, das allem eigen ist, vom falschen […] Ansehen, das alle Wirklichkeit genießt.«[104] Der rationale Weltbezug mindert den lebensweltlich typischen Wahrnehmungseindruck bis hin zu dessen vollständiger Negierung. Während allerdings Soares dies zu seiner bewussten Attitüde macht, sehen sich die Patienten und der Normalsinnige dazu aus rein kompensatorischen Gründen gezwungen. Leibphänomenologisch ist zu vermuten, dass es zu einer nur begrenzten Kommunikation mit den ganzheitlichen Situationen kommt. Die Einzelheiten treten dominant hervor, denen aber die Gesamteinbindung verloren gegangen

---

[103] Vgl. dazu Michael Großheim: *Politischer Existentialismus*. S. 3 f. – Der Brückenschlag vom Autor Pessoa zur Romanfigur Soares ist zwar letztlich nicht endgültig beweisbar, liegt aber begründet auf der Hand. Die von Soares geschilderten Erfahrungen entsprechen den von Großheim herausgestellten Motiven entfremdeter Subjektivität.
[104] Fernando Pessoa: *Das Buch der Unruhe des Hilfsbuchhalters Bernardo Soares*. Hrsg. v. R. Zenith. Übers. v. I. Koebel. Zürich 2006, S. 139.

ist. Rationale Erwägungen kompensieren manches – gewisse Einzelbestimmungen –, aber sie vermögen nicht, eine den Wahrnehmenden letztlich überzeugende Einordnung sicherzustellen.[105] Insofern erweist sich die leibliche Kommunikation als der rationalen Erwägung im Kontext der Wahrnehmung überlegen.[106]

Auf zwei Feldern macht sich die Rolle der Rationalität außerdem aufdringlich bemerkbar, nämlich denjenigen des Traums und der Illusionen oder Täuschungen.[107] Warum, so mag man fragen, spielt hier die Reflexion hinein? Gemeinhin sind Menschen doch gut in der Lage, Traum und Wirklichkeit zu unterscheiden. Aber sind sie das wirklich? Der spanische Dichter Pedro Calderón de la Barca hat in einem Schauspiel die Möglichkeit der phänomenalen Ununterscheidbarkeit zur Grundlage der Handlung gemacht, und wenn man das Stück betrachtet, so fällt auf, dass es tatsächlich als denk- und realisierungsmöglich sich erweist.[108] Das einzige, was

---

[105] Ein besonders prägnanter Fall dafür ist der schon mehrfach angeführte operierte Blindgeborene May. Dieser kann zwar nach der gelungenen Behandlung in beschränktem, aber ausreichendem Maße sehen, jedoch fehlt ihm die Fähigkeit, die Dinge als bestimmte Dinge zu erfassen. So kann er Einzelheiten gut angeben, aber Gesichtsausdruck oder Körperphysiognomie entgehen ihm. Große Probleme bereitet ihm die optische Geschlechterunterscheidung. Während gesunde Menschen hinreichend genau auf den ersten Blick Männer und Frauen zu differenzieren vermögen, gelingt es ihm nicht. Er bedarf dazu kompensatorischer rationaler Methoden, insbesondere eine Liste mit Merkmalen, an denen er sich orientieren kann (zum Beispiel: Hüftschwung, Umhängetaschen, Röcke statt Hosen, Schmuck, Bauchform). Hier offenbart sich die primär ausgleichende, ergänzende Natur der rationalen Dimension deutlich, die den fehlenden Gesamteindruck zu ersetzen sucht. Vgl. dazu Robert Kurson: *Der Blinde, der wieder sehen lernte*. S. 258f., 266f.

[106] Daher ist der Tendenz der Arbeiten von Noë, Ratcliffe, Gallagher und Zahavi nur zuzustimmen, die alle – auf unterschiedliche Weise – bemüht sind, eine präkognitive Dimension aufzuschließen, die der Wahrnehmung zugrunde liegt.

[107] Illusionen und Täuschungen bezeichnen im Folgenden denselben Tatbestand, nämlich es »wird etwas wirklich gegenständlich Vorhandenes durch Umgestaltung für etwas anderes gehalten, als es tatsächlich ist (d. h. es wird verkannt).« (Christian Scharfetter: *Allgemeine Psychopathologie*. S. 209.) Diese Bestimmung ist natürlich phänomenologisch fragwürdig, da sie immer schon das Bestehen einer objektiven Welt voraussetzt, aber um die vorliegende Untersuchung an den üblichen Sprachgebrauch und die von diesem her motivierte Klassifizierung anschlussfähig zu halten, werden die Termini beibehalten.

[108] Vgl. dazu Pedro Calderón de la Barca: *Das Leben ist ein Traum*. Übers. v.

unternommen werden muss, um die Traum- und die Wachphasen miteinander zu verbinden, ist die Einbindung in eine plausible Gesamtgeschichte, dann fallen sie – nach Calderóns vermutlicher Ansicht – zusammen. Folgt man dem Hinweis, so ist zu überlegen, was den Traum als Erlebnis von der Wachwahrnehmung unterscheidet. Auffällig ist zunächst, dass während des Träumens selbst eine Differenz zumeist nicht erfahren wird. Nur die luziden Träume, das heißt solche Träume, während derer der Betroffene klar weiß, dass er träumt, bilden eine Ausnahme. Den Aussagen einiger solcher Träumer nach seien die Erlebnisse unschärfer, weniger distinkt, verschwommen.[109] Man könnte also eine geminderte leibliche Resonanzfähigkeit durch einen annähernd erschlafften leiblichen Antrieb vermuten, was auch durch die im Erwachen spürbare und notwendige Engung als Gegenbewegung bestätigt zu werden scheint.[110] Gehring verweist auf die in Schlaflaboren üblichen Trainingshinweise zur Ermöglichung luzider Träume, die im Wesentlichen darin bestehen, sich im Traum beständig zu fragen, ob man träumt und ob die erlebte Realität so ist, wie sie sein sollte, das heißt ohne bizarre Elemente.[111] Dadurch besteht die Chance, dass im Traum »ungewöhnliche, nicht mögliche Elemente dazu führen, dass Sie merken, dass es ein Traum ist.«[112] Die Habitualisierung des Sich-Fragens scheint ein Mechanismus zu sein, der eine Art von leiblicher Restspannung sichert. Interessanter für die Differenzdimension der Rationalität ist jedoch, dass man im Traum selbst durch dessen Fremdartigkeit »erweckt« wird. Mittels Überlegung und Vergleich wird diese Andersartigkeit bemerkt. Für die meisten

---

E. Gürster. Stuttgart 2005, unter anderem S. 61, 67. Die Plausibilität des Stücks in Hinsicht auf die phänomenale Ununterscheidbarkeit von Traum und Wachen heben auch Russell und Gehring hervor. Vgl. dazu Bertrand Russell: *Unser Wissen von der Außenwelt*. S. 108 und Petra Gehring: *Traum und Wirklichkeit*. S. 79 f.
[109] Vgl. Tracey L. Kahan, Stephen LaBerge, Lynne Levitan, Philip Zimbardo: »Similarities and differences between dreaming and waking cognition. An exploratory study«, in: Consciousness and cognition, Bd. 6 (1997), S. 132–147, hier S. 133.
[110] Schmitz charakterisiert den Traum in diesem Sinne als eine »*Dissoziation der leiblichen Ökonomie*«, wohingegen das Erwachen eine »Wiederherstellung der Spannung« sei (Hermann Schmitz: *System der Philosophie II/1*. S. 195, 213).
[111] Vgl. Petra Gehring: *Traum und Wirklichkeit*. S. 227.
[112] Petra Gehring: *Traum und Wirklichkeit*. S. 227.

Menschen verhält sich dies ebenso, allerdings gelingt ihnen der Vergleich immer erst im Nachhinein aus der Erinnerung heraus. Während des Erlebens gehen sie ganz in ihren Träumen auf. Aus diesem Grund behaupten einige Theoretiker, dass ohnehin nur das Erwachen als Bruch eine Unterscheidung zwischen Traum und Wachen ermöglicht.[113] Allerdings stießen, wie zitiert, die luziden Träumer auch auf phänomenale Unterschiede. Traumbilder erschienen ihnen vager, unbestimmter. Ob dem tatsächlich so ist, kann nur schwer beurteilt werden. Es steht zwar die Erinnerung zum Vergleich zur Verfügung, jedoch ist die Erinnerung an Träume häufig selbst sehr vage. Eine mögliche Erklärung liegt aus phänomenologischer Sicht aber wohl darin, dass entweder aufgrund gelöster leiblicher Ökonomie – so wie zitiert Schmitz' These – oder aufgrund fehlender Vergewisserungs- bzw. Nachfragemöglichkeiten – wie Noë meint –[114] eine bestimmtere, schärfere Erlebensweise der Traumzustände unmöglich bleibt.

Eine Phänomenologie der Träume hat mit noch erheblich größeren hermeneutischen Schwierigkeiten zu kämpfen als die hier versuchte Annäherung an pathologische Fälle. Aus diesem Grund seien die möglichen phänomenalen Unterschiede an dieser Stelle nicht weiter thematisiert,[115] sondern der Umstand in den Fokus

---

[113] Vgl. Detlef von Uslar: *Der Traum als Welt. Untersuchungen zur Ontologie und Phänomenologie des Traums*. Pfullingen 1964, S. 7–21. Auch Sigmund Freud scheint dieser Ansicht nahe gestanden zu haben, jedenfalls kritisiert er sie nicht (vgl. Sigmund Freud: »Die Traumdeutung«, in: ders.: *Gesammelte Werke. Bd. II/III*. Hrsg. v. A. Freud, E. Bibring, W. Hoffer, E. Kris, O. Isakower. Frankfurt 1968, S. 1–642, hier S. 54 f.).

[114] Vgl. die interessanten Überlegungen in Alva Noë: *Action in perception*. S. 213–217.

[115] Kahan et al. kommen in ihrer zwar empirischen, jedoch nicht phänomenologischen Untersuchung zu der Einsicht, dass die qualitativen Differenzen des Erlebens im Traum und im Wachzustand nicht sehr groß sind. Demnach wären die phänomenalen Differenzen zu vernachlässigen. Ihre Methode, mit Fragebögen zu arbeiten, die über nur sehr grobe Kategorien verfügen, erscheint jedoch völlig ungeeignet, denn Fragen zum Eindruck des Erlebten, zu dessen Wirklichkeitsanmutung usw. fehlen (vgl. Tracey L. Kahan, Stephen LaBerge, Lynne Levitan, Philip Zimbardo: »Similarities and differences between dreaming and waking cognition. An exploratory study«. S. 137, 139). – Vgl. einige Bemerkungen zur Phänomenologie des Traums in Steffen Kluck: »Enttäuschte Wirklichkeit – Phänomenologische Üb-

gerückt, dass erst Überlegung – abgesehen vom Erlebnis des Erwachens natürlich – gestattet, genau anzugeben, was Traum und Wirklichkeit unterscheidet. Eine rationale Dimension scheint hier evident, während etwa im Rahmen der unio mystica das Erleben selbst schon seine Andersartigkeit hervortreten lässt.

Worauf aber stößt das Nachdenken als Differenz? Besonders auffällig sind die Widersprüche im Vergleich zum lebensweltlichen Normalerleben, von denen Detlef von Uslar vier ermittelte: formale Widersprüche, materiale Widersprüche, Widersprüche im Stellenwert des geträumten Seienden und Widersprüche zwischen der Traumwelt als ganzer und der Welt des Wachen als ganzer.[116] Ohne deren Aspekte einzeln herausstellen zu wollen, ist klar, dass sich im Traum Objekte wie auch Prozesse verändert geben: Orts- und Zeitsprünge sind möglich, augenblickliche Veränderungen von Materie und Form usw. Es fehlt dem Traumgeschehen die alltagsweltliche Kohärenz und Konsistenz, womit der Sinn- und Bedeutungszusammenhang gemeint ist, der möglichst bruchlos – ohne Anlässe zu Fraglichkeit oder Problematisierung – sich darstellen sollte. Dieser fehlende Zusammenhang wird im Nachhinein auffällig. Unter der Perspektive der Differenz lässt sich somit ex negativo herausstellen, dass die lebensweltliche Wirklichkeit zumeist diese Konsistenz besitzt und – wie schon zuvor gezeigt – im Notfall rationale Mechanismen eingreifen, die die pathologische Wahrnehmungen überbrücken.

Eine solche übermäßige Wandelbarkeit, die im Traum auffällig wird, kommt auch in anderen Zusammenhängen vor. Vexierbilder geben einen Hinweis auf ungewöhnliche Wahrnehmungen, aber auch die Schaufensterpuppe aus Husserls Beispiel. In diesen Momenten springt, nachdem die Wahrnehmung sich als derartig fraglich gegeben hat, eine Form von Überlegung als Dezisionsinstanz ein und bemüht sich, zugunsten einer Alternative zu entscheiden.

---

erlegungen«, in: ders., S. Volke (Hrsg.): *Näher dran? Zur Phänomenologie des Wahrnehmens.* Freiburg, München 2012, S. 167–191 und Hermann Schmitz: *System der Philosophie. Bd. II/1.* S. 194–217.
[116] Vgl. Detlef von Uslar: *Der Traum als Welt.* S. 172–280.

Das kommt freilich selten vor, ist aber doch möglich. Schapps bekanntes Beispiel einer Täuschung zeigt dies deutlich:

> Ich sah neulich auf einem Hofe ein viereckiges, leicht gewölbtes, bräunliches Ding mit scharfen Kanten liegen. Ich sah es für eine Tonscherbe, etwa von einem Blumentopf an. [...] Mein Blick wanderte nun an der linken Kante entlang nach unten. Als ich die Kante überschaute, kam sie mir sonderbar vor; sie hatte nicht den brüchigen Rand, den man bei Ton findet; sie schien glatt geschnitten. Aber ich sah ja deutlich, daß es Ton war. Mein Blick wanderte weiter; unten war der Ton gekrümmt, er hatte sich vollständig verbogen. Aber so kann sich Ton ja nicht verbiegen! Ja, ich hatte mich vollständig versehen, es war ein Stück Speckschwarte, was dalag [...].[117]

Die Alternative, die bei einem Vexierbild gegeben ist, fehlt hier zwar, ist sogar der Wahrnehmung nach ausgeschlossen, denn Schapp hat ganz evident ein Stück Ton gesehen. Aber die Wahrnehmung selbst verweist ihn schon darauf, dass etwas noch nicht stimmt. Die Erscheinungsweise der Kante und der unteren Krümmung sind unmittelbare Gehalte der Wahrnehmung, die sich nicht in das konsistente Bild des Tonstücks integrieren. In diesem Moment springt die Rationalität als Zusatzmechanismus ein – die Feststellung, so könne sich der Ton nicht verbiegen, ist in diesem Sinne zu verstehen als eine den Wahrnehmungsgehalt schon übersteigende, wiewohl an ihm Anhalt nehmende Explikation rationaler Art. Schapps Erleben verdeutlicht nochmals, dass Rationalität in diesem Sinne als auffälliges Sekundärphänomen im Anschluss an die leibliche Kommunikation (die sich unterdessen natürlich fortsetzt) eine Differenzdimension zum alltäglichen Erleben darstellt, denn dort fehlt sie zumeist.

Was aber lässt sich daraus folgern? Es liegt nahe, den Schluss zu ziehen, dass das Hervortreten der rationalen Komponente bei fraglichen, unentschiedenen, problematischen Wahrnehmungen auf eine essentielle Theoriebeladenheit schon der Alltagswirklichkeit hinweist.[118] Rationalität kompensiert bei pathologischen, außergewöhnlichen Wahrnehmungen nur explizit den Ausfall impliziter

---

[117] Wilhelm Schapp: *Beiträge zur Phänomenologie der Wahrnehmung*. S. 98f.
[118] Theoriebeladenheit soll hier weniger auf wissenschaftliche Theorien verweisen,

theoretischer Gehalte. Bei Schapps Tonscherbe greift die reflexive Überbrückung erst ein, als die Erwartungshaltung – und das ist in gewissem Sinne schon Theorie – sich mit dem Gesehenen nicht vereinbaren lässt. Wahrnehmung ist demnach weder ein bloßes Registrieren von empirischen Daten, die durch die Rationalität ausgewertet werden – das geschieht nur im Defizienzfall –, noch ist sie ein ganzheitlich-irrationales Gewahren. Sie hat selbst implizit theoretische Gehalte. Diese Gehalte sind die in den Situationen von dieser selbst her sich gebenden Sachverhalte. Wahrnehmung ist leibliche Kommunikation, die in ihrem Vollzug auf Gegenstände stößt, welche nicht »reine Daten« sind, sondern bedeutungsvolle Sachverhalte.[119] Rationalität im Sinne der zuvor behandelten Kompensationsmechanismen erweist sich demnach als ein Versuch, die Sachverhalte entweder durch stärkere Explikation oder durch ein Herantragen von außen hervorzukehren.

Diese Perspektive auf Wahrnehmung, die durch die Differenzdimension sich zeigt, gestattet auch einen Ausblick auf ein in der Literatur zur optischen Erfahrung immer wieder thematisiertes Feld, nämlich das der sogenannten geometrischen Täuschungen. Darunter versteht man die bei fast allen Menschen gleichartigen Illusionen, bei denen simple geometrische Muster – Parallelen, Winkel usw. – vermeintlich falsch aufgefasst werden.[120] Ein Beispiel sind die schon einmal eingangs genannten Schienenstränge, die sich – trotz des Wissens um deren Parallelität – optisch am Hori-

---

sondern ganz allgemein auf Weltdeutungen, Erfahrungswissen und globale Annahmen über Wirklichkeiten basalster Art.

[119] Gallagher und Zahavi teilen die These, dass Wahrnehmung schon gehaltvoll ist, die impliziten Gehalte binden sie jedoch neben dem Situativen (im Sinne von Schmitz) stärker an körperliche Bewegungsmöglichkeiten usw.: »Perception is smart; it's already meaningful. In part this means that it is already enriched by the circumstances and possibilities of my embodied existence and surrounding environment. The phenomenologist would say that perceptual experience is embedded in contexts that are pragmatic, social, and cultural and that much of the semantic work (the formulation of perceptual meaning) is facilitated by the objects, arrangements, and events that I encounter.« (Shaun Gallagher, Dan Zahavi: *The phenomenological mind.* S. 8.)

[120] Eine Auswahl solcher Täuschungen sind abgebildet in Richard L. Gregory: *Auge und Gehirn.* S. 260, 267 f.

zont zu schneiden scheinen. Im Wahrnehmen liegt in diesem Fall nicht der Eindruck einer Unwirklichkeit vor. Man kann dafür argumentieren, dass diese Erlebnisse eine adäquate Situationswahrnehmung sind, in der sich gewisse theoretische Gehalte – das implizite Wissen um räumliche Strukturen und Verzerrungen – niedergeschlagen haben. Folglich wäre zu erwarten, dass Menschen ohne einen derartigen Erfahrungsanteil diese Wahrnehmungen nicht machen. Tatsächlich wird von May, dem operierten Blindgeborenen, berichtet, dass er anscheinend diesen geometrisch-optischen Täuschungen kaum unterliegt.[121] Ebenso gibt es Hinweise darauf, dass das Volk der Zulu gegen sie gleichermaßen immun ist.[122] Die Zulu haben eine Kreiskultur entwickelt, ihre Häuser sind rund, und eckige Objekte sind, anders als in der westeuropäischen Kultur, selten. Sie unterliegen diesen Täuschungen wie auch May nicht, weil ihre Wahrnehmungen vermutlich auf anders geartete Situationen treffen, deren Sachverhaltigkeit divergent ist. Aus der Perspektive der Phänomenologie scheint die Ursache für solche Täuschungen im Gehalt der Situationen zu liegen. Gleichwohl muss zur Aufhellung dieser Umstände noch mehr Arbeit geleistet werden, als das hier erfolgt ist. Als Hinweis auf die Bedeutungsschwere der Wahrnehmung selbst genügt das Gesagte jedoch.

Damit sind die wesentlichen Aspekte benannt, die sich aus der Differenzdimension der Rationalität ergeben haben. Rationalität selbst als urteilendes Sich-Auseinandersetzen mit Wahrnehmungsbeständen ist ein Sekundärprozess des Wahrnehmens. Derartige reflexive Kompensationen verweisen auf die in der Wahrnehmung schon immer enthaltenen Aspekte hoher Komplexität, die vermutlich das Vorkommen geometrisch-optischer Täuschungen erklären helfen.[123] Dennoch verweisen die Sonderfälle May und Zulu-Kul-

---

[121] Vgl. Robert Kurson: *Der Blinde, der wieder sehen lernte.* S. 295–350.
[122] Vgl. Richard L. Gregory: *Auge und Gehirn.* S. 186f.
[123] Auch der im Wasser gebrochen erscheinende Stab, der als Beispiel für die Sinnesdatentheorie bedeutsam wurde, wäre vor diesem Hintergrund zu bedenken. Denn eigentlich liegt dort in gewissem Sinne gar keine Täuschung vor, sondern situationsadäquate Wahrnehmung eines Stabes, der zum Teil im und zum Teil außerhalb des Wassers sich befindet.

tur darauf, dass die lebensweltliche Wirklichkeit zu einem Teil kulturrelative Aspekte beinhaltet. Damit ist neben der zuvor im Rahmen anderer Differenzdimensionen behandelten leiblichen Disposition eine zweite Komponente lebensweltlicher Wahrnehmungswirklichkeit gefunden, die erkennen lässt, dass man sich diese als kein ahistorisches, unmittelbares und unbeeinflussbares Residuum vorstellen darf.

IV.1.8 Sozialität

Eine letzte Dimension der Differenz ist im Rahmen der Rationalität schon zur Sprache gekommen, nämlich der Bezug auf Kulturen. Allgemeiner lässt sich sagen, dass Wirklichkeit, wie sie lebensweltlich erlebt wird, zu großen Teilen sozialkonventionell ist. Scharfetter führt dafür folgendes Beispiel an:

> Verschüttete Bergleute sind durch die gemeinsame Gefahr zu einer eng verbundenen Gruppe zusammengeschmiedet [...]. Die dominierende Erwartung der Gruppe [...] ist auf die Rettung gerichtet. Diese Erwartungshaltung kann bestimmen, dass irgendwelche Geräusche für Klopfzeichen gehalten [...] oder dass solche halluziniert werden. Die Mitteilung einer solchen Wahrnehmung an die anderen kann diese zu gleichartigen Erfahrungen bringen [...].[124]

Solche Kollektiverwartungen bestimmen immer auch die Alltagswahrnehmungen, nur wird dies zumeist nicht auffällig. Das Bergbau-Beispiel führt im Kleinen vor, was auch die makroskopische Lebenswelt bestimmt. Durch gegenseitige Bestätigung einer vermeintlichen, sogar erhofften Wahrnehmung – sei diese Illusion, Halluzination oder echte Wahrnehmung – kommt es zu deren »Verwirklichung«. In der Soziologie wurde vor diesem Hintergrund das sogenannte Thomas-Theorem aufgestellt, welches zur Beschreibung sozialpsychologischer Tatsachen geeignet scheint: »If men de-

---

[124] Christian Scharfetter: *Allgemeine Psychopathologie*. S. 192. Auch Schmitz hält Halluzinationen für sozialrelativ (vgl. Hermann Schmitz: *System der Philosophie*. Bd. III/5. S. 182).

fine situations as real, they are real in their consequences.«[125] Auch auf experimentelle Weise wurde die Möglichkeit der sozialen Beeinflussung der Wahrnehmung behandelt. Ronald K. Siegel ließ eine Gruppe von Menschen vor dem Universitätsgebäude, in dem er zu der Zeit unterrichtete, aufgeregt gen Himmel zeigen. Mitsamt seiner Seminargruppe ging er zu dieser Gruppe, währenddessen ein Komplize Siegels hinter dem Gebäude zwei ungewöhnlich geformte und durch Kerzenhitze zum Aufsteigen gebrachte Luftballons losließ. Als nun die versammelte Gruppe – allesamt Studenten und daher von durchschnittlicher bis hoher Intelligenz – die Ballons bemerkte, dauerte es nicht lange, bis die meisten Teilnehmer davon überzeugt waren, UFOs zu sehen.[126] In Siegels Experiment spielt neben dem Hang zur Konformität sicher auch der Hierarchieunterschied zwischen Professor und Studenten eine Rolle, aber diese soziologischen Feinheiten können hier zugunsten der grundlegenden Einsicht in die Wirksamkeit der Sozialitätsdimension vernachlässigt werden.

Der bekannteste Versuch in dieser Richtung ist jedoch nicht derjenige Siegels, sondern die Arbeit von Solomon E. Asch. Dieser ließ eine Gruppe, von der alle Teilnehmer bis auf den einzigen echten Probanden in das Versuchsdesign eingeweiht waren, die Längen von Linien vergleichen. Es sollte festgestellt werden, welche Linie einer gegebenen Referenzlinie gleich war. Die dargebotenen Linien waren derart, dass die Anforderungen an die Probanden nicht sehr hoch angesetzt wurden. Die eingeweihten Pseudoprobanden allerdings votierten einheitlich für eine offensichtlich falsche Linie. Im Rahmen mehrerer Durchgänge zeigte sich dabei letztlich eine signifikante Tendenz der echten Probanden, ihr Urteil in Richtung auf das erkennbar falsche Urteil der Mehrheit zu verändern.[127] Was ge-

---

[125] William I. Thomas, Dorothy S. Thomas: *The child in America. Behavior problems and programs.* New York 1928, S. 572.

[126] Vgl. dazu Ronald K. Siegel: *Halluzinationen. Expedition in eine andere Wirklichkeit.* Übers. v. G. Panske. Reinbek bei Hamburg 1998, S. 118–127. Gegen Siegel sollte man allerdings festhalten, dass es sich keineswegs um eine Halluzination, sondern eher um eine sozial induzierte beziehungsweise suggerierte Illusion handelt.

[127] Vgl. dazu Solomon E. Asch: »Studies of independence and conformity: I. A

schieht in solchen Fällen? Wird die Wahrnehmung selbst verändert oder nur der Umgang mit ihr? Unter der Voraussetzung des Phänomenbegriffs, wie er eingangs entwickelt wurde, lässt sich fragen, ob der echte Proband im Experiment Aschs nicht sagen müsste, er habe die Gleichartigkeit des – nach externen Maßstäben – eigentlich nicht gleichlangen Strichs doch gesehen. Der Gruppendruck hat es ihm zumindest vorübergehend unmöglich gemacht, die Gleichartigkeit im Ernst zu bestreiten. Allerdings lässt sich dagegen zweierlei einwenden. Zum einen ist es, wie sich auch bei Asch zeigte, durchaus von den individuellen Persönlichkeitszügen der Menschen abhängig, wie sehr sie dem Konformitätsstreben nachgeben. Zum anderen wäre zu überlegen, ob die Variation der Annahmen nicht auch dazu hätte führen können, die These aufzustellen, dass die anderen Menschen, die die Linien beurteilen sollen, allesamt falsche Wahrnehmungen machen. Damit aber würde der Pseudoproband sich zwar für die korrekte Wahrnehmung entscheiden, sich jedoch zugleich sozial isolieren. Es entsteht für den Einzelnen im Grenzfall ein unglaubliches Dilemma. In der Praxis haben Gerichte bei Augenzeugenberichten mit solchen Problemen zu kämpfen.[128] Der Tendenz nach ist es letztlich wahrscheinlich, dass zumindest für eine gewisse Zeit die Gleichartigkeit des Ungleichen Phänomen wird.[129]

Für den hier eigentlich fokussierten Zusammenhang zeigt sich an solchen Erfahrungen im Wegfall der Sozialkonformität, dass die lebensweltliche Wahrnehmung von dieser in erheblichem Maß durchsetzt ist. Eine darauf verweisende Handlung im Alltag ist die gegenseitige Rückfrage bei außergewöhnlichen oder unsicheren Wahrnehmungen – ob der andere das denn auch gesehen habe oder wofür der andere das halte usw. Für die Psychologie wiederum sind die auffälligsten und am ehesten im Frühstadium bestimmter

---

minority of one against a unanimous majority«, in: Psychological Monographs: General and applied, Bd. 70/9 (1956), S. 1–70.
[128] Vgl. zu den Wahrnehmungen des Augenzeugen und deren sozialen Einbettung die kurzen Bemerkungen bei Erwin Straus: »Ästhesiologie und ihre Bedeutung für Halluzinationen«, in: ders., J. Zutt (Hrsg.): *Die Wahnwelten (Endogene Psychosen).* Frankfurt 1963, S. 115–147, vor allem S. 121 f.
[129] Vgl. dazu auch allgemein Kap. V.3.

Krankheiten bemerkbaren Symptome die idiosynkratischen Wahrnehmungsweisen, die sich insbesondere beim Wahn zeigen.[130] Die inhaltlichen Abweichungen sind zum Teil im Rahmen der schon verhandelten Differenzdimensionen gestreift worden und können daher unthematisiert bleiben. Im Rahmen der Sozialitätsdimension hat sich ohnehin klar genug herausgestellt, dass Wahrnehmung in einen solchen sozialsituativen Kontext eingebettet ist. Leibphänomenologisch ist in dieser Hinsicht keine Aufhellung möglich, aber soziale Gemeinschaften sind – im Sinne von Schmitz – bedingt durch gemeinsame Situationen.[131] Ihnen würde sich eine Analyse des Zustandekommens sozialkonformer Wahrnehmungen zuwenden müssen, für die vorliegende Untersuchung genügt es jedoch, die Dimension des Sozialen in ihrer Relevanz herausgestellt zu haben.[132]

---

[130] Vgl. Ludwig Binswanger: *Wahn. Beiträge zu seiner phänomenologischen und daseinsanalytischen Erforschung.* Pfullingen 1965, S. 20f.: »Zunächst erinnern wir daran, daß uns allen die Rede geläufig ist, daß der Wahnkranke, wenn auch in einer anderen *Welt* als wir, so doch in einer Wahn-Welt lebt. Das aber kann nur heißen, daß der Mensch auch ›im Wahn‹ oder als ›Wahnkranker‹ Welt entwirft [...]. [Seine] Defizienz [...] zeigt sich in der Verkehrung der Freiheit in *Unfreiheit*, in das ›Belieben‹ des Menschen oder in die Willkür. [...] Das ›Un‹ der Unfreiheit, ihre ›Defizienz‹, bedeutet also nichts anderes, als daß eigenmächtig mit Befindlichkeit und Gestimmtheit umgegangen wird.« Der Wahnkranke fällt also dadurch auf, dass er statt eines perzeptiven Sich-Einlassens ein übersteigertes, individuelles Konstruktionsstreben durchführt, dass natürlich nicht sozialkonform ist.

[131] Vgl. dazu Hermann Schmitz: *Situationen und Konstellationen.* S. 24–27.

[132] Ein Beispiel für die unzulässige Überschätzung der sozialen Dimension liefert – gleichsam als Warnung – Hannah Arendts Analyse. Sie schreibt:»Daß etwas erscheint und von anderen genau wie von uns selbst als solches wahrgenommen werden kann, bedeutet innerhalb der Menschenwelt, daß ihm Wirklichkeit zukommt. Verglichen mit der Realität, die sich im Gehört- und Gesehenwerden konstituiert, führen selbst die stärksten Kräfte unseres Innenlebens – die Leidenschaften des Herzens, die Gedanken des Geistes, die Lust der Sinne – ein ungewisses, schattenhaftes Dasein, es sei denn, sie werden verwandelt, gleichsam entprivatisiert und entindividualisiert, und so umgestaltet, daß sie eine für öffentliches Erscheinen geeignete Form finden. [...] Die Gegenwart anderer, die sehen, was wir sehen, und hören, was wir hören, versichert uns der Realität der Welt und unser selbst [...].« (Hannah Arendt: *Vita activa oder Vom tätigen Leben.* München 1981, S. 49f.) Die Wirkung von Verstärkungsmechanismen durch die soziale Interaktion ist unbestritten, aber leibphänomenologisch ist die behauptete Abhängigkeit der Selbstgewiss-

IV.2 Grundlagen der Dimensionen

Mit dem unter Punkt IV.1 Gesagten sind wesentliche Hinsichten auf lebensweltliche Wirklichkeiten aufgeführt, insofern sie sich auf Grundlage der Zeugnisse pathologischer Erfahrungen ex negativo herausstellen lassen. Das bedeutet dem eingangs erläuterten phänomenologischen Ethos nach, dass die extrahierten Motive der fortwährenden Überprüfung durch den Leser sowie anhand anderer Erlebnisse – der eigenen wie der fremden, der unmittelbaren wie der überlieferten – bedürfen. Phänomenologie ist dem hier vertretenen Ansatz zufolge kein Königsweg zu apodiktischer Gewissheit, sondern die Aufforderung zur ständigen Prüfung. Das mag zunächst unbefriedigend erscheinen, aber durch diese Herangehensweise werden sowohl die Beschränktheit der je individuellen Perspektive, die Einseitigkeiten des nie vollends überwindbaren kulturellen Hintergrunds des Philosophen als auch die zumindest mögliche Unerschöpflichkeit oder Irrationalität des Forschungsgegenstandes in Rechnung gestellt. Eine sich zu einem Höchstmaß an Offenheit bekennende phänomenologische Annäherung muss konzedieren, dass ihre Erkenntnisse unvollkommen bleiben. Allerdings ist dies nicht nur und nicht einmal hauptsächlich eine Schwäche, denn die Alternative, apodiktische Gewissheit, ist nur um den Preis massiver empirischer Reduktion zu erreichen.

In den sich anschließenden Kapiteln soll versucht werden, das Herausgestellte durch den Bezug auf theoretische Deutungen derjenigen Wirklichkeit, wie Menschen sie lebensweltlich erfahren, schärfere Kontur gewinnen zu lassen. Zunächst steht dabei eine Pointierung der phänomenologischen Einsichten im Fokus. Bisher ist im Rahmen der Phänomenologie der Differenzerlebnisse bewusst nicht auf die theoretischen Hintergrundmodelle der Neuen Phänomenologie eingegangen worden, um den Phänomenen mög-

---

heit und der Gewissheit von »inneren« Zuständen von der Anwesenheit Dritter schlicht unzutreffend. Primitive Gegenwart ist etwa genuin Subjektives. Schmerz, Angst usw. sind durch eine Öffentlichkeit ohne Frage beeinflussbar – in der Gruppe lässt sich manch angstvolle Situation leichter überstehen –, aber ihr Vorkommen an sich ist von ihr nicht abhängig.

Eine Phänomenologie der Differenzerlebnisse

lichst unbefangen, ohne weiterreichende theoretische Deutung begegnen zu können.[133] Diese Unterlassung soll – an einigen wenigen ausgewählten, aber zentralen Aspekten – korrigiert werden. Ergiebig für die avisierte Pointierung erweist sich in der Hauptsache jedoch der Vergleich mit Ansätzen außerhalb des Feldes der Neuen Phänomenologie. Auch hier muss freilich eine Auswahl aus den vielen, verstreut publizierten Theorien getroffen werden, die nach Maßgabe der aus dem Vergleich zu gewinnenden Einsichten erfolgte.

Die zuvor dargelegte Phänomenologie der Differenzerlebnisse hat acht Dimensionen herausgestellt. Warum aber Dimensionen? Was zunächst wie ein Ausweichen vor definitiven Bestimmungen wirkt, erweist sich als phänomenologisch adäquat, denn als wirklich Wahrgenommenes lässt sich nicht auf ein festes Merkmalsraster zurückführen. Schon das Alltagsleben kennt, wie die Erfahrungen aus Erwachen, Dösen, Tagträumen, Alkoholrausch, Euphorie usw. belegen, eine Bandbreite von Wahrnehmungen, die zwar mitunter einander widersprechende leibliche als auch gegenständliche Aspekte besitzen, dennoch aber allesamt als wirklich gelten. Rombach hält daher richtig fest: »Es gibt Grade von Realität; Realitätsdichte. Realität hat überhaupt den Sinn von *Dichte* und ist darum von Anfang an in der Möglichkeit, zu sich aufzulaufen oder sich zu verlieren.«[134] Er weist darauf hin, dass Wirklichkeit dem phäno-

---

[133] Natürlich spielte der Ansatz der Neuen Phänomenologie schon insofern beständig eine essentielle Rolle im Rahmen der Analysen der Differenzerlebnisse, als auf den in Kapitel III.2 erläuterten begrifflichen Apparat zurückgegriffen wurde. Dennoch wurde bisher auf die von Schmitz entwickelten theoretischen Deutungen explizit verzichtet, um die Phänomene selbst zu fassen. Dies bietet der Prüfung durch Dritte eine bessere Gelegenheit, die Dimensionen selbst fernab von theoriebeladeneren Interpretationen zu fassen.

[134] Heinrich Rombach: *Strukturontologie. Eine Phänomenologie der Freiheit.* Freiburg, München 1988, S. 161. – Vgl. dazu auch die zutreffenden Bemerkungen von Specht, der betont, dass es »nicht immer dasselbe Wirklichsein [ist], das uns in der Wahrnehmung verschiedener Gegenstände entgegentritt«, vielmehr gäbe es »rein phänomenologisch verschiedene Stufen.« (Wilhelm Specht: *Wahrnehmung und Halluzination.* S. 7.) Der Verweis auf Stufen ist allerdings kritisch zu sehen, denn er unterstellt distinkte Grenzen, die sich in den verhandelten Zeugnissen nicht finden ließen. Es scheint sich eher um ein Kontinuum zu handeln.

Grundlagen der Dimensionen

menal Begegnenden nach keine Sache des Entweder-oder, sondern eher eine des Mehr-oder-weniger ist. *Phänomenale, lebensweltliche Wirklichkeit kennt den Komparativ.* Diesem Umstand trug die Analyse Rechnung, indem sie die Dimensionen herausstellte, in denen sich die Realitätsdifferenzen abspielen. Dabei nimmt das als wirklich Wahrgenommene nicht in jedem der genannten Bereiche einen bestimmten »Platz« ein. Es kann vielmehr innerhalb jeder Dimension verschiedene »Orte« innehaben. Nur weil etwas als wenig prägnant wahrgenommen wird – ein diffuses, womöglich örtlich unbestimmtes Licht –, muss es nicht notwendig unwirklich sein, sondern kann sogar – im Falle der hier als Ausleibung verstandenen unio mystica – in besonderem Maße als wirklich erlebt werden. Die Suche nach Grundlagen der Wahrnehmungswirklichkeit scheint demnach auf nicht mehr als diese Dimensionen zu stoßen. Zwar wäre selbst damit schon eine Einsicht von phänomenologischer Relevanz gewonnen, aber tatsächlich hatte sich en passant schon gezeigt, dass die Dimensionen wiederum durch drei wesentliche Faktoren beeinflusst werden, nämlich leibliche Dispositionen sowie soziale und rationale Prozesse. Sie bilden – abgesehen von den in Kapitel IV.1 thematisierten innerdimensionalen Variationsmöglichkeiten – einen Determinationsrahmen, der weitreichenden Einfluss auf die Wahrnehmung als leibliche Kommunikation hat.

Leibliche Dispositionen waren zuvor als die Eigenart der individuellen leiblichen Resonanz in der Wahrnehmung in den Blick geraten. Diese Bestimmung trifft zwar Wesentliches, bedarf aber noch der Präzisierung. Zunächst ist darauf hinzuweisen, dass eine Person nicht bloß durch ihre leibliche Disposition ausgezeichnet ist, sondern es noch einen zweiten Aspekt gibt, nämlich die persönliche Situation. Diese ist das, was man allgemein als »Persönlichkeit« eines Menschen bezeichnet.[135] Dazu bildet die leibliche Disposition die »Unterstimme«[136], die träge beharrt, während die Persönlichkeit sich leichter dramatisch zu wandeln vermag. Man könnte in zwar unpräziserer, aber gängigerer Terminologie davon sprechen, dass

---
[135] Vgl. Hermann Schmitz: *Neue Grundlagen der Erkenntnistheorie.* Bonn 1994, S. 181 und ders.: *Der Leib.* S. 80 f.
[136] Hermann Schmitz: *Der Leib.* S. 80.

die leibliche Disposition die affektiv-temperamentspezifische Grundlage für die eigentlich nach außen präsente Persönlichkeit darstellt. Schmitz spricht davon, dass die leibliche Disposition

> eine Kehrseite der persönlichen Situation [ist], die sich weitgehend autonom gestaltet und nur in stark beschränktem Maße von jenen [den auf die Situation bezüglichen; S. K.] Faktoren abhängt, ihrerseits aber als tragende Basis maßgeblichen Einfluß auf die Lebensgeschichte [...] nimmt. [...] Die leibliche Disposition wird von der leiblichen Dynamik [...] konstituiert, aber nicht wie die akuten leiblichen Regungen, als eine die Bühne des leiblichen Befindens beherrschende Figur, sondern als Atmosphäre oder Stimmung, die diesem mit relativer Beharrlichkeit den Hintergrund und die Reserven gibt.[137]

Eine leibliche Dispositionen bildet demnach den Grundton in der leiblichen Kommunikation, der sich lebensgeschichtlich mit relativer Konstanz – mit »Beharrungstendenz«[138] – durchhält: »Sie ist der Resonanzboden, auf dem, was als persönliche Situation und in ihr sich abspielt, mit einer von ihr bedingten Klangfarbe zum Klingen kommt, aber nicht die Musik selbst mit ihren Figuren.«[139]

Im Rahmen der Frage nach dem Zusammenhang von Wahrnehmung und Wirklichkeit im lebensweltlichen Alltag erhellt sich daraus, dass die leibliche Disposition den im Zuge der leiblichen Kommunikation vorgehenden Wahrnehmungsprozess als wesentlicher Hintergrund mitbestimmt.[140] Der schon angeführte Unterschied zwischen den Erlebnissen eines Pessimisten und eines Optimisten verweist zwar nicht nur, aber doch auch auf die jeweilige leibliche Disposition. Im Anschluss an die Lehre von Ernst Kretschmer ist Schmitz dazu übergegangen, dessen Körperbautypen als

---

[137] Hermann Schmitz: *Neue Grundlagen der Erkenntnistheorie.* S. 186.
[138] Hermann Schmitz: *System der Philosophie.* Bd. II/2. S. 81. Vgl. auch allgemein zu diesem Konzept der leiblichen Disposition a. a. O., S. 81–85.
[139] Hermann Schmitz: *System der Philosophie.* Bd. IV. S. 292.
[140] Im Rahmen einer Analyse des Traums mit Mitteln der Neuen Phänomenologie hat bereits Andreas Kuhlmann – wenn auch ohne weiterführende Fruchtbarkeit – auf die Wichtigkeit der leiblichen Disposition hingewiesen. Vgl. dazu Andreas Kuhlmann: »Bemerkungen zur Phänomenologie des Traumes«, in: M. Großheim (Hrsg.): *Wege zu einer volleren Realität. Neue Phänomenologie in der Diskussion.* Berlin 1994, S. 157–167, vor allem S. 165.

leibliche Dispositionstypen zu interpretieren.[141] Die Typenlehre mag hier außen vor bleiben, da es allein auf die Grundstrukturen des Zusammenhangs von Disposition und Wirklichkeitswahrnehmung ankommt. Eine Verbindung zwischen diesen beiden Aspekten hatte Kretschmer selbst hervorgehoben.[142] Auch Rombach – von einem ganz anderen Hintergrund herkommend als Kretschmer – scheint Ähnliches im Blick gehabt zu haben, wenn er schreibt: »Man müßte für jede Epoche die herrschende Seinsweise des Menschen beschreiben. […] *Jede Zeit hat ihre eigene Existenzstruktur* […]. Zu jeder Grundformation menschlichen Daseins gehört epochal auch eine Grundformation von *Wirklichkeit*, eine historische *Welt*.«[143] Rombach geht es zwar nicht direkt um den Leib – ein solcher Begriff fehlt ihm –, aber die leibliche Disposition ließe sich fraglos in sein Verständnis von Existenz eingliedern. All diese Hinweise bestätigen die schon zuvor an den Zeugnissen gewonnene Einsicht, dass die leibliche Disposition die Wahrnehmung und deren Wirklichkeitscharakter beeinflusst.

Folgt man dem Modell der Typenbildung, wird damit zugleich ein zentrales Probleme erhellt, welches sich im Laufe der Untersuchung herausstellte, nämlich die Frage nach der Kulturrelativität oder der Vergleichbarkeit von Wahrnehmungen. Während die soziale Dimension – es sei an die Versuche von Siegel und Asch erinnert – ohne Zweifel die kulturelle Beeinflussbarkeit nahelegte, findet sich mit der leiblichen Bezüglichkeit alles Erlebten ein Residuum, das der Relativität zumindest vorderhand enthoben ist. Die Dispositionstypen sind nicht kulturspezifisch, sondern stellen Beschreibungsweisen menschlicher Eigenarten aus interkultureller Perspektive dar. Insofern sieht sich die Analyse berechtigt, zu be-

---

[141] Vgl. Hermann Schmitz: *System der Philosophie.* Bd. IV. S. 331–346. Zu Kretschmers Theorie vgl. Ernst Kretschmer: *Körperbau und Charakter. Untersuchungen zum Konstitutionsproblem und zur Lehre von den Temperamenten.* Berlin 1936.
[142] Vgl. dazu die tabellarische Angabe von Merkmalen in Ernst Kretschmer: »Störungen des Gefühlslebens, Temperamente«, in: O. Bumke (Hrsg.): *Handbuch der Geisteskrankheiten. Erster Band: Allgemeiner Teil I.* Berlin 1928, S. 662–688, hier S. 686.
[143] Heinrich Rombach: »Das Phänomen Phänomen«. S. 20.

haupten, dass es *leibliche Invarianten* gibt, die allem menschlichen Wahrnehmen und der damit verbundenen Wirklichkeitsauffassung zugrunde liegen.[144] Damit sind nicht nur die den Analysen der Differenzdimensionen thematisierten leiblichen Vorgänge gemeint – Engung, Weitung usw. –, sondern ebenso die metastrukturellen Zusammenhänge zwischen spezifischen Weltcharakteren und der leiblichen Disposition. Ein zu starker und übermäßiger leiblicher Engung neigender Mensch wird hinsichtlich der Wirklichkeit des Wahrgenommenen tendenziell begrenztere Horizonte und dementsprechend vermutlich geringere, dafür umso eindringlichere Begebenheiten erfahren als ein protopathisch organisierter, zu leiblicher Weitung neigender Mensch. Das mag auf den ersten Blick vielleicht merkwürdig erscheinen, ist aus der Lebenswelt allerdings sehr wohl abzuleiten. Die Rede davon, dass Pessimisten bestimmte Gelegenheiten nicht sehen oder sie anders, vielleicht als Gefahren oder hoffnungslose Unterfangen wahrnehmen, ist durchaus geläufig.[145] Ebenso einschlägig scheint in diesem Zusammenhang der Umstand zu sein, dass emotional labile, empfindsame Menschen sich von vermeintlichen Nichtigkeiten in einem Maße betreffen lassen, die anders veranlagten Menschen fremd oder unverständlich erscheinen.

Die persönliche leibliche Disposition ist allerdings selbst nicht nur in einem Wechselspiel mit der persönlichen Situation zu sehen, sondern Schmitz kennt auch kollektive leibliche Dispositionen.[146] Damit sind nicht autonome, überindividuelle Objekte gemeint,

---

[144] Damit klärt sich die am Ende von Kap. II.2 aufgeworfene Frage, ob verschiedene Menschen – egal ob räumlich oder zeitlich getrennt – eigentlich Gleiches erleben. Die Antwort ist ein »Ja« und »Nein«, denn inhaltlich und in Hinsicht auf die Wirklichkeit mag sich vieles unterscheiden, die zugrunde liegenden leiblichen Dimensionen und deren Zusammenspiel erweisen sich aber als größtenteils invariant. – Gallagher geht vergleichbaren Frage nach, ob es ein eingeborenes Körperbild gibt, beantwortet die Frage zwar bejahend, allerdings in dem Sinne, dass nur die Disposition zur Ausbildung eines solchen invariant ist, nicht es selbst. Vgl. Shaun Gallagher: *How the body shapes the mind.* S. 72 f.
[145] Es ist zugestanden, dass die Charakterisierung nach Optimist und Pessimist mehr als nur durch die leibliche Disposition bedingt ist. Die persönliche Situation als der Ort des Erfahrungsniederschlags spielt hier ebenfalls eine bedeutende Rolle.
[146] Vgl. Hermann Schmitz: *System der Philosophie.* Bd. *IV.* S. 294 f. und ders.: *Der unerschöpfliche Gegenstand.* S. 130.

sondern die bestimmenden leiblichen Dispositionen einer Zeit oder einer Kultur. Sie werden – könnte man vermuten – zu einem nicht unerheblichen Teil durch Erziehung und Sozialisation beeinflusst. Die schon sprichwörtliche Rede vom »hitzigen« Temperament der Südländer scheint – wenn natürlich auch grob verallgemeinernd – auf eine solche spezifische kollektive leibliche Disposition hinzuweisen. Sie muss dem entwickelten Modell zufolge Einfluss auf die leibliche Kommunikation haben, welche der Wahrnehmung zugrunde liegt. Auf diese Weise wird sie für die Frage nach der Interkulturalität entscheidend. Wie kulturspezifisch sind Wahrnehmungen? Der sozialen Dimension kommt offensichtlich eine große Bedeutung zu, aber auch der kollektiven leiblichen Disposition. Diese ist jedoch ungleich weniger leicht zu beeinflussen und darüber hinaus hinsichtlich der sie bedingenden leiblichen Vorgänge nicht beliebig veränderbar. Der Struktur der leiblichen Vorgänge nach gilt auch für sie, was zuvor hinsichtlich der Dimensionen gesagt wurde. Kollektive Dispositionen vermögen es wohl, bestimmte innerdimensionale Verschiebungen zu bewerkstelligen – zum Beispiel eine allgemeine Tendenz zu verstärkter Erregbarkeit, wodurch vermutlich die Eindringlichkeit und damit letztlich Intensität und Prägnanz gesteigert würden. Aus metastruktureller Perspektive aber bleiben die zentralen leiblichen Vorgänge invariant.[147]

Der zweite wesentliche Einflussfaktor neben den Dispositionen kollektiver und individueller Art waren die rationale und die soziale Dimension. Beide haben Auswirkungen auf die gemeinsamen Situationen der Menschen.[148] Eine solche gemeinsame Situation bil-

---

[147] Damit erweist sich auch die Berechtigung des Vorgehens dieser Studie, die alle Zeugnisse – egal aus welchem Kulturraum oder welchem physiologischen, neurologischen, seelischen usw. Zustand entstammend – gleich behandelte. Die Leiblichkeit als Strukturinvariante gestattet dies.

[148] Vgl. zu diesem Konzept Hermann Schmitz: *System der Philosophie. Bd. V.* S. 46–51 und ders.: *Adolf Hitler in der Geschichte.* S. 21–31. – Diesem Gedanken folgend hat Gallagher recht, wenn er schreibt: »Social and cultural factors clearly affect perceptual, conceptual, and emotional aspects of body image.« (Shaun Gallagher: *How the body shapes the mind.* S. 30.) Wiewohl es sich beim Körperbild nicht um den Leib handelt, wird die Rolle der Situationsanteile an der Wahrnehmung zutreffend betont.

det den umfassenden Bedeutsamkeitshintergrund einer Gruppe oder sogar eines Volkes oder Kulturraums. In ihr schlagen sich die sozialen wie die theoretisch-deutenden Anteile – also Modelle, Weltbilder usw. – der rationalen Dimension nieder. Die Wahrnehmung von Elektrizität, wie sie bei einigen Patienten vorkam, ist ein Beispiel dafür. Sie setzt einen Einfluss komplexer wissenschaftlicher Deutungen voraus, die in die gemeinsame Situation der Kultur Eingang gefunden haben müssen. Situationen sind mit Sachverhalten durchsetzt – die Möglichkeit von Elektrizität ist ein solcher. Insofern zeigt sich hier nicht eine leibliche Invariante, sondern gerade die üblicherweise betonte Kulturrelativität des Erlebens. Diese hat ihren Sitz in den Situationen als hintergründig leitenden Einbettungsstrukturen.

Schmitz verfeinert mit dieser Ansicht das Modell Rothackers, welches die Uexküllsche Umweltlehre auf den Menschen übertrug. Rothacker meinte, es gäbe eine unerschöpfliche Wirklichkeit – den Weltstoff –, der durch dem Lebens- und Kulturstil spezifisch zugehörige Explikationsweisen individuiert würde. Diese kulturelle Bedingtheit geht hinab bis zu ganz konkreten, kulturrelativen Sinnesschwellen.[149] Man kann cum grano salis gemeinsame Situationen im Sinne von Schmitz als solche Stile verstehen. Sie bedingen die Sachverhalte, Programme und Probleme, die aus Situationen expliziert werden können. Doch dagegen erhebt sich ein gewichtiger Einwand. Rothacker und Uexküll vertraten letztlich eine Art von Aspekt- oder Perspektivtheorie, insofern sie die Explikationen als Aspekte einer eigentlich dahinterstehenden, quasi-kantianisch aufgefassten Wirklichkeit an sich verstanden.[150] Schmitz lässt solch eine Deutung vermutlich deshalb fallen, weil sie zum einen eine

---

[149] Vgl. dazu Erich Rothacker: *Probleme der Kulturanthropologie*. S. 157–172.

[150] So heißt es bei Uexküll und Kriszat: »Und doch werden alle diese verschiedenen Umwelten gehegt und getragen von dem Einen, das allen Umwelten für ewig verschlossen bleibt. Hinter all seinen von ihm erzeugten Welten verbirgt sich ewig unverkennbar das Subjekt – Natur.« (Jacob von Uexküll, Georg Kriszat: »Streifzüge durch die Umwelten von Tieren und Menschen«. S. 101.) Und Rothacker schreibt: »Wir alle sind umgeben von der einen unendlich mannigfaltigen Wirklichkeit. Dieselbe ist in ihrem Bestande von menschlichen Meinungen, Mißverständnissen, Dogmen vollkommen unberührbar [...]. Das gelebte Leben aber sieht diese eine

Grundlagen der Dimensionen

immer schon bestimmte, individuierte Wirklichkeit voraussetzt, zum anderen aber auch aufgrund der Einsicht, dass phänomenologisch hinter die Situationen nicht zu gelangen ist.[151] Ist damit inhaltlich die Wahrnehmung – abgesehen von den strukturellen leiblichen Invarianten – aber nicht letztlich beliebig? Dagegen spricht auf den ersten Blick die Tatsache der weitgehenden lebensweltlichen Übereinstimmungen in Handeln und Erkennen. Ein Europäer, ein Asiate, ein Rehbock und ein Sperling – um vier in ganz verschiedenen Hinsichten unterschiedliche leibliche Wesen zu nennen – mögen bezüglich der in den Situationen entdeckbaren Sachverhalte sehr anderer Ansicht sein, sie würden dennoch alle über denselben auf dem Weg liegenden Baumstamm »stolpern« können. Es muss also auch für Schmitz eine Grenze der Kulturrelativität des Begegnenden geben. Die Situationsontologie kann nicht in eine Ontologie der Beliebigkeit führen, sonst würde sie kontraintuitiv.[152]

Mit dem Gesagten sind auf einer stärker theoretischen Ebene – losgelöst von den konkret phänomenologischen Analysen der Differenzdimensionen – die wesentlichen Zusammenhänge von Leib, Wahrnehmung und Lebenswelt benannt. Bevor die daraus resultierenden philosophischen Konsequenzen gezogen werden sollen, gewinnt das entwickelte Modell durch die Darlegungen einiger anders ausgerichteter Ansätze noch eine weitere Präzisierung. Generell aber sind mit den Dimensionen und dem Determinationsrahmen, der sich als veränderlich, aber strukturell invariant erwies, die hauptsächlichen Bedingungen dafür genannt, dass Menschen etwas als lebensweltlich wirklich wahrnehmen.[153]

Wirklichkeit nur in Perspektiven und Aspekten sehr begrenzter, ja durch und durch zufälliger Art.« (Erich Rothacker: *Probleme der Kulturanthropologie.* S. 171 f.)
[151] Vgl. dazu auch Kap. V.5.
[152] Vgl. zu diesem Problem die ausführliche Behandlung in Kap. V.3.
[153] Eine Auslassung mag verwundern, denn es ist an keiner Stelle dieser Untersuchung von der *Evidenz* die Rede gewesen. Mitunter neigt man dazu, Evidenz als das Kriterium einer wirklichen Wahrnehmung auszugeben (so zum Beispiel Arthur Kronfeld: »Wahrnehmungsevidenz und Wahrnehmungstrug«. S. 372, 401). Doch scheint der Begriff eher auf schon epistemologisch interpretierte Wahrnehmungsvorgänge hinzuweisen, insofern er auf eine sachhaltig bestimmte Erfahrung Bezug

IV.3 Differente Ansätze im Vergleich

Eine Gegenüberstellung unterschiedlicher Deutungen und Erklärungen sollte nicht Selbstzweck sein, sondern mindestens zwei Ziele haben. Einerseits gilt es, die eigene Position deutlicher werden zu lassen, andererseits muss sich die Vorteilhaftigkeit[154] des neuen Standpunkts erweisen. Allerdings stellt sich für eine Untersuchung wie die hier vorgenommene das Problem, dass die Vergleichstheorien das Thema oft nur am Rande streifen oder bloß Ausschnitte des gesamten Gegenstandsfeldes behandeln. Aus diesem Grund wird im Folgenden der Vergleich auf die wesentlichen Hinsichten sich beschränken müssen, die beim jeweiligen Bezugsmodell als relevant erscheinen; umfassende Darlegungen der differenten Ansätze unterbleiben.[155] Es geht nicht um eine philosophiehistorisch adäquate Behandlung, sondern primär um eine in systematischer Perspektive gewonnene Konturierung.

IV.3.1 Jaspers' Begriff der Leibhaftigkeit

Jaspers ist von allen verhandelten Denkern derjenige, der das Problem des Zusammenhangs von Wahrnehmung und Wirklichkeit am konzentriertesten behandelt hat. Er unterschied zwischen gedachter und erlebter Wirklichkeit, wobei letztere die grundlegendere war. Von ihr heißt es, ganz im Sinne der vorliegenden Arbeit, dass sie in ihrer Gestörtheit bei pathologischen Erlebnissen auffällig

---

nimmt, die in sich evident das Wesen von etwas präsentieren soll. Aus diesem Grund wurde das Motiv der Evidenz nicht thematisiert, weil es – im philosophischen Kontext zumal – auf einen erkenntnistheoretischen Diskurs verweist, der nicht mit der hier vorliegenden Fragestellung übereinstimmt. Gleichwohl lässt sich vermuten, dass zwischen Evidenz und Wirklichkeitseindruck Zusammenhänge bestehen, die sich phänomenologisch aufklären lassen.

[154] Das heißt im Rahmen des hier verfochtenen phänomenologischen Ansatzes natürlich die höhere Phänomenadäquatheit.

[155] Die Reihenfolge der verhandelten Ansätze ergibt sich rein aus sachlichen Gesichtspunkten, nicht nach chronologischen.

werde.[156] In seinen Analysen stellt Jaspers drei phänomenale Merkmale und ein epistemisches Kriterium heraus. Das epistemische Kennzeichen bezieht sich auf das vom Erleben zu unterscheidende Realitätsurteil, von dem es heißt:

> Merkmale der Wirklichkeit, wie sie im Realitätsurteil erfaßt sind, sind also: Wirklichkeit ist nicht eine einzelne Erfahrung für sich, sondern nur, was im *Zusammenhang* der Erfahrung, schließlich im ganzen der Erfahrung sich als wirklich erweist –, Wirklichkeit ist *relativ*, d. h. soweit sie als solche erkannt ist und bisher sich zeigt, sie kann auch anders sein –, Wirklichkeit ist *erschlossen*, und beruht auf Einsicht und deren Gewißheit [...].[157]

Damit verweist Jaspers auf die rationale Dimension und zumindest implizit auch auf die soziale. Sein Ansatz geht davon aus, dass das Urteil von dem Erleben strikt zu trennen ist, weil Täuschungen zum Beispiel auch dann bestehen bleiben, wenn sie erkannt sind.[158] Er nimmt damit die Trennung von leibbedingten und nicht primär leibbedingten Differenzdimensionen vorweg. Hinsichtlich des Wirklichkeitserlebnisses wiederum betont er drei wesentliche Momente:

1. Wirklich ist, was wir *leibhaftig* wahrnehmen. Im Unterschied von unseren Vorstellungen haben alle Wahrnehmungsinhalte eine Qualität, die nicht in Organempfindungen, etwa des Auges oder Ohres, sondern in der Weise des Empfundenen liegt, etwas Ursprüngliches, das die sinnliche Realität ist [...].
2. Wirklichkeit ist im *Seinsbewußtsein* als solchem. Selbst wenn wir leibhaftig wahrnehmen, kann uns das Wirklichkeitsbewußtsein ausbleiben. Dieses ist verloren in der »Entfremdung« der Wahrnehmungswelt und des eigenen Daseins [...].
3. Wirklich ist, was uns *Widerstand* leistet. Widerstand ist, was die Bewegung unseres Leibes hemmt, und Widerstand ist alles, was die

---

[156] Vgl. Karl Jaspers: *Allgemeine Psychopathologie*. S. 79.
[157] Karl Jaspers: *Allgemeine Psychopathologie*. S. 79.
[158] Dafür bietet schon der Alltag – zum Beispiel die Schienenstrang-Täuschung – genug Hinweise. Ganz deutlich wird das auch am Fall eines Arztes, der selbst unter Halluzinationen in Folge Alkoholmissbrauchs leidet und rational deren Unwirklichkeit klar feststellt, sich der erlebten Wirklichkeit jedoch nicht entziehen kann (vgl. Karl Jaspers: »Zur Analyse der Trugwahrnehmungen«. S. 500).

unmittelbare Verwirklichung unseres Strebens und Wünschens verhindert.[159]

Die Parallele zu den im Kontext der Analyse der Differenzdimensionen gewonnenen Einsichten ist frappierend. Leibhaftigkeit verweist vermutlich auf mehrere Dimensionen zugleich – mindestens die der Intensität und der Dämpfung – und spielt auf das eigentümliche Aroma der Wahrnehmung an. Gleichwohl gelingt es Jaspers nicht, den Begriff stringent zu definieren, wie er selbst zugibt. Er hält Leibhaftigkeit für etwas Ursprüngliches, das man nur umschreiben, aber nicht ableiten könne.[160] Die Diffusität des Terminus zeigt sich auch an den von Jaspers gegebenen Beispielen. Phänomenal ist es doch sehr fraglich, ob Nachbilder in gleicher Weise leibhaftig sind wie normale Wahrnehmungen.[161] Beim Vergleich von Jaspers' erstem Merkmal und den hier herausgestellten Dimensionen ergibt sich, dass sein Begriff zu undifferenziert ist, gleichwohl aber der Tendenz nach in eine richtige Richtung weist. Nutzbar wird das Konzept der Leibhaftigkeit auch, weil es verständlich macht, wieso Halluzinationen die Menschen so ergreifen können. Jaspers betont die Möglichkeit leibhaftiger Bewusstheiten, die ohne oder in Distanz zu konkreten Inhalten vorkommen.[162] Auch dies entspricht den zuvor gegebenen leibphänomenologisch fundierten Analysen pathologischer Erfahrungen.

Das zweite Moment, welches er als Seinsbewusstsein anspricht, scheint auf ein allgemeines Wissen um die prinzipielle Existenz hinzuweisen. Wiewohl Dinge in der Entfremdung nicht als vollwirkliche begegnen, »sind« sie doch irgendwie. Es ließe sich überlegen, dass damit auf die Differenz der fünf Dimensionen der Entfaltung der primitiven Gegenwart angespielt wird, insofern die Seins-Kate-

---

[159] Karl Jaspers: *Allgemeine Psychopathologie*. S. 79. Zur Leibhaftigkeit vgl. auch schon ders.: »Zur Analyse der Trugwahrnehmungen«. S. 487–491.
[160] Karl Jaspers: *Allgemeine Psychopathologie*. S. 79.
[161] Vgl. dazu Karl Jaspers: »Zur Analyse der Trugwahrnehmungen«. S. 487.
[162] Vgl. dazu Karl Jaspers: »Über leibhaftige Bewußtheiten (Bewußtheitstäuschungen), ein psychopathologisches Elementarsymptom«, in: Zeitschrift für Pathopsychologie, Bd. 2 (1914), S. 150–161, vor allem S. 158.

gorie zwar gedämpft, aber die Dieses-Kategorie noch bestimmend ist. Eine solche Interpretation wäre jedoch übermäßig spekulativ und findet im Text bei Jaspers nur wenige Anknüpfungspunkte. Vielmehr liegt es nahe, dass er mit dem Begriff auf die generelle Existenzgewissheit anspielt, die den Menschen vom traumlosen Schläfer unterscheidet. Diese ist letztlich zwar auch an primitive Gegenwart im Sinne von Schmitz gebunden, aber Jaspers kennt dieses Modell natürlich nicht, so dass er unspezifischer von dem allgemeinen Wissen um die Existenz spricht. Abgesehen von dem schwierigen, aber möglichen Anschluss an leibphänomenologische Terminologie ist es letztlich aber fraglich, ob ein solches Seinsbewusstsein wirklich Teil des Erlebens ist und nicht bloß Teil einer das pathologische Leben zu kompensieren suchenden Reflexion. Dann würde es in den Kontext des Reflexionskrampfes gehören, von dem schon die Rede war. Phänomenologisch spricht jedenfalls vieles dafür, das Seinsbewusstsein im Sinne Jaspers' nicht zum phänomenalen Erleben zu zählen.

Der Verweis auf die Rolle des Widerstanderfahrens für Wirklichkeit ist leibphänomenologisch dagegen unmittelbar verständlich und nachvollziehbar. Widerstand führt – je nach Art der Wahrnehmung – zu Engung oder zu einer Veränderung in der als Erregung gekennzeichneten Dimension. In beiden Fällen ergibt sich daraus ein Anwachsen des Wirklichkeitserlebens. In dieser Hinsicht ist der Widerstand immer wieder als das eigentliche Grundmotiv für das Zuschreiben von Wirklichkeit herausgestellt worden, worauf noch genauer einzugehen sein wird und daher hier zurückgestellt bleiben soll.[163]

Generell erweist sich Jaspers' Ansatz als phänomenologisch gehaltvoll, wenn auch zu undifferenziert.[164] Der Eindruck der Leibhaftigkeit wird von ihm nicht in den möglichen Dimensionen und auch nicht hinsichtlich möglicher gradueller Unterschiede thematisiert. Kritisch ist darüber hinaus zu bemerken, dass Jaspers seine

---

[163] Vgl. Kap. IV.3.3.
[164] So auch die Einschätzung bei Gerhard Kloos: *Das Realitätsbewusstsein in der Wahrnehmung und Trugwahrnehmung.* S. 16 ff.

phänomenologische Perspektive mit einem naturwissenschaftlichen Objektivismus bruchlos kombiniert, ohne die möglichen Vereinbarkeitsprobleme zu bedenken. Er behauptet: »Die *Leibhaftigkeit* besitzen nur die Wahrnehmungen im *objektiven* Raum.«[165] Dies mag zunächst widersprüchlich erscheinen, wo doch auch Nachbilder leibhaftig sein sollen. Aber Nachbilder werden in gewissem Sinne im objektiven Raum erlebt, anders als zum Beispiel Träume. Unabhängig von dieser exegetischen Frage ist jedoch anzumerken, dass die grundlegende These selbst schon unzutreffend ist. Wenn man, wie hier geschehen, ein weites Verständnis von Wahrnehmung als leiblicher Kommunikation zugrunde legt, ist nicht einzusehen, warum nicht auch unverortete Weitungserfahrungen – zum Beispiel die unio mystica – als leibhaftig gelten können. Jaspers jedenfalls greift mit seiner Behauptung auf ein schon in bestimmter Weise geprägtes Verständnis von Wahrnehmung als ein Registrieren von objektiv im Sinne der Mathematik und Physik herausgestellten Entitäten zurück, was doch eigentlich erst phänomenologisch zu erweisen wäre.

Trotz dieser Defizite, zu der sich nach der Analyse von Fuchs zu urteilen auch ein Übersehen des Leibes zugunsten einer dualistischen Konzeption gesellt,[166] sind seine Untersuchungen zum Verhältnis von Wahrnehmung und Wirklichkeit aufgrund ihres phänomenologischen Grundansatzes gehaltvoll und unmittelbar anschlussfähig an die hier gewählte Perspektive. Vor diesem Hintergrund erklärt sich auch ihre weiterhin bestehende Attraktivität, wie unter anderem die Rezeption bei Merleau-Ponty und Schmitz belegt.[167]

---

[165] Karl Jaspers: »Zur Analyse der Trugwahrnehmungen«. S. 479. – Vgl. dazu und zum Folgenden auch die Kritik bei Hermann Schmitz: *System der Philosophie.* Bd. III/5. S. 27 f.
[166] Vgl. Thomas Fuchs: »Jaspers' Reduktionismus-Kritik in der Gegenwart«, in: ders., K. Emig (Hrsg.): *Karl Jaspers – Philosophie und Psychopathologie.* Heidelberg 2008, S. 235–246, hier S. 244.
[167] So zum Beispiel in Maurice Merleau-Ponty: *Phänomenologie der Wahrnehmung.* S. 25, 286 und Hermann Schmitz: *System der Philosophie. Bd. III/5.* S. 23, 27.

IV.3.2 Martin Heideggers fünf Thesen

Der Ansatz von Jaspers ist in der Philosophie interessiert aufgegriffen worden, was nicht nur die wegbereitende Studie von Kloos, sondern auch eine Vorlesung Heideggers aus dem Jahr 1925 belegt. Dort kommt er, bei der ihm eigenen Ausarbeitung von Diltheys Frage nach der Berechtigung des Glaubens an die Außenwelt, zu fünf Thesen, von denen mindestens die letzten zwei einen offensichtlichen Bezug auch zu Jaspers haben:

a.) Das Realsein der Außenwelt ist über Beweis und Glaube daran enthoben. b) Die Realität des Realen (die Weltlichkeit der Welt) ist nicht aus ihrem Gegenstand- oder Erfaßtsein zu bestimmen. c) Die Realität ist nicht durch den Charakter des »An-sich« interpretiert; dieser Charakter ist vielmehr selbst auslegebedürftig. d) Die Realität ist nicht primär von der Leibhaftigkeit des Vernommenen her zu verstehen. e) Die Realität ist nicht vom Phänomen des Widerstandes als des Gegenstandes für Trieb und Streben her zureichend erklärt.[168]

Es war schon eingangs dieser Untersuchung betont worden, dass Heidegger keine wahrnehmungsphänomenologischen Arbeiten im engeren Sinne unternommen hat. Gleichwohl liefert sein Ansatz, wie er sich aus diesen Thesen ergibt, interessante Vergleichspunkte. Seine erste These begründet er damit, dass es keinen archimedischen Punkt außerhalb des alles fundierenden In-der-Welt-seins geben kann.[169] Für diese Ansicht hatte auch die vorliegende Untersuchung argumentiert. Ebenso verweist Heideggers Feststellung, dass phänomenal so etwas wie »Glaube« gar nicht oder nur als Spätprodukt im Nachgang des Kontaktes mit der vorgängig gegeben Welt vorkommt,[170] auf die im Rahmen der rationalen Differenzdimension gewonnenen Einsichten. Die zweite und dritte These betonen die Rolle der Bedeutsamkeit und der hermeneutischen

---

[168] Martin Heidegger: *Prolegomena zur Geschichte des Zeitbegriffs. (= Gesamtausgabe Bd. 20.)* Hrsg. v. P. Jaeger. Frankfurt 1994, S. 293.
[169] Vgl. Martin Heidegger: *Prolegomena zur Geschichte des Zeitbegriffs.* S. 294.
[170] Vgl. Martin Heidegger: *Prolegomena zur Geschichte des Zeitbegriffs.* S. 295. – Aus anderer Richtung betont auch Noë die Unabhängigkeit der Erfahrung von Annahmen und Urteilen. Vgl. dazu Alva Noë: *Action in perception.* S. 188 f.

Grundstruktur des menschlichen Daseins. Auf beides kommt es für die hier relevante Fragestellung nicht an, jedoch ist nach dem in Kapitel II.2 und II.3 Gesagten die Übereinstimmung erkennbar. Relevanter sind die vierte und fünfte These aus der zitierten Passage. Beide operieren mit Motiven, die zwar vorderhand auf Dilthey, aber implizit auch auf Jaspers verweisen. Welche Einwände hat Heidegger gegen Leibhaftigkeit und Widerständigkeit als Moment des Wirklichkeitserlebens? Zunächst sei seine Kritik am Motiv der Leibhaftigkeit zitiert:

> Zwar muß gesagt werden, daß Leibhaftigkeit ein echter phänomenaler Charakter ist, sofern ich mich nämlich in der bestimmten Zugangsart zum Seienden als bloß hinsehendes Wahrnehmen aufhalte, aber gerade in dieser Zugangsart zur Weltlichkeit und gar noch, wenn ich die Wahrnehmung als eine schlichte Dingwahrnehmung fasse, wird die Welt nicht mehr in ihrer vollen Wirklichkeit, in ihrer vollen Bedeutsamkeit zugänglich, wie sie dem Besorgen begegnet.[171]

Mit Heidegger ist der – leibphänomenologisch betrachtet – richtige Hinweis zu betonen, dass Leibhaftigkeit als eine Weise des Betroffenseins zu einer Veränderung der Gegenwart führen kann. Dies geschieht dadurch, dass die entfaltete Gegenwart an Struktur und Weite verliert. In dieser Hinsicht wäre Heidegger so zu verstehen, dass er meint, ein starker Eindruck der Leibhaftigkeit lasse gerade die eigentliche Wirklichkeit verdeckt und nur bestimmtes Einzelnes entdecken. Für ihn steht dagegen das Ganze der Bewandtniszusammenhänge – die Welt als Netz der Bedeutsamkeiten – im Fokus. Eine solche Welt wird nicht leibhaftig als Ganze erlebt, ist aber dennoch wirklich. Dem Ansatz gemäß, wie ihn die vorliegende Studie verfolgt, betont Heidegger zu Recht, dass Situationen als primäre Wahrnehmungsgegenstände selten ganz den Grad von leiblicher Eindringlichkeit erreichen, wie ihn einzelne Begebenheiten in der Wahrnehmung haben. Gleichwohl ist der daraus gezogene Schluss nicht zutreffend, Leibhaftigkeit wäre etwas dem eigentlich Wirklichen Fremdes, denn Heidegger übersieht die Dimension der Kommunikation. Während Situationen, nicht Dinge, das primär

---

[171] Martin Heidegger: *Prolegomena zur Geschichte des Zeitbegriffs.* S. 300.

Begegnende sind – darin trifft seine Kritik zu –, ist Leibhaftigkeit nicht notwendig an Dinge, sondern an die Weise leiblicher Kommunikation gebunden. Hier wäre stärker zu differenzieren, als es Heidegger an dieser Stelle tut.[172]
Gegen die These, Widerstand sei Bedingung der Wirklichkeit, wird eine vergleichbare Kritik angeführt. Heidegger hält fest, dass »das Widerstandsphänomen nicht das ursprüngliche Phänomen ist, sondern dass Widerstand seinerseits wieder nur aus der Bedeutsamkeit verstanden werden kann [...].«[173] Heidegger spielt anscheinend mit semantischen Nuancen des Widerstandsbegriffs, wenn er dessen Bedingtheit durch die umfassende Situation behauptet. Zwar stimmt es, dass Widerstand gegen bestimmte lebensweltliche Gehalte – Ideologien, Wünsche, Neigungen, Befehle usw. – in eine Bedeutsamkeitsganzheit integriert sein muss, um möglich zu werden, aber dieser Einwand trifft nicht den Widerstand, auf den Jaspers eben auch hinwies. Er sprach von behinderten Bewegungen des Leibes,[174] und solche sind nicht erst aus einem situativen Bezugsrahmen heraus auffällig. Leibphänomenologisch bedeutet das Widerstandserleben eine besondere Weise des affektiven Betroffenseins. Insofern gilt es gegen die dargelegte Kritik, auch im Hinblick auf das Widerstandsmotiv, stärker phänomenologisch zu differenzieren.

Zusammenfassend stellen sich Heideggers fünf Thesen aus Sicht des hier vertretenen Ansatzes als nur in Teilen berechtigt dar. Er verweist auf Nachvollziehbares, unterlässt es aber andererseits, die Gegenstände der Kritik so zu analysieren, dass die berechtigten von den unberechtigten Bestandteilen sich scheiden. Insgesamt zeigen Heideggers Einwände nochmals auf, dass er dem Thema der Wahrnehmung wenig Beachtungen als konkretes Vorkommnis gewidmet hat, es zu sehr aus metastrukturellen Perspektiven behandelte.

---

[172] Zur Verteidigung von Jaspers wäre außerdem noch anzufügen, dass Heideggers und sein Verständnis von Leibhaftigkeit nicht völlig identisch zu sein scheinen.
[173] Martin Heidegger: *Prolegomena zur Geschichte des Zeitbegriffs.* S. 304.
[174] Leib meint hier den Körper im traditionellen Wortsinne.

IV.3.3 Widerständigkeit (Max Scheler, Wilhelm Dilthey, Nicolai Hartmann)

Sowohl Jaspers als auch Heidegger haben das Widerstandserlebnis im Kontext des Wirklichkeitsproblems betont. Dieser Topos ist allerdings keineswegs neuzeitlich oder modern. Die besondere »Härte des Realen«[175], die im Widerstand vermeintlich erfahren wird, ist schon von früheren Philosophen verhandelt worden. So leuchtet diese etwa bei Descartes gleichsam durch dessen physiologische Theorie hindurch auf, wenn er zur Differenz von Vorstellung beziehungsweise Phantasie und echter Wahrnehmung meint, »daß die Einprägungen im Hirn gewöhnlich lebhafter und ausgeprägter sind als die, welche die Lebensgeister [...] hervorrufen.«[176] Er transponiert phänomenale Unterschiede auf die Ebene stofflich-physikalischer Vorgänge, womit er implizit die besondere Härte anerkennt. Diese Bezugnahmen auf das Widerstands- oder Härtemotiv bilden eine Art wiederkehrendes Motiv im Rahmen der Wahrnehmungswirklichkeit.[177] Im Folgenden soll der Fokus jedoch auf die inhaltlich verwandten und zusammengehörigen Ansätze von Dilthey, Scheler und Hartmann gelegt werden, insofern sie für die ihnen in Teilen nachfolgende Phänomenologie wegweisend wurden.

In seiner Analyse betont Dilthey, dass das Bewusstsein vom Ich und dasjenige vom realen Objekt aus dem Verhältnis von Impuls und Widerstand geboren werden: »Das Schema meiner Erfahrungen, in welchem mein Selbst von sich das Objekt unterscheidet, liegt in der Beziehung zwischen dem Bewußtsein der willkürlichen Bewegung und dem des Widerstandes, auf welchen diese trifft.«[178] Erst diese Differenzerfahrung stößt den Menschen auf sich selbst in

---

[175] Nicolai Hartmann: *Zur Grundlegung der Ontologie*. Berlin 1965, S. 167.
[176] René Descartes: *Les passions de l'âme. Die Leidenschaften der Seele*. S. 45.
[177] Prominent auch bei Freud im Rahmen der an das Modell der halluzinatorischen Wunscherfüllung (vgl. Sigmund Freud: »Die Traumdeutung«. S. 571 ff.) sich anknüpfenden Realitätsprüfung (vgl. dazu Jean Laplanche, Jean-Bertrand Pontalis: *Das Vokabular der Psychoanalyse*. Frankfurt 1973, S. 431 ff.).
[178] Wilhelm Dilthey: »Beiträge zur Lösung der Frage vom Ursprung unseres Glaubens an die Realität der Außenwelt und seinem Recht«. S. 98.

der Unterschiedenheit von anderem. Bezüglich des Leibes ließe sich dies so verstehen, als auch der Leib der immer wieder zu leistenden engenden Rückbindung an primitive Gegenwart bedarf, die unter anderem durch Hemmung geschehen kann. Dilthey präzisiert seine Ansicht im Hinblick auf die Wirklichkeit des Erlebten weiter dahingehend, dass der Mensch im Widerstand eine Kraft als gegeben erfährt, die das Bewusstsein von Realität erst ermöglicht.[179] Wirklichkeit wird dadurch zu dem, was sich dem Menschen als Hindernis gibt.

An diese Vorarbeit knüpft Scheler an.[180] Er meint: »*Realsein ist nicht Gegenstandsein*, oder das identische Soseinskorrelat aller intellektiven Akte – *es ist vielmehr Widerstandsein* gegen die urquellende Spontaneität, die in Wollen, Aufmerken jeder Art ein und dieselbe ist.«[181] Scheler weitet den Begriff des Widerstandes aus, bleibt der grundlegenden Struktur nach aber Dilthey nahe. Kritisch gegen diesen bringt er nur hervor, dass man Widerstand nicht als eine über bestimmte Sinnes- oder Nervenkanäle vermittelte Empfindung verstehen darf, sondern dass er etwas viel Grundlegenderes sei.[182] Damit weist Scheler bereits in die Richtung einer Leibkonzeption, die noch die sinnesspezifische Erfahrung unterläuft und fundiert. Widerstand wäre demnach – Scheler konsequent zu Ende gedacht – ein primär leibliches Vorkommnis.

Schließlich hat Hartmann im Angesicht dieser beiden Vorarbeiten die von ihm so genannten »emotional-transzendenten Akte«[183] in den Mittelpunkt der philosophischen Betrachtung gestellt. Eine Untergruppe innerhalb dieser Klasse von Akten, zu der Erfahren, Erleben und Erleiden gehören, ist realitätsanzeigend:

---

[179] Vgl. Wilhelm Dilthey: »Beiträge zur Lösung der Frage vom Ursprung unseres Glaubens an die Realität der Außenwelt und seinem Recht«. S. 130 ff.
[180] Zu Schelers Ansatz vgl. auch Salcia Passweg: *Phänomenologie und Ontologie. Husserl – Scheler – Heidegger*. Leipzig, Strassburg, Zürich 1939, S. 70.
[181] Max Scheler: »Erkenntnis und Arbeit«. S. 461.
[182] Max Scheler: »Erkenntnis und Arbeit«. S. 463 ff.
[183] Nicolai Hartmann: *Das Problem der Realitätsgegebenheit*. S. 15. – Dieser selbständig erschienene Aufsatz bildet die zum Teil wörtliche Vorlage für die entsprechenden Abschnitte in der später als Monographie erschienen grundlegenden Schrift zur Ontologie (vgl. ders.: *Zur Grundlegung der Ontologie*. S. 163–177).

> Bei diesen Akten steht das Subjekt nicht im Modus des Erfassens oder Betrachtens, sondern im Modus des »Betroffenseins«. Es ist von den Widerfahrnissen in Mitleidenschaft gezogen und so in einem sehr buchstäblichen Sinne »betroffen«. Dieses Betroffensein aber ist ein durchaus reales und wird als reales miterfahren. Und weil es jederzeit Betroffensein »von etwas« ist, so steht hinter ihm unmittelbar das Widerfahrnis selbst, von dem das Subjekt betroffen ist, als dasjenige Reale da, das in dem Akte »erfahren« wird. [...] In diesem Zustoßen, Sichaufdrängen, Bedrängen zeigt das Widerfahrnis ein Realitätsgewicht, dessen das Subjekt sich gar nicht erwehren kann. [...] Und im Maße des Betroffenseins ist die Realität des Widerfahrnisses – der Geschehnisse, Situationen, Schicksalsschläge – eine unmittelbar »schlagend« gegebene.[184]

Auf den ersten Blick scheint der Widerstand gar nicht Thema der Darlegungen Hartmanns zu sein, aber aus leibphänomenologischer Perspektive wird ersichtlich, dass dieser sogar das Grundmotiv bildet. Denn sowohl Betroffensein als auch die Bedrängung, auf die hingewiesen wird, sind Anlässe zur Engung und Spannung im Sinne von Schmitz. Der Leib erfährt im Rahmen seiner Ökonomie eine Veränderung, die seiner grundsätzlich auf Weitung und protopathische Tendenzen angelegten »Natur« widersprechen. Hartmanns Analysen sind – natürlich nicht begrifflich, aber der Sache nach – eminent leibphänomenologische Beschreibungen. Widerstand ist die Tendenz zur verstärkten Rückbindung des Leibes an primitive Gegenwart, was eine größere Betonung von Wirklichkeit des Widerständigen zur Folge hat, entsprechend also die Dimensionen der Intensität und Engung besonders betrifft. Empirisch gestärkt wird diese Behauptung noch durch die Feststellung, dass Derealisationsbetroffenen die Fähigkeit des Widerstandserlebens abhanden gekommen ist.[185] Ihre leibliche Disposition gestattet es nicht mehr, ein solches Betroffensein zu erleben, wie es Hartmann als Grundbedingung für die Realitätsanzeige ausgemalt hat. Somit zeigt sich, dass das Motiv des Widerstands ein leibliches ist und auf

---

[184] Nicolai Hartmann: *Das Problem der Realitätsgegebenheit*. S. 16 ff.
[185] Vgl. Uwe Wolfradt: »Depersonalisation und Derealisation als Störungen des Wirklichkeitsbewusstseins«, in: M. Kaufmann (Hrsg.): *Wahn und Wirklichkeit – Multiple Realitäten*. Frankfurt 2003, S. 119–138, hier S. 119.

die wirklichkeitsrelevante Bedeutung der primitiven Gegenwart verweist. Kritisch gegen die vorgestellten Theorien ist – wie besonders Bollnow betont hat –[186] einzuwenden, dass sie die Realitätserfahrung auf die antagonistische Weise vereinseitigen. Die Möglichkeit, im Rahmen von Weitung und Ausleibung auf so etwas wie Realität zu stoßen, übersehen sie zumeist. Gleichwohl muss man sagen, dass ein Erfahren von Wirklichem durch Betroffensein zweifellos im Alltag die dominante Form des Kommunikationskontaktes ist.

IV.3.4 Der Überblick bei Gerhard Kloos

Auf die Arbeit von Kloos ist en passant schon mehrfach verwiesen worden, denn sie stellt den komprimiertesten Versuch einer philosophischen Behandlung des Zusammenhangs von Wahrnehmung und Wirklichkeit dar. Es werden viele relevante Bezugsautoren verhandelt – neben Jaspers zum Beispiel Hartmann, Husserl, Perky, Specht, Störring und Zucker –, wobei die wesentliche philosophische Dignität des Themas deutlich herausgestellt wird. Kloos schreibt: »*Erst die Verzerrung des Realitätserlebnisses im Spiegel des Abnormalen läßt uns seinen feineren Aufbau erkennen* und seine einzelnen Anteile in deutlicherer Gliederung auseinandertreten.«[187] Dieser Vorgabe ist auch die vorliegende Studie gefolgt. Man kann Kloos' Beitrag als erste Metabetrachtung des komplexen Problemfeldes charakterisieren. Im Vergleich zeigt sich, dass die methodische Ausrichtung ähnlich ist, insbesondere der Fokus auf pathologische Wirklichkeitserfahrungen belegt dies. Jedoch fehlt es Kloos an einer phänomenologisch-kritischen Perspektive. Er hält sich zumeist nur mit texthermeneutischen und exegetischen Überlegungen auf. In systematischer Hinsicht kommt er über ein eher traditionelles, phänomenologisch inadäquates Modell nicht hinaus.

---

[186] Vgl. Otto Friedrich Bollnow: *Das Wesen der Stimmungen.* S. 112–131.
[187] Gerhard Kloos: *Das Realitätsbewusstsein in der Wahrnehmung und Trugwahrnehmung.* S. 66. Die Verengung der Perspektive auf eine primär erkenntnistheoretische, wie sie Kloos vorschwebt (vgl. a. a. O., S. 9, 66), ist jedoch kritisch zu sehen.

Kloos' Ansatz wäre als Wahrnehmungsrationalismus sicher nicht falsch beschrieben, denn es wird behauptet, erst durch

> eine intellektuelle *Sinngebung* oder *Deutung* [...] *wird innerhalb der anschaulichen Bewußtseinsinhalte der harte Trennungsstrich zwischen Wirklichem und Nichtwirklichem gezogen.* [...] *Wir betonen nochmals: diese Deutung ist keine nachträgliche Leistung, sondern liegt bereits im Bestande des Wahrnehmungserlebnisses selbst und macht seinen Inhalt auch erscheinungsmäßig erst zu dem, was er ist.*[188]

Zunächst mag es so scheinen, als verweise die im Bestand der Wahrnehmung selbst liegende Deutung auf das Motiv der Bedeutsamkeit beziehungsweise Sachverhaltigkeit, welches Schmitz Situationen zuerkennt.[189] Im Hinblick auf die Beschreibung der lebensweltlichen Ebene gibt es tatsächlich an dieser Stelle keine Differenz, aber phänomenologisch geht Kloos hinter seine These zurück, wenn er doch ein Zwei-Stufen-Modell favorisiert, welches Auffassung und Deutung trennt. Die »Unterscheidung zwischen Wirklich und Nichtwirklich [kann] auf keine prinzipiell gültigen Beweisgründe gestützt werden [...], sondern [wird] vom Subjekt ›gesetzt‹ und den gegebenen Inhalten aufgeprägt [...].«[190] Wiewohl das in einigen Fällen – erinnert sei an die soziale und rationale Dimension – vorkommen kann, handelt es sich dabei eher um ein Kompensationsphänomen. Die leibliche Gewissheit, wie sie etwa bei Schmerz oder der unio mystica erlebt wird, ist zumindest aus phänomenologischer Perspektive keine Prägung des Subjekts. Kloos beachtet nicht, dass es eine Grenze zwischen erlebter und beurteilter Wirklichkeit gibt, obwohl er darauf stößt.[191] Seine Behauptung, den realen Gegenständen kämen »außer den sinnlichen Merkmalen offenbar noch andere Kennzeichen zu, die gegenüber jenen den Vorrang haben und das eigentlich Entscheidende sind«,

---

[188] Gerhard Kloos: *Das Realitätsbewusstsein in der Wahrnehmung und Trugwahrnehmung.* S. 51.
[189] Vgl. dazu Hermann Schmitz: *Der Spielraum der Gegenwart.* S. 182 f.
[190] Gerhard Kloos: *Das Realitätsbewusstsein in der Wahrnehmung und Trugwahrnehmung.* S. 52.
[191] Vgl. Gerhard Kloos: *Das Realitätsbewusstsein in der Wahrnehmung und Trugwahrnehmung.* S. 19 ff., 61 f.

wobei es nicht zweifelhaft sei, »daß diese nur solche *logischer* Art sein können«,[192] entbehrt der phänomenologischen Haltbarkeit. Es ist unbestritten, dass auch logische Kriterien – Widerspruchsfreiheit, Kohärenz, Konsistenz – von Bedeutung sind, aber diese greifen lebensweltlich erst sekundär ein und bilden daher weder der Genese noch der Geltung nach die grundlegende Ebene. Ursächlich für Kloos' Fehleinschätzung ist vor allem das implizite Festhalten an einem objektivistischen Modell, das die Erfahrungswirklichkeit immer schon zugunsten theoretischer Konstrukte mindestens in Teilen herabsetzt.[193]

Die von Kloos gewählte Herangehensweise unterschätzt die Relevanz einer phänomenologisch fundierten Bestandsaufnahme des Gegebenen und überschätzt die Rolle theoretischer Entitäten. Gleichwohl bietet die Arbeit noch heute einen Beleg für die Relevanz der Themenstellung. Jaspers' Urteil, die Schrift informiere und orientiere klar, stelle aber einen wiederum vergeblichen Versuch dar,[194] ist zuzustimmen.

IV.3.5 Analyse der Vorbedingungen durch Willy Mayer-Gross

Zahlreiche Arbeiten aus dem Kontext der Pathopsychologie liefern Belege für die essentielle Rolle des Leibes beim Zustandekommen der Wahrnehmung.[195] Eine Verhandlung dieser Ansätze würde eine

---

[192] Gerhard Kloos: *Das Realitätsbewusstsein in der Wahrnehmung und Trugwahrnehmung*. S. 43.

[193] Dies zeigt sich zum Beispiel darin, dass Kloos behauptet, die erlebte Wirklichkeit und die wissenschaftlich erschlossene seinen nicht prinzipiell, sondern nur graduell verschieden (Gerhard Kloos: *Das Realitätsbewusstsein in der Wahrnehmung und Trugwahrnehmung*. S. 43). Phänomenologisch betrachtet besteht zwischen dem Wahrnehmen eines Sonnenaufgangs und dem »Erfahren« eines Bosons jedoch ein radikaler Unterschied.

[194] Vgl. Karl Jaspers: *Allgemeine Psychopathologie*. S. 79.

[195] Es ist ganz sicher kein Zufall, dass Schmitz seine Leibphänomenologie zu großen Teilen auf solchen Ansätzen aufgebaut hat. Vgl. dazu die zahlreichen Bezugnahmen in Hermann Schmitz: *System der Philosophie. Bd. II/1*. Vor allem S. 73–281. Parnas und Zahavi betonen generell den Bezug aller wichtigen Phänomenologen – in ihren Augen also vor allem Husserl und Merleau-Ponty – auf solche Phä-

eigene Monographie erfordern und muss hier unterbleiben. Im Folgenden soll an einem prominenten Beispiel die Anschlussfähigkeit des Leibkonzeptes an derartige psychologische Überlegungen demonstriert werden.

Der Psychologe Mayer-Gross hat sich den Bedingungen zugewandt, die das Auftreten von traumartigen Illusionen und Halluzinationen – der oneiroiden Erlebnisform – ermöglichen. Er erklärt:

> [Die] Realität [erscheint] in ihrer Wirkung herabgesetzt und in den Dienst des phantastisch-erinnerungsmäßigen Gestaltungsdrangs gestellt […]. Zu einem solchen Herabschrauben der Realität zum Material, mit dem frei geschaltet wird, disponieren unter normalen Verhältnissen drei Voraussetzungen: entweder verlockt die gegenständliche Unschärfe und Unsicherheit, etwa in der Dämmerung, zu dieser Art freier Verarbeitung; oder eine bestimmte beherrschende affektive Einstellung, z. B. Angst; oder endlich der objektivierende Akt selbst ist quantitativ herabgesetzt und dann auch qualitativ modifiziert, wie z. B. in der Ermüdung und im Traum.[196]

Für Mayer-Gross ist eine Zurückführbarkeit dieser drei Momente auf eine gemeinsame Grundlage nicht möglich, er betrachtet sie als getrennte Aspekte. Leibphänomenologisch im hier explizierten Sinn ist jedoch der Zusammenhang deutlich feststellbar. Unschärfe lässt in der leiblichen Kommunikation das Betroffensein durch den wahrgenommenen Gegenstand gegebenenfalls reduziert erscheinen, so dass sekundäre Manipulationen leichter möglich werden. Affektive Einstellungen verweisen genauso wie die Ermüdungs- oder Traumzustände auf eine veränderte leibliche Grundlage, wobei hier insbesondere der vitale Antrieb zu bedenken wäre. Ohne diese Analysen im Detail vorzuführen, erweisen sich die von Mayer-Gross gelieferten Bedingungen als eminent leibliche.

Auch weitere von ihm thematisierte Phänomene zeigen, dass eine leibphänomenologische Perspektive eine hermeneutische Hin-

---

nomene (vgl. Josef Parnas, Dan Zahavi: »The link. Philosophy – Psychopathology – Phenomenology«. S. 11).
[196] Willy Mayer-Gross: *Selbstschilderungen der Verwirrtheit*. S. 75. – Eine vergleichbare Liste von Vorbedingungen liefert auch Kurt Goldstein: *Die Halluzinationen, ihre Entstehung, ihre Ursachen und ihre Realität*. Wiesbaden 1912, S. 47.

sicht bietet, die viele pathologische Erlebnisweisen besser zu verstehen gestattet. So wäre das Verhalten einer Patientin, die das Herannahen ihrer Depression daran bemerkt, dass sie auf der Straße ganz unwillkürlich anderen Personen ausweicht,[197] auf ein erhöhtes Niveau leiblicher Spannung und vermutlich einer bereits zum Engepol hin verschobenen leiblichen Ökonomie zurückzuführen. Vergleichbares kann man im Alltag bei gereizter Stimmung erleben, wenn mitunter selbst enge Freunde als momentan belastend oder bedrängend erfahren werden. Einen anderen Bericht derselben Patientin, den Mayer-Gross zu analysieren sucht, lässt ebenfalls die Rolle der Leiblichkeit klar hervortreten. Die manischen Phasen der Frau werden wie folgt gekennzeichnet: »In der Manie spüre sie ein Behagen von innen heraus, sie komme sich vor wie unter Röntgenstrahlen, die Luft und alles werde leichter.«[198] Dass es sich hierbei um leibliche Weitung handelt, scheint deutlich. Durch diese Stellen erweist sich nochmals exemplarisch die Fruchtbarkeit einer leibphänomenologischen Perspektive. Nicht nur bei Mayer-Gross, sondern im gesamten Feld psychopathologischer Erscheinungen kommt der Leib durch Abbau vermeintlich selbstverständlicher, alltäglicher Schichten freier zum Vorschein, wodurch eine phänomenologisch-hermeneutische Methode im erläuterten Sinn zu bevorzugen ist.

Bisher wurde allerdings die Begründung unterlassen, warum eine leiborientierte Zugangsweise besser ist als die verschiedenen, hier nur exemplarisch gestreiften psychologischen oder physiologischen Ansätze. Es spricht als wesentlicher Grund vor allem für sie, dass sie die vermeintlich unüberwindbaren Grenzen zwischen Gegenstandsbereichen reduziert und ein Gemeinsames all dieser Entitäten aufzeigt. Differenzen zwischen Erlebnisweisen – Halluzinationen, Illusionen, normalen Wahrnehmungen, Träumen usw. – sowie zwischen seelischen Prozessen – Wahrnehmen, Vorstellen, Denken, Träumen usw. –[199] erweisen sich als teilweise oder ganz durch leib-

---

[197] Willy Mayer-Gross: *Selbstschilderungen der Verwirrtheit*. S. 29.
[198] Willy Mayer-Gross: *Selbstschilderungen der Verwirrtheit*. S. 29.
[199] Die zwar selbst nicht leibphänomenologischen, aber sachlich doch verwandten Ansätze von Gallagher, Zahavi und Noë betonen in gleicher Weise das Kontinuum

liche Vorgänge beeinflusst. Wiewohl nicht sicher ist oder jedenfalls nicht von vornherein angenommen werden sollte, dass die Welt im Sinne des Gesamtumfangs des irgendwie Begegnenden ein Ganzes bildet, ist ein Streben nach größtmöglichem Zusammenhang heuristisch sinnvoll. Diesem Anspruch, der freilich selbst immer wieder in seiner Berechtigung zu prüfen wäre, kommt die Phänomenologie nach. Der Leib erweist sich in dieser Hinsicht – ganz im Sinne Merleau-Pontys – als die Grundlage allen Weltkontaktes.

IV.3.6 Wirklichkeitsmerkmale nach William James

Es ist vermutlich kein Zufall, dass James sich der Frage des Zusammenhangs von Erleben und Wirklichkeit widmete. Seine Forschung zeichnet sich durch eine Offenheit für Phänomene aus, die ihn erkennen ließ, dass an dieser Stelle tatsächlich philosophisch Bedeutsames verborgen liegt. James vermied es, Phänomene zugunsten einer einzigen, vermeintlich objektiven Welt zu diskreditieren, sondern sprach von »many worlds«[200], zu denen unter anderem die Sinneswelt, die Welt der Wissenschaften und die Welt stammes- oder volksspezifischer Vorurteile und Ansichten gehören.[201] Im Hinblick auf Wirklichkeit betonte James die Rolle des Glaubens – »belief« –, von dem er meinte: »Belief is thus the mental state or function of cognizing reality. [...] *In its inner nature, belief, or the sense of reality, is a sort of feeling more allied to the emotions than to anything.*«[202] Der Glaube schwebt diesen Erläuterungen zufolge zwischen affektivem und kognitivem Status. Seine affektive Komponente berührt sicher das, was Jaspers mit Leibhaftigkeit zu fassen meinte. Aus Sicht der vorgestellten Analysen der Differenzdimensionen lässt sich vermuten, dass der emotional rückgebundene Glaube nicht ohne leibliches Fundament sich konstituiert.

---

von Wahrnehmen und Denken. Dazu vgl. Alva Noë: *Action in perception.* S. 3, 118, Shaun Gallagher: *How the body shapes the mind.* S. 8, 136f., 230 und ders., Dan Zahavi: *The phenomenological mind.* S. 114, 131, 151.

[200] William James: *The principles of psychology.* S. 641.
[201] Vgl. William James: *The principles of psychology.* S. 641f.
[202] William James: *The principles of psychology.* S. 636.

Differente Ansätze im Vergleich

Im Hinblick auf das Zustandekommen des »sense of reality« stellt James sechs Wirklichkeitsmerkmale heraus, die verdeutlichen, dass seine Theorie zu der hier vorgestellten eine große Nähe besitzt. Die von ihm entdeckten Charaktere des als real Wahrgenommenen sind: Beherrschung der Aufmerksamkeit,[203] Lebhaftigkeit oder sinnliche Schärfe, stimulierender Einfluss auf den Willen, Weckung emotionalen Interesses, Kongruenz mit bestimmten rationalen Kategorien – Einheit, Kohärenz usw. – sowie Unabhängigkeit von anderen als diesen Ursachen.[204] Von den genannten Charakteristika lassen sich die ersten vier als Vorgänge auf leiblicher Ebene verstehen. Die suggestive Wirkung auf die Aufmerksamkeit und der Eindruck der Lebhaftigkeit verweisen zu einem auf eine Form der Einleibung, zum anderen auf affektives Betroffensein. Gleiches gilt vermutlich auch für den stimulierenden Effekt auf den Willen und das emotionale Interesse, wobei hier in concreto genauer zu differenzieren wäre, was James damit meint, bevor eine endgültige Einordnung gelingen kann. Die von ihm herausgestellte Kongruenz zu theoretischen Konzepten deutet auf die rationale Dimension. Nur für das sechste Merkmal lässt sich im Rahmen des hier gewählten Ansatzes keine Entsprechung finden. Liegt an dieser Stelle somit eine Lücke vor? Besieht man genauer, was James meint, so wird klar, dass die kausale Unabhängigkeit eine rein theoretische Forderung zu sein scheint, denn »causal independence suit[s] a certain contemplative demand«[205]. Eine solche Entsprechung zu einer Kategorie des Denkens oder Auffassens ist im Sinne phänomenologisch-kritischer Reflexion zu hinterfragen. Was soll die kausale Unabhängigkeit sein? Sie verweist anscheinend darauf, dass nur die Sinne für einen Objekteindruck verantwortlich sein sollen. Trifft das aber für Stimmungen zu? Und wird dadurch der Wirklichkeitseindruck erklärt, den Halluzinierende haben? Es spricht vieles dafür, dass James hier

---

[203] »Coerciveness over attention« (William James: *The principles of psychology*. S. 647) meint den Zwang, den Objekte in der Wahrnehmung auf das Subjekt ausüben. Es geht also um das Vermögen zum Betroffenmachen.
[204] Vgl. dazu William James: *The principles of psychology*. S. 647.
[205] William James: *The principles of psychology*. S. 647.

weniger Phänomene als vielmehr theoretische Annahmen im Blick hat. Das belegt letztlich auch seine Aussage über die Differenz von wissenschaftlicher und erlebter Welt: »Conceived molecular vibrations, e. g., are by the physicist juged more real than felt warmth, because so intimately related to all those other facts of motion in the world which he has made his special study.«[206] Wiewohl der angesprochene Physiker sehr wahrscheinlich lebensweltlich Teilchenbewegungen für wirklicher halten würde als die erlebte Wärme, muss die kritische phänomenologische Besinnung darauf verweisen, dass nur die als wirklich erlebte Wärme überhaupt den Anlass und Ausgangspunkt für abstrakte Theorieentwürfe bilden kann. Es ist fraglich, ob theoretische Konstrukte jemals eine Veränderung der lebensweltlichen Wirklichkeit derart bewerkstelligen können, dass sie den Wirklichkeitseindruck einer leiblich gespürten Wärme ersetzen oder wegdeuten.[207]

Für die von James benannten Merkmale gilt jedenfalls, dass fünf von ihnen im Sinne der hier verfolgten phänomenologischen Perspektive zutreffend sind. Allerdings zeigt sich bei Analyse des sechsten, dass James Wirklichkeit als ein nicht auf Erleben, sondern zu großen Teil auf Deutung und Urteil beruhendes Vorkommnis versteht. Damit verlässt er aber den Bereich, auf den er – wie zitiert – den Glauben eigentlich beschränken wollte, nämlich Emotion und Erleben. Zu vermuten ist, dass er dazu geführt wurde durch den Ansatz der vielen Welten. Diese sind evidentermaßen durch unterschiedliche Wirklichkeitsauffassungen charakterisiert. James bemüht sich in protosoziologischer Hinsicht, diesem Umstand gerecht zu werden. Dadurch aber vermischt er Erlebenswirklichkeit als leibrelativen Prozess mit Wirklichkeitskonstruktion als rationalem Ergebnis. Beides erwies sich in der hier vorgenommenen Analyse als je eigene Dimension, so dass eine Scheidung nötig ist. James' Analyse nimmt auf diese Weise vorweg, was später in Teilen der Soziologie und im Konstruktivismus virulente Grundannahme werden sollte – Wirklichkeit sei rein rational-kognitives Deutungs-

---

[206] William James: *The principles of psychology.* S. 647.
[207] Vgl. dazu Kap. V.3 und V.4.

produkt. Was bei James allerdings nur am Rande aufleuchtet,[208] wird dort zum zentralen Argument. Dagegen bildet der leibphänomenologische Ansatz insofern ein Residuum, als er die Konstruktionen an ein zumindest größtenteils Unverfügbares bindet, den Leib in seinen Dimensionen nämlich.[209]

IV.3.7 Erscheinungsdimensionen nach Oswald Külpe

Der Philosoph und Psychologe Oswald Külpe ging davon aus, dass die menschlichen Erfahrungen an sich weder subjektiv noch objektiv, sondern schlicht neutral sind. Erst das Denken mache die immanent gegebenenfalls ununterscheidbaren Sinneseindrücke zu dem einen oder anderen.[210] Ein solcher sensualistischer Monismus ist phänomenologisch nicht nachvollziehbar, denn bezüglich vieler – gleichwohl nicht aller – lebhaft wahrgenommener Entitäten ist weder deren Zugehörigkeit fraglich noch scheint dabei eine sekundäre rationale Deutung eine Rolle zu spielen. Aber für die vorliegende Perspektive mag dies dahingestellt bleiben, denn wichtiger ist, welche Dimensionen der Unterscheidung Külpe benennt, die dem Denken helfen, vermeintlich Subjektives und Objektes abzugrenzen. Es gibt nämlich sehr wohl auch immanente Unterschiede, die aber nach Külpes Einsicht für eine stringente Differenzierung nicht genügen. Die von ihm hervorgehobenen immanenten Merkmale der objektiven Erscheinungen sind: größere Helligkeit, Unveränderlichkeit, plötzliches Auftreten, bestimmtere Form, bestimmter Ort, konsistentere Beziehungen der Phänomene zueinander, weniger nebelartig und durchsichtig als Subjektives und mit

---

[208] Diese bei James zu findende Tendenz ist bei diesem noch wenig dominant, aber eben doch angelegt.
[209] Vgl. zur Frage der Unverfügbarkeit oder Veränderbarkeit des Leibes Kap. V.1 und V.3.
[210] Vgl. Oswald Külpe: »Ueber die Objectivirung und Subjectivirung von Sinneseindrücken«, in: Philosophische Studien, Bd. 19 (1902), S. 508–556, hier S. 508f., 553.

bestimmteren Farben.[211] Wenn man, was angemessen scheint, Külpes Begriff der Objektivierung zugleich als eine Auszeichnung mit höherer Wirklichkeit versteht, dann werden die genannten Hinweise teilweise als leiblich interpretierbare Attribute verständlich. Vieles – vor allem Ort, Form, Farbe, Nebelartigkeit – sind Hinweise auf präzise Explikationen, die freilich nur möglich sind, wenn die leibliche Kommunikation dies gestattet. Objektive Phänomene wären demnach solche, die in der leiblichen Kommunikation möglichst unbefangen und doch mit einem Normalmaß an Intensität und Prägnanz begegnen. Külpes Insistieren auf Plötzlichkeit ist außerdem ein Hinweis auf die Vorrangstellung leiblichen Betroffenseins im Verbund mit leiblicher Engung. Die Rede von Unveränderlichkeit in Abgrenzung gegen die Wandelbarkeit ist dagegen phänomenologisch zwar zutreffend, aber selbst nur ein Spezialfall der Wahrnehmung. Wie unveränderlich sind Erscheinungen eigentlich? Weder Farbe noch Form bleiben – isoliert betrachtet – konstant, sie sind zum Beispiel relativ zum jeweiligen Sonnenstand oder Blickpunkt. Worauf Külpe abzuzielen scheint, ist die im Vergleich zum Wacherleben größere Wandelbarkeit der Traumbilder und Halluzinationen.[212] Dafür ist zumindest ein gewisses Maß an Konzentration vonnöten, wie die Berichte von Patienten gezeigt haben, die ihre Illusionen durch Fokussierung unterdrücken konnten. Auch hier scheint also die leibliche Dimension wichtig zu sein. Das Motiv des Zusammenhangs ist schließlich analog der rationalen Dimension der Differenzerlebnisse zu sehen. Insofern kann man festhalten, dass Külpes Merkmale in die zuvor entwickelten Dimensionen einzuordnen sind. Anders als er aber soll hier die Rede von einer erst nachträglichen Subjektivierung oder Objektivierung wie angedeutet abgelehnt werden, denn sie scheitert nicht zuletzt am Vorkommen subjektiver Tatsachen.[213]

---

[211] Vgl. Oswald Külpe: »Ueber die Objectivirung und Subjectivirung von Sinneseindrücken«. S. 534–537.
[212] Vgl. dazu exemplarisch Heinrich Klüver: *Mescal and mechanisms of hallucinations*. S. XV und Herbert Spiegelberg: »The reality-phenomenon«. S. 96 f.
[213] Vgl. zum Konzept subjektiver Tatsachen zum Beispiel Hermann Schmitz: *Bewusstsein*. S. 30 f. und ders.: *Der unerschöpfliche Gegenstand*. S. 6–10.

IV.3.8 Ernst Cassirers Modell der Ausdruckswahrnehmung

Cassirers Ansichten teilen überraschenderweise einige Aspekte mit dem phänomenologischen Ansatz der vorliegenden Studie. Dies muss gerade deshalb zunächst verwundern, als Cassirer der populärsten Figur innerhalb der phänomenologischen Bewegung, Heidegger, im Rahmen der berühmten Davoser Hochschultage von 1929 sehr kritisch gegenüberstand.[214] Einer leibphänomenologischen Betrachtungsweise, wie sie bisher verfolgt wurde, hätte er aber wohlwollender begegnen können, denn es zeigen sich viele Gemeinsamkeiten. Cassirer argumentiert zum Beispiel wie diese gegen ein Zwei-Schichten-Modell sowie gegen Physiologismus und Sensualismus.[215] Im Hinblick auf die Wahrnehmung kommt er dann ebenfalls zu einer Betonung der Situativität des Gegenstandes:

> Was die Versenkung in das reine Phänomen der Wahrnehmung uns zeigt, ist jedenfalls das eine: daß die Wahrnehmung des *Lebens* nicht in der bloßen Dingwahrnehmung aufgeht [...]. [Es] überwiegt ihr reiner Ausdruckscharakter den Sach- und Dingcharakter. Das »Verstehen von Ausdruck« ist wesentlich früher als das »Wissen von Dingen«.[216]

---

[214] Vgl. dazu die Schilderungen in Michael Friedman: *Carnap. Cassirer. Heidegger. Getrennte Wege*. Übers. v. Arbeitsgruppe Analytische Philosophie am Institut für Philosophie der Universität Wien. Frankfurt 2004, S. 17–23, 135–149.

[215] Er schreibt: »Wir finden niemals die ›nackte‹ Empfindung, als *materia nuda*, zu der dann irgendeine Formgebung hinzutritt –: sondern was uns faßbar und zugänglich ist, ist immer nur die konkrete Bestimmtheit, die lebendige Vielgestalt einer Wahrnehmungswelt, die von bestimmten Weisen der Formung durch und durch beherrscht und von ihnen völlig durchdrungen ist.« (Ernst Cassirer: *Philosophie der symbolischen Formen*. S. 18.) Das weist in die Richtung des Satzes der Bedeutsamkeit, der bei Schmitz zur Sachverhaltigkeit der Situationen radikalisiert wird. Gegen den Sensualismus und Physiologismus meint Cassirer: »Die Vermengung deskriptiver und genetischer Gesichtspunkte bedeutet [...] einen Verstoß gegen den Geist der empirischen Methode selbst – eine solche Vermengung aber ist es, wenn man dort, wo es sich um die reine Phänomenologie der Wahrnehmung handelt, auf die Tatsachen der *Sinnesphysiologie* zurückgreift und wenn man sie zum eigentlichen Einteilungsgrund, zum *fundamentum divisionis*, macht.« (A. a. O., S. 34 f.)

[216] Ernst Cassirer: *Philosophie der symbolischen Formen*. S. 73 f.

Ausdruck meint, mit Schmitz gesprochen, eine besondere, nämlich eine impressive Situation. Darunter sind Situationen zu verstehen, deren »Bedeutsamkeit mit einem Schlag zum Vorschein kommt«²¹⁷. Cassirer hält demnach Situationen für den primären Gegenstand der Wahrnehmung. Was ergibt sich daraus für den Zusammenhang von Wahrnehmung und Wirklichkeit? Insofern der Ausdruck primär ist, erweist sich Wirklichkeit nicht als an Einzelnes gebunden, sondern vielmehr als eine Art Hintergrunderfüllung:

> Zugang zur Wirklichkeit aber ist uns nicht in der Empfindung, als sinnlichem Datum, sondern allein in dem Urphänomen des Ausdrucks und des ausdrucksmäßigen Verstehens gegeben. [...] Wirklichkeit könnte niemals aus der Wahrnehmung als bloßer Sach-Wahrnehmung *gefolgert* werden, wenn sie nicht in ihr, kraft der Ausdrucks-Wahrnehmung, schon in irgendeiner Weise *beschlossen* läge und sich hier in einer durchaus eigentümlichen Weise manifestierte. [...] Es ist weit mehr das Leben schlechthin, als seine Sonderung in Einzelkreise und seine Bindung an bestimmte individuelle Zentren, was hier primär erfaßt wird; es ist ein universeller *Charakter* der Wirklichkeit, nicht das Da-sein und So-sein bestimmter Einzelwesen, was in der Ausdrucks-Wahrnehmung ursprünglich »erscheint«.²¹⁸

Die im Ausdruckswahrnehmen gegebene Wirklichkeit ist eine diffuse Stimmung im Sinne der »feelings of being« Ratcliffes.

Im Vergleich mit der Analyse der Differenzerlebnisse bleibt Cassirers Modell zwar phänomenologisch unterkomplex, ließe sich aber unmittelbar anschließen. Sein Ansatz bei einem ganzheitlichen Wirklichkeitserleben wäre zu verstehen als eine Folge der grundlegenden leiblichen Kommunikation mit Situationen, ohne dass die Vereinzelung dabei eine herausragende Rolle spielt. Dieser grundlegende Eindruck, den man vermutlich stärker in seine Dimensionen sondern müsste, bildet das Fundament aller weiteren

---

[217] Hermann Schmitz: »Die zeichenlose Botschaft«, in: M. Großheim, S. Volke (Hrsg.): *Gefühl, Geste, Gesicht. Zur Phänomenologie des Ausdrucks.* Freiburg, München 2010, S. 18–29, hier S. 23. Vgl. zu Schmitz' Verständnis von Ausdruck auch a. a. O., S. 24.
[218] Ernst Cassirer: *Philosophie der symbolischen Formen.* S. 86. – Es ist erstaunlich, dass Cassirer in Schmitz' Werk praktisch keine Rolle spielt.

Wirklichkeitszuschreibungen. Für Cassirer wie für die phänomenologische Perspektive sind Urteile nur Sekundärbegebenheiten, die niemals die Wirklichkeitsgewissheit erreichen, wie sie der Wahrnehmung unmittelbar zur Verfügung steht.[219] Versuchte man, die Ausdruckswirklichkeit leibphänomenologisch zu erhellen, wäre vor allem auf Vorgänge der Einleibung zu achten, in denen sich die Situation als Gegenstand der Wahrnehmung mit dem Leib auseinandersetzt. Eine hintergründige Gewissheit ist nur aufgrund eines leiblichen Kontaktes möglich, der die Situation an die primitive Gegenwart vermittelt, von der her Wirklichkeit erst ihren Anhalt bekommt. Cassirer hat solche Untersuchungen freilich nicht im Blick, sondern begnügt sich mit dem lebensweltlich-phänomenalen Faktum. Diese Perspektive kann er fruchtbar machen. Seine der Tendenz nach feststellbare Nähe zu hier vertretenen Ansichten ist ein Hinweis darauf, dass wesentliche Phänomene mit den Differenzdimensionen getroffen sind, denn die Ausgangspunkte von Cassirer und Schmitz sind doch durchaus unterschiedlich.

IV.3.9 Kognitionsbiologische Wirklichkeitsmerkmale
(Michael Stadler, Peter Kruse)

Alle bisher verhandelten Theorien sind dem späten 19. und der ersten Hälfte des 20. Jahrhunderts zuzurechnen. Diese historische Engführung ist keineswegs gewollt, ergibt sich aber daraus, dass diese Zeit einen Schwerpunkt der Beschäftigung mit dem Zusammenhang von Wahrnehmung und erlebter Wirklichkeit bildet. Dennoch ist, wie eingangs dargelegt, dieses Thema nicht völlig aus den Augen geraten. Einen Versuch der Merkmalsbestimmung aus jüngster Zeit haben Stadler und Kruse im Anschluss an Maturana vorgelegt. Sie fragen sich, »woher der naive Alltagsbeobachter die Sicherheit nimmt, sich in der objektiven Realität zu bewegen.«[220] Um dieser vorderhand seltsam anmutenden Sicherheit auf die

---

[219] Vgl. Ernst Cassirer: *Philosophie der symbolischen Formen.* S. 280.
[220] Michael Stadler, Peter Kruse: »Über Wirklichkeitskriterien«. S. 133.

Schliche zu kommen, wollen sie eine »systematische Aufarbeitung des Begriffs der phänomenalen Wirklichkeit«[221] leisten. Stadler und Kruse gelangen zu der Aufstellung von drei Kriteriumsgruppen, den syntaktischen, den semantischen und den pragmatischen.[222] Innerhalb dieser Klassen wiederum heben sie bestimmte Elemente hervor. Es erweisen sich demnach die drei Gruppen als Dimensionen, die Elemente als deren Differenzierungsmöglichkeiten. Syntaktische Merkmale sind durch einen Bezug auf Sinnesqualitäten gekennzeichnet. Es sollen dazu Helligkeit, Kontrast, Konturschärfe, strukturelle Reichhaltigkeit, Dreidimensionalität, Intermodalität, Invarianz, Bewegung und Lokalisierbarkeit gehören. Die Bezeichnung »syntaktisch« wirkt etwas unpassend, aber da über die sensualistische Gliederung zugleich eine – wenn auch nicht phänomenologisch adäquate – Ordnung gestiftet wird, mag er sinnvoll sein. Was die Elemente angeht, so stellen sie phänomenale Begebenheit der lebensweltlichen Normalität dar, treffen aber keineswegs immer zu. Ganzfeld-Erfahrungen zum Beispiel, wie sie im Mach-Erlebnis wohl näherungsweise geschildert sind, erwecken einen unmittelbaren Wirklichkeitseindruck, ohne dass eine Lokalisierung oder Dreidimensionalität gegeben wäre.[223] Im Einzelnen wären die genannten Elemente daher auf ihre Triftigkeit zu prüfen. Generell sind sie alle, mit Ausnahme der Intermodalität, leibphänomenologisch als durch leibliche Kommunikation bedingt erklärbar.

Die semantische Gruppe zeichnet sich dadurch aus, dass ihre Elemente einen konkreten Bezug auf ein Objekt haben. Es gehören dazu Bedeutungshaltigkeit, Ausdruckshaltigkeit, Kontextstimmigkeit und Valenz. Auch diese Elemente sind schon im Rahmen der vorherigen Erläuterungen als phänomenologisch verstehbar charak-

---

[221] Michael Stadler, Peter Kruse: »Über Wirklichkeitskriterien«. S. 134.
[222] Vgl. dazu und zum Folgenden Michael Stadler, Peter Kruse: »Über Wirklichkeitskriterien«. S. 149–153.
[223] Vgl. dazu die Bemerkungen in Hermann Schmitz: *System der Philosophie.* Bd. III/4. S. 121 f. Experimente am Ganzfeld gehen zurück auf die Gestaltpsychologie. Vgl. dazu Wolfgang Metzger: »Optische Untersuchungen am Ganzfeld. II. Mitteilung: Die Phänomenologie des homogenen Gesamtfeldes«, in: Psychologische Forschung, Bd. 13 (1930), S. 6–29.

terisiert worden, denn mit Kontextstimmigkeit verweisen Stadler und Kruse auf die rationale Dimension, mit Valenz auf die affektive Wertigkeit. Die pragmatische Gruppe mit ihren Elementen der Einwirkung, Begreifbarkeit, Antizipierbarkeit und Intersubjektivität wiederum enthält eine Mischung aus Eigenschaften, die der sozialen (Intersubjektivität) und der rationalen (Antizipierbarkeit) Dimension zuzuordnen sind, aber auch leibnähere Elemente (Einwirkung, haptische Greifbarkeit). Insofern zeigt sich, dass keines der herausgestellten Merkmale nicht auch im Rahmen der zuvor vorgenommenen Analyse anzutreffen wäre. Es bleibt daher die Frage, ob die von Stadler und Kruse gewählte Gruppenunterteilung besser zutrifft als die hier vorgeschlagene Rede von Dimensionen. Dies ist zu verneinen, denn die Dreiteilung erfolgt nach phänomenologisch uneinheitlichen Maßstäben. Warum ist die enge Verbindung zwischen Haptik und Wirklichkeitserleben bloß pragmatisch? Rührt sie nicht viel eher daher, dass im Tasterleben eine besondere Form leiblicher Engung geschieht? Jedenfalls ist die Bevorzugung des Haptischen nicht nur eine Frage der Konvention, wie der Begriff des Pragmatischen nahelegt. Warum ist weiterhin Antizipierbarkeit ein ausgezeichnetes Merkmal, wo doch häufig gerade über das Erwartete, das Alltägliche gleichsam hinweggelebt wird und nur das Widerständige, Unerwartete als wirklich auffällig wird? Zudem sind die Elemente, die benannt werden, sehr theoriebeladen. Stadler und Kruse rekurrieren auf physikalistische, sensualistische und konstruktivistische Implikationen,[224] deren phänomenologischer Aufweis nicht gelingen kann. Daher lässt sich letztlich festhalten, dass der Versuch, der damit gemacht wurde, zwar der Tendenz nach – schon durch den berechtigten Rekurs auf das Pathologische in seiner aufschließenden Funktion –[225] richtig und sinnvoll ist, im Einzelnen jedoch in vorliegender Form der phänomenologischen Revision nicht standhalten kann.

---

[224] Vgl. zum Beispiel Michael Stadler, Peter Kruse: »Über Wirklichkeitskriterien«. S. 149, 151.
[225] Vgl. Michael Stadler, Peter Kruse: »Über Wirklichkeitskriterien«. S. 144.

IV.3.10 Urteilstheorien

Schon mehrfach war im Rahmen der verhandelten Ansätze das Motiv des Wirklichkeitsurteils im Unterschied zum Wirklichkeitserleben hervorgetreten. Viele philosophische Theorien greifen auf ein solches Modell zurück, das in seiner Grundstruktur davon ausgeht, dass Wahrnehmungen nur Material liefern für eine rationale Entscheidung hinsichtlich des Realitätswertes. Dadurch aber wird, wie Straus zutreffend einwendet, »[d]ie prälogische Sphäre der unmittelbaren Wirklichkeitserfahrung [...] völlig übergangen.«[226] Die urteilsbezogene Ansicht leitet implizit oder explizit wohl die meisten philosophischen Wahrnehmungstheorien der letzten Jahrhunderte an. Für die vorliegende spezifischere Perspektive sollen zwei wenig bekannte Positionen zum Vergleich herangezogen werden, weil ihr Fokus dem der phänomenologischen Analyse der Differenzerlebnisse näher kommt, nämlich Kurt Goldsteins Modell und dasjenige von Hans Cornelius.

Goldstein geht von der Feststellung aus, es gäbe keine intrinsischen Unterschiede zwischen Wahrnehmungen und Vorstellungen beziehungsweise Halluzinationen, weshalb er es unternimmt, »den *Tatbestand* festzustellen, den wir bei unseren Wirklichkeitsurteilen erleben [...].«[227] Dazu zählt er Kohärenz der Wahrnehmungen, räumliche Inkongruenz sowie die Möglichkeit der intermodalen Kontrolle. An diesen Merkmalen orientiert sich die Urteilsfindung. Letztlich, so Goldstein, ist

> die Realität eines Erlebnisses *nicht etwas in dem Erlebnis ohne weiteres gegebenes* [...], sondern [basiert] auf einem Urteile [...], das einen Vergleich des Einzelerlebnisses mit der Gesamtheit der zur Verfügung stehenden Erlebnisse darstellt. Lässt sich das Einzelerlebnis unter die anderen ohne weiteres einordnen, so ist es »wirklich«, steht es dagegen

---

[226] Erwin Straus: *Vom Sinn der Sinne*. S. 15. Straus sieht Descartes und Locke als Vertreter einer Urteilstheorie an.
[227] Kurt Goldstein: *Die Halluzinationen, ihre Entstehung, ihre Ursachen und ihre Realität*. S. 54.

Differente Ansätze im Vergleich

gegenüber der Gesamtheit der Erlebnisse isoliert und ihnen widersprechend da, so ist es diesen gegenüber »nicht wirklich«.[228] Aus diesen Worten geht deutlich hervor, dass Goldstein einen abstrakteren Begriff von Realität zugrunde legt. Dem Erleben nach zu urteilen kommen solche Einordnungsvorgänge primär gar nicht vor, sondern erst im Modus der Defizienz – die komplexen Deutungsvorgänge bei pathologischen Erlebnissen wurden bereits geschildert – oder bei bewusster Reflexion aus wissenschaftlichem Interesse. Goldstein betont die rationale Dimension, ohne die leibnäheren zu bedenken. Das rührt vermutlich daher, dass seinem Ansatz eine phänomenologische Fundierung fehlt. So ist es sachlich nicht zutreffend, dass das primitive Erkennen alles, was es erlebt, für wirklich nimmt,[229] wie schon die komplexen antiken Umgangstechniken mit Träumen lehren. Die Unterscheidung von Träumen nach wahr und unwahr bezeugt bereits mit der homerischen Rede von den »zwei Pforten« eine Differenzierung hinsichtlich der Wirklichkeitsgehalte.[230] Goldsteins phänomenologisch nicht haltbare Theorie kulminiert in der Behauptung, es erscheine demjenigen, »dem die Gesetzmäßigkeit des wissenschaftlichen Weltbildes sich erschlossen hat, sein ganzes bisheriges in dem Wirrwarr der Wahrnehmungen gefangenes Leben wie ein Traum.«[231] Ein ganz sachfremder Maßstab wird an die Wahrnehmungswelt gelegt, von dem her die Verdammung dann gerechtfertigt scheint. Die Lebenswelt der Menschen aber ist doch zumeist nicht derartig durcheinander, wie Goldstein behauptet. Ihm erscheint sie nur so, weil er ein wissenschaftliches Ideal an Ordnung implizit als Richtschnur wählt. Seine Vorgehensweise ist daher nicht phänomenadäquat und führt zu nicht tolerierbaren Verzerrungen. Dies hatte schon Kloos in sei-

---

[228] Kurt Goldstein: *Die Halluzinationen, ihre Entstehung, ihre Ursachen und ihre Realität.* S. 57 f.
[229] Kurt Goldstein: *Die Halluzinationen, ihre Entstehung, ihre Ursachen und ihre Realität.* S. 58. Goldstein gibt nicht an, was er mit »primitiv« meint, aber es liegt nahe, dies kulturspezifisch zu interpretieren.
[230] Vgl. Homer: *Odyssee.* XIX, Vers 562–569 (zugrunde gelegt ist Homer: *Die Odyssee.* Übers. v. W. Schadewaldt. Reinbek bei Hamburg 2003).
[231] Kurt Goldstein: *Die Halluzinationen, ihre Entstehung, ihre Ursachen und ihre Realität.* S. 60.

ner Kritik richtig gesehen, denn Goldsteins »Darstellung [wird] dem tatsächlichen Hergang des Erlebens nicht gerecht [...]; sie unternimmt dort eine Zweiteilung, wo sich der schlichten Selbstbeobachtung stets nur eine geschlossene Einheit darbietet.«[232] Ein Modell, das zwischen Wahrnehmung und Urteil unmittelbare, nicht erst sekundäre Trennungen zieht, ist immer schon eine Abstraktion vom phänomenologisch aufdeckbar Gegebenen. Damit wird es nicht zwangsläufig unzutreffend, jedoch darf es nicht behaupten, die Wahrnehmung so zu fassen, wie sie sich zumeist gibt. Bei Goldstein treten, ohne dass er dies explizit macht, sachfremde Ideale – und zwar solche naturwissenschaftlicher Provenienz – auf, die seine Theorie unplausibel machen. Wirklichkeitserleben geschieht meist ganz unmittelbar im leiblichen Betroffensein, urteilende Stellungnahme ist ein Spätprodukt gestörter leiblicher Kommunikation oder gewollter Abstraktion.

Der Ansatz von Cornelius wiederum ist bemüht, die Bedingungen zu erhellen, unter denen ausgehend von der Wahrnehmung Existentialurteile gefällt werden können. Dabei wird Wahrnehmung als »(willkürlich[e] oder unwillkürlich[e]) *Analyse* unseres jeweiligen Bewusstseinsinhaltes in seine successiven oder gleichzeitigen Komponenten«[233] begriffen. Hinter dieser Bestimmung steht ein klar erkennbares psychologisches Modell, womit der phänomenologische Gehalt entsprechend gemindert ist. Cornelius meint weiterhin, das »elementare Wahrnehmungsurteil ist bei der äusseren wie bei der inneren Wahrnehmung nichts anderes als die Erkenntnis des gegenwärtigen Bewusstseinsinhaltes als solchen [...].«[234] Beide gegebenen Bestimmungen – die der Wahrnehmung und die des Wahrnehmungsurteils – sind identisch. Wahrnehmung ist Urteilen. Am selbst schon bezeichnenden Beispiel »dies ist rot«[235] erläutert er seine Theorie:

---

[232] Gerhard Kloos: *Das Realitätsbewusstsein in der Wahrnehmung und Trugwahrnehmung.* S. 26.
[233] Hans Cornelius: *Versuch einer Theorie der Existentialurteile.* München 1894, S. 13. Vgl. ähnlich auch a. a. O., S. 30 f.
[234] Hans Cornelius: *Versuch einer Theorie der Existentialurteile.* S. 18.
[235] Es ist deshalb bezeichnend, weil dadurch ein im Vergleich mit der lebenswelt-

Differente Ansätze im Vergleich

> Hiernach setzt sich […] das Wahrnehmungsurteil »dies ist rot«, wie es durch den Anblick eines roten Gegenstandes veranlasst wird, aus den folgenden Schritten zusammen. Zunächst vollzieht sich das elementare Wahrnehmungsurteil, welches sprachlich durch das Demonstrativum Ausdruck findet; an dieses anschliessend wird das *elementare Vergleichsurteil* vollzogen, psychologisch zu definieren als das Bemerken des speziellen psychischen Phänomenes, welches den Übergang von dem wahrgenommenen Inhalte zu den Gedächtnisbildern ähnlicher Inhalte bildet. Das Vorfinden der Benennung der letzteren, der Association eines benennenden Wortes an dieselben macht den letzten wesentlichen Schritt des Urteils aus.[236]

Mit einem solchen Ansatz werden Aspekte der rationalen Dimension so verallgemeinert, dass die leibliche Grundlage der Wahrnehmung außer Blick gerät. Der Einfluss rationaler, urteilhafter Aspekte auf Erlebnisse ist nicht zu bezweifeln, aber er ist nicht so ubiquitär, wie Cornelius und Goldstein suggerieren. Häufig genug stehen Urteil und Erleben nicht im Einklang, beide behalten ein gewisses Eigenrecht. Wahrnehmungen lassen sich nur in sehr begrenztem Maße durch Urteile korrigieren. Und phänomenologisch gesehen treten Urteile ohnehin nur hervor, sofern die Wahrnehmung scheitert oder ihren alltäglichen Modus zugunsten reflexiver Bezugnahme verlässt. Es ist daher gegen Urteilstheorien mindestens im Rahmen phänomenologischer Analysen der Wahrnehmung das Eigenrecht der »prälogischen Sphäre« zu verteidigen.

Diese Forderung muss insbesondere auch gegen die moderne Hirnphysiologie und deren philosophische Adepten erhoben werden. Sie sind späte Erben der Tradition der Urteilstheorien, wie sich zum Beispiel bei Roth zeigt:

> Das Gehirn kann zwar über seine Sinnesorgane durch die Umwelt erregt werden, diese Erregungen enthalten jedoch keine bedeutungshaften und verläßlichen Informationen über die Umwelt. Vielmehr muß das Gehirn über den Vergleich und die Kombination von sensorischen

---

lichen Wahrnehmung in höchstem Maße reduziertes Vorkommnis zum Muster gemacht wird.
[236] Hans Cornelius: *Versuch einer Theorie der Existentialurteile.* S. 24.

Elementarereignissen Bedeutungen erzeugen und diese Bedeutungen anhand interner Kriterien und des Vorwissens überprüfen.[237]

Zwar ist nicht direkt von Urteilsvorgängen die Rede, aber die vom – anthropomorphisierten – Gehirn zu leistenden Vergleiche, Kombinationen und Prüfungen usw. übernehmen die Funktionen, die bei Cornelius das Urteil innehatte. Somit wiederholt sich gegen Roth und andere der Vorwurf, Konstrukte für lebensweltliche Wirklichkeiten auszugeben. Es wäre daher notwendig, wie es im Rahmen der vorliegenden Studie angegangen wurde, zunächst einmal überhaupt einen möglichst unbefangenen Versuch zu wagen, Wahrnehmung zu beschreiben. Dann zeigt sich, dass von Urteilen oder anderen derartigen Prozessen phänomenal und phänomenologisch nicht oder nur sehr begrenzt die Rede sein kann. Diese werden vielmehr erst aus theoretischer Notwendigkeit eingeführt, weil das Erlebte und das Erdachte nicht zueinander passen und somit kompensatorische Vorgänge nötig scheinen. Damit ist keineswegs die Theorie Roths schon widerlegt, aber ihr Geltungsbereich wesentlich reduziert. Über die lebensweltliche Wahrnehmung sagt sie nämlich fast gar nichts aus. Urteilstheorien überspannen die Bedeutung der rationalen, mitunter auch der sozialen Dimension zuungunsten der leiblichen Vorgänge, die sie kaum je beachten. Solche Einseitigkeiten sind, wenn die vorliegende Analyse zutrifft, unzulässig.

IV.3.11 Hierarchien der Sinne

Für die herausgestellten Dimensionen des Wirklichkeitserlebens bilden weiterhin die im Rahmen philosophischer und psychologischer Wahrnehmungstheorien sehr virulenten Hierarchien der Sinne einen interessanten Bezugspunkt. Schon bei Platon[238] und Aristoteles[239] werden die Sinne im Hinblick auf gewisse Merkmale

---

[237] Gerhard Roth: *Das Gehirn und seine Wirklichkeit.* S. 21.
[238] Vgl. zum Beispiel Platon: *Politeia.* 507c-508b.
[239] Vgl. dazu etwa Aristoteles: *De sensu et sensibilibus.* 445a (zugrunde gelegt wird Aristoteles: *Kleine naturwissenschaftliche Schriften (Parva naturalia).* Übers. v. E. Dönt. Stuttgart 1997).

geordnet. Zumeist wird die Sonderrolle des Sehens[240] oder des Tastens[241] betont. Es war am Anfang dargelegt worden, dass es aus phänomenologischer Perspektive geboten ist, sensualistische Annahmen einzuklammern. Insofern ist klar, dass die explizierten Dimensionen des Wirklichkeitserlebens nicht direkt die eine oder andere Sinnesordnung stützen können, dennoch aber lässt sich leibphänomenologisch nachvollziehen, warum unter bestimmten Hinsichten ein Sinn wirklichkeitsadäquater erscheinen mag als ein anderer. So ließe sich zum Beispiel die häufige Betonung des Tastens darauf zurückführen, dass Berührungen zu Leibinselbildung führen, die in besonders radikaler Weise in die leibliche Ökonomie eingreifen. Der Vorzug des Akustischen könnte in dem Umstand gesehen werden, dass Stimmen und Geräusche Halbdinge sind, die aufgrund ihrer eigentümlichen Kausalität leiblich viel gewaltsamer zu bedrängen vermögen. Geruch ist womöglich deshalb der am wenigsten wirklichkeitsanzeigende Sinn, weil seine Gegenstände sehr situativ bleiben, keine oder nur begrenzte Prägnanz in leiblicher Kommunikation gewinnen. Eine genauere Analyse der historisch überlieferten Sinneshierarchien müsste bedenken, welche Hinsicht die Autoren jeweils gewählt haben, um ihre Ordnung überzeugend nachvollziehen zu können.

Mit den wenigen hier gemachten Bemerkungen soll jedoch der Überzeugung Ausdruck verliehen werden, dass eine leibphänomenologische Aufklärung solcher Staffelungen möglich ist. Die Differenzdimensionen gestatten es, die Sinneshierarchien in einer die Trennung überwindenden Weise zu fundieren. Kritisch ist daher der Versuch zu sehen, die normative Staffelung allein als gesellschaftliches Konstrukt abzutun. In diesem Sinne hat Jürgen Hasse argumentiert.[242] Wiewohl nicht bestritten werden kann, dass soziokulturelle Nutzungspraktiken einen Einfluss haben, gibt es dennoch

---

[240] In diesem Sinne spricht Hans Jonas vom »Adel des Sehens« (vgl. Hans Jonas: *Das Prinzip Leben. Ansätze zu einer philosophischen Biologie.* Frankfurt 1997, S. 233–264).
[241] Vgl. Immanuel Kant: *Anthropologie in pragmatischer Hinsicht.* S. 42 ff.
[242] Vgl. Jürgen Hasse: *Fundsachen der Sinne. Eine phänomenologische Revision alltäglichen Erlebens.* Freiburg, München 2005, S. 38–41, 53, 65.

durchaus leibliche Grundlagen, die zumindest in Teilen der Verfügbarkeit gesellschaftlicher Zusammenhänge entzogen scheinen.

IV.3.12 Primäre und sekundäre Qualitäten

Einen weiteren Vergleichspunkt bildet die bekannte Unterscheidung von primären und sekundären Qualitäten. Vielleicht überrascht es, dass erst jetzt auf diesen Topos Bezug genommen wird, denn traditionellerweise dient gerade diese Scheidung dazu, Wirkliches und Unwirkliches zu differenzieren.[243] Der Grund, weshalb die Rede erst so peripher auf sie kommt, liegt sachlich darin, dass die Trennung der Qualitäten gar nicht aus phänomenologischem oder empirischem Blickwinkel gewonnen wurde, sondern aus erkenntnistheoretischem und ontologischem. Klassisch heißt es in dieser Hinsicht bei Locke:

> [E]s war bei der vorliegenden Untersuchung notwendig, die *primären* und *realen* Qualitäten der Körper, die immer in ihnen vorhanden sind (nämlich Festigkeit, Ausdehnung, Gestalt, Zahl und Bewegung oder Ruhe, und die auch von uns bisweilen wahrgenommen werden, dann nämlich, wenn die Körper, in denen sie enthalten sind, groß genug sind, um einzeln erkannt zu werden), von den *sekundären* und ihnen nur *zugeschriebenen* Qualitäten zu unterscheiden; letztere sind nichts weiter als die Kräfte verschiedener Kombinationen der primären Qualitäten, wenn diese, ohne deutlich erkannt zu werden, wirken.[244]

Sekundäre Qualitäten sind das, was lebensweltlich betrachtet die Reichhaltigkeit der Wahrnehmung ausmacht, nämlich Farben, Töne, Gerüche usw. Sie erweisen sich aber, so die These Lockes, als solche Qualitäten, »die in Wahrheit in den Objekten selbst nichts sind als die Kräfte, vermittels ihrer primären Qualitäten, das heißt der Größe, Gestalt, Beschaffenheit und Bewegung ihrer

---

[243] Eine Gesamtschau der Theorien, die mit dieser Unterscheidung arbeiten, bietet Peter Kügler: *Die Philosophie der primären und sekundären Qualitäten.* Paderborn 2002.
[244] John Locke: *Versuch über den menschlichen Verstand.* II.viii.22. Vgl. auch a. a. O., II.viii.8 ff.

sinnlich nicht wahrnehmbaren Teilchen, verschiedenartige Sensationen in uns zu erzeugen.«[245] Kausale und genetische Erwägungen, die selbst wiederum vor einem bestimmten physikalischen Modell zu verstehen sind, haben ihn dazu geführt, beide Qualitäten voneinander zu sondern. Ohne auf die genaue Zahl der primären Qualitäten zurückzukommen – diese ist schon bei Locke selbst schwankend –[246] zeigt sich im Rahmen der Differenzerlebnisse, dass für die Betroffenen zur Realitätsermittlung diese Differenz anscheinend keine signifikante Rolle spielt.[247] Vielmehr ist es gerade so, dass Merkmale der sekundären Qualitäten – Tiefe und Eindringlichkeit der Farbe etwa – ebenso wichtig sind wie eine feste Gestalt. Es ist daher phänomenologisch ein Bezug auf diese theoretisch fundierten Unterscheidungen wenig erfolgversprechend, zumal sie implizit einen Sensualismus zu unterstellen scheint,[248] der sich eingangs als problematisch erwiesen hatte. Nur vor dem Hintergrund gewisser physikalischer Annahmen wird die von Locke eingeführte Trennung überhaupt plausibel und verstehbar. Peter Kügler hat fünfzehn verschiedene Kriterien herausgearbeitet, nach welchen man primäre und sekundäre Qualitäten scheiden könnte, von denen sich aber keines als unwiderleglich erwies.[249] Sein Fazit lautet:

---

[245] John Locke: *Versuch über den menschlichen Verstand.* II.viii.10.

[246] Vgl. dazu Peter Kügler: *Die Philosophie der primären und sekundären Qualitäten.* S. 13.

[247] Es sei nochmals explizit darauf hingewiesen, dass diese Aussage in Bezug auf die Lebenswelt zu verstehen ist, wohingegen Lockes Unterscheidung ursprünglich vor dem Hintergrund epistemologischer und ontologischer Überlegungen aufkam.

[248] Mit »Sensualismus« ist hier der erklärende Rückgriff auf Sinneskanäle gemeint, der deshalb implizit vorkommt, weil die Qualitäten in Teilen entsprechend der Kanäle verstanden und gruppiert werden. Locke selbst gibt in anderer Hinsicht zu erkennen, dass er primäre Qualitäten auch teilweise als nicht selbständig durch Sinne wahrnehmbar versteht (vgl. die Bemerkung in John Locke: *Versuch über den menschlichen Verstand.* II.viii.9: »[...] mag letzteres [Partikel; S. K.] auch zu klein sein, um für sich allein von unsern Sinnen wahrgenommen zu werden.«), insofern wäre er in gewissem Sinne »Anti-Sensualist«, allerdings trifft diese Begriffsverwendung nicht den hier gemeinten Sinn.

[249] Vgl. dazu Peter Kügler: *Die Philosophie der primären und sekundären Qualitäten.* S. 220 ff. Kügler hält die Scheidung dennoch für akzeptabel.

Man kann die Unterscheidung zwischen primären und sekundären Qualitäten unter anderem als Versuch sehen, den Schein von der Wirklichkeit zu trennen. Als »Wirklichkeit« gilt dabei das, was sich angreifen und für die technische Umgestaltung der Welt nutzen läßt. »Schein« hingegen ist das, was sich bloß wahrnehmen, aber nicht verwerten läßt. Die Unterscheidung [...] ist das Produkt einer Kultur, die die *vita activa* höher bewertet als die *vita contemplativa* [...].[250]

Diese Deutung erweist sich als kompatibel mit den Ergebnissen der phänomenologischen Analyse der Differenzerlebnisse, insofern die primären oder sekundären Qualitäten in dem Kontext der pathologischen Unwirklichkeiten nicht als signifikant voneinander zu trennende Phänomene bemerkbar wurden. Der phänomenologischen Besinnung werden sie nicht auffällig. Es liegt daher nahe, diese konzeptuelle Scheidung als für eine Phänomenologie der Wahrnehmung unerheblich zu charakterisieren.[251] Anschlussfähig wären aber zumindest einige der primären Qualitäten – besonders Gestalt und Festigkeit – und alle sekundären an eine leibphänomenologische Interpretation. Eine solche Thematisierung soll hier allerdings unterbleiben, weil sich daraus keine weiterführenden Hinweise für die Fragestellung zu ergeben versprechen.

IV.3.13 Herbert Spiegelbergs sieben Distinktionen

Schließlich ist auf den Versuch Spiegelbergs zu sprechen zu kommen, der – wie eingangs erwähnt – eine der vorliegenden scheinbar verwandte Fragestellung verfolgte, wenn er schreibt: »What can a science of mere phenomena tell about real things? It may inform us concerning objects which we *take* to be real. But does that in any way guarantee that the *supposedly* real is *really* real?«[252] Gleichwohl zeigt eine genauere Analyse, dass Spiegelberg im Hintergrund auf das epistemologisch-ontologische Paradigma rekurriert. Die

---

[250] Peter Kügler: *Die Philosophie der primären und sekundären Qualitäten*. S. 224.
[251] Damit ist über den ontologischen Stellenwert der primären oder sekundären Qualitäten gleichwohl explizit keine Aussage getroffen.
[252] Herbert Spiegelberg: »The ›reality-phenomenon‹ and reality«. S. 84.

Differenzierung zwischen Phänomen und »wirklich wirklicher« Welt verweist darauf. Er verlässt damit das im engeren Sinne phänomenologische Feld schon in der konkreten Ausgestaltung seiner Frageperspektive.

Der so entwickelten Hinsicht folgend sucht Spiegelberg nach den Bedingungen, die die Wirklichkeit des »nur« Phänomenalen anzeigen oder sogar sichern. Seine grundlegende Feststellung, dass es nicht die Subjekt-Unabhängigkeit sein kann,[253] verweist indirekt auf die auch hier erfolgte Explikation des Subjekts in seiner Leiblichkeit als unumgänglichen Faktor.[254] Auch weitere Beobachtungen decken sich mit den Ergebnissen, die im Anschluss an die Leibphänomenologie gewonnen werden konnten – etwa die Heterogenität der Realitätsphänomene oder die Möglichkeit von Wirklichkeitserfahrung durch Freude (also Weitung).[255] Seine Untersuchung kulminiert darin, durch »careful sifting«[256] Distinktionen herauszuarbeiten.

Spiegelberg gibt sieben Aspekte an – er nennt sie »reality criteria« –, hinsichtlich derer sich wirkliche von unwirklichen Phänomenen unterscheiden. Dies sind im Einzelnen: Bereitschaft, Dauer, perzeptuelle Peripherie, Grenzen, Unabhängigkeit, Widerständigkeit und Kohärenz.[257] Bereitschaft meint, dass die Dinge da sind, wenn man hinguckt, hinhört usw. Dieses Motiv hilft, Wirklichkeit vom Traum und von Halluzinationen zu unterscheiden. Wenn etwas sich dem Kontakt entzieht, und zwar nicht, weil es nicht will, sondern weil es nicht da ist, gilt es – in der Theorie wie im Alltag – als unwirklich. Leibphänomenologisch gesprochen verweist dies vermutlich auf die Bedingung der fortgesetzten Explikationsmöglichkeit. Wird etwas unscharf gesehen, kann nur ein erneutes, genaueres Hinsehen Unsicherheiten beseitigen. Wenn das Objekt aber keine Bereitschaft im Sinne Spiegelbergs zeigt, gilt es als un-

---

[253] Vgl. Herbert Spiegelberg: »The ›reality-phenomenon‹ and reality«. S. 86.
[254] Oder – wie man aus der Perspektive der Embodiment-Theoretiker sagen müsste – Spiegelberg weist voraus auf die Rolle des »body« als Wahrnehmungsermöglicher.
[255] Vgl. Herbert Spiegelberg: »The ›reality-phenomenon‹ and reality«. S. 96 f.
[256] Herbert Spiegelberg: »The ›reality-phenomenon‹ and reality«. S. 98.
[257] Vgl. Herbert Spiegelberg: »The ›reality-phenomenon‹ and reality«. S. 102 ff.

wirklich. Allerdings, dies ist sogleich offensichtlich, rekurriert diese Distinktion implizit auf eine gewisse starre Ontologie, die mit flüchtigen Entitäten – insbesondere Halbdingen – wenig anfangen kann. Gleiches gilt, cum grano salis, wohl auch für das Motiv der Dauer.

Zum Motiv der Widerständigkeit ist zuvor schon einiges gesagt worden und gilt daher auch für die von Spiegelberg herausgestellte These, zumal er sich direkt auf Dilthey und Scheler bezieht. Die Dimensionen der Kohärenz, perzeptuellen Peripherie und Grenzen treffen konkretere phänomenale Bestände. Darunter werden verstanden der pro- und retentionale Gehalt der Wahrnehmungsbestände, also ihr Über-sich-Hinausweisen, die Einbettung des Phänomenalen in – mitunter unscharfe, vage – Horizonte und die Beobachtung, dass Objekte nicht einfach »enden«, sondern auf ihre Rückseiten, Hintergründe usw. verweisen. All diese Beobachtungen sind einerseits zutreffend, andererseits aber ist nicht ersichtlich, warum sie notwendig für Wirklichkeit sein sollen. Ließe sich nicht behaupten, dass auch Halluzinationen mitunter derartig sein können? Sicher sind alle genannten konkreten Aspekte zumeist kennzeichnend für das Erlebte – etwa im Unterschied zum Traumerleben, dem die phänomenalen Verweise der Objekte auf ihre Rückseiten oft fehlen mögen –, aber die Notwendigkeit des Vorkommens der genannten Merkmale kann Spiegelberg nicht erweisen.

Die letzte Dimension, die zu verhandeln ist, wird als die Unabhängigkeit, »independence«[258], bezeichnet. Es heißt dazu, dass bloße Konstruktionen zusammenbrechen im Rahmen phänomenologischer Epoché und sich somit die bewusstseinsaktunabhängigen Bestände herausschälen. Hierin ist, gemäß dem explizierten Phänomenologieverständnis, Spiegelberg zuzustimmen. Was sich der Revision als unhintergehbar erweist, erhält Phänomencharakter. Aber der Schluss, davon auf eine objektive Existenz zu schließen, wie es in Spiegelbergs Beitrag geschieht, entbehrt der Berechtigung.

---

[258] Herbert Spiegelberg: »The ›reality-phenomenon‹ and reality«. S. 104

Ein wesentlicher genereller Einwand gegen Spiegelbergs Theorie neben dem schon genannten problematischen Rückgriff auf epistemologische Vorannahmen muss, abgesehen von allen zu den einzelnen Distinktionen gemachten Anmerkungen, abschließend lauten, dass er die Kulturrelativität nicht bedenkt. Er scheint zu glauben, dass man ein für alle Mal und für alle Menschen die Distinktionen angeben kann. Dies ist, wie aus dem bisher Entwickelten klar hervorgeht, keine haltbare Position. Gleichwohl liegt mit Spiegelbergs Arbeit ein in Teilen phänomenologisch trag- und ausbaufähiger Baustein vor, den die vorliegende Arbeit zu integrieren vermag.

IV.4 Rückblick

Welche Erträge hat nun, nachdem im Vergleich die Anschlussfähigkeit und Besonderheit des Gesagten sich zeigte, die Reise durch das mitunter sehr obskur anmutende Gebiet der Differenzerlebnisse für die eingangs aufgeworfenen Fragen gebracht? Ausgegangen waren die Überlegungen von dem Versuch, über das Studium von gemeinhin als unwirklich titulierten Wahrnehmungen einen Einblick in die Bedingungen zu bekommen, unter denen lebensweltlich etwas als wirklich gilt. Es schien daher die logische Konsequenz, dass am Ende eines solchen Vorgehens eine Gruppe von Merkmalen genannt wird, die als notwendige und hinreichende Anzeichen für Wahrnehmungswirklichkeit anzusehen sind. Dazu ist die Untersuchung aber nicht gekommen, sondern sie ist in die scheinbar vage Rede von Dimensionen ausgewichen. Ist das Vorhaben damit also gescheitert? Das ist es nicht, denn wer von vornherein feste Kriterien erwartete, der hätte schon das notwendige Ethos verfehlt. Eine Aufklärung über das lebensweltliche Erleben war gefordert, um den menschlichen Alltag selbst unbefangen betrachten und gegen allseitige Verengungen oder Übertreibungen zu sichern. Feste Kriterien als Vorbedingung wären einer solchen Analyse unangemessen gewesen, denn sie bedingen implizit eine begriffliche wie ontologische Sonderung, die dem Gegenstandsgebiet nicht entspricht. Ohnehin hat Schmitz herausgestellt, dass es kein Kriterium für Wirklichkeit geben kann, weil ein solches immer schon voraussetzt,

Eine Phänomenologie der Differenzerlebnisse

dass es selbst wirklich sei – und somit zirkulär würde.[259] Die vorliegende Untersuchung hat deshalb gar keine extensive Definition lebensweltlicher Wirklichkeit zum Ziel gehabt, sondern sie griff die lebensweltlich immer schon vollzogenen Differenzierungen auf,[260] denen sie unter Anwendung eines leibphänomenologischen Vorgriffs nachging.

Im Zuge des Gedankenganges haben sich die genannten sechs leibnahen und zwei leibferne Sphären herausgestellt, hinsichtlich derer Differenzerlebnisse Eigenarten aufwiesen. Alles das, was als wirklich erlebt wird, muss sich in eine der Dimensionen einordnen lassen. Freilich ist diese Behauptung selbst nur hypothetisch, denn phänomenologisch geprüft sind nach dem Gesagten nur pathologische Fälle im Vergleich mit einigen lebensweltlichen Vorkommnissen. Dem eingangs dargelegten Phänomenbegriff zufolge bleibt eine solche Analyse immer nur relativ gültig, fordert eine Prüfung ihrer Einsichten durch Ausweitung des Bezugsfeldes und durch Wechsel des Vorgriffs. Phänomenologie folgt damit ausdrücklich dem von Karl Popper geforderten Falsifikationsgebot, nach welchem eine Theorie nur dann als wissenschaftlich zu gelten hat, wenn sie Wege angibt, mittels derer sie zumindest prinzipiell begutachtet und widerlegt werden kann.[261] Insofern stellen die Dimensionen die relativ zu den verhandelten Zeugnissen und zum gewählten hermeneutischen Vorgriff explizierten Phänomene dar, die sich in weiteren Untersuchungen behaupten werden müssen.

Neben diesem Ertrag, der in engerem Zusammenhang mit phänomenologischen Überlegungen steht, liegt ein zweiter Gewinn auf dem Feld der Ontologie der Lebenswelt. Unter dieser ist, wie ein-

---

[259] Vgl. dazu die Entwicklung des Arguments in Abgrenzung gegen Kant in Hermann Schmitz: *System der Philosophie*. Bd. I. S. 200 und als genauere Darstellung ders.: *Der unerschöpfliche Gegenstand*. S. 42 ff. – Schmitz' Beweis betrifft vor allem Definitionsversuche, stellt damit die grundsätzliche Möglichkeit empirischer Anhalte nicht in Frage, aber die empirischen Anhalte werden niemals zureichen.
[260] Damit hält sie sich an den von Aristoteles gegebenen Hinweis, dass Beweisform und Gegenstand einander entsprechen müssen (vgl. Aristoteles: *Metaphysik*. 1011a).
[261] Vgl. dazu Karl Popper: *Logik der Forschung*. Tübingen 2002, S. 14 ff., 47–59.

gangs erläutert, eine Bestandsaufnahme des Erfahrungsgegebenen als es selbst zu verstehen. Worin der behauptete Ertrag besteht, ist gleichwohl nicht sofort offensichtlich, denn aus den genannten Dimensionen geht für die Metaperspektive auf die Lebenswelt zunächst nichts hervor. Doch drei Aspekte verdienen genauere Beachtung, nämlich die rationale sowie soziale Dimension und die leiblichen Dispositionen. Alle drei verweisen darauf, dass lebensweltlich als wirklich Wahrgenommenes nicht als ein allen Relativismen Enthobenes anzusehen ist, sondern insbesondere kulturelle, zwischenmenschliche, wissenschaftliche oder religiöse Motive Einfluss haben. Damit ist zum einen auf das Problem der Deutungen und Interpretationen von Wahrgenommenem verwiesen, zum anderen aber auch auf das Problem der Veränderung des leiblichen Empfindens selbst. Deutungen spielen heute vor allem durch unkritische Übernahme wissenschaftlicher Konstrukte eine Rolle. Häufig greifen Menschen auf physiologische Termini zurück, um ihr Erleben zu schildern – »ich bekam einen *Adrenalinschub*«, »mit mir gingen die *Hormone* durch«, »mein *Gehirn* spinnt«, »ich bin *unterzuckert*« usw. Solche Redewendungen geben sich ganz harmlos, aber ihre ontologisch einseitigen Implikationen werden zu regelrechten Verdeckungsmechanismen. Lebenswelt ist formbar durch Deutungen und Interpretationen, weshalb eine Reflexion auf die damit verbundenen Folgen unabdingbar erscheint.

In sozialer Hinsicht wiederum hat sich herausgestellt, dass die gegenseitige Versicherung über Wahrnehmungsgehalte ein wesentlicher Baustein für lebensweltliche Weltbilder ist. Damit leuchtet die Möglichkeit am Horizont auf, dass die menschliche Wirklichkeit nichts anderes als eine kollektive Halluzination ist.[262] Wiewohl mit dem Leiblichen eine gewisse Restverankerung in Außersozialem gegeben scheint, verweist diese prinzipielle Möglichkeit darauf, dass die sozialen Rahmenbedingungen der Lebenswelt ebenfalls stärker zu beachten sind. Schließlich ist auch die Rolle des Leibes

---

[262] In diesem Sinne sind einige Bemerkungen Gustav Le Bons zu verstehen im Rahmen seiner Massenpsychologie (vgl. Gustav Le Bon: *Psychologie der Massen*. Übers. v. R. Eisler. Leipzig 1919, S. 23 ff., 44).

zu bedenken, der zwar nicht willkürlich veränderbar anmutet, der aber zugleich kein Unverfügbares ist. Wenn leibliche Dispositionen die Rolle spielen, die sich im Kontext der vorstehenden Analyse ergab, sie jedoch zugleich wandelbar sind, ist dies ein eminent wichtiges Thema für Fragen interkultureller Verständigung und Ethik. Man wird sich dann fragen müssen, inwiefern eigentlich alle Menschen in derselben (Lebens-)Welt leben. Und zugleich kommt dadurch die eigene Welt als eine womöglich nur kontingente, mit keineswegs »naturgegebenen« Eigenheiten ausgestattete in den Fokus. In was für einer Welt lebt man eigentlich selbst? Was entgeht bestimmten Kulturkreisen als vermeintliche Unwirklichkeit, was wird besonders betont? Damit rückt ebenso auch die Frage der Manipulierbarkeit leiblicher Dispositionen in den Fokus. Kann und darf man sie beeinflussen? Sollte man es vielleicht im Sinne eines veränderten und womöglich besseren Wirklichkeitskontaktes? Die Lebenswelt im Spannungsfeld von sozialen Bedingungen, rationalen Zugriffen und leiblichen Fundamentalkategorien erweist sich mehr und mehr als ein Kampfplatz unterschiedlichster Prozesse, deren nur scheinbar selbstverständliches, alltägliches Produkt die Wahrnehmungswirklichkeit ist.

All diese Fragen ergeben sich aus der phänomenologischen Analyse der Differenzerlebnisse. Täuschungen, Halluzinationen, Illusionen usw. erweisen damit, dass mit ihnen ein Zipfel in die Welt des Selbstverständlichen ragt, der das Ethos des abgeklärten Gleichgültigen, welches den Menschen im Alltag zumeist zu eigen ist, erheblich zu erschüttern vermag. Im Folgenden sollen in einigen wenigen Hinsichten solche Erschütterungen philosophisch verarbeitet werden. Damit wird eine Brücke geschlagen von den im engeren Sinne phänomenologischen Überlegungen hin zu kulturphilosophischen Problemstellungen. Dies alles geschieht vor dem Hintergrund der Frage, welche ontologisch signifikanten Strukturen die Lebenswelt prägen. Mit dem vorgelegten Versuch einer Phänomenologie der Differenzerlebnisse ist all diesen weiterführenden Gedanken der Boden bereitet, von dem her sie ihre empirische Legitimität erhalten. Eine Phänomenologie des jeweiligen Gegenstandsgebietes ist damit weit mehr als bloß eine Deskription. Sie ist vielmehr die radikalaufklärerische Unternehmung, erst einmal autark und kritisch zu sichten, was denn eigentlich vorliegt, was denn eigentlich der Fall ist, bevor die Reflexion sich an ihr abstraktes Werk machen kann. In diesem Sinne ist das Vorstehende ein Beitrag zur Freilegung dessen, was die Lebenswelt je schon immer ausgemacht hat.

V. Philosophische Konsequenzen. Spekulative Ausblicke

Der Verweis auf den spekulativen Charakter der sich anschließenden philosophischen Ausblicke ruft zunächst vermutlich kritische Reaktionen hervor. Spekulation im Sinne bloßer Gedankenschwärmerei ist eine Vorstellung, die leicht aufsteigen mag. Jedoch ist diese Assoziation falsch, denn spekulativ sind die Ausblicke, um die es gehen soll, nur insofern, als sie den Bereich engerer phänomenologischer Fundierung verlassen und argumentative Lücken haben, die zu füllen Aufgabe zukünftiger Arbeiten bleiben muss. Ziel ist kein geschlossenes Theoriegebäude, sondern die Fruchtbarmachung der gewonnenen Einsichten auf dem Feld systematisch relevanter Fragestellungen, die um die lebensweltliche Wirklichkeit der Menschen, ihr Wesen und ihre Zugänglichkeit, kreisen.

V.1 Unmittelbare Gegebenheit des Leibes

Die gesamte phänomenologische Analyse der Differenzwahrnehmungen greift auf den Leib als zentrales Konzept zurück. Er ist als theoretisch-begriffliche Entität ein spätes Kind, der Sache nach aber, wenn man Schmitz folgt, schon bei Homer prominent thematisiert.[1] Der Rekurs auf den Leib sieht sich jedoch zwei wesentlichen Kritiklinien ausgesetzt: einerseits den phänomenologischen Einwänden von Waldenfels, andererseits den von Wittgenstein entwickelten grundsätzlichen Anfechtungen des Gegebenheitsmotivs. Gegen beide soll der von Schmitz entfaltete und hier modifiziert

---

[1] Vgl. Hermann Schmitz: *System der Philosophie. Bd. II/1.* S. 373–445.

verfolgte Ansatz im Rahmen der sich anschließenden Überlegungen verteidigt werden.

Waldenfels behauptet, Schmitz verabsolutiere den Leib und bedenke nicht, dass auch der Leib immer nur in der Vermittlung zugänglich ist. Man könnte sagen, er unterstellt Schmitz eine Naturalisierung des Leibes. Sein Einwand hat dabei zwei wesentliche Fundamente, nämlich zum einen die Kritik am Selbst- oder Subjektprimat, zum anderen die Kritik an der Unmittelbarkeit des Erfahrens. Im Sinne der ersten Anfechtung schreibt Waldenfels:

> Hier wird der Versuch gemacht, den Leib von sich selbst her zu denken. Die Besonderheit des Leibes liegt darin, daß er auf sich selbst bezogen ist. Der Schmerz ist ein Beispiel dafür, daß ich mich selbst empfinde, ein anderes Beispiel wäre die Selbstbewegung. Hier wird ein Moment des Selbst in Betracht gezogen noch *vor* der Unterscheidung in *jemanden*, der erfährt, und in *etwas*, das erfährt. [...] Mit der Verlagerung des *cogito* in einen Bereich ursprünglichen Selbstempfindens bliebe der Primat des Selbst und seiner Eigenheitssphäre ungebrochen.[2]

Waldenfels argumentiert gegen eine cartesianische Tradition in der Philosophie, der zufolge die grundlegende Entität in der Welt ein bei sich seiendes Selbst sei. Ein solches reines Selbst könne es aber nicht geben, denn immer schon sei etwas Fremdes beigemischt.[3] Trifft der Vorwurf aber auf Schmitz zu? Ist der Leib ein solches reines Selbst? Zunächst ist es tatsächlich so, dass der Leib an seiner Wurzel subjektiv und in gewissem, nicht aber umfassendem Sinne solipsistisch ist.[4] Im Moment stärkster leiblicher Engung – zum Beispiel dem Schmerz – kann die ganze Welt um den Menschen herum zusammenbrechen und nur noch sein leibliches Selbst sich als existent erweisen. Solch eine Privatheit resultiert daraus, dass primitive Gegenwart als Sitz von Dasein, Ich, Hier, Jetzt und Dieses eine je individuelle ist. Gerade deshalb kann dem Menschen die

---

[2] Bernhard Waldenfels: *Das leibliche Selbst*. S. 43. An dieser Stelle wird Schmitz namentlich nicht erwähnt, aber der Bezug auf ihn liegt nahe. Konkret auf Schmitz wird der Vorwurf gewandt a. a. O., S. 269, 277.
[3] Vgl. Bernhard Waldenfels: *Das leibliche Selbst*. S. 44.
[4] Vgl. dazu Hermann Schmitz: *System der Philosophie*. Bd. V. S. 156 f.

Wirklichkeit zum Problem werden. Teilten sich alle Menschen eine primitive Gegenwart, könnten Differenzerlebnisse kaum in der dargelegten Vielfalt auftreten. Ein Vorwurf scheint daraus jedenfalls nicht ableitbar, denn Schmitz bemüht sich – anders als Descartes – um den Nachweis, dass diese »Leib-Egologie« nur in Ausnahmefällen zum Tragen kommt. Der Mensch ist zumeist dank leiblicher Kommunikation in die Welt engagiert und mit anderen verbunden. Schmitz' Theorie der solidarischen Einleibung belegt,[5] dass man seinen Ansatz missverstünde, wenn man ihn als solipsistisch im klassischen Sinne auffasste. Waldenfels' Vorwurf, es käme beim Leib kein Fremdes vor, trifft Schmitz allerdings noch weniger, denn er verweist immer wieder darauf, dass es sowohl für primitive Gegenwart überhaupt als auch im Rahmen leiblicher Kommunikation eines Einbruchs des Plötzlichen bedarf.[6] Der Leib für sich käme niemals »auf sich«, würde er nicht betroffen von etwas. Waldenfels übersieht, dass der Leib bei Schmitz nicht primär eine Substanz ist, sondern im Wesentlichen – ganz wie bei Merleau-Ponty – ein Dialogfeld. Der Vorwurf, der Leib bleibe rein bei sich, trifft demnach nicht zu.

Der zweite zentrale Einwand, der von Waldenfels erhoben wird, zielt ab auf das vermeintlich unmittelbare Innesein der Erlebnisse. Es wird Schmitz vorgeworfen, dieser unterschätze die Vermittlungsbedingungen, die beim Rekurs auf Erfahrungen einwirken:

> Hermann Schmitz sucht [einer] erfahrungsfernen Konstruktion zu entkommen, indem er die Selbsterfahrung als unmittelbares Innesein bestimmt. [...] Wenn wir genau hinschauen, beginnt Schmitz gar nicht mit dem reinen Spüren, er redet nämlich unaufhörlich über etwas, das angeblich vor aller Sprache da ist. Das tut Philosophie fast immer, wenn es ernst wird, und das ist auch niemandem einfach vorzuwerfen, nur reflektiert Schmitz nicht auf diese Situation, sondern er schmuggelt – stets im Zeichen des Spürens und der Unmittelbarkeit – eine ganze Menge Dinge ein [...]. Gegen Schmitz ist ins Feld zu führen, daß eine Erfahrung des Leibes, die sich artikuliert oder gar problematisiert, eine gewisse Distanz voraussetzt, und diese wird unter-

---

[5] Vgl. dazu Hermann Schmitz: *Der Leib*. S. 47f.
[6] Zum Einbruch des Plötzlichen vgl. Hermann Schmitz: *Der Leib*. S. 2.

schlagen, wenn man so tut, als könne man mit der eigenen Betroffenheit einfach beginnen.[7] Anders formuliert will Waldenfels anscheinend sagen, dass man entweder Aussagen über den Leib machen oder aber leiblich betroffen sein kann, nicht aber beides gleichzeitig. Leibphänomenologie wäre demnach nur aus der Distanz möglich. Dem ist zuzustimmen und wird von Schmitz auch gar nicht bestritten. Distanzierung und Reflexion setzen zweifellos entfaltete Gegenwart voraus. Es ist zu vermuten, dass Waldenfels die Rolle der primitiven Gegenwart missversteht. Schmitz behauptet nicht, die zahlreichen Phänomene, die er analysiert, seien alle an der Wurzel des Spürens vorhanden, sondern sagt nur, dass diese in der Entfaltung begegnen, die zugleich immer eine Distanznahme vom Nullpunkt des Inneseins ist. Primitive Gegenwart selbst ist niemals erlebbar. Sie zeichnet sich nur als der Fluchtpunkt ab, zu dem die Engung hinführt und von dem die Weitung wegstrebt.[8] Es ist Waldenfels insofern zuzustimmen, dass man nichts aussagen könnte, wäre man reine primitive Gegenwart. Aber das ist nicht Schmitz' Ansatz, sondern die unterstellte Innigkeit und Unmittelbarkeit zeichnen sich nur als Grenzwerte ab. Dem trägt Schmitz auch dadurch Rechnung, dass sein Phänomenbegriff in der schon geschilderten Weise in doppelter Hinsicht relativ ist. Es kann in der Leibphänomenologie nicht, wie Andermann in kritischer Auseinandersetzung mit den Vorwürfen Waldenfels' richtig betont, darum gehen, »[h]inter die Berücksichtigung dieses Vermitteltseins der Erfahrung als Erfahrung von etwas« zurückzugehen, »denn eine aus allen Ordnungen freigesetzte Erfahrung in reiner Unmittelbarkeit kann es nicht geben.«[9] Die »unwillkürliche Lebenserfahrung« ist kein »Hort in Arkadien«, sondern der Bezugsrahmen kritischen Prüfens. Ordnungen in dem von

---

[7] Bernhard Waldenfels: *Das leibliche Selbst.* S. 277–280.
[8] Vgl. Hermann Schmitz: *Bewusstsein.* S. 35.
[9] Kerstin Andermann: *Spielräume der Erfahrung.* S. 309. Vgl. auch kritisch gegen Waldenfels a. a. O., S. 256 f. – Letztlich hatte schon Heidegger gegen solche Ursprünglichkeitsanmaßungen mit einem historisierten Natürlichkeitsbegriff argumentiert. Vgl. dazu Martin Heidegger: *Die Frage nach dem Ding. Zu Kants Lehre von den transzendentalen Grundsätzen.* (= Gesamtausgabe Bd. 41.) Hrsg. v. P. Jaeger. Frankfurt 1984, S. 37 f.

Andermann gemeinten Sinne sind zumeist sozialer und rationaler Natur. Auf sie wird im Rahmen des Relativismus- und Konstruktivismusproblems noch zurückzukommen sein. Vorläufig ist festzuhalten, dass die Kritik von Waldenfels den Ansatz von Schmitz jedenfalls nicht trifft.[10]

In anderer Weise hat Wittgenstein gegen das Motiv der Unmittelbarkeit argumentiert, nämlich indem er den Fokus auf die Rolle sprachlicher Vermittlung legte. Das Gegebene scheint »seinem Sinne nach gerade das Unproblematische, das, was jeder Problematisierung enthoben ist, zu bedeuten.«[11] Bei genauerer Betrachtung aber stellt sich die Frage, wie man sich darauf beziehen kann. Wittgenstein behauptet im Kontext des berühmten Privatsprachenarguments,[12] dass es ein außersprachlich und außersozial Gegebenes in gewisser Weise gerade nicht gibt – oder genauer: dass es den Menschen nicht zugänglich werden kann. Der Kern des Arguments liegt darin, dass Entitäten wie Empfindungen, Schmerz usw. nicht als private, subjektive verstanden werden dürfen, denn dann böte sich keine Chance, vermittels intersubjektiver Vollzüge (Gesten, Sprache) auf sie zu rekurrieren. Eine Sprache, die nur auf solche Vorkommnisse Bezug nähme, wäre intersubjektiv nicht überprüfbar und reine Idiosynkrasie.[13] Letztlich wäre es mit Wittgenstein gerade fraglich, ob sich eine solche Sprache überhaupt ausbilden könnte. Jedenfalls bliebe eine derartige Sprachverwendung sinnlos, weil es keine Möglichkeit gibt, den korrekten Regelgebrauch sicherzustel-

---

[10] Schmitz hat sich selbst mit der Waldenfels-Kritik auseinandergesetzt (vgl. Hermann Schmitz: *Was ist Neue Phänomenologie?* S. 404–416). Leider bringt er im Gegenzug ähnlich wenig hermeneutisches Verständnis und Wohlwollen für die Einwände auf wie Waldenfels für das Konzept des Leibes bei Schmitz. Es zeigt sich hier die paradoxe Situation, dass zwei sachliche durchaus nahestehende Autoren keine gemeinsame Sprache finden. Eine solche wünschenswerte Übersetzungsleistung bleibt weiterhin ein wissenschaftliches Desiderat.
[11] Johannes von Malottki: *Das Problem des Gegebenen*. Berlin 1929, S. 1.
[12] Vgl. dazu die einschlägigen Passagen samt Kontext in Ludwig Wittgenstein: »Philosophische Untersuchungen«, in: ders.: *Werkausgabe Bd. 1: Tractatus logico-philosophicus. Tagebücher 1914–1916. Philosophische Untersuchungen*. Frankfurt 1984, S. 255–580, hier S. 356–382 (§§ 243–322).
[13] Vgl. dazu zum Beispiel Ludwig Wittgenstein: »Philosophische Untersuchungen«. S. 365 (§ 268).

len und zu verdeutlichen, worauf sich die Wörter eigentlich beziehen. Daher thematisiert Wittgenstein das Gegebene wie Gefühle, Schmerz usw. immer schon im Rahmen intersubjektiver Kontexte.[14] Wenn Wittgensteins Analyse stimmt, könnte ein Bezug auf leibliche Begebenheiten und insbesondere auf subjektive Aspekte unmöglich gelingen. Ist das Argument jedoch triftig bzw. steht es dem Ansatz von Schmitz im Wege? Bei genauerer Betrachtung muss schon die grundlegende Behauptung irritieren, Schmerzen seien als private nicht thematisierbar, nur als öffentlich-intersubjektive kommunizierbar. Man weiß lebensweltlich häufig sehr wohl, dass andere Personen sie haben, selbst dann, wenn diese sich alle Mühe geben, Schmerzäußerungen zu unterlassen. Handelt es sich dabei bloß um Schlüsse oder Folgerungen aus erlernten Sprachkonventionen? Wenn dem so wäre, bliebe aber zu fragen, woher der Betroffene selbst wissen soll, wann er Schmerzäußerungen zu tätigen hat bzw. wieso er sie tätigt (und ggf. bekämpft), obwohl er es gerade nicht will. Sozialisation liefert sicherlich für einige, aber nicht für alle möglichen Fälle, in denen Menschen lebensweltlich anscheinend sinnvoll und adäquat Schmerzen bekunden, Konventionen der Äußerung. Es leuchtet hier ein nicht-intersubjektives Residuum auf.

Ist der Schmerz demnach notwendig durch intersubjektive (Kommunikations-)Prozesse gekennzeichnet? Schmitz behauptet, er sei es nicht in jeder Hinsicht. Privat ist nämlich die Tatsache, dass man selbst es ist, der Schmerzen hat.[15] Die subjektiven Tatsachen also, die nur jemand selbst in seinem Namen aussagen kann, sind privat, während sich über alles andere kommunizieren lässt auch vor dem Hintergrund von Wittgensteins Sprachverständnis. Das

---

[14] Vgl. in diesem Sinne auch die These von Demmerling, dass Phänomene wie Gefühle etwa schon immer in sprachlichen Zusammenhängen stehen (Christoph Demmerling: »Gefühle, Sprache und Intersubjektivität. Überlegungen zum Atmosphärenbegriff der Neuen Phänomenologie«, in: K. Andermann, U. Eberlein (Hrsg.): *Gefühle als Atmosphären. Neue Phänomenologie und philosophische Emotionstheorie*. Berlin 2011, S. 43–55, hier S. 54).
[15] Vgl. Hermann Schmitz: *System der Philosophie*. Bd. V. S. 10 und ders.: *Neue Grundlagen der Erkenntnistheorie*. S. 279 ff., 335 f.

Philosophische Konsequenzen. Spekulative Ausblicke

Ideal einer objektiv geregelten Sprache, welches dessen Überlegungen zugrunde liegt, entspricht aber keineswegs dem lebensweltlichen Sprachvollzug, übersieht nämlich die Möglichkeit vorsprachlicher Bezüge, die den Bereich der Öffentlichkeit erweitern. Es gibt einen Bereich, welcher nicht sprachlich im Sinne der in den »Philosophischen Untersuchungen« herausgestellten Sprachpraxisbedingungen zugänglich ist – die Subjektivität. Deren Reichweite ist erheblich, aber dennoch trifft diese Argumentation Schmitz nicht, denn er würde einen vorsprachlichen Rekurs auch auf diese »privaten« Aspekte vermittels leiblicher Bezüge zulassen. Damit wird freilich nicht behauptet, man könne die Subjektivität des anderen gleichsam übernehmen – dieser grundlegende Hiat bleibt. Jedoch ist eine größere »Innigkeit« möglich als Wittgenstein vermutet.

Wilfrid Sellars, ein teilweise in der Tradition des Wiener Kreises stehender Denker, hat ebenfalls die Frage aufgeworfen, ob es ein unmittelbar Gegebenes gibt, und seine Erwägungen mögen hier abschließend noch in Form kursorischer Behandlung thematisiert sein, um die aufgeworfene Problematik um den Leibbegriff nochmals und anders zu beleuchten. Seine Perspektive auf diesen Themenkomplex war primär epistemologisch, insofern er ein Fundament der Erkenntnis suchte. Er stellte heraus, dass wissenschaftliche Sätze nicht deshalb rational sind, weil sie auf ein empirisches Fundament rekurrieren, sondern weil sie ein sich gegenseitig stützendes System bilden. Dabei argumentiert er sprachholistisch:[16] fundiert sind Sätze einer Sprache nicht in einem Erleben, sondern in Satzsystemen, die auf Grundlage behavioristischer Beobachtungen gewonnen wurden. Zur Erläuterung seiner These führt Sellars exemplarisch an:

> [W]e recognize that even such ›simple‹ concepts as those of colors are the fruit of a long process of publicly reinforced responses to public situations [...]. *For we now recognize that instead of coming to have a concept of something because we have noticed that sort of thing, to have*

---

[16] Hier zeigen sich Parallelen zu dem bekannteren Sprachholismus von Willard Van Orman Quine (vgl. Willard Van Orman Quine: *Welt und Gegenstand*. Übers. v. J. Schulte, D. Birnbacher. Stuttgart 2002, vor allem S. 30–37).

the ability to notice a sort of thing is already to have the concept of that sort of thing [...].¹⁷

Damit wird ausgesagt, dass bereits das vermeintlich schlechthin Gegebene in gewissem Sinn theoriebeladen ist. Es muss schon immer sprachlich-konzeptuell verfasst sein. Gleichwohl ist es nicht so, dass Sellars nichtsprachliche innere Episoden leugnet, sondern nur, dass über sie etwas ausgesagt werden kann. Ob es sie gibt, ist eine sinnlose Frage, weil kein Weg zu einer empirischen Klärung derselben angegeben werden kann. Was jenseits der Grenze der Sprache liegt – und innere Episoden tun das, wenn sie nicht sprachlich fixiert sind –, ist nicht zugänglich.¹⁸ Konsequenterweise behauptet Sellars unter Bezugnahme auf einen Spracherwerbsmythos, dass es niemals ein Gegebenes sei, was man als private Episoden bezeichnet. Der Mythos von den vermeintlich unmittelbar gegebenen inneren Vorgängen bestehe darin, dass das Gegebene ein Gemachtes ist: »It is in the very act of *taking* that he [der Sprachlernende; S. K.] speaks of the *given*.«¹⁹ Sie sind schon, sobald man sie erlebt, theoriebeladene, in gewissem Sinne produzierte Tatsachen, weil man sie nur erleben kann, wenn man sich sprachlich auf sie bezieht. Andernfalls bliebe nämlich unklar, was es heißen soll, dass man etwas erlebt, ohne angeben zu können, was man erlebt.

Hier wiederholt sich der Fehler des Privatsprachenarguments zumindest insofern, als die Möglichkeit der Sprache zur Kennzeichnung von Subjektivem zu gering angesetzt wird, da leibliche Kommunikation übersehen wird. Es gibt zweifelsohne private Residuen, aber der Bereich des Intersubjektiven ist viel größer als Sellars impliziert. Wichtiger noch ist jedoch, dass die von ihm behauptete notwendige Vorgängigkeit der (konzeptuell-begrifflichen) Sprache unnötig ist, denn die Situationen selbst offerieren bereits Sachver-

---

[17] Wilfrid Sellars: *Empiricism and the philosophy of mind*. Cambridge (Mass.) 1997, S. 87.
[18] Vgl. dazu parallel den berühmten Satz 5.6 in Ludwig Wittgenstein: »Tractatus logico-philosophicus«. S. 67: »*Die Grenzen meiner Sprache* bedeuten die Grenzen meiner Welt.«
[19] Wilfrid Sellars: *Empiricism and the philosophy of mind*. Cambridge (Mass.) 1997, S. 117.

halte. Sprache gestattet zwar ein viel höheres und präziseres Maß an Explikation, aber auf niederem Niveau ist Explikation auch ohne sie möglich. Der Mythos des Gegebenen trifft auf Schmitz demnach nicht zu, denn die Sphäre des Leiblichen und die Sachverhalte der Situationen sind vorsprachliche Entitäten. Sie werden freilich erst durch Begriffe klar fassbar, aber schon zuvor erfahren. Nur deshalb kann zum Beispiel überhaupt eine unpassende Sprachverwendung für »innere Episoden« auffallen, weil es nämlich etwas gibt, an dem sie geprüft werden. So lässt sich generell gegen Wittgenstein und Sellars im Rahmen der hier nur knapp umrissenen Kritik sagen,[20] dass sie aufgrund der Nichtbeachtung der Sphäre leiblicher Kommunikation in einen Sprachfundamentalismus geraten, demgegenüber es kein kritisches Potential mehr gibt. Schmitz' Position bietet dafür die Gelegenheit – im Sinne des dargelegten aufklärerischen Impulses –, Sprachverwendungen und überhaupt Theorien zu prüfen. Dabei behauptet Schmitz keineswegs ein naiv Gegebenes, sondern sieht dieses als Grenzwert für eine immer kritisch-revisionäre Phänomenologie an.

Allgemein muss man daher festhalten, dass die Kritik an einer vermeintlichen Unmittelbarkeit des Leibes oder des Spürens insofern etwas Richtiges trifft, als eine naive, direkte Begegnung mit derartigen Vorkommnissen nicht stattfindet. Der Umkehrschluss eines nur sprachvermittelten, intersubjektiven Kontaktes aber ist nicht zutreffend, denn die phänomenologische Besinnung vermag es zumindest der Tendenz nach, Sprache an etwas anderem als an ihr selbst zu erden. Die Phänomene – so verbaut sie durch den kulturellen Ballast auch sein mögen – bilden eine vorsprachliche Richtschnur. Exemplarisch belegt das die hier versuchte Analyse der Differenzerlebnisse, die in hohem Maße subjektrelative und idiosynkratische Erfahrungen zum Thema hatte. Einzig die subjektiven Tatsachen widersetzen sich einer intersubjektiven Überprüf-

---

[20] Beide Motive – Privatsprachenargument und Mythos des Gegeben – sind komplexer, als sie hier dargestellt wurden. Die vorstehenden Erläuterungen sollen nur belegen, dass die Vorwürfe, die gemeinhin als selbstverständlich akzeptiert werden, einer phänomenologischen Kritik gegenüber keineswegs immun sind und daher die hier gewonnenen Einsichten nicht grundsätzlich in Frage stellen.

barkeit, sie bleiben, wie Waldenfels richtig sah, fortwährend ein nur je Eigenes.

V.2 Leib und Körper

Bevor auf die sich abzeichnende Kulturbedingtheit der Phänomene zu kommen sein wird, ist ein zweiter Einwand gegen den Rekurs auf den Leib zu verhandeln. Es ist doch offensichtlich, so die mögliche Kritik, dass der Leib durch physiologische Prozesse beeinflusst wird, weshalb Körperliches,[21] nicht Leibliches als letzter Bezugspunkt zu dienen habe. Im Rahmen der Differenzerlebnisse hatte sich bereits herausgestellt, dass physiologische Intoxikationen durch Meskalin, Alkohol, LSD usw. oder physikalische Manipulationen zum Beispiel durch Brillen leiblich zu Modifikationen führen. Ist damit nicht doch dem Physiologismus das Wort zu erteilen? Schmitz verneint dies zumeist mit Hilfe einer »Begleitmusik«-Analogie, die er an zahlreichen Stellen seines Werkes referiert.[22] Sie lautet in ausführlicher Form:

> Ich stelle mir eine Schallplatte [...] vor, auf der beim Vortrag eines Liedes der Gesang einer Sängerin mit Klavierbegleitung festgehalten ist. Solange die Platte läuft, lässt sich beides nicht trennen; Gesang und Instrumentalklang sind für einander notwendig und zureichend. Trotzdem geht von dem einen nichts in das andere über, weder durch Kausalität noch durch Supervenienz, und inhaltlich weichen Gesang und Instrumentalklang sowohl der Tonqualität als auch – trotz der Ab-

---

[21] Dieser Begriff ist sehr weit zu verstehen und meint auch Nerven, Sinnesorgane und das Gehirn.

[22] Vgl. zum Beispiel Hermann Schmitz: *System der Philosophie*. Bd. III/5. S. 4, 197, ders.: *Neue Grundlagen der Erkenntnistheorie*. S. 2, 5 oder ders.: *Höhlengänge*. S. 31. Die größtenteils unveränderte Übernahme dieser Analogie an zahlreichen Stellen belegt nochmals die Eigenart von Schmitz, einmal entwickelte Gedanken in der Regel nahezu wortgetreu im Rahmen anderer Diskurse zu wiederholen. Dies ist insofern ungünstig, als er sich damit die Chance nimmt, durch immer wieder neue Explikation das Gemeinte besser oder jedenfalls anders zu explizieren. Wiewohl Begriffstreue nötig ist, scheint es im Interesse des Verständnisses wünschenswert, die Erläuterungen durch andersartige Explikationsversuche sich klarer pointieren zu lassen.

stimmung auf einander – der Stimmführung nach so weit voneinander ab, dass es aussichtslos wäre, den Gesang aus der Klavierstimme oder diese aus dem Gesang ermitteln zu wollen. So verhalten sich Wahrnehmung und naturwissenschaftlich rekonstruiertes Gehirn.[23]

Die Schallplatte steht vermutlich für die Wirklichkeit im umfassenden Sinn, in der sich Leibliches (der Gesang) und Körperliches (die Klavierbegleitung) finden lassen. Schmitz lässt erkennen, dass für ihn der Zusammenhang zwischen Körper und Leib rätselhaft bleibt.[24] Seine Einsicht gewinnt er dabei streng vom phänomenologischen Standpunkt aus, der ihn dazu führt, eine kausale Wechselwirkung nicht als unbestreitbares Phänomen zu behaupten. Erscheint dies aber zutreffend? Die Belege dafür, dass körperliche Vorgänge leibliche Modifikationen nicht nur gelegentlich, sondern immer wieder auf verlässliche Weise nach sich ziehen, sind Legion. Die Einnahme von Medikamenten ist lebensweltlich ein auch nur vor diesem Hintergrund verständliches Vorgehen. Alkohol- oder anderweitiger Drogenkonsum zielt nicht auf die körperliche Modifikation der Blutwerte ab, sondern ganz offensichtlich auf die Veränderung des leiblichen Befindens. Will Schmitz behaupten, die Korrelation physiologischer und leiblicher Vorgänge sei nur Zufall? Dies scheint doch wenig plausibel. Es ist verständlich, dass man aus wissenschaftlicher Redlichkeit zugibt, über die Zusammenhänge von Leib und naturwissenschaftlich rekonstruiertem Körper aus phänomenologischer Sicht nur begrenzt Aussagen treffen kann. Doch Schmitz belässt es nicht dabei, denn er charakterisiert naturwissenschaftliches Vorgehen weiterführend als »geregeltes Zaubern«[25]. Damit aber wird die lebensweltlich evidente Beziehung

---

[23] Hermann Schmitz: *Bewusstsein*. S. 128.
[24] Er vermutet vage einen »kausalen Einfluss des Leibes auf den Körper« (Hermann Schmitz: *Der Leib*. S. 144), während er andererseits einen kausalen Einfluss des Körpers auf den Leib verneint (vgl. zum Beispiel ders.: *Der Spielraum der Gegenwart*. S. 200 ff.). Das ist insofern inkonsequent, als in beiden Fällen eine Urteilsenthaltung phänomenologisch redlicher erscheint.
[25] Hermann Schmitz: *Was ist Neue Phänomenologie?* S. 360. Vgl. auch ders.: *Jenseits des Naturalismus*. Freiburg, München 2010, S. 72. – Hier ließe sich überlegen, ob diese Behauptung – unabhängig von ihrer subtilen Polemik – nicht gegen das sogenannte »no-miracle-argument« verstößt (vgl. zu diesem Argument Henri Poin-

zwischen Alkoholkonsum und leiblicher Modifikation von einem Phänomen zu einem Konstrukt degradiert. Hiergegen ist Einspruch zu erheben, denn die meisten Menschen werden wohl nicht im Ernst eine gegenseitige Beeinflussung leugnen wollen, für sie ist es ein Phänomen im Sinne der eingangs gegebenen Definition. Schmitz selbst greift unentwegt auf – physiologisch betrachtet – Ausnahmezustände zurück, um Leibliches zu entdecken. Die vorliegende Untersuchung der Differenzdimensionen belegt in gleicher Weise Korrelationen von körperlich-physiologischen und leiblichen Prozessen. Einige von Schmitz' Beispielen für Kausalität verweisen ebenfalls auf einen engeren Zusammenhang.[26] In erweiterter Perspektive ist demnach der Kritik von Soentgen zuzustimmen, bei Schmitz seien »Leib entdeckt, Körper verschwunden«[27]. Aus phänomenologischer Sicht lassen sich kausale Beziehungen zwischen Leib und Körper und zwischen Körper und Leib zwar nicht erhellen,[28] aber dass eine engere Relation besteht, muss als Phänomen – vorläufig jedenfalls – angenommen werden. Schmitz' Rede von Begleitvorgängen und der Zufälligkeit naturwissenschaftlicher Voraussagen übertreiben die berechtigte Kritik am Reduktionismus in Richtung auf eine andere Einseitigkeit. Es ist den Vermittlungsbestrebungen von Fuchs zuzustimmen, der für das Leib-Körper-Verhältnis als vorläufig gebotene Ansicht eine Doppelaspekttheorie vorschlägt, die einerseits die Klippe des Reduktionismus umschifft, andererseits aber die lebensweltlich evidenten

---

caré: *Wissenschaft und Hypothese.* Übers. v. F. Lindemann, L. Lindemann. Berlin 2003, S. 121). Es besagt, dass wenn eine Theorie Voraussagen macht, die empirisch eintreffen, es wahrscheinlich ist, dass diese Theorie zutreffende Aussagen über die Wirklichkeit vornimmt. Denn würde man nicht behaupten, die Theorie treffe Aussagen über die Wirklichkeit, müsste man den empirischen Erfolg durch ein Wunder erklären.

[26] So schreibt Schmitz als Beleg für dreigliedrige Kausalität von Volldingen: »Medikament (Ursache), Einspritzung (Einwirkung), Betäubung (Effekt).« (Hermann Schmitz: *Jenseits des Naturalismus.* S. 275.) Betäubung als leibliches Phänomen kann nach Schmitz eigentlich nur zufällig durch die medikamentöse Verabreichung beeinflusst sein.

[27] Jens Soentgen: *Die verdeckte Wirklichkeit.* S. 60.

[28] Dies übersehen Gallagher und Zahavi (vgl. Shaun Gallagher, Dan Zahavi: *The phenomenological mind.* S. 7).

physiologischen Beeinflussungen nicht als Zauberei deutet.²⁹ Damit ist hinsichtlich des Leib-Körper-Problems sicher nicht das letzte Wort gesprochen, denn die Frage, *wovon* denn beide Aspekte sind, drängt sich unmittelbar auf. Jedoch scheint es ein Gebot der Redlichkeit, sich hinsichtlich naturwissenschaftlicher und physiologischer Ansichten einer Radikalskepsis zu enthalten, wie Schmitz sie sich – trotz Anerkennung der empirischen Erfolge – zu eigen macht.³⁰ Aus dem Verhandelten geht jedenfalls hervor, dass der Leib ein Eigenrecht neben dem Körper hat, gleichwohl aber kein autonom isoliertes Etwas ist, sondern in mannigfachen, noch ungeklärten Bezügen steht. Diese Relationen bestehen nicht nur zum Bereich des Physiologischen, sondern auch zu kulturellen Entitäten, was sich bei der Modifikation von leiblichen Dispositionen schon andeutete. Auf diese Beziehungen muss als nächstes die Rede kommen.

V.3 Kulturrelative Wirklichkeiten

Drei Aspekte waren im Kontext der Differenzdimensionen auffällig geworden, die als Grundlagen besondere Wichtigkeit haben: soziale Dimension, rationale Dimension und leibliche Dispositionen. Bedenkt man deren Eigenarten, so entsteht die Frage, wie groß der Einfluss der Kultur – verstanden als »die der Natur abgerungene, umgearbeitete ›Welt‹ des Menschen«³¹ – auf die lebensweltliche Wirklichkeit ist. Erweist sich am Ende jede theoretisch-abstrakte

---

[29] Vgl. Thomas Fuchs: *Das Gehirn – ein Beziehungsorgan*. S. 99–103.

[30] In dieser Hinsicht sind die Arbeiten von Gallagher und Zahavi stärker bestrebt, die Phänomenologie und die (Neuro-)Wissenschaften in einen Austausch zu bringen. Vgl. dazu Shaun Gallagher, Dan Zahavi: *The phenomenological mind*. S. 5f., 239.

[31] Karl-Siegbert Rehberg: »Der unverzichtbare Kulturbegriff«, in: D. Baecker, M. Kettner, D. Rustemeyer (Hrsg.): *Über Kultur. Theorie und Praxis der Kulturreflexion*. Bielefeld 2008, S. 29–43, hier S. 33. Der Begriff der Kultur wäre freilich noch genauer, nicht in bloß scheinbar unproblematischer Gegenstellung zur Natur zu bestimmen. Ein solches Unterfangen bedürfte allerdings einer eigenen Monographie und muss hier unterbleiben.

wie alltäglich-konkrete Wirklichkeitserfahrung nur als Produkt eines kulturellen Blickwinkels? Ist Wirklichkeit in diesem Sinne kulturrelativ – nicht nur konzeptuell, sondern auch perzeptuell? Mit Schmitz wären zwei entscheidende Faktoren zu benennen, die für die auf den Kulturraum bezüglichen Dimensionen relevant sind, nämlich die schon erwähnten leiblichen Dispositionen und gemeinsame Situationen. Unter ersteren kann man die spezifischen, der Wahrnehmung und dem Handeln zugrunde liegenden Reaktionsweisen von Menschen verstehen. An der Wurzel veränderter Wahrnehmungen der Depersonalisierten zum Beispiel ist sicher eine solche Modifikation der leiblichen Kommunikationsweise zu finden. Was bisher aber in der Hauptsache in Bezug auf einzelne Menschen in den Fokus kam, ist auch in kultureller Hinsicht beachtenswert, denn solche Dispositionen prägen sich als Stile aus. Sie werden auffällig insbesondere an Kunststilen und an psychiatrischen Krankheitsbildern.[32] Das »nervöse Zeitalter«, welches die Nervenkranken kannte,[33] ist gekennzeichnet durch andere Erfahrungsweisen als die heutige Zeit, deren Patienten statt mit übermäßiger Erregung viel eher mit dem Problem abnehmender Vitalität im Zuge des Burn-out-Syndroms zu kämpfen haben. Schmitz hält die Geschichte der psychiatrischen Krankheitsbilder für einen Seismographen der Veränderungen der kollektiven leiblichen Dispositionen.[34] Wie solche Umstimmungen zustande kommen, ist im Detail schwer anzugeben. Sicherlich spielen Sozialisationsvorgänge eine bedeutende Rolle, insbesondere Vorbilder. So ist es zum Beispiel oft zu beobachten, dass Kinder von jähzornigen Eltern selbst über eine leibliche Verfassung verfügen, die extrem schnelle

---

[32] Vgl. dazu die Hinweise bei Hermann Schmitz: *Der Leib*. S. 113–120.
[33] Vgl. dazu Joachim Radkau: *Das Zeitalter der Nervosität*. Zum Beispiel S. 63–73.
[34] Vgl. Hermann Schmitz: *Der Leib*. S. 115. Zeugnisse für solche Veränderungen, die in dieser Hinsicht einer Auswertung noch harren, sind zu finden in Werner Leibbrand, Annemarie Wettley: *Der Wahnsinn. Geschichte der abendländischen Psychopathologie.* Freiburg, München 1961 und Burkhart Brückner: *Delirium und Wahn. Geschichte, Selbstzeugnisse und Theorien von der Antike bis 1900*. (2 Bde.) Hürtgenwald 2007. Dabei ist der Fokus, anders als in beiden Werken gewählt, weniger auf Theorie- und Ideologie-Geschichte zu legen, sondern auf die phänomenologisch zugänglichen leiblichen Vorgänge.

Kontrollverluste zulassen. Im Kontext der Gesellschaft wäre zu bedenken, dass hier die rollenspezifischen Vorbilder – heutzutage vor allem Künstler, Sportler und Unternehmer – Verhaltensweisen an den Tag legen, die vermittels Imitation zu einer Kultivierung bestimmter leiblicher Vorgänge führen. Durch dauerhaftes Einüben können diese sich verfestigen. Neben solchen Vorbildern ist aber auch an die in Kunst und Architektur gleichsam objektivierte Leiblichkeit zu denken. Die auffälligen Unterschiede zwischen Romanik und Gotik etwa, die Schmitz hervorhebt und die wohl von jedem Beobachter zumindest implizit erfahren werden,[35] lassen sich verstehen als in Stein gearbeitete Anzeichen der leiblichen Disposition der sie geschaffen habenden Kulturen. »Vermutlich wird sich«, so meint Schmitz exemplarisch, »das protopathisch Gleitende für die Romanik und dann wieder für die Spät-›gotik‹, das epikritisch Eckende für die eigentliche Gotik als überwiegend charakteristisch erweisen.«[36] Dem Menschen der Gegenwart vertrauter als dieser Fall sind womöglich typische Grundzüge von Autokarosserien, vor allem deren Bewegungssuggestionen. Ohne dafür besonders ausgebildet zu sein, vermögen es viele Personen hinreichend genau, ein Auto nur aufgrund seiner Außenansicht einer Epoche zuzuordnen. Für Möbel und viele weitere Alltagsgegenstände gilt ähnliches. Solche Differenzen sind eben auch schon dann bemerkbar, wenn man die Wohnungen anderer Menschen besucht. Für diese lebensweltlich bedeutsamen Stätten sind neben anderen Faktoren leibliche Dispositionen der Bewohner relevant.

Hinsichtlich der Frage nach der Relativität der Wirklichkeit ergibt sich demnach, dass sie tatsächlich besteht, denn es hatte sich im Rahmen der Analyse der Differenzerlebnisse gezeigt, inwiefern leibliche Prozesse dafür bedeutsam sind. Wird die leibliche Disposition verändert, kommt es zu veränderten leiblichen Dynamiken, die womöglich je eigene Wirklichkeitszuschreibungen zur Folge haben. Wie weit diese Relativität reicht, ist allerdings fraglich. Es steht zu

---

[35] Vgl. dazu vor allem Hermann Schmitz: *System der Philosophie. Bd. II/1.* S. 186–203. – Im Anschluss an hegelianische Traditionen könnte man hier statt vom »objektiven Geist« auch von »objektiver« oder »objektivierter Leiblichkeit« sprechen.
[36] Hermann Schmitz: *System der Philosophie. Bd. II/1.* S. 186.

vermuten, dass sie nicht als übermäßig groß veranschlagt werden darf. Dafür spricht vor allem die Tatsache, dass sich unter leibphänomenologischer Perspektive selbst kulturell so weit entfernte Zeugnisse wie diejenigen der antiken Völker oder indigener Kulturen verständlich machen lassen.[37] Zwar ist das kein zwingender Beleg, aber die Masse der Berichte legt nahe, dass dies keine Fehlinterpretation ist, sondern Hinweis auf eine doch *relativ stabile leibliche Dispositionalität der Menschen* vieler, vielleicht aller Zeiten.

Empirisch bietet die noch junge Tradition der interkulturellen Psychiatrie und Psychologie in der Nachfolge von Emil Kraepelin die Gelegenheit, diese Behauptung zu prüfen. Es kann hier aus diesem Feld freilich nur ein kleiner Ausschnitt herangezogen werden, der die vermutete relative Stabilität immerhin nahelegt. Wolfgang M. Pfeiffer stellt im Rahmen der Sichtung verschiedenster Theorien und Zeugnisse fest, dass »die psychiatrischen Krankheitsbilder [...] über alle Kulturen hinweg von solcher Ähnlichkeit [sind], daß sie bei der Umgebung häufig auch ähnlicher Erklärungen und Reaktionen hervorrufen.«[38] Besessenheiten durch Dämonen und Teufel wären solche mögliche Erklärungen, die sich kulturübergreifend finden lassen und eventuell auf leibliche Vorgänge zurückzuführen sind. Die von Pfeiffer referierten Differenzen etwa zwischen europäischen und ostasiatischen Schizophrenen beziehungsweise deren Erleben betreffen in der Hauptsache konkrete Inhalte, nicht aber die phänomenologisch extrahierte Leiblichkeit.[39] Schließlich sind die aus asiatischen Meditationstechniken überlieferten Eindrücke ein Hinweis auf eine kultur- und zeitübergreifend relativ stabile leibliche Disposition. Pfeiffer berichtet von verstärktem Wärme- und Kältegefühl, Gefühlen der Schwere oder

---

[37] Kulturelle Wirklichkeitserfahrungen sind demnach kommensurabel (vgl. dazu die anders ausgerichteten, dem Ergebnis nach aber ähnlichen Ansichten in Thomas Göller: »Sind Kulturen und kulturelle Realitätssichten inkommensurabel?«, in: M. Kaufmann (Hrsg.): *Wahn und Wirklichkeit – Multiple Realitäten*. Frankfurt 2003, S. 269–283). Vielleicht ist der Leib daher am ehesten der archimedische Punkt, von dem her man ein Minimum von Relativität der Einsichten erreicht.
[38] Wolfgang M. Pfeiffer: *Transkulturelle Psychiatrie. Ergebnisse und Probleme*. Stuttgart, New York 1994, S. 10f.
[39] Vgl. Wolfgang M. Pfeiffer: *Transkulturelle Psychiatrie*. S. 3, 34.

Leichtigkeit sowie Fernrücken und Schwinden der Sinneseindrücke.[40] All diese Erlebnisse waren auch schon bei psychopathologischen Erfahrungen westeuropäischer Menschen begegnet. Gleichwohl gibt es Unterschiede. So seien etwa auf Java die optischen Halluzinationen viel dominanter als in Europa, wohingegen in Vietnam den Halluzinationen die Eindringlichkeit fehle.[41] Diese Hinweise bedürften selbst einer grundlegenden Quellenkritik, die hier nicht zu leisten ist. Es hat sich aber gezeigt, dass zumindest vorderhand einem starken Kulturrelativismus keineswegs das Feld zu überlassen ist.[42] Die leibliche Disposition ist nicht so beliebig wandelbar, wie es der Terminus »relativ Stabilität« suggeriert.[43]

Dass bei Halluzinationen der schizophrenen Indonesier sehr häufig Gott oder die Gottesmutter auftritt,[44] verweist sogleich auf den zweiten Aspekt, der als Grundlage der Kulturrelativität zu bedenken ist, nämlich die gemeinsamen Situationen. In ihnen treffen die rationale und die soziale Differenzdimension zusammen. Vor der Christianisierung werden andere Deutungsmuster – lokale Gottheiten zum Beispiel – in der Lebenswelt der erkrankten Indonesier eine Rolle gespielt haben. Es zeigt sich damit ein weiterer kulturrelativer Einfluss, der jedoch auf einer leibferneren Ebene ansetzt. Entsprechend der eingangs vorgenommenen Differenzierung ist die Lebenswelt nicht eine Phänomenwelt im Sinne der Phänomenologie, sondern immer schon von Deutungen, Weltbildern, Theorien usw. beeinflusst. Hier kommt eine Form der Kulturrelativität in noch viel höherem Maße als hinsichtlich der leiblichen

---

[40] Vgl. Wolfgang M. Pfeiffer: *Transkulturelle Psychiatrie*. S. 174.
[41] Vgl. Wolfgang M. Pfeiffer: *Transkulturelle Psychiatrie*. S. 31 f.
[42] Dafür sprechen auch die Aussagen Wolfradts, der betont, dass zwar Form und Inhalt von Depersonalisationserfahrungen kulturell beeinflusst sind, aber hinsichtlich der Häufigkeit etwa kaum Unterschiede bestehen. Vgl. dazu und generell zur Frage der Kulturrelativität der Depersonalisation Uwe Wolfradt: *Depersonalisation. Selbstentfremdung und Realitätsstörung*. S. 128–134, 151 f.
[43] Mit dieser Tatsache ist das Individuum lebensweltlich häufig konfrontiert, denn bestimmte Charakterzüge – Jähzorn, Phlegma und ähnliche – sind zu erheblichen Teilen sicher leiblich bedingt. Der bloße Wunsch und Wille, sie zu ändern, führt oft nicht zum Erfolg. Auf kultureller Ebene vervielfachen sich die Probleme bei einer vermeintlich zentral gesteuerten Beeinflussung noch.
[44] Vgl. Wolfgang M. Pfeiffer: *Transkulturelle Psychiatrie*. S. 36.

Disposition zum Tragen. Dies ist allerdings schon lange Thema der Philosophie. Virulent ausgebeutet wurde die Einsicht im Rahmen (wissens-)soziologischer Überlegungen. Berger und Luckmann sprechen davon, dass »die ursprüngliche biologische Weltoffenheit der menschlichen Existenz durch die Gesellschaftsordnung immer in eine relative Weltgeschlossenheit umtransportiert«[45] werden müsse. Der Mensch wird als ein Wesen erfasst, dessen Aufgabe es ist, sich die Welt erst zu schaffen, sie sich handhabbar zu machen. Kultur wird dann, mit Gehlen gesprochen, der »Inbegriff der vom Menschen tätig, arbeitend bewältigten, veränderten und verwerteten Naturbedingungen [...]«, wodurch für den Menschen an die Stelle, »wo beim Tier die ›Umwelt‹ steht, [...] die Kulturwelt, d. h. der Ausschnitt der von ihm bewältigten und zu Lebenshilfen umgeschaffenen Natur [tritt].«[46] Zuvor hatten bereits James und Scheler, später auch Schütz einen im Hinblick auf die Kulturrelativität vergleichbaren Ansatz verfochten.[47] Grundsätzlich gehen alle diese Theorien davon aus, dass der Mensch ein deutendes und eingreifendes, handelndes Wesen ist, welches sich die Welt auf Grundlage eines – unterschiedlich ausgeprägten – natürlich Gegebenen gestaltet. Dies tut er allerdings nicht im freien Raum als Schöpfer ex nihilo, sondern im Rahmen von Institutionen und anderen kulturellen Begebenheiten. Weltdeutungen sind zum größten Teil kulturell übernommen.[48]

---

[45] Peter L. Berger, Thomas Luckmann: *Die gesellschaftliche Konstruktion der Wirklichkeit.* S. 55. Sie schließen hier an die Philosophische Anthropologie von Scheler, Plessner und Gehlen an. Vgl. dazu die Bemerkungen in Joachim Fischer: *Philosophische Anthropologie.* S. 424–428.

[46] Arnold Gehlen: *Der Mensch. Seine Natur und seine Stellung in der Welt.* Bonn 1958, S. 40.

[47] Vgl. dazu William James: *The principles of psychology.* S. 641 ff., Max Scheler: »Probleme einer Soziologie des Wissens«, in: ders.: *Die Wissensformen und die Gesellschaft.* Leipzig 1926, S. 1–229, zum Beispiel S. 58–64 sowie Alfred Schütz: »On multiple realities«. S. 549–555.

[48] Vgl. dazu die vor diesem Hintergrund entwickelte Institutionenlehre bei Arnold Gehlen: *Urmensch und Spätkultur. Philosophische Ergebnisse und Aussagen.* Bonn 1956, vor allem S. 37–50. Bei Gehlen liegt noch eine besondere, hier nicht weiter zu thematisierende Nuance darin, dass Institutionen nicht nur die Lebenswelt, sondern auch die Innenwelt der Triebe und Wünsche organisieren. Dies ist als Vor-

Für den hier verhandelten Zusammenhang besonders interessant sind die kulturanthropologischen Erläuterungen bei Rothacker und die wissenssoziologische Auffassung bei Ludwik Fleck, weil sie konkret benennen, welche Auswirkungen dies auf die Sphäre des Wahrnehmens hat. Rothacker schreibt: »Jede Form des Wahrnehmens ist durch einen Lebensbezug bestimmt.«[49] Es besteht ein »*Zusammenhang von Lebensstil* und der *Art des Gewahrens* [...]. Die Reihenfolge lautet also: Daseinsweise – Anteilnahme – Art des Gewahrens (subjektiver Aspekt) – Weltbild (objektiver Aspekt).«[50] Wahrnehmung als selektiver Prozess, der aus dem Weltstoff Aspekte herauslöst, ist bedingt durch den kulturellen Rahmen, der ihn leitet. Ein solcher Vorgriff ist sachaufschließend,[51] aber eben notwendig einseitig. Den Zusammenhang von Kulturstil und Erfahrung greift Fleck ebenfalls auf, wenn auch im Hinblick auf das speziellere Feld wissenschaftlicher Weltbilder. Die schon erwähnten Begriffe des Denkstils und des Paradigmas beinhalten beide, dass die Menschen, die in einem solchen leben und arbeiten, Wahrnehmungen relativ zu den Gehalten des umfassenden Konzepts haben. Fleck meint, »›Sehen‹ heißt: im entsprechenden Moment das Bild nachzubilden, das die Denkgemeinschaft geschaffen hat, der man angehört.«[52] Aus diesem Grund können zwei Angehörige unterschiedlicher Denkstile, wenn diese »weit genug voneinander entfernt sind, keine gemeinsamen Beobachtungsgegenstände haben, sondern jeder von ihnen [beobachtet] im Grundsatz einen anderen Gegenstand [...].«[53] Rothacker und Fleck behaupten demnach, dass die

---

kommnis zwar zutreffend, jedoch unterschätzt Gehlen der Tendenz nach die Unverfügbarkeit des Leibes.
[49] Erich Rothacker: *Probleme der Kulturanthropologie*. S. 162.
[50] Erich Rothacker: *Probleme der Kulturanthropologie*. S. 170 ff.
[51] Vgl. Erich Rothacker: *Probleme der Kulturanthropologie*. S. 175 f.
[52] Ludwik Fleck: »Über die wissenschaftliche Beobachtung und die Wahrnehmung im allgemeinen«, in: ders.: *Erfahrung und Tatsache. Gesammelte Aufsätze*. Hrsg. v. L. Schäfer, T. Schnelle. Frankfurt 1983, S. 59–83, hier S. 82.
[53] Ludwik Fleck: »Über die wissenschaftliche Beobachtung und die Wahrnehmung im allgemeinen«. S. 68. – Auch Kuhn, dessen an Fleck orientiertes Konzept wirkungsmächtiger war, kommt auf ähnliche Ansichten, wenn er vermutet, dass »für die Wahrnehmung etwas Ähnliches wie ein Paradigma vorausgesetzt werden muß.« (Thomas S. Kuhn: *Die Struktur wissenschaftlicher Revolutionen*. S. 125.) Kuhns ge-

Kulturrelative Wirklichkeiten

Wahrnehmung sich in Bezug auf die Kultur ändert und nicht bloß der deutende Umgang mit dem Erlebten.[54] Ist das plausibel? Richtig ist zweifelsohne, dass – wie bei Analyse der sozialen und rationalen Dimension erkannt – kulturbezügliche Prozesse die Lebenswelt in erheblichem Maße beeinflussen. Gerade deshalb ist überhaupt eine Phänomenologie als kritische Prüfinstanz nötig, die versucht, das Geschaffene auf sowohl die aufschließenden wie die verdeckenden Folgen hin zu prüfen. Im Sinne von Schmitz wäre das Geschehen, welches die vorher behandelten Autoren streifen, durch zwei wesentliche Begriffe zu fassen, nämlich den der gemeinsamen Situation und den der Abstraktionsbasis. Gemeinsame Situationen sind die chaotisch mannigfaltigen Horizonte der Bedeutsamkeit, die eine Kultur ausmachen.[55] In ihnen sind noch unvereinzelt und diffus die Sachverhalte integriert. Als Beispiel zieht Schmitz dafür gerne die Sprache heran, die der Muttersprachler flüssig beherrscht und jederzeit auf Konkretes anzuwenden vermag, ohne dass er im Vorhinein alle Regeln, Wörter usw. einzeln parat

---

gen Descartes gerichtete Kritik daran, Wahrnehmung als Interpretation aufzufassen (vgl. a. a. O., S. 207), widerspricht dem nicht, denn damit will Kuhn nicht die Paradigmenrelativität leugnen, sondern nur festhalten, dass Wahrnehmung auch einen naturalistischen, unverfügbaren, womöglich vererbten Anteil hat.

[54] Vgl. dazu den ähnlich gelagerten Hinweis bei Wolfgang Köhler: »Some remarks on some questions of anthropology«. S. 274: »Long ago the most basic convictions of scientific culture lost the character of theoretically formulated sentences. Gradually they have become aspects of the world as we *perceive* it; the world *looks* today what our forefathers learned to say about it [...].«

[55] Der Begriff »Kultur« spielt bei Schmitz selbst keine Rolle. Dies ist vermutlich deshalb der Fall, weil er seinem Geschichtsmodell nach Kultur als etwas Negatives oder jedenfalls bisher immer negativ Wirkendes versteht. Kultur ist für ihn in nicht unerheblichem Maße – in der Gegenwart stärker als in der Antike – ein Verdeckungszusammenhang. Die Geschichte dieser Phänomenverdeckungen ist in Schmitz' Augen zugleich eine Kulturverfallsgeschichte (vgl. dazu vor allem Hermann Schmitz: *Adolf Hitler in der Geschichte*. S. 32–82, ders.: *Der Weg der europäischen Philosophie*. S. 811–823 und ders.: *System der Philosophie. Bd. IV.* S. XIII f.). Schmitz verbindet mit Kultur implizit häufig eine negative Konnotation, obwohl er ihre aufschließende und produktive Wirkung keineswegs unterschätzt. Jedenfalls steht zu vermuten, dass er unter anderem deshalb auf den Terminus zugunsten des Situationsbegriffs verzichtet.

hätte.⁵⁶ Ähnlich verhält es sich mit einer Kultur, hinsichtlich derer die Menschen zwar ein »Gefühl«, eine »Intuition« haben, was in ihr normativ zulässig ist, wer dazu gehört, was sie ausmacht usw., ohne dies als festen Kanon, gleichsam als auswendig gelerntes Vokabular mit sich zu führen. Diese Situationen liefern die wesentlichen Sachverhalte, die in einer Kultur als wirklich gelten. Dadurch steuern sie die zulässigen Theoriebildungen und Deutungsvorhaben. Kulturen bilden im Zuge dieser Unternehmungen eine je spezifische Abstraktionsbasis aus, »d. h. einen Vorrat an Daten, den die jeweils kulturtypisch filternde Aufmerksamkeit aus der Lebenserfahrung so durchläßt, daß im Rahmen der betreffenden Kultur Theorien und Bewertungen [...] gemeinsam nur noch auf diesen Vorrat Rücksicht nehmen.«⁵⁷ Diese Filterung entspricht ihrer Wirkung nach dem Denkstil Flecks, dem Kulturstil Rothackers und dem Paradigma Kuhns. Jedoch ist auffällig, dass Schmitz keineswegs sagt, die Wahrnehmung selbst ändere sich – denn die Lebenserfahrung soll ja bestehen bleiben –, sondern nur dass das Reden über sie gefiltert werde. Es scheint demnach so, dass Schmitz im Gegensatz zu den vorherigen Positionen den Kulturrelativismus auf dem Feld der rationalen und sozialen Dimension nur in Bezug auf den sprachlich-theoretischen Umgang mit Erfahrung als wirksam betrachtet. Die Lebenserfahrung, worunter alles in leiblicher Kommunikation Begegnende gemeint sein muss,⁵⁸ bleibt davon ausgenommen. Dies korreliert theorieimmanent mit dem zuvor schon herausgestellten Faktor, dass die leibliche Disposition durch relative Stabilität ausgezeichnet ist. Schmitz würde der im Anschluss an Rothacker und Fleck aufgeworfenen Perspektive demnach widersprechen. Es gilt jedoch zu fragen, ob Schmitz' Vertrauen in die Lebenserfahrung gerechtfertigt ist.

Tatsächlich ist es ein bleibendes Problem des Ansatzes von Schmitz, dass er nicht erklären kann, warum die wesentlichen und fundamentalen phänomenologischen Gegebenheiten – Situationen und Atmosphären – in der reflektierten Besinnung der Menschen

---

⁵⁶ Vgl. zum Beispiel Hermann Schmitz: *Der unerschöpfliche Gegenstand*. S. 186 f.
⁵⁷ Hermann Schmitz: *Adolf Hitler in der Geschichte*. S. 11.
⁵⁸ Das heißt, Lebenserfahrung ist nicht die Lebenswelt.

eine untergeordnete Rolle spielen. Zwar liefert Schmitz eine lange Verdeckungsgeschichte, die er durch anthropologische Bestrebungen – Handhabbarmachung, Sicherheit – plausibilisiert,[59] aber es steht doch die Frage im Raum, warum die vermeintlich unveränderliche Lebenserfahrung sich gegen die unpassenden Deutungen und Theorien nicht behauptet. Es erscheint unplausibel, dass sich die Menschheit über 2000 Jahre von dem entfernt hat, was ihr der eigentliche Erfahrungsgegenstand ist. Andere Theorien, die eine Rückwirkung der Konstrukte schon auf das Wahrgenommene behaupten, haben solche Schwierigkeiten nicht. Betrachtet man Schmitz' Ansatz genauer, so wird klar, dass er die Rolle der sprachlichen Explikation als entscheidendes Merkmal im Auge hat. Nicht das Erleben selbst wird zum Problem, sondern das für Besinnung, Verständigung und Reflexion über das Erlebte nötige Begriffs- und Konzeptinventar. Dieses ist kulturrelativ und bedingt durch seine Ent- und Verdeckungsleistungen entsprechende positive wie negative Folgen für die Menschen. Auf diese Weise würde der Relativismus gemindert, da es durch die Lebenserfahrung einen stabilen Bezugspunkt gäbe. Lebenserfahrung – also die von Schmitz herausgestellten Phänomene – ist freilich nicht einfach so zugänglich, sondern kann nur mittels sprachlicher Explikation thematisiert werden. Es bedarf der fortwährenden Prüfung von Rede und eigenleiblichem Spüren und Wahrnehmen. Schmitz' Modell ist demnach in lebensweltlicher Hinsicht kulturrelativistisch, im Hinblick auf die Lebenserfahrung freilich der Tendenz nach nicht.

Woher aber nimmt Schmitz die Zuversicht, dass es eine stabile Erfahrungsgrundlage gibt? Es kommen zwei wesentliche Aspekte zum Tragen – ein historisch-hermeneutischer und ein heuristischer. Der erste Punkt liegt, wie schon zuvor erwähnt, darin, dass sich fremde Zeugnisse leiblich in gleicher Weise verstehen lassen wie das eigene Wahrnehmen. Dies dient als Beleg für die Vergleichbarkeit und Stabilität der Erfahrungsweisen jenseits des kulturspezifisch wandelbaren Redens über die Dinge. Der heuristische Aspekt wiederum liegt darin, dass

---

[59] Vgl. dazu exemplarisch Hermann Schmitz: *Adolf Hitler in der Geschichte*. S. 11–82.

das Vertrauen auf eine gemeinsame Wahrheit bei noch so großem Gegensatz der Meinungen [...] [zwar] nicht mehr als eine heuristische Maxime [ist], auf die aber auch der einsame Denker nicht verzichten kann, wenn er die zu kritischem Denken gehörige Vielseitigkeit und Beweglichkeit nicht verscherzen will.[60]

Freilich ist diese Maxime von nur geringem theoretischem Gewicht, aber sie erweist sich als produktiv und plausibel.

Wie also verhält es sich mit der Kulturrelativität im Bereich der leibferneren Dimensionen? Ein großer Einfluss von theoretischen Deutungen auf die lebensweltliche Wirklichkeit ist nicht zu leugnen und macht gerade die Spezifik menschlicher Weltpluralitäten aus. Gäbe es nur eine stabile, gleichartige Lebenserfahrung für alle, wären Interkulturalität, Zwischenmenschlichkeit, Psychopathologie usw. für den Menschen gar nicht die Probleme, die sie faktisch sind. Andererseits ist es evidentermaßen so, dass auch redlich sich besinnende Menschen sich zumeist nicht ohne weiteres auf ein bestimmtes Inventar der Welt einigen können, wie nicht zuletzt die Disparität der Phänomenologie selbst belegt. Ist damit nicht schon Schmitz' Behauptung widerlegt? Hier ist nun auf den vielleicht entscheidenden Punkt zurückzukommen, was eigentlich die wahrnehmungsspezifischen Primärgegenstände sind – nämlich die Situationen. Anders als die zitierte Rede von Lebenserfahrung scheinbar nahelegen mag, geht Schmitz nicht von einer fest bestimmten »Welt an sich« aus, die unter den kulturrelativen Deutungen nur freizulegen wäre. Vielmehr sind die Situationen selbst chaotisch mannigfaltig, also diffus, so dass sie zur Explikation auffordern. Was expliziert wird, ist relativ, was begegnet, ist jedoch kulturunabhängig von sich selbst her bedeutsam. Einmal angenommen, es bestünde die Möglichkeit, einen Baum bei bestimmten gleichartigen Lichtverhältnissen, räumlichen Begebenheiten usw. sowohl in der Antike als auch in der Gegenwart durch einen Menschen der Zeit beschreiben zu lassen, so ließe sich mit Schmitz sagen, dass beide tatsächlich – abgesehen von den persönlichen Eigenheiten der Beschreibenden, die selbst wieder situativ sind – dieselbe Begebenheit zu erfassen suchen. Ihre Explikationen wären freilich völlig ver-

---

[60] Hermann Schmitz: *Der unerschöpfliche Gegenstand.* S. 14.

schiedene, weil sie aus der Situation je anderes herausholen. Man muss daher die von Schmitz entwickelte Position dem Grundzug nach als antirelativistisch kennzeichnen, weil sie an einem Fundament jenseits von Kultur festhält. Andererseits aber ist dieses Fundament aufgrund zweier Merkmale – seiner Mannigfaltigkeit und der Notwendigkeit zur Explikation – notwendig niemals rein zu fassen, sondern immer nur in relativen Annäherungen. Das Gegebene bleibt, wie Schmitz mit Rainer Maria Rilke sagt, ein »unerschöpflicher Gegenstand«[61].
Es gilt jedoch, ein naheliegendes Missverständnis abzuweisen. Mit der Rede von der Unerschöpflichkeit der Situationen suggeriert Schmitz, dass Situationen begriffliche Entitäten mit unendlicher Extension sind. Wäre dem so, würde ihr Gehalt beliebig und somit in radikaler Weise auslegungsrelativ werden. Das ist aber nicht die Implikation, die Schmitz damit verbindet. Situationen sollen nicht beliebig sein, sondern nur insofern unerschöpflich, als man nie alle Bestimmungen, die in ihnen angelegt sind, extrahieren kann – schon deshalb nicht, weil diese als einzelne gar nicht vorliegen. Dass sie nicht beliebig sind, erweist sich in der Praxis an der spürbaren

---

[61] Vgl. Hermann Schmitz: *Der unerschöpfliche Gegenstand*. S. 1. – An dieser Stelle ist auf eine wenig beachtete Parallele zu Cassirer hinzuweisen, dessen Modell demjenigen Schmitz' ähnlich ist. Cassirer meint, dass erst »im Medium der Sprache [...] die unendlich-mannigfache, die hin und her wogende Vielgestalt der Ausdruckserlebnisse sich zu fixieren [beginnt].« (Ernst Cassirer: *Philosophie der symbolischen Formen*. S. 90.) Man kann das als Explikation verstehen, die die chaotische Ausdruckswirklichkeit fassbar macht. Solange dies nicht geschehen ist, bleibt alles Erleben vage und gebunden.«[...] Freiheit gewinnt die Wahrnehmung erst, indem sie sich fortschreitend mit symbolischem Gehalt erfüllt [...]. Man sieht: es sind Unterschiede der Bedeutsamkeit, der ›Relevanz‹, vermöge deren die Wahrnehmungswelt wie die Sprachwelt erst ihre systematische Gliederung erhält.« (A. a. O., S. 263, 269.) Die Parallele zwischen den Modellen – auf die Unterschiede sei hier nicht verwiesen, da diese rezeptionsgeschichtlich evident sind – ist frappierend. Schmitz' phänomenologische Revision wäre als Befreiungsversuch von symbolischen Formen zu verstehen, um einen idealerweise symbolfreien Raum zu erreichen. Dies ist allerdings unmöglich, weil dazu selbst wieder auf Sprache zurückzugreifen ist. Wenn diese Deutung triftig ist, erweist sich Schmitz, auch wenn er den Begriff »Kultur« kaum nutzt, als ein Kulturphilosoph, denn ihm geht es um eine Selbstbesinnung im Angesicht symbolischer Formen, deren Tragfähigkeit er im Interesse der Kultur prüfen will.

Diskrepanz zwischen einer Explikation und der Situation, auf die sie bezogen ist. Im Alltag begegnen solche inadäquaten Explikationen zum Beispiel dann, wenn man plötzlich merkt, dass eine Freundschaft – nach Schmitz eine Situation – gar nicht so tragfähig oder intensiv ist, wie man implizit glaubte. Die Situation »wehrt« sich gegen die Zuschreibung beliebiger Sachverhalte. Diese Eigenheit ist gleichwohl kein fest greifbares Merkmal, sondern muss immer wieder durch Prüfung errungen werden. An Textinterpretation oder Geschichtsbetrachtung geschulte Menschen werden vermutlich einwenden, dass der Spielraum mancher situativer Gegebenheiten sehr groß ist. Dem ist wohl zuzustimmen, doch folgt daraus nicht, dass eine Situation alles Beliebige aus sich herauszuholen gestattet. Aber andererseits ist es tatsächlich eine im philosophischen System von Schmitz offene Frage, wie man Grenzen von Situationen ziehen will. Wo etwa hört die eigene persönliche Situation auf und fängt die gemeinsame an? In wie vielen Situationen steckt ein Mensch eigentlich gleichzeitig? Steckt man womöglich in Situationen, von denen man vielleicht zeitlebens nie etwas bemerkt?[62] Diese Leerstellen im neuphänomenologischen Ansatz bedürfen der Besinnung, um schärfer hervortreten zu lassen, in welcher Weise Situationen als lebensweltontologische Entitäten dem beliebigen Zugriff einen Widerstand leisten.

Stimmen die vorgenannten Darlegungen, so wird ersichtlich, dass Kultur als Explikationsweise immer einen wesentlichen Entdeckungsbeitrag leistet. Im Vergleich mit anderen Kulturen ist dann zu lernen, was die eigene jeweils verdeckt.[63] Insofern fordert

---

[62] Diese offenen Fragen hinsichtlich des Situationsbegriffs hängen mit der Weise zusammen, wie Schmitz das Konzept entwickelt. Er kommt darauf im Rahmen einer Mannigfaltigkeitslehre, die es ihm gestattet, so verschiedene Gegenstände wie Sprachen, Freundschaften oder Wahrgenommenes unter einer einzigen Kategorie zu fassen. Zwar liefert er weiterführende Differenzierungen des Begriffs (vgl. zum Beispiel Hermann Schmitz: *Adolf Hitler in der Geschichte*. S. 21–28), aber womöglich ist mit dieser Differenzierung noch nicht genug getan. Die phänomenologisch nicht zu leugnende Verschiedenheit von Sprache oder Wahrnehmung erschöpft sich nicht in der Frage ihrer Dauer oder Betroffenheitsweise, sondern es scheint auch eine Art eigenes »Aroma« von unterschiedlichen Situationstypen zu geben, das weiter aufzuhellen wäre.

[63] Vgl. in dieser Hinsicht zum Beispiel den Versuch eines Vergleichs in Shingo

die Relativität die Kritik heraus. Die in diesem Kontext zentrale Frage, ob andere Menschen so wahrnehmen wie man selbst – seien es synchron fremde oder diachron fremde Kulturen –, bleibt aber auch mit Schmitz offen. Es ist fortdauernde Aufgabe der phänomenologischen Besinnung, die nur relativen Ansichten abzutragen, um darunter die Situationen freizulegen, die freilich selbst niemals ohne notwendig relativen Hinblick expliziert werden können. Die Metapher von Hase und Igel drängt sich auf, denn was der Phänomenologe scheinbar zu erreichen sucht, ist immer schon entschwunden. Die Suche danach, darauf verweist Schmitz' Maxime, sollte im Interesse überzeitlicher und überkultureller Verständigung nicht abgebrochen werden. Unterließe man dies, bestünde die Gefahr, die Verzerrungen der je eigenen Perspektive nicht mehr bedenken zu können. Man würde dann zum Spielball der Einseitigkeiten der eigenen Kultur und vernachlässigte die lebensweltökologische Besinnung, deren Ausbleiben allerdings nicht weniger dramatische Folgen haben kann als das Unterlassen der auf die Natur bezogenen ökologischen Bestrebungen.

V.4 Grenzen des Konstruktivismus

Dass im Anschluss an die Relativismusfrage die Rede auf den Konstruktivismus kommt, ist keineswegs Zufall, sondern sachlich geboten. Wenn es nämlich keinen direkten und absoluten Bezug zur Wirklichkeit gibt, erweist sich diese als in Teilen oder ganz vom Menschen gemacht. Es lassen sich zwei wesentliche Konstruktionsparadigmen unterscheiden. Einerseits wird, etwa von Schmidt, Berger und Luckmann oder Watzlawick, die Rolle der Sprache, Interaktion und Kommunikation betont, andererseits wie von Roth die Rolle mentaler Prozesse. Beides kann gegebenenfalls auch verbunden gedacht werden. Immer steht bei diesen Theorien der Gedanke im Mittelpunkt, die Welt, wie sie erlebt wird, sei nichts Gegebenes,

---

Shimada: »Multiple Wirklichkeiten? Überlegungen aus kulturvergleichender Perspektive«, in: M. Kaufmann (Hrsg.): *Wahn und Wirklichkeit – Multiple Realitäten*. Frankfurt 2003, S. 323–332.

sondern ein Gemachtes. Nach dem zuvor Gesagten ist es verständlich, dass aus phänomenologischer Perspektive diesem Ansatz kritisch begegnet werden muss. Er überschätzt den Rahmen dessen, was und in welcher Weise etwas in der Verfügungsgewalt des Menschen steht. Gegen eine Hypostasierung der humanen Konstruktionsleistung wären hier erneut die leibliche Konstitution des Menschen sowie die Widerständigkeit der Situationen zu benennen.

Watzlawick meint, »Wirklichkeit [ist] das Ergebnis von Kommunikation«, wobei schon »das wacklige Gerüst unserer Alltagsauffassungen der Wirklichkeit im eigentlichen Sinne wahnhaft ist [...].«[64] Er hält es für eine Tatsache, dass »der gesamte Sinn eines Ereignisablaufs von dem Ordnungsprinzip abhängt, das ihm der Beobachter sozusagen aufstülpt [...]«, und es sei zugleich unerlässlich, »der Wirklichkeit eine bestimmte Ordnung zuzuweisen, [...] [da] ohne diese Ordnung unsere Welt uns regellos, chaotisch, völlig unvorhersehbar und daher äußerst bedrohlich erscheinen würde.«[65] Diese Behauptungen enthalten sowohl Zutreffendes als auch Irrtümliches. Richtig ist, dass es menschliche Sinnstiftungen gibt – sie waren im Rahmen der sozialen und rationalen Dimension der pathologischen Erfahrungen auffällig geworden. Sie wurden ebenso zuvor bei Behandlung des Motivs der Kulturrelativität thematisiert. Nicht richtig ist jedoch, dass diese Ordnung oktroyiert sei und dass die Welt ohne Ordnung bedrohlich würde. Die erste Fehleinschätzung Watzlawicks beruht auf einer Übertreibung der Möglichkeiten der konstruktiven Interpretation. Wenn er meint, die Ordnung würde aufgestülpt, entsteht leicht der falsche Eindruck, es ginge hier um bloß phantastisches Konstruieren. Dass Watzlawick das tatsächlich implizit im Blick hat, belegt der zitierte Vergleich von Alltagswirklichkeit und Wahn. Dagegen wäre empirisch die Widerständigkeit des Begegnenden festzuhalten. Es ist zwar zutreffend, dass viele Patienten im Sinne von Watzlawick höchst komplexe Weltdeutungen entwerfen, die es ihnen gestatten, ihre pathologischen Erfahrungen insgesamt zusammenzuhalten,[66] aber solche

---

[64] Paul Watzlawick: *Wie wirklich ist die Wirklichkeit?* S. 7.
[65] Paul Watzlawick: *Wie wirklich ist die Wirklichkeit?* S. 72.
[66] Neben den schon zitierten Fällen ist besonders eindrucksvoll das Krankheitsbild

Konstruktionen stehen nicht im luftleeren Raum. Sie sind an lebensweltlich Begegnendes gebunden. Es gibt, um das Bild Watzlawicks aufzugreifen, immer schon etwas, dem sie aufgestülpt werden und das sich durchaus in seinen Eigenheiten gegen diese Interpretationen wehren kann. Gehlen hatte diesen Widerstand als »die Härte, den Eigensinn der Außenwelt« bezeichnet, der eine der wesentlichen treibenden Kräfte kultureller Entwicklungen sei.[67] Gerade die Möglichkeit, am Wahrgenommenen zu scheitern – sowohl konkret praktisch als auch begrifflich-theoretisch – lässt sich vom Standpunkt des Konstruktivismus aus nicht befriedigend erklären. Er muss dazu auf die These rekurrieren, dass das Scheitern nur ein Übergang von einer Deutung zu einer gleichwertigen anderen ist. Kuhns Modell des Paradigmenwechsels illustriert dies exemplarisch.[68] Wiewohl Wechsel zwischen Deutungen ohne Frage vorkommen – politische Konversionen sind dafür womöglich ein Beispiel –, gibt es auch ein Scheitern der Deutungen selbst. In diesen

---

der Anosognosie, bei dem Betroffene schlicht ihre Defekte – zumeist Lähmungen – nicht bemerken. Sie konstruieren sich dabei eine Wirklichkeit, die zur intersubjektiv erlebten Lebenswelt nicht passt. Einen solchen Fall schildert Ramachandran. Durch einen Schlaganfall ist der linke Arm einer älteren Frau gelähmt, die dies aber nicht registriert. Die folgende Interaktion zwischen ihr und Ramachandran belegt die fast halluzinatorischen Konstruktionsleistungen der Dame: »'Können Sie mit der rechten Hand meine Nase berühren, Mrs. Dodds?' Sie folgte meiner Aufforderung ohne Schwierigkeiten. 'Können Sie meine Nase auch mit der linken Hand berühren?' Die Hand lag gelähmt vor ihr auf der Bettdecke. 'Berühren Sie meine Nase, Mrs. Dodds?' 'Natürlich berühre ich Ihre Nase.' 'Können Sie wirklich sehen, wie Sie meine Nase berühren?' 'Ja, ich kann es sehen. Sie ist keine zwei Zentimeter von Ihrem Gesicht entfernt.' [...] Ich beschloss, ihr noch eine weitere Frage zu stellen: 'Können Sie in die Hände klatschen, Mrs. Dodds?' Mit demonstrativem Langmut erklärte sie: 'Natürlich kann ich in die Hände klatschen.' 'Würden Sie es einmal für mich tun?' Mrs. Dodds blickte mich fragend an und führte dann mit der rechten Hand Bewegungen aus, als klatschte sie nahe der Körpermitte in eine imaginäre Hand. 'Sie klatschen in die Hände?' 'Ja, ich klatsche in die Hände', erwiderte sie. Ich brachte es nicht übers Herz, sie zu fragen, ob sie das Klatschen auch wirklich hörte [...].« (Vilaynur S. Ramachandra, Sandra Blakeslee: *Die blinde Frau, die sehen kann*. S. 214f.)

[67] Arnold Gehlen: *Urmensch und Spätkultur*. S. 99.
[68] Vgl. zum Beispiel Thomas S. Kuhn: *Die Struktur wissenschaftlicher Revolutionen*. S. 104–122.

Momenten (wie pathologische Wirklichkeitserfahrungen belegen) tut sich der »Abgrund« auf, der einerseits die kontingenten Faktoren lebensweltlicher Wirklichkeit deutlich macht, andererseits aber zugleich etwas Eigentliches zumindest vage hervortreten lässt. Heideggers Analyse der Angst ist in diesem Sinne zu verstehen, insofern Angst zu einer extraordinären Erschlossenheit von Welt führt.[69] Der Boden, der sich am Fuße des Abgrunds auftut und den der Konstruktivismus unterschätzt, sind die Situationen, an denen Menschen mit ihren Deutungen Anhalt nehmen.[70] Wie schon zuvor erläutert, bieten diese allerdings ein nur relativ stabiles Bezugsfeld, welches immer wieder durch kritische Reflexion »zurückgewonnen« werden muss. Eine individuelle oder soziale Beliebigkeit der Konstruktionen verhindern sie aber allemal. Dafür ist nicht zuletzt die fortwährende Unruhe von psychopathologisch Erkrankten ein Hinweis. Sie entwickeln zwar mitunter diffizile Weltdeutungen, aber eine Beruhigung in dieser neu eingerichteten Welt ist ihnen häufig dennoch versagt.[71]

Vielleicht mögen die vorstehenden Erwägungen einen radikalen Konstruktivisten nicht überzeugen, denn er argumentiert mit der These, dass Menschen immer nur konzeptuell vermittelt auf Begegnendes treffen. Auch dies könnte man jedoch akzeptieren, ohne dem Konstruktivismus in seiner übertriebenen Form zu verfallen. Aus Vermitteltheit folgt keineswegs die Wahnhaftigkeit oder Beliebigkeit des Erdeuteten. Der Umstand, dass interkultureller Kontakt gelungen ist (bei allen Missverständnissen, die quantitativ eventuell sogar überwiegen), dass Kolumbus mit indigenen Völkern interagieren konnte, fordert die phänomenologisch-empirische Besinnung dazu auf, die These eines jenseits der Konstrukte liegenden Bezugspunktes zu verteidigen.[72] Eine radikalkonstruktivistische Theorie erweist sich als unplausibel.

---

[69] Vgl. dazu Martin Heidegger: *Sein und Zeit*. S. 185–191.
[70] Situationen selbst sind freilich wiederum an den Weltstoff gebunden, was hier jedoch zunächst außen vor bleiben kann. Vgl. dazu Kap. V.5.
[71] Vgl. entsprechende Beobachtungen bei Oliver Sacks: *Der Mann, der seine Frau mit einem Hut verwechselte*. S. 151–161.
[72] Dabei sollte man sich der Probleme bewusst sein, die ein Rekurs auf ein solches vorsprachlich unmittelbar Gegebenes hat. Im Rahmen der Analyse des Phänomen-

Die hier am Beispiel Watzlawicks vorgeführte Argumentation dient dem Zweck, die teilweise Berechtigung des Konstruktivismus nachzuweisen, andererseits aber auch dessen Grenzen aufzuzeigen. Ähnliche Überlegungen ließen sich den Beiträgen Roths oder Schmidts entgegenstellen. Beide Fälle seien hier abschließend in bewusster Kürze behandelt, um etwaige Wiederholungen zu vermeiden. Schmidt behauptet, es gebe »keine Ebene organisationsfreier unmittelbarer Wahrnehmung.«[73] Dem ist im dargelegten Sinn zuzustimmen. Daraus schlussfolgert er allerdings unter anderem, dass man die Arbeit an einer Ontologie – verstanden als Lehre von einer als real existierend angenommenen Außenwelt – zugunsten einer immanent-kognitiven Methodologie aufgeben müsse.[74] Ein solcher Schritt ist aber, wie der vergleichbare bei Watzlawick, übertrieben, denn er schüttet gleichsam das Kind mit dem Bade aus.[75] Konstruktivismus und eine zwar vermittelte, aber in ihrem Bestand plausible ontologische Wirklichkeit schließen sich nicht aus. Es kommt hier auf die urteilend-empirische Prüfung an, die das Verhältnis von Konstruktion und Gegebenem immer wieder aufs Neue hinterfragt. Dies leistet Phänomenologie, insofern sie Kritik ist.[76]

Bei Roth schließlich wird der Konstruktivismus stärker physio-

---

begriffs ist deutlich geworden, dass eine reflektierte Phänomenologie ein solches nur als Grenzwert betrachten kann und nicht den Anspruch erhebt, dieses Gegebene direkt und als es selbst erreichen zu können. Einen frühen Versuch, der zeigt, zu welchen problematischen Konsequenzen die Annahme eines unmittelbaren Bezugs auf eine Grundschicht mit sich bringt, zeigt Eduard Spranger. Er glaubt, hinter allen Deutungen liege eine Schicht der »Einfühlung«, eine ungeteilte Urschicht (vgl. Eduard Spranger: *Die Urschichten des Wirklichkeitsbewusstseins. I.* Berlin 1934). Spranger kommt damit manchen Aspekten nahe, die auch die Leibphänomenologie herausgestellt hat, jedoch bleibt sein Versuch aufgrund der zu geringen Beachtung der Konstruktions- und Vermittlungsproblematik unbefriedigend.

[73] Siegfried J. Schmidt: *Der Diskurs des radikalen Konstruktivismus.* S. 18.
[74] Siegfried J. Schmidt: *Der Diskurs des radikalen Konstruktivismus.* S. 43.
[75] Es ist allerdings zu bemerken, dass Schmidt durchaus Anschlusspunkte für einen Realismus jenseits der Konstruktionen bietet. Dazu vgl. zum Beispiel Siegfried J. Schmidt: *Der Diskurs des radikalen Konstruktivismus.* S. 35 f. Er ist in diesem Sinne differenzierter als Watzlawick.
[76] Vgl. dazu die Hinweise bei Gernot Böhme: »Phänomenologie als Kritik«.

logisch gefasst, denn in diesem Fall sind es nicht Sprache oder Interaktion, sondern Gehirne, die konstruktiv agieren.[77] Auch diese Argumentation geht von der These aus, alles Erleben sei vermittelt. Dabei jedoch werden so viele Kategorienfehler begangen,[78] dass fraglich ist, worüber genau Roth eigentlich Aussagen trifft – das empirische Gehirn, das transphänomenale Gehirn, die mentalen Zustände, die hirnphysiologisch messbaren Prozesse oder gar den ganzen Menschen? Jedoch sei einmal angenommen, er spräche wirklich über das Gehirn als Konstrukt der Medizin, so bleibt es dennoch problematisch zu behaupten, die Welt sei ein Produkt dieses Objekts. Ohne Eindrücke von etwas anderem als sich selbst ist das Gehirn nämlich gar nicht in der Lage, etwas annähernd so Komplexes wie Lebenswelt zu konstruieren.[79] Dies zeigen etwa die Wassertankexperimente, bei denen Menschen durch sensorische Isolation schon nach kurzer Zeit zu Halluzinationen gebracht werden können. Durch Dunkelheit, Stille und fehlende haptische Eindrücke – der Mensch schwebt in einem stark salzhaltigen Bassin – ist das Gehirn in dem Zustand, der ihm als einem autonomen Schöpfer gemäß sein müsste. Jedoch sind die zu erlebenden Begebenheiten erstaunlich arm, in der Regel einfache geometrische Figuren sowie komplexere Leibinselbildungen.[80] Nur weil es etwas gibt, das in bestimmter, sachhaltiger Weise Eindruck macht, kommt es zu Konstruktionen, wie sie im Rahmen lebensweltlichen Erlebens präsent sind.

---

[77] Vgl. Gerhard Roth: *Das Gehirn und seine Wirklichkeit*. S. 23.
[78] Vgl. zum Beispiel Gerhard Roth: *Das Gehirn und seine Wirklichkeit*. S. 21 (Gehirn als Akteur), 74 (Identifikation von Sprachentwicklung und Vergrößerung des Cortex), 104 (das Gehirn habe eine Lage, einen Standpunkt), 108 (für das Gehirn sei etwa wichtig), 209 (das limbische System bewertet die Taten des Gehirns), 229 ff. (Gehirn sortiert nach einer eigenen Semantik) oder 310 (Gehirn mit innerem Antrieb).
[79] Auch Gallagher hat dies vor Augen, wenn er gegen das Gedankenexperiment des Gehirns im Tank richtig einwendet, dass es ohne Verkörperung – mit Schmitz: Leiblichkeit – in keinem Fall eine der alltäglichen Erfahrung vergleichbare Welt besäße. Vgl. dazu Shaun Gallagher: *How the body shapes the mind*. S. 149.
[80] Vgl. dazu Marvin Zuckerman, Nathan Cohen: »Sources of reports of visual and auditory sensations in perceptual-isolation experiments«, in: Psychological Bulletin, Bd. 62 (1964), S. 1–20.

Wenn das Gesagte sich als zutreffend erweist, kann der Konstruktivismus in seiner Berechtigung und in seiner Verfehlung gewürdigt werden. Er betont zu Recht die Interpretationsdimensionen, übersieht aber daneben die Situationsgebundenheit alles Explizierens und Deutens. Schließlich – das ist bisher nur am Rande thematisiert worden – bleibt außerdem noch die nur in begrenztem Maße beeinflussbare leibliche Disposition zu erwähnen. Zwar kann es zu halluzinatorischen Wirklichkeitswahrnehmungen kommen, wie die verhandelten Fälle belegen, aber für den lebensweltlichen Normalkontext hat sich gezeigt, dass der Spielraum nicht sehr weit ist für das, was Menschen in leiblicher Kommunikation als wirklich begegnet. Konstruktionen müssten, wollten sie wirklich Beliebiges zur Wirklichkeit machen, mindestens auf die Strukturen leiblichen Seins Bezug nehmen. Dadurch wäre jedoch implizit der Leib als vorkonstruktive Entität immer schon anerkannt.

Die Menschen sind den Konstruktionen demnach keineswegs hoffnungslos ausgeliefert, sondern zu kritischer Stellungnahme fähig. Andererseits aber darf zugleich weder mit dem Situations- noch mit dem Leibbegriff eine Art naturalistischer Fundamentalismus vertreten werden, denn beide Entitäten garantieren selbst keine Unmittelbarkeit. Eine recht verstandene Besinnung wäre aufgefordert, immer wieder neu ein Maß zu finden, Konstrukte und Phänomene aneinander zu prüfen und sich um Ausgleich zu bemühen.

V.5 Multiple Welten – Weltstoff – Hinterwelt?

Situationen sind die primären Gegenstände der Wahrnehmung. Sie sind durch eine binnendiffuse Bedeutsamkeit ausgezeichnet und gestatten vielfältige Explikationen. Sind sie – neben dieser Relevanz für die Ontologie der Lebenswelt – aber zugleich auch die grundlegenden Einheiten der Ontologie im traditionellen Sinne? Auf diese Frage ist schon deshalb zu kommen, weil die Binnendiffusität der Situationen dazu führte, wären sie die fundamentalen ontologischen Einheiten, dass die »Welt an sich« unstrukturiert und chaotisch würde. Diese Annahme erscheint unplausibel, denn es gibt ganz evident explikationsinvariante Objekte. Der Baum im Wald, der dem Mädchen einen Schrecken einjagt, dem Förster als Nutzholz Geld verspricht und dem Borkenkäfer Lebensraum bietet, kommt freilich in je anderer Weise in allen Welten vor. Gibt es demnach hinter den Situationen eine »eigentlichere« Welt?

Im Rahmen dieser Überlegung ist der bereits mehrfach gestreifte Begriff des Weltstoffes zu thematisieren. Schmitz sagt dazu, dass die durch die primitive Gegenwart sich entfaltende Welt nicht »schlechthin das All [ist], sondern nur ein Gesicht, das ein rätselhafter Stoff – mein Doktorvater *Erich Rothacker* nannte ihn ›Weltstoff‹ – in Gestalt der Weltform annimmt [...].«[81] Er präzisiert andernorts: »Die primitive Gegenwart trägt über ihre Vorzeichnung im vitalen Antrieb Identität und damit Besonderheit in die Welt (besser: in den chaotisch-mannigfaltigen Weltstoff, der durch Identität und Verschiedenheit zur Welt als entfalteter Gegenwart geformt wird) hinein.«[82] Was ist dieser Weltstoff und wie verhält sich die je eigene Lebenswelt dazu? Bildet er eine Art Hinterwelt, von der die Phänomenologie doch sonst Abstand nimmt? Rothackers Modell, das schon einmal aufgegriffen wurde, versteht den Weltstoff als ein Dasein, hinsichtlich dessen die Frage nach dem Sosein sinnlos ist. Sosein gewinnt es nur durch den Kontakt mit Leben, das ihn individuiert und strukturiert.[83] Ähnlich scheint auch Schmitz' Ansicht zu sein, denn er versteht den Weltstoff als das »überhaupt Erlebbare«[84], welches gleichwohl nur in bestimmten Modifikationen konkret begegnet. Somit bleibt der Weltstoff dasjenige, aus dem einzelne Situationen und – bei weiterschreitender Explikation – individuelle Entitäten hervortreten. Eine Hinterwelt im Sinne der »Welt an sich« ist der Weltstoff aber demnach auch nicht. Es ist ohnehin offensichtlich, dass eine solche Hinterwelt phänomenologisch nicht zu verteidigen ist, denn sie wäre nur durch Konstruktion, nicht durch empirischen Aufweis zu belegen. Der

---

[81] Hermann Schmitz, Wolfgang Sohst: *Hermann Schmitz im Dialog*. S. 18.
[82] Hermann Schmitz: *Der Spielraum der Gegenwart*. S. 58.
[83] Vgl. dazu Erich Rothacker: »Mensch und Wirklichkeit«. S. 11.
[84] Hermann Schmitz: »Das Neue als Unruhe der Zeit«, in: W. Sohst (Hrsg.): *Die Figur des Neuen*. Berlin 2008, S. 3–16, hier S. 12.

Multiple Welten – Weltstoff – Hinterwelt?

Weltstoff ist, so könnte man interpretieren, das Seiende, welches dem Konstrukt einer transzendenten Welt am nächsten kommt. Identisch ist es mit diesem allerdings nicht, denn Weltstoff ist im Grenzfall erlebbar,[85] transzendentes Sein nicht. Hier erhebt sich jedoch eine grundlegende Frage. Wenn der Weltstoff die grundlegendste chaotische Mannigfaltigkeit ist, von der alle Situationen explikativ abstammen, wie erklären sich die *materiellen Invarianten* wie der schon thematisierte Baum? Richtig ist, dass der Baum *als* Baum in der Welt des Käfers, des Mädchens oder des Försters nicht in gleicher Weise vorkommt; er zeigt jeweils andere Gesichter. In gewisser Hinsicht aber – zum Beispiel haptisch – ist er aber doch für alle drei da, wie der simple Fall des Anstoßens zeigt. Auch das bereits einmal gestreifte »Urqual« hinter den leibnahen Brückenqualitäten muss in diesen Kontext gehören. Damit scheint ein Hinweis auf Explikationsinvarianten gegeben, die womöglich noch den Weltstoff selbst fundieren. Solche nur strukturell, nicht den inhaltlichen Bestimmungen nach zu charakterisierenden Invarianten sind vielleicht ein Anhalt für die Theorien, die transzendente Wirklichkeiten behaupten. Phänomenologisch ist es gleichwohl geboten, die bloße Vermutung der Möglichkeit nicht zu einer Ontologie im klassischen Sinne auszubauen. Der Weltstoff als das, was in der Entfaltung der Gegenwart geformt wird,[86] bleibt ein letztes, nur grenzwertig Begegnendes. Er wird von sich her und durch leibliche Kommunikation in verschiedene Welten differenziert, die immer subjekt- und kulturrelativ, aber nicht beliebig sind. Als bloß peripher Erlebbares kann der Weltstoff aufgrund seiner Inhaltsarmut nicht dazu dienen, die multiplen Lebenswelten von

---

[85] Phänomenologisch nicht angebbar ist die Entstehung des Weltstoffs (vgl. Hermann Schmitz: »Wozu Neue Phänomenologie?«, in: M. Großheim (Hrsg.): *Wege zu einer volleren Realität. Neue Phänomenologie in der Diskussion*. Berlin 1994, S. 7–18, hier S. 16).

[86] Ungünstig und vielleicht sogar inkonsistent ist Schmitz' Rede davon, Bestimmungen würden in den Weltstoff »projiziert« (vgl. Hermann Schmitz: *Der unerschöpfliche Gegenstand*. S. 49). Das suggeriert eine konstruktivistisch-relativistische Position, die Schmitz ansonsten nicht einnimmt. Korrekter wäre das Gemeinte beschrieben mit der Feststellung, der Weltstoff gewinne im Kontext leiblicher Kommunikation seine Bestimmungen, die ihm nicht nur oktroyiert werden.

Menschen und Kulturen zu integrieren. Das Problem materieller Invarianten wiederum, für das sich bei Schmitz vorderhand keine Lösung findet, bleibt bestehen. Wie kann es sein, dass sich nach ernsthafter Prüfung bestimmte Invarianten finden lassen? Verweist dies nicht evident auf eine grundlegende, doch in gewisser Hinsicht vereinzelte Seinssphäre, in der es eben einen Baum jenseits der Gesichter gibt? Sind materielle Invarianten in diesem Sinn das, was Locke mit den primären Qualitäten meinte?[87] Wird nicht auch durch die phänomenologische Analyse eine theoretische Transzendentalontologie plausibel gemacht?

Diese Fragen weisen auf Probleme hin, die nicht mehr im Rahmen einer phänomenologischen Ontologie zu lösen sind. Aber ihre Virulenz lässt erkennen, dass mit der Phänomenologie – die an dieser Stelle zum Schweigen gezwungen ist, will sie ihrem Ethos nicht untreu werden – nicht alle philosophischen Fragen anzugehen sind. Es ist hier ein abstrakteres Vorgehen vonnöten, das helfen kann, die Fragen zu präzisieren und auf diese Weise vielleicht eines Tages doch wieder der Sphäre phänomenologischer Prüfbarkeit zuzuführen.

V.6 Lebensweltökologie

Einen letzten spekulativen Ausblick gilt es zu wagen in Richtung auf die Folgen für die lebensweltliche Wirklichkeit, die sich aus dem Dargelegten ergeben. Die Lebenswelt hatte sich als ein Kampfplatz erwiesen, auf welchem sich Deutungen und Phänomene in einem Durcheinander mischen und verschiedenste Interessen eine Hoheit über die Ansprechbarkeit zu erlangen suchen. Die phänomenologische Herangehensweise in der hier entwickelten Form war dabei angetreten, die Lebenswelt zu analysieren, um sie gegen Ein-

---

[87] Für Schmitz ist das »Problem der Gegenstandsfindung – was von den empfangenen Eindrücken nach welchen Kriterien als Gegenstand anerkannt oder umgedeutet wird –, [...] eine Frage der Aussonderung« (Hermann Schmitz: *Der Ursprung des Gegenstandes*. S. 388), aber damit ist die Perspektive auf mögliche Invarianten jenseits aller situationsspezifischen Aussonderung schon verspielt.

seitigkeiten zu verteidigen. Warum aber ist das überhaupt nötig? Aufgrund der kulturspezifischen Abstraktionsbasis kommt die Wirklichkeit, wie sie ganz unbefangen wahrgenommen wird, unter immer vereinseitigten Perspektiven in den Blick. Das ist nicht per se zu beklagen, da Einseitigkeit eine notwendige Folge der menschlichen Stellung in der Welt ist. Außerdem ist jede Einseitigkeit immer auch sachaufschließend, insofern sie eine hermeneutische Hinsicht darstellt. Aber mit jeder Perspektive auf die Lebenswelt sind zugleich ideologische Implikationen derart verbunden, dass sie die ihr eigenen Abstraktionskonzepte und -elemente als die allein wirklichen versteht. Wer die Welt nur mit dem Muster primärer Qualitäten befragt, dem werden die alltäglich so bedeutsamen Farben, Töne usw. zu bloßen Epiphänomenen, die man gegebenenfalls missachten könnte. Der Mensch als »das *noch nicht festgestellte Thier*«[88] ist in der besonderen Lage, zu seiner Welt in einem weniger gebundenen Verhältnis zu stehen als das Tier zu seiner Umwelt. Eine solche Freiheit birgt aber auch die Gefahr, zu scheitern, denn es fehlt die ordnende Richtschnur natürlicher Vorgaben.[89] Der weltoffene Mensch ist zugleich das Wesen, welchem seine Welt in gewissem Sinne verloren gehen kann. Dies geschieht dann, wenn theoretische Konstrukte den Blick auf und das Ansprechen von Welt so strukturieren und leiten, dass Wesentliches nicht mehr gesagt werden kann. Werden Gefühle zu bloß subjektiven, womöglich physiologischen Vorkommnissen erklärt, scheiden sie der Dignität nach aus dem alltäglichen Relevanzrahmen aus, sie werden als unwichtig diskreditiert. Eine solche Deutung ist den Menschen sehr wohl möglich, aber wenn die vorliegende Analyse stimmt, bleiben die Gefühle als Entitäten leiblich trotzdem wirksam. Da die Menschen aber den Umgang mit ihnen durch lebensweltliche

---

[88] Friedrich Nietzsche: »Jenseits von Gut und Böse«, in: ders.: *Kritische Studienausgabe. Bd. 5.* Hrsg. v. G. Colli, M. Montinari. München 1980, S. 9–243, hier S. 81.
[89] Mit diesem Problem hat insbesondere Gehlen intensiv gerungen. Die konstitutionell bedingte Chance des Menschen, radikal zu scheitern (nicht nur individuell, sondern als kollektive Menschheit), ist nach Gehlen nur durch kulturelle Mechanismen (Triebhierarchien, Institutionen usw.) zu kompensieren. Vgl. dazu zum Beispiel Arnold Gehlen: *Der Mensch.* S. 17 f., 33–38 und ders.: *Urmensch und Spätkultur.* S. 8, 22, 48, 118 f.

Inexistenz verlernen beziehungsweise auf diesen nicht mehr sprachlich-reflexiv Bezug nehmen können, ruhen menschliche Vermögen. Derartige Einseitigkeiten entstehen als Folge kultureller Beschränkungen. Sie sind zulässig – eine aseptische, affektfreie Deutung der Welt mag gelingen und brächte Vorteile mit sich. Ehren- oder Eifersuchtsmorde kämen zum Beispiel nicht mehr vor. Auf der anderen Seite ist dieser Vorteil mit negativen Effekten – Verlust von Bedeutsamkeit, Ausbleiben von Glücksgefühlen usw. – behaftet. Diese Ambivalenzen gilt es zu bedenken, um Gefahren zu begegnen, die aus verlernten Fähigkeiten resultieren können.[90]

Menschen sind aufgefordert und aufgrund ihrer weltoffenen Konstitution gezwungen, alle Deutungen, Konstrukte, Weltbilder im Sinne einer Kulturfolgenabschätzung auf ihre Vor- und Nachteile hin kritisch zu prüfen. Für den Zusammenhang der Wirklichkeit, wie er bisher thematisiert worden ist, gilt das zumal. Blumenberg hat den Sachverhalt treffend so auf den Punkt gebracht:

> *Daß wir in mehr als einer Welt leben*, ist die Formel für Entdeckungen, die die philosophische Erregung des Jahrhunderts ausmachen. Man kann das als eine absolute Metapher lesen für die Schwierigkeiten, die uns anwachsend begegnen, auf die alltägliche Realität unserer Erfahrung und Verständnisfähigkeit zu beziehen, was in den autonom gewordenen Regionen von Wissenschaft und Künsten, Technik, Wirtschaft und Politik, Bildungssystem und Glaubensinstitutionen »realisiert« und dem lebensweltlich verfaßten wie lebenszeitlich beschränkten Subjekt »angeboten« wird [...].[91]

Absolute Metaphern, wie sie Blumenberg versteht,[92] sind Beschreibungen, die gegenüber dem vermeintlich Bezeichneten einen Eigenwert gewonnen haben. Sie zeigen an, was es zu sehen gibt und

---

[90] Schmitz führt letztlich den Verlust des Vermögens zum Umgang mit Atmosphären und Gefühlen als einen der Gründe dafür an, warum demagogische Figuren wie Adolf Hitler geschichtlich wirkmächtig werden konnten. Vgl. dazu Hermann Schmitz: *Adolf Hitler in der Geschichte*.
[91] Hans Blumenberg: »Einleitung«, in: ders.: *Wirklichkeiten in denen wir leben*. Stuttgart 2009, S. 3–6, hier S. 3. Blumenberg bezieht sich natürlich auf das 20. Jahrhundert.
[92] Vgl. dazu zum Beispiel Hans Blumenberg: *Paradigmen zu einer Metaphorologie*. Frankfurt 1998, S. 10 f.

Lebensweltökologie

sind nicht erst sekundärer Ausdruck von etwas, das man schon gesehen hat. Bedenkt man dies, wird die Erfahrung der Wirklichkeitspluralität, wie sie insbesondere im Rahmen des kulturellen Kontaktes und der Psychopathologie auffällig hervortreten, zu einem philosophischen Problem höchster Güte, das aber keiner unmittelbaren Lösung zuzuführen ist. Als absolute Metapher bleibt sie in gewissem Sinne »mythisch«, weil sie nicht in die Sphäre des »Logos« rückführbar ist, sondern eine viel basalere »Substruktur des Denkens« betrifft.[93] Die Vielheit der Welten muss demnach als etwas Bestehendes charakterisiert werden, das sich einer letztgültigen Rationalisierung widersetzt. Blumenberg macht darauf aufmerksam, dass die Problematik der Pluralität in einer Überforderung des Subjekts liegt. Diesem gelingt es nicht, die Subwirklichkeiten in seine Erfahrungswirklichkeit und seine Denkwirklichkeit zu integrieren. Aus dieser richtig bemerkten Diskrepanz erwächst die von der Lebensphilosophie und Phänomenologie entwickelte Kritik an einseitigen Weltzugriffen, seien sie religiöser, wissenschaftlicher oder sonst welcher Art.[94]

Es gilt allerdings, zwei Aspekte zu unterscheiden: einerseits die mögliche Überforderung des Individuums, auf die Blumenberg hinweist, andererseits die sich aus dem Umstand der Pluralität ergebenden ethisch-ökologischen Folgen. Im Hinblick auf die Überforderung wird man zugeben müssen, dass ein Individuum allein unmöglich die radikale Form von Wissenschafts-, Kultur- und Empiriekritik vollziehen kann, welche im Interesse der Sache nötig wäre. Aber daraus ergeben sich keine fatalistischen Konsequenzen,

---

[93] Vgl. Hans Blumenberg: *Paradigmen zu einer Metaphorologie.* S. 10, 13.

[94] Dies zeigen besonders deutlich die frühen Vorlesungen von Heidegger, der im Interesse des Lebens die Diskrepanz zwischen diesem und den wissenschaftlichen Begriffen – hier Dilthey und Simmel folgend – wieder aufnimmt. Vgl. zum Beispiel Martin Heidegger: *Grundprobleme der Phänomenologie. (= Gesamtausgabe. Bd. 58.)* Hrsg. v. H.-H. Gander. Frankfurt 1993, S. 20: »Eine weite Hilflosigkeit liegt über allem heutigen Leben, weil es sich entfernt hat von den echten Urquellen seiner selbst und lediglich an der eigenen Peripherie abläuft. […] Wir sind heute so sehr durch eine unechte Begrifflichkeit mißleitet und verdorben, daß man nicht einmal mehr die Möglichkeit sieht, aus dieser bis an die Wurzeln greifenden wissenschaftlichen Verdorbenheit herauszukommen.«

355

denn allgemein kulturelle und spezieller wissenschaftliche Explikationsweisen sind nicht nur negativ zu sehen. Sie haben immer auch eine sacherschließende Funktion, wie bereits mehrfach festgestellt wurde. Andererseits bietet die Chance auf gemeinschaftliche kritische Arbeit zudem die Möglichkeit, die Begrenztheit des Individuums wenigstens der Tendenz nach zu beheben. Freilich wird es nie zu einer Aufhebung der von Blumenberg betonten Grenzen kommen, aber durch immer wieder neue Besinnung sind zumindest Verschiebungen möglich. Der Mensch ist nicht hilflos.

Im Hinblick auf die ethisch-ökologischen Folgen tritt ein anderes Motiv hervor. Watzlawick betont, seinen kommunikationskonstruktivistischen Standpunkt reflektierend, die Dimension der *Verantwortung*, die aus dem Umstand der Machbarkeit und Veränderbarkeit von Wirklichkeiten erwächst:

> Noch bedenklicher aber ist, daß wir selbst natürlich nicht nur Empfänger, sondern auch Sender solcher [...] Beeinflussungen sind, wie sehr wir uns auch bemühen mögen, sie zu vermeiden; daß wir fortwährend unsere Mitmenschen in verschiedenster Weise beeinflussen, ohne uns dessen gewahr zu sein. Diese Sparte der Kommunikationsforschung stellt uns also vor philosophische Probleme der Verantwortlichkeit, die unseren Vorfahren praktisch noch unbekannt waren. Sie zeigen uns nämlich, daß wir die Urheber von Einflüssen sein können, von denen wir nichts wissen, und die, wenn wir von ihnen wüßten, uns unter Umständen völlig unannehmbar wären.[95]

Was damit im Hinblick auf das Individuum betont wird, gilt es auf die kulturelle und menschheitliche Ebene zu heben. Die Sphäre der Beeinflussbarkeit – sowohl der rationalen und sozialen wie leiblichen Dimensionen – erfordert eine kritische Besinnung, denn wo der Mensch Handlungsmöglichkeiten hat, wird ihm zugleich Verantwortung zuteil. Jede Chance, etwas zu tun, beinhaltet positive und negative Effekte. Jede Theorie, jede Deutung verändert das Sprechen über und den Umgang mit der Lebenswelt. Hier hätte eine phänomenologisch-kritisch fundierte Ökologie der Lebenswelt anzusetzen. Nicht – wie gezeigt – im Sinne einer Reinigung, so dass das »Eigentliche«, »Unmittelbare« rein herausträte, sondern

---

[95] Paul Watzlawick: *Wie wirklich ist die Wirklichkeit?* S. 48.

Lebensweltökologie

so, dass das Gemachte nach bestem Wissen auf seine Korrespondenz hin mit dem geprüft wird, was sich als auf Person und Zeit relativ Gegebenes gibt. Diese ökologische Kritik ist die verantwortliche Kehrseite der Möglichkeit, Wirklichkeiten zu gestalten. Im Rahmen des wahrnehmungsspezifischen Wirklichkeitskontaktes, wie er zuvor bei pathologischen Erfahrungen zutage trat, ist in dieser Hinsicht zuletzt insbesondere die Kritik an virtuellen, computergestützten Realitäten virulent geworden. Sie mag hier als ein Beispiel für Lebensweltökologie gelten. Fuchs meint:

> Informations- und Medientechnologien koppeln unsere Erfahrungen immer mehr von der leibhaftigen, sinnlich erlebten Wirklichkeit ab und versetzen uns in eine virtuelle, digitalisierte Welt. Die Grenzen zwischen Fiktion und Realität, Bild und Original, manipulierter und authentischer Erfahrung verschwimmen; Bilder, Zeichen und Simulate treten an die Stelle lebendiger Kontakte.[96]

Derartige Kritiken sind häufig zu vernehmen. Es gilt allerdings, genauer zu differenzieren. Dazu hat die vorliegende Untersuchung die Möglichkeit bereitet. Fuchs' These vermischt in unzulässiger Weise Berechtigtes mit Unberechtigtem. Es stimmt, dass es durch Technologien und zugehörige Deutungen zu einer Distanz zwischen lebensweltlicher Erfahrung und Wirklichkeit kommt. Die Lebenswelt ist allerdings immer schon eine von den Phänomenen Abstand nehmende Welt. Ob die Entfernung zunimmt, wie Fuchs behauptet, bedürfte einer genaueren Angabe des Bezugsmaßstabes und ist keineswegs sofort evident. Abgesehen davon aber ist es schon fraglich, inwiefern diese Technologien den Menschen von seiner leiblichen Wirklichkeit abkoppeln. Auch der Konsum virtueller Realitäten erfolgt mittels leiblicher Kommunikation. Virtuelle Realitäten ändern wohl lebensweltliche Gehalte, nicht aber die leiblich-phänomenale Grundlage erlebter Wirklichkeiten. Lebendige Kontakte in diesem Sinne werden gar nicht verändert.[97] Richtig ist, dass die

---

[96] Thomas Fuchs: »Wirklichkeit und Entfremdung«, S. 156.
[97] Das betont auch Lethen, der die kultur- und medienkritische Perspektive, wie sie Fuchs und andere wählen, präzisiert mit der Frage: »In welcher Weise ermöglichen die Modalitäten der Sinne erst die Evidenzerfahrungen, die durch Verfahren der Medien ausgelöst werden?« (Helmut Lethen: »Der Stoff der Evidenzen«, S. 68.)

Kontaktpartner wechseln – Geräte statt Menschen, virtuelle Rollenspielwelten statt Natur. Dies hat selbstverständlich Folgen für die lebensweltliche Realität, die von Fuchs zu Recht beklagt werden. Auf Dauer gehen nämlich hermeneutische und situative Kompetenzen verloren, die bei Kontakt mit weniger artifiziellen Gegenständen besser geschult würden. An dieser Stelle wäre lebensweltökologisch anzusetzen und die Folgen einer derartigen, prinzipiell möglichen Manipulation der Wirklichkeit zu eruieren. Gleichwohl könnte auch eine solche Kritik immer darauf vertrauen, dass Veränderungen Bezug nehmen müssen auf leibliche Faktoren, wie sie zuvor im Rahmen der Phänomenologie der Differenzerlebnisse herausgestellt wurden. Diese sind zwar – in Grenzen – auch veränderlich, aber bilden eine Art »historisches Apriori«[98] humanen Sichfindens in der Welt. Kritik an der Lebenswelt braucht also nicht in kulturkritische Platituden zugunsten einer vermeintlichen vorzeitlichen oder früheren Unmittelbarkeit zu entgleisen, sondern muss die notwendige Diskrepanz zwischen Phänomenen und Konstrukten in Rechnung stellen. Erst dann kann sie mehr sein als bloße Klage, nämlich ein produktiver Beitrag zu einer humanen Selbstbesinnung, die dem Menschen hilft, der Verantwortung im geschilderten Sinne gerecht zu werden. Das Beispiel der Kritik an virtuellen Realitäten belegt somit die Fruchtbarkeit und zugleich Differenziertheit der lebensweltökologischen, phänomenologisch fundierten Nachdenkens. Sie ist bei weitem mehr als ein bloßer Rekurs auf ein vermeintlich unmittelbar Gegebenes, sondern eine reflexive Bestandsaufnahme nur relativ stabiler Enti-

---

Damit kommt – wenn man die sensualistischen Implikationen streicht – der Leib in den Fokus. Das Problem der Unwirklichkeit des Virtuellen liegt nicht auf der Oberfläche der Gegenstände, sondern auf der Ebene der leiblichen Kommunikation.

[98] Das Konzept des historischen Apriori geht auf Foucault zurück (vgl. zum Beispiel Michel Foucault: *Die Ordnung der Dinge. Eine Archäologie der Humanwissenschaften*. Übers. v. U. Köppen. Frankfurt 1974, S. 27, 413–419). Sein Konzept ist allerdings eher diskurs- und ideologieorientiert, während hier damit die historisch gewordene leibliche Disposition gemeint ist, die zwar veränderlich, in ihren Grundzügen aber vermutlich – jedenfalls legen das die historisch überlieferten Zeugnisse nahe – relativ stabil ist.

täten und Strukturen im Vergleich zu notwendigen, aber der humanen Freiheit und Verantwortlichkeit unterworfenen Schöpfungen. Für eine so verstandene Lebensweltökologie bedarf es einer verstärkten Bewusstmachung dessen, was den Menschen unbefangen begegnet.[99] Die vorliegende Untersuchung hat dazu einen weitreichenden Anlauf zur Destruktion überkommener Wahrnehmungstheorien unternommen, der überhaupt erst den Blick zu öffnen vermochte für das phänomenale Feld pathologischer Wirklichkeitserfahrungen. Ein solches Verfahren ist freilich nicht allen Menschen zumutbar, so dass man einwenden könnte, Lebensweltökologie sei eine Aufgabe von Eliten. Dies entspräche dem hohen Anspruch, den etwa Schmitz mit seinem aufklärerischen Impuls verbindet. Tatsächlich spricht vieles dafür, dass Menschen sinnvollerweise lebensweltökologische Aufgaben institutionalisieren sollten. In der Moderne geht allerdings – wie es den Anschein hat – für diese Notwendigkeit das Verständnis verloren, aber historisch gesehen ist dies womöglich eine der zentralen Aufgaben von Philosophie und Kunst gewesen. Beide Kulturbereiche ließen sich verstehen als Versuche, die Welt kritisch und unbefangen neu zu sehen. Aber auch je individuell ist der Mensch aufgefordert, lebensweltökologisch kritisch »sehen« zu lernen. Großheim hat dies als Schärfung der Sensibilität charakterisiert. Sensibilität versteht er dabei als »die *Disposition, etwas zu bemerken.*«[100] In diesem Sinne wären die Menschen aufgefordert, sich möglichst unbefangen betreffen zu lassen von Begegnendem. Das erfordert eine vorübergehende Suspendierung kritisch-analytischen Destruierens, dass

---

[99] Man kann mit Jürgen Hasse von einem rationalen Aufklärungsprojekt sprechen: »[...] steht die [...] Auseinandersetzung um die Rolle des Sinnlichen im Rahmen eines ausdrücklich *rationalen* Projektes. Es ist rational, weil es über den Weg der Bewußtmachung und sprachlichen Differenzierung des über das Sinnliche Aussagbaren eine Bewußtseinssteigerung intendiert [...]. Da die Sinnlichkeit samt der an sie gebundenen Gefühle unsere Selbst- und Weltverhältnisse maßgeblich mitgestaltet, erweist es sich als eine Frage der ›Sachlichkeit‹, den Sinnen den ihnen gebührenden Platz in der Reflexion der gesellschaftlichen Bedingungen möglichen Mensch-Seins zuzuerkennen, der ihnen als anthropologisches Faktum zukommt.« (Jürgen Hasse: *Fundsachen der Sinne. Eine phänomenologische Revision alltäglichen Erlebens.* S. 21, 24.)
[100] Michael Großheim: *Phänomenologie der Sensibilität.* Rostock 2008, S. 26.

der Moderne sonst dominant zu eigen ist. »Es geht«, so Großheim, »um eine Chance zur Entdeckung bisher verborgener Nuancen an den Gegenständen, um eine Bereicherung des Bildes von der Welt, in der wir leben.«[101] Menschen sollten die Deutungshoheit zwar institutionalisieren, um ihre eigene Begrenztheit im Sinne Blumenbergs zu kompensieren, aber im Interesse der Verantwortlichkeit nicht unkritisch werden. Am Ende bleibt die aufklärerische Aufforderung bestehen, das eigene Erleben im Kontrast zu überkommenen Deutungen ernsthaft zu prüfen. Lebensweltliche Wirklichkeit bleibt ein Kampffeld, auf dem weder Konstrukte noch Phänomene, weder leibliche Kommunikation noch entfremdete Subjektivität je ganz obsiegen werden, sondern nur ein kritisch-phänomenologischer Habitus, der der mit humaner Freiheit verbundenen Verantwortung gerecht zu werden vermag.

---

[101] Michael Großheim: *Phänomenologie der Sensibilität.* S. 28.

VI. Unendliches Zwiegespräch – ein Schlussplädoyer

Die Unterscheidung zwischen wirklichen und unwirklichen Erfahrungen ist ein Faktum der Lebenswelt, welches nicht zu leugnen ist. Selbst ein oft als Idealist titulierter Philosoph wie George Berkeley bestreitet dies keineswegs. Von seiner hier exemplarisch zitierten Differenzierung ist die Selbstverständlichkeit der Sonderung implizit abzulesen:

> Die durch den Urheber der Natur den Sinnen eingeprägten Ideen heißen wirkliche Dinge; diejenigen aber, welche durch die Einbildungskraft hervorgerufen werden und *weniger regelmäßig, lebhaft und beständig sind*, werden als Ideen im engeren Sinne oder als Bilder der Dinge [...] bezeichnet. [...] Es muß zugegeben werden, daß sie sinnlichen Ideen mehr Realität in sich tragen, d. h. sie sind *kräftiger, geordneter, zusammenhängender* als die Geschöpfe des Geistes [...].[1]

Ganz unwillkürlich greift Berkeley auf einen phänomal einsichtigen Unterschied zwischen Wahrnehmungen und Vorstellungen oder Gedanken zurück, den er der Sache nach nicht für erklärungsbedürftig hält. Die vorliegende Untersuchung hat sich solche vielerorts auffindbare Differenzen zum Ausgangspunkt genommen, um zu fragen, wie es eigentlich kommt, dass lebensweltlich Trennungen von Erlebnissen nach ihrem Wirklichkeitsgrad so ohne weiteres geschehen. Solcherlei Sonderungen sind zwar jederzeit Teil des Alltags – beim morgendlichen Erwachen zum Beispiel –, treten jedoch in noch klarerer Form in Momenten der Enttäuschung, Illusion, Entfremdung usw. hervor. An ihnen ist in besonderer Weise zu lernen, was es bedeutet, etwas als wirklich oder unwirklich zu erleben.

---

[1] George Berkeley: *Eine Abhandlung über die Prinzipien der menschlichen Erkenntnis.* S. 42 (§ 33). [Hervorh. v. S. K.]

Auf dem Weg der Analyse derartiger Wahrnehmungen hatte es sich als nützlich und geboten erwiesen, die Lebenswelt in ihrer Zwischenstellung zwischen den Phänomenen einerseits, den Konstrukten andererseits zu beleuchten. Bedingt durch diese ambivalente Position zeigte es sich, dass die Lebenswelt ein Kampfplatz ist, auf dem Wirklichkeiten durch eine nicht unerhebliche menschliche Konstruktionsleistung errungen oder zerstört werden. Doch zugleich mit der Analyse solcher Relativitäten trat – ausgehend vom pathologischen, nicht alltäglichen Erleben – deutlicher hervor, inwiefern hinter jedwedem Wahrnehmen von Wirklichem oder Unwirklichem bestimmte leibliche Kommunikationsvorgänge stehen. In sechs leibnahen Dimensionen ließen sich, dem breiten empirischen Fundus nach zu urteilen, die Vorgänge kategorisieren. Wiewohl im Einzelnen damit keine festen, stabilen, ewig gültigen Wirklichkeitskriterien gefunden sind, bietet das Inventar dennoch die Chance, alle Wahrnehmungen daran hinsichtlich der ihnen innewohnenden Wirklichkeitsanmutung zu prüfen. Neben diesen Dimensionen wurde darüber hinaus deutlich, in welcher Hinsicht eine Sphäre menschlicher Konstruktionsfreiheit besteht. Schon die komplexen Kompensationsdeutungen der Erkrankten verweisen darauf. Die als rationale und soziale Bereiche angesprochenen Dimensionen stehen in der heutigen Philosophie zumeist im Mittelpunkt der Aufmerksamkeit – etwa im Rahmen kulturtheoretischer oder soziologischer Arbeiten. Das ist zum Teil berechtigt, gestattet aber nicht, wie diese Studie zeigt, das Übersehen des leiblichen Bereichs, insbesondere nicht der leiblichen Dispositionen. Letztlich kulminiert die phänomenologische Analyse der pathologischen Wirklichkeitserfahrungen in der Aufstellung eines ethischen Postulats, das terminologisch als Lebensweltökologie gefasst wurde. Es dient dazu, die menschliche Konstruktionsfreiheit mit einer kritischen Reflexion zu versöhnen, die zwar nicht das absolut Unmittelbare hervorzukehren vermag, aber *die Menschen lehrt, ein demütiges, empfängliches Gespür für etwas Gegebenes, für ein wenn auch nur relativ unverfügbares Ungemachtes zu kultivieren.*

Damit ließe sich, wie am Ende vieler philosophischer Werke, die implizite Behauptung verbinden, es sei zu diesem Thema – vorläufig wenigstens – das Nötige gesagt. Ein Ende wäre erreicht. Jedoch entspräche eine solche Behauptung nicht dem Ethos, der der vorliegenden Studie eigen ist. Statt eines vermeintlich finalen Epilogs steht an ihrem Ende die Feststellung, dass die Auseinandersetzung um und mit lebensweltlicher Wirklichkeit unendlich ist. Sie bleibt fortwährendes Begleitgeräusch eines menschlichen Seins, welches durch einen weltoffenen Bezug gekennzeichnet ist. Nicht letztgültige Aussagen, sondern fortwährende dialogische Konfrontation ist gefordert, will man der Verantwortung, die den Menschen aus ihrer Freiheit erwächst, gerecht werden.

Für den hier versuchten Beitrag zu einer Ontologie der Lebenswelt sind vor allem vier Beschränkungen zu nennen, die nur in weiterführenden Beschäftigungen durch wiederum andere, gleichwohl ebenfalls beschränkte Analysen partiell überwunden werden können. Einerseits wäre es Aufgabe weiterer Forschungen, das empirische Bezugsfeld auszuweiten. Insbesondere eine Phänomenologie nicht-pathologischer Erlebnisweisen, die hier immer nur exemplarisch angedeutet wurde, verspricht gehaltvolle Einsichten. Außerdem bleibt zu wünschen, dass die Tradition erlebnisdeskriptiver Psychologie, wie sie zumindest zum Teil bei Sacks und Ramachandran wiederbelebt wird, eine Fortsetzung findet. Zweitens sind Phänomene immer allein durch ernsthafte Prüfung eines Individuums herauszustellen, in diesem Falle des Autors. Nur dialogische Philosophie – nicht notwendig nur im direkten Gespräch, sondern auch vermittels Rezeption – vermag diese Beschränkung zu beheben. Drittens hatte sich die vorliegende Studie explizit zu einem leibphänomenologischen Vorgriff bekannt. Er versprach vorderhand einen offenen Zugang zu den Phänomenen. Seine heuristische Fruchtbarkeit hat sich im Rahmen der Analyse der pathologischen Zeugnisse klar erwiesen. Gleichwohl bleibt auch dieser Vorgriff – ohne seine sachaufschließende Leistung zu bestreiten – notwendig »auf einem Auge blind«. Nur weitere und andersartige Vorgriffe vermögen es, hermeneutische blinde Flecken zu kompensieren. Schließlich ist als vierte Einseitigkeit der kulturelle Kontext zu bedenken, von dem sich trotz aller Bemühungen keine theoretische Abhandlung je ganz freimachen kann. Die Verweise auf die kulturvergleichende Psychologie und das Heranziehen von Zeugnissen aus ferneren Zeiten belegen aber, dass auch für diese Beschränktheit Möglichkeiten der Nivellierung bestehen, die einzulösen zukünftigen Arbeiten vorbehalten ist.

Diese vier »Makel« mindern allerdings keineswegs den Erkenntniswert der vorliegenden Studie, sondern durch das explizite Herausstellen dieser Aspekte kommt sie dem Gebot wissenschaftlicher Redlichkeit nach. Es besteht aufgrund der vorgenommenen Analysen berechtigte Hoffnung, dass die erarbeitete Grundstruktur der lebensweltlichen Wirklichkeitskonstitution im Spannungsfeld von leiblicher Kommunikation, Phänomenen und Deutungen durch zukünftige Überlegungen nicht gestürzt, sondern gerade gestützt wird. Der Anspruch auf Wahrheit wird durch ein Bewusstsein für eigene Erkenntnisgrenzen nicht relativiert, sondern erst legitimiert und vor totalitärer Hypostasierung bewahrt. Philosophie ist auf den Dialog mit anderen Menschen, Zeiten und Kulturen als der ihr wesentlichen Bedingung angewiesen. Aus diesem Grunde endet diese Arbeit eben nicht mit einem Epilog, sondern dem Hinweis auf die Notwendigkeit, das Zwiegespräch fortzusetzen. Es liegt an den Menschen, »[ihre] Enge aufzugeben, indem [sie] sich bemühen, die Bedeutungsfülle der Wirklichkeit auszuschöpfen.«[2]

Am Anfang der Überlegungen zum Zusammenhang von lebensweltlichen Erlebnissen und Wirklichkeit war festgestellt worden, dass Unwirklichkeiten eine Art »Abgrund« öffnen, der auf die Kontingenz menschlicher Welterfahrung deutet. Die Lebenswelt ist zumeist in der Lage, solche Risse zu überdecken. Doch bieten Täuschungen, Halluzinationen und Illusionen die fortwährende Möglichkeit, sich irritieren zu lassen. Diese Chance darf sich eine Kultur nicht entgehen lassen, will sie sich selbst über ihre lebensweltlichen Eigenarten aufklären können. Eine Kultur, die diese Besinnungsgelegenheit auslässt, würde der thematisierten menschlichen Verantwortlichkeit für Wirklichkeit nicht gerecht und gleicht in frappierender Weise dem Schizophrenen, der auf die fortwährenden Versuche, ihn von der Irrealität seiner Erlebnisse zu überzeugen, Folgendes äußerte:

---

[2] Erich Rothacker: »Mensch und Wirklichkeit«. S. 21.

Unendliches Zwiegespräch – ein Schlussplädoyer

Stürzen Sie mich doch nicht noch einmal in diesen furchtbaren Zweifel! Entlassen Sie mich und ich werde zeitlebens in dem schönen Wahn leben, daß mir eine Chance geboten wurde. Es ist doch das größte Erlebnis, das ich überhaupt hatte. Ich will diesen Gedanken gar nicht aufgeben. Ich will nicht wieder in diese furchtbaren Zweifel geraten.[3]

Es ist individuell wie kulturell möglich, sich in der Lebenswelt unkritisch einzurichten, aber dafür wäre der Preis des Verlustes der Chance auf aufgeklärte Autonomie zu zahlen. Es gibt für Menschen kein Zurück zum Eigentlichen, aber daraus folgt ebenso wenig die Berechtigung des unkritischen Hingebens an Gemachtes.

In dem dieser Arbeit vorangestellten Zitat des Teufels, wie es Thomas Mann ihm in den Mund gelegt hat, kommt die schwierige Stellung des Menschen in der Lebenswelt pointiert zum Ausdruck. Es bestünde die Möglichkeit, sich ganz an die objektiven Konstrukte zu halten, die einen stabilen Rahmen liefern. Aber was würde damit alles ungesagt und unbemerkt bleiben? Historisch hat sich bisher keine einzige theoretische Weltdeutung auf Dauer behaupten können, woher also die Zuversicht nehmen, dass die aktuell dominante die Welt »richtig« erfasst? Andererseits wäre der Rekurs auf die subjektive Erlebnisseite nicht weniger problembehaftet. Werden dadurch nicht insofern alle Menschen wahnhaft, als sie in selbstgemachte Wirklichkeiten fliehen? Nicht umsonst lässt Mann gerade den Teufel diese Seite der Wirklichkeit bewerben. Die Lebenswelt steht zwischen beiden Polen – und die Menschen sind ebenso wie Adrian Leverkühn aufgefordert, sich zu positionieren.

---

[3] Klaus Conrad: *Die beginnende Schizophrenie.* S. 15.

Bibliographie

Albert, Karl: *Die ontologische Erfahrung.* Ratingen, Kastellaun 1974.
Andermann, Kerstin: *Spielräume der Erfahrung. Kritik der transzendentalen Konstitution bei Merleau-Ponty, Deleuze und Schmitz.* München 2007.
Andermann, Kerstin: »Die Rolle ontologischer Leitbilder für die Bestimmung von Gefühlen als Atmosphären«, in: dies., U. Eberlein (Hrsg.): *Gefühle als Atmosphären. Neue Phänomenologie und philosophische Emotionstheorie.* Berlin 2011, S. 79–95.
Andermann, Kerstin; Eberlein, Undine (Hrsg.): *Gefühle als Atmosphären. Neue Phänomenologie und philosophische Emotionstheorie.* Berlin 2011.
Arendt, Hannah: *Vita activa oder Vom tätigen Leben.* München 1981.
Aristoteles: *Philosophische Schriften in sechs Bänden.* Darmstadt 1995.
Aristoteles: *Kleine naturwissenschaftliche Schriften (Parva naturalia).* Übers. v. E. Dönt. Stuttgart 1997.
Arnheim, Rudolf: *Kunst und Sehen. Eine Psychologie des schöpferischen Auges.* Übers. v. H. Hermann. Berlin 1978.
Asch, Solomon E.: »Studies of independence and conformity: I. A minority of one against a unanimous majority«, in: Psychological Monographs: General and applied, Bd. 70/9 (1956), S. 1–70.
Austin, John L.: *Sinn und Sinneserfahrung.* Hrsg. v. G. J. Warnock. Übers. v. E. Cassirer. Stuttgart 1975.
Ayer, Alfred J.: *The foundations of empirical knowledge.* London 1971.
Beare, John I.: *Greek theories of elementary cognition. From Alcmaeon to Aristotle.* Oxford 1906.
Benkel, Thorsten: *Die Signaturen des Realen. Bausteine einer soziologischen Topographie der Wirklichkeit.* Konstanz 2007.
Berger, Peter L.; Luckmann, Thomas: *Die gesellschaftliche Konstruktion der Wirklichkeit. Eine Theorie der Wissenssoziologie.* Übers. v. M. Plessner. Frankfurt 2010.
Berkeley, George: *Eine Abhandlung über die Prinzipien der menschlichen Erkenntnis.* Hrsg. v. A. Klemmt. Übers. v. F. Überweg. Hamburg 1979.
Bernard, Wolfgang: *Rezeptivität und Spontaneität der Wahrnehmung nach Aristoteles. Versuch einer Bestimmung der spontanen Erkenntnisleistung der Wahrnehmung bei Aristoteles in Abgrenzung gegen die rezeptive Auslegung der Sinnlichkeit bei Descartes und Kant.* Baden-Baden 1988.

Bibliographie

Bernet, Rudolf; Kern, Iso; Marbach, Eduard: *Edmund Husserl. Darstellung seines Denkens.* Hamburg 1989.

Binswanger, Ludwig: *Wahn. Beiträge zu seiner phänomenologischen und daseinsanalytischen Erforschung.* Pfullingen 1965.

Blankenburg, Wolfgang: *Der Verlust der natürlichen Selbstverständlichkeit. Ein Beitrag zur Psychopathologie symptomarmer Schizophrenien.* Stuttgart 1971.

Blankenburg, Wolfgang: »Perspektivität und Wahn«, in: ders. (Hrsg.): *Wahn und Perspektivität. Störungen im Realitätsbezug des Menschen und ihre Therapie.* Stuttgart 1991, S. 4–28.

Blumenberg, Hans: *Paradigmen zu einer Metaphorologie.* Frankfurt 1998.

Blumenberg, Hans: *Zu den Sachen und zurück.* Hrsg. v. M. Sommer. Frankfurt 2002.

Blumenberg, Hans: *Beschreibung des Menschen.* Hrsg. v. M. Sommer. Frankfurt 2006.

Blumenberg, Hans: »Einleitung«, in: ders.: *Wirklichkeiten in denen wir leben.* Stuttgart 2009, S. 3–6.

Blumenberg, Hans: »Lebenswelt und Technisierung unter Aspekten der Phänomenologie«, in: ders.: *Wirklichkeiten in denen wir leben. Aufsätze und eine Rede.* Stuttgart 2009, S. 7–54.

Böhme, Gernot: »Das Ding und seine Ekstasen. Ontologie und Ästhetik der Dinghaftigkeit«, in: ders.: *Atmosphären. Essays zur neuen Ästhetik.* Frankfurt 1995, S. 155–176.

Böhme, Gernot: »Phänomenologie als Kritik«, in: M. Großheim (Hrsg.): *Neue Phänomenologie zwischen Praxis und Theorie. Festschrift für Hermann Schmitz.* Freiburg, München 2008, S. 21–36.

Bollnow, Otto Friedrich: *Das Wesen der Stimmungen.* Frankfurt 1980.

Brandt, Reinhard: *Kritischer Kommentar zu Kants Anthropologie in pragmatischer Hinsicht.* Hamburg 1999.

Bröcker, Walter: *Aristoteles.* Frankfurt 1964.

Brückner, Burkhart: *Delirium und Wahn. Geschichte, Selbstzeugnisse und Theorien von der Antike bis 1900.* (2 Bde.) Hürtgenwald 2007.

Brunswik, Egon: *Wahrnehmung und Gegenstandswelt. Grundlegung einer Psychologie vom Gegenstand her.* Leipzig, Wien 1934.

Buytendijk, Frederik J. J.: *Mensch und Tier. Ein Beitrag zur vergleichenden Psychologie.* Hamburg 1958.

Calderón de la Barca, Pedro: *Das Leben ist ein Traum.* Übers. v. E. Gürster. Stuttgart 2005.

Canguilhem, Georges: »Versuch über einige Probleme, das Normale und das Pathologische betreffend«, in: ders.: *Das Normale und das Pathologische.* Übers. v. M. Noll, R. Schubert. Frankfurt, Berlin, Wien 1977, S. 9–156.

Capelle, Wilhelm (Hrsg.): *Die Vorsokratiker.* Stuttgart 1968.

Cassirer, Ernst: *Philosophie der symbolischen Formen. Dritter Teil: Phänomenologie der Erkenntnis.* Darmstadt 1982.

Bibliographie

Conrad, Klaus: *Die beginnende Schizophrenie. Versuch einer Gestaltanalyse des Wahns.* Stuttgart 1966.

Conrad-Martius, Hedwig: »Zur Ontologie und Erscheinungslehre der realen Außenwelt. Verbunden mit einer Kritik der positivistischen Theorien«, in: *Jahrbuch für Philosophie und phänomenologische Forschung.* Bd. 3 (1916), S. 345–543.

Conrad-Martius, Hedwig: »Realontologie«, in: *Jahrbuch für Philosophie und phänomenologische Forschung.* Bd. 6 (1923), S. 159–333.

Cornelius, Hans: *Versuch einer Theorie der Existentialurteile.* München 1894.

Cytowic, Richard E.: *Farben hören, Töne schmecken. Die bizarre Welt der Sinne.* Übers. v. H. Schickert. München 1996.

Damasio, Antonio R.: *Descartes' Irrtum. Fühlen, Denken und das menschliche Gehirn.* Übers. v. H. Kober. München 1997.

Dawkins, Richard: *Der Gotteswahn.* Übers. v. S. Vogel. Berlin 2010.

Demmerling, Christoph; Landweer, Hilge: *Philosophie der Gefühle. Von Achtung bis Zorn.* Stuttgart 2007.

Demmerling, Christoph: »Philosophie und die Aufklärung der Wissenschaften«, in: M. Großheim (Hrsg.): *Neue Phänomenologie zwischen Praxis und Theorie. Festschrift für Hermann Schmitz.* Freiburg, München 2008, S. 48–58.

Demmerling, Christoph: »Gefühle, Sprache und Intersubjektivität. Überlegungen zum Atmosphärenbegriff der Neuen Phänomenologie«, in: K. Andermann, U. Eberlein (Hrsg.): *Gefühle als Atmosphären. Neue Phänomenologie und philosophische Emotionstheorie.* Berlin 2011, S. 43–55.

Descartes, René: *Dioptrik.* Übers. v. G. Leisegang. Meisenheim am Glan 1954.

Descartes, René: *Les passions de l'âme. Die Leidenschaften der Seele.* Französisch – Deutsch. Übers. v. K. Hammacher. Hamburg 1984.

Descartes, René: *Meditationes de prima philosophia.* Lateinisch-deutsch. Hrsg. v. L. Gäbe. Hamburg 1992.

Dilthey, Wilhelm: »Beiträge zur Lösung der Frage vom Ursprung unseres Glaubens an die Realität der Außenwelt und seinem Recht«, in: ders.: *Gesammelte Schriften. Bd. V: Die geistige Welt. Einleitung in die Philosophie des Lebens. Erste Hälfte. Abhandlungen zur Grundlegung der Geisteswissenschaften.* Stuttgart 1990, S. 90–138.

Dornes, Martin: *Der kompetente Säugling. Die präverbale Entwicklung des Menschen.* Frankfurt 2004.

Ehrsson, H. Henrik: »The experimental induction of Out-of-body experiences«, in: Science, Bd. 317 (2007), S. 1048.

Ekman, Paul: *Ich weiß, dass du lügst. Was Gesichter verraten.* Übers. v. H. Mania. Reinbek bei Hamburg 2011.

Emrich, Hinderk M.; Zedler, Markus; Dillo, Wolfgang: »Synästhesie. Das Zusammenspiel der Sinne«, in: R. Rosenzweig (Hrsg.): *Nicht wahr?! Sinneskanäle, Hirnwindungen und Grenzen der Wahrnehmung.* Paderborn 2009, S. 183–195.

Engel, Andreas; König, Peter: »Das neurobiologische Wahrnehmungsparadigma. Eine kritische Bestandsaufnahme«, in: A. Engel, P. Gold (Hrsg.): *Der Mensch in der Perspektive der Kognitionswissenschaften.* Frankfurt 1998, S. 156–194.

Evans, Margiad: »Epilepsy«, in: B. Kaplan (Hrsg.): *The inner world of mental illness.*

Bibliographie

A series of first-person accounts of what it was like. New York, Evanston, London 1964, S. 345–355.

Ferran, Ingrid V.: *Die Emotionen. Gefühle in der realistischen Phänomenologie*. Berlin 2008.

Fischer, Joachim: *Philosophische Anthropologie. Eine Denkrichtung des 20. Jahrhunderts*. Freiburg, München 2008.

Fleck, Ludwik: *Entstehung und Entwicklung einer wissenschaftlichen Tatsache. Einführung in die Lehre vom Denkstil und Denkkollektiv*. Hrsg. v. L. Schäfer, T. Schnelle. Frankfurt 1980.

Fleck, Ludwik: »Über die wissenschaftliche Beobachtung und die Wahrnehmung im allgemeinen«, in: ders.: *Erfahrung und Tatsache. Gesammelte Aufsätze*. Hrsg. v. L. Schäfer, T. Schnelle. Frankfurt 1983, S. 59–83.

Foucault, Michel: *Wahnsinn und Gesellschaft. Eine Geschichte des Wahns im Zeitalter der Vernunft*. Übers. v. U. Köppen. Frankfurt 1973.

Foucault, Michel: *Die Ordnung der Dinge. Eine Archäologie der Humanwissenschaften*. Übers. v. U. Köppen. Frankfurt 1974.

Freedman, Barbara J.: »The subjective experience of perceptual and cognitive disturbances in schizophrenia«, in: Archives of general psychiatry, Bd. 30 (1974), S. 333–340.

Freud, Sigmund: »Die Traumdeutung«, in: ders.: *Gesammelte Werke. Bd. II/III*. Hrsg. v. A. Freud, E. Bibring, W. Hoffer, E. Kris, O. Isakower. Frankfurt 1968, S. 1–642.

Friedman, Michael: *Carnap. Cassirer. Heidegger. Getrennte Wege*. Übers. v. Arbeitsgruppe Analytische Philosophie am Institut für Philosophie der Universität Wien. Frankfurt 2004.

Fuchs, Thomas: »Außerkörperliche Erfahrung bei Reanimation. Zur Phänomenologie und Ätiologie der Nahtoderlebnisse«, in: Fundamenta psychiatrica. Psychiatrie und Psychotherapie in Theorie und Praxis, Bd. 10 (1996), S. 100–107.

Fuchs, Thomas: »Halluzinationen bei endogenen Psychosen«, in: H.-J. Möller, H. Przuntek, G. Laux (Hrsg.): *Therapie im Grenzgebiet von Psychiatrie und Neurologie*. Bd. 2. Berlin 1996, S. 59–72.

Fuchs, Thomas: *Psychopathologie von Leib und Raum. Phänomenologisch-empirische Untersuchungen zu depressiven und paranoiden Erkrankungen*. Darmstadt 2000.

Fuchs, Thomas: »Wirklichkeit und Entfremdung. Eine Analyse von Mechanismen der Derealisierung«, in: T. Buchheim, R. Schönberger, W. Schweidler (Hrsg.): *Die Normativität des Wirklichen. Über die Grenze zwischen Sein und Sollen*. Stuttgart 2002, S. 155–172.

Fuchs, Thomas: *Das Gehirn – ein Beziehungsorgan. Eine phänomenologisch-ökologische Konzeption*. Stuttgart 2008.

Fuchs, Thomas: »Jaspers' Reduktionismus-Kritik in der Gegenwart«, in: ders., K. Emig (Hrsg.): *Karl Jaspers – Philosophie und Psychopathologie*. Heidelberg 2008, S. 235–246.

Gadamer, Hans-Georg: *Wahrheit und Methode. Grundzüge einer philosophischen Hermeneutik*. Tübingen 1965.

Bibliographie

Gadenne, Volker: »Subjektivität und psychologische Wissenschaft. Zur Rolle der Erlebnisbeschreibung in der empirischen Psychologie«, in: J.-P. Janssen (Hrsg.): *Wie ist Psychologie möglich?* Freiburg, München 2008, S. 124–138.

Gallagher, Shaun: *How the body shapes the mind.* Oxford 2011.

Gallagher, Shaun; Zahavi, Dan: *The phenomenological mind.* London, New York 2012.

Gehlen, Arnold: *Wirklicher und unwirklicher Geist. Eine philosophische Untersuchung in der Methode absoluter Phänomenologie.* Leipzig 1931.

Gehlen, Arnold: *Urmensch und Spätkultur. Philosophische Ergebnisse und Aussagen.* Bonn 1956.

Gehlen, Arnold: *Der Mensch. Seine Natur und seine Stellung in der Welt.* Bonn 1958.

Gehring, Petra: *Traum und Wirklichkeit. Zur Geschichte einer Unterscheidung.* Frankfurt 2008.

Giebel, Marion (Hrsg.): *Träume in der Antike.* Griechisch/Lateinisch – Deutsch. Stuttgart 2006.

Gloy, Karen: *Wahrnehmungswelten.* Freiburg, München 2011.

Gogol, Nikolai: »Aufzeichnungen eines Wahnsinnigen«, in: ders.: *Aufzeichnungen eines Wahnsinnigen. Erzählungen.* Übers. v. R. Fritze-Hanschmann. Frankfurt 1988, S. 9–40.

Goldstein, Kurt: *Die Halluzinationen, ihre Entstehung, ihre Ursachen und ihre Realität.* Wiesbaden 1912.

Göller, Thomas: »Sind Kulturen und kulturelle Realitätssichten inkommensurabel?«, in: M. Kaufmann (Hrsg.): *Wahn und Wirklichkeit – Multiple Realitäten.* Frankfurt 2003, S. 269–283.

Gregory, Richard L.: *Auge und Gehirn. Psychologie des Sehens.* Übers. v. M. Niehaus. Reinbek bei Hamburg 2001.

Großheim, Michael: *Von Georg Simmel zu Martin Heidegger. Philosophie zwischen Leben und Existenz.* Bonn, Berlin 1991.

Großheim, Michael: »Blick, Leib und Herrschaft«, in: Der blaue Reiter. Journal für Philosophie, Bd. 4 (2/1996), S. 15–21.

Großheim, Michael: »Zur Aktualität der Lebensphilosophie«, in: ders. (Hrsg.): *Perspektiven der Lebensphilosophie. Zum 125. Geburtstag von Ludwig Klages.* Bonn 1999, S. 9–20.

Großheim, Michael: *Politischer Existentialismus. Subjektivität zwischen Entfremdung und Engagement.* Tübingen 2002.

Großheim, Michael: »Erkennen oder Entscheiden. Der Begriff der ›Situation‹ zwischen theoretischer und praktischer Philosophie«, in: *Internationales Jahrbuch für Hermeneutik.* Bd. 1 (2002), S. 279–300.

Großheim, Michael: *Phänomenologie der Sensibilität.* Rostock 2008.

Gurwitsch, Aron: »Beitrag zur phänomenologischen Theorie der Wahrnehmung«, in: Zeitschrift für philosophische Forschung, Bd. 13 (1959), S. 419–437.

Gurwitsch, Aron: *Das Bewusstseinsfeld.* Übers. v. W. D. Fröhlich. Berlin, New York 1975.

Hagen, Friedrich Wilhelm: *Die Sinnestäuschungen in Bezug auf Psychologie, Heilkunde und Rechtspflege.* Leipzig 1837.
Hartmann, Nicolai: *Grundzüge einer Metaphysik der Erkenntnis.* Berlin, Leipzig 1925.
Hartmann, Nicolai: *Zum Problem der Realitätsgegebenheit.* Berlin 1931.
Hartmann, Nicolai: »Systematische Selbstdarstellung«, in: ders.: *Kleinere Schriften. Bd. I: Abhandlungen zur systematischen Philosophie.* Berlin 1955, S. 1–51.
Hartmann, Nicolai: *Zur Grundlegung der Ontologie.* Berlin 1965.
Hasse, Jürgen: *Fundsachen der Sinne. Eine phänomenologische Revision alltäglichen Erlebens.* Freiburg, München 2005.
Hastedt, Heiner: *Gefühle. Philosophische Bemerkungen.* Stuttgart 2005.
Haug, Karl: *Die Störung des Persönlichkeitsbewusstseins und verwandte Entfremdungserlebnisse. Eine klinische und psychologische Studie.* Stuttgart 1936.
Heidegger, Martin: *Die Grundprobleme der Phänomenologie.* (= *Gesamtausgabe Bd. 24.*) Hrsg. v. F.-W. v. Herrmann. Frankfurt 1975.
Heidegger, Martin: »Vom Wesen des Grundes«, in: ders.: *Wegmarken* (= *Gesamtausgabe Bd. 9.*) Hrsg. v. F.-W. v. Herrmann. Frankfurt 1976, S. 123–175.
Heidegger, Martin: »Was ist Metaphysik?«, in: ders.: *Wegmarken* (= *Gesamtausgabe Bd. 9.*) Hrsg. v. F.-W. v. Herrmann. Frankfurt 1976, S. 103–122.
Heidegger, Martin: *Die Grundbegriffe der Metaphysik. Welt – Endlichkeit – Einsamkeit.* (= *Gesamtausgabe Bd. 29/30.*) Hrsg. v. F.-W. v. Herrmann. Frankfurt 1983.
Heidegger, Martin: *Die Frage nach dem Ding. Zu Kants Lehre von den transzendentalen Grundsätzen.* (= *Gesamtausgabe Bd. 41.*) Hrsg. v. P. Jaeger. Frankfurt 1984.
Heidegger, Martin: *Zur Bestimmung der Philosophie.* (= *Gesamtausgabe Bd. 56/57.*) Hrsg. v. B. Heimbüchel. Frankfurt 1987.
Heidegger, Martin: *Grundprobleme der Phänomenologie.* (= *Gesamtausgabe. Bd. 58.*) Hrsg. v. H.-H. Gander. Frankfurt 1993.
Heidegger, Martin: *Prolegomena zur Geschichte des Zeitbegriffs.* (= *Gesamtausgabe Bd. 20.*) Hrsg. v. P. Jaeger. Frankfurt 1994.
Heidegger, Martin: *Ontologie (Hermeneutik der Faktizität).* (= *Gesamtausgabe Bd. 63.*) Hrsg. v. K. Bröker-Oltmanns. Freiburg 1995.
Heidegger, Martin: *Sein und Zeit.* Tübingen 2001.
Held, Klaus: »Husserls neue Einführung in die Philosophie: der Begriff der Lebenswelt«, in: C. F. Gethmann (Hrsg.): *Lebenswelt und Wissenschaft. Studien zum Verhältnis von Phänomenologie und Wissenschaftstheorie.* Bonn 1991, S. 79–113.
Helmholtz, Hermann von: »Die Tatsachen in der Wahrnehmung«, in: ders.: *Philosophische Vorträge und Aufsätze.* Hrsg. v. S. Wollgast, H. Hörz. Berlin 1971, S. 247–299.
Homer: *Die Odyssee.* Übers. v. W. Schadewaldt. Reinbek bei Hamburg 2003.
Hume, David: *Eine Untersuchung über den menschlichen Verstand.* Übers. v. R. Richter. Leipzig 1949.
Husserl, Edmund: *Erfahrung und Urteil. Untersuchungen zur Genealogie der Logik.* Hrsg. v. L. Landgrebe. Hamburg 1948.

Bibliographie

Husserl, Edmund: *Ideen zu einer reinen Phänomenologie und phänomenologischen Philosophie. Zweites Buch: Phänomenologische Untersuchungen zur Konstitution.* (= *Husserliana Bd. IV.*) Hrsg. v. M. Biemel. Den Haag 1952.

Husserl, Edmund: *Ding und Raum. Vorlesungen 1907.* (= *Husserliana Bd. XVI.*) Hrsg. v. U. Claesges. Den Haag 1973.

Husserl, Edmund: *Ideen zu einer reinen Phänomenologie und phänomenologischen Philosophie. Erstes Buch: Allgemeine Einführung in die reine Phänomenologie.* (= *Husserliana Bd. III/1.*) Hrsg. v. K. Schumann. Den Haag 1976.

Husserl, Edmund: *Die Krisis der europäischen Wissenschaften und die transzendentale Phänomenologie. Eine Einleitung in die phänomenologische Philosophie.* (= *Husserliana Bd. VI.*) Hrsg. v. W. Biemel. Den Haag 1976.

Husserl, Edmund: *Phantasie, Bildbewusstsein, Erinnerung. Zur Phänomenologie der anschaulichen Vergegenwärtigungen. Texte aus dem Nachlaß (1898–1925).* (= *Husserliana Bd. XXIII.*) Hrsg. v. E. Marbach. Dordrecht, Boston, London 1980.

Husserl, Edmund: »Philosophie als strenge Wissenschaft«, in: ders.: *Aufsätze und Vorträge (1911–1921).* (= *Husserliana Bd. XXV.*) Hrsg. v. T. Neon, H. R. Sepp. Dordrecht, Boston, Lancaster 1987, S. 3–62.

Husserl, Edmund: »Cartesianische Meditationen. Eine Einleitung in die Phänomenologie«, in: ders.: *Cartesianische Meditationen und Pariser Vorträge.* (= *Husserliana Bd. I.*) Hrsg. v. S. Strasser. Dordrecht, Boston, London 1991, S. 41–183.

Husserl, Edmund: *Phänomenologische Psychologie. Vorlesungen Sommersemester 1925.* (= *Husserliana Bd. IX.*) Hrsg. v. W. Biemel. Dordrecht, Boston, London 1995.

Husserl, Edmund: *Wahrnehmung und Aufmerksamkeit. Texte aus dem Nachlaß (1893–1912).* (= *Husserliana Bd. XXXVIII.*) Hrsg. v. T. Vongehr, R. Giuliani. Dordrecht 2004.

Huxley, Aldous: *Die Pforten der Wahrnehmung. Himmel und Hölle.* Übers. v. H. E. Herlitschka. München 1981.

Ingarden, Roman: »Über die Möglichkeit einer Erkenntnis der Objektivität der sinnlichen Wahrnehmung«, in: ders.: *Zur Objektivität der sinnlichen Wahrnehmung.* (= *Gesammelte Werke Bd. 8.*) Hrsg. u. übers. v. W. Galewicz. Tübingen 1997, S. 1–37.

Ingarden, Roman: »Zum Problem der Objektivität der äußeren Wahrnehmung«, in: ders.: *Zur Objektivität der sinnlichen Wahrnehmung.* (= *Gesammelte Werke Bd. 8.*) Hrsg. u. übers. v. W. Galewicz. Tübingen 1997, S. 38–166.

Jaensch, Erich: »Revision der cartesianischen Zweifelsbetrachtung«, in: ders. (Hrsg.): *Über den Aufbau des Bewusstseins (unter besonderer Berücksichtigung der Kohärenzverhältnisse). 1. Teil.* Leipzig 1930, S. 347–369.

Jaensch, Erich: »Zur Philosophie der Wahrnehmung und psychologischen Grundlegung der Erkenntnistheorie«, in: ders. (Hrsg.): *Über den Aufbau des Bewusstseins (unter besonderer Berücksichtigung der Kohärenzverhältnisse). 1. Teil.* Leipzig 1930, S. 369–399.

James, William: *The principles of psychology.* Chicago, London, Toronto, Genf 1952.

Bibliographie

James, William: *Die Vielfalt religiöser Erfahrung. Eine Studie über die menschliche Natur.* Übers. v. E. Herms, C. Stahlhut. Frankfurt, Leipzig 1997.

Jaspers, Karl: »Zur Analyse der Trugwahrnehmungen (Leibhaftigkeit und Realitätsurteil)«, in: Zeitschrift für die gesamte Neurologie und Psychiatrie, Bd. 6 (1911), S. 460–535.

Jaspers, Karl: »Über leibhaftige Bewußtheiten (Bewußtheitstäuschungen), ein psychopathologisches Elementarsymptom«, in: Zeitschrift für Pathopsychologie, Bd. 2 (1914), S. 150–161.

Jaspers, Karl: *Allgemeine Psychopathologie.* Berlin, Göttingen, Heidelberg 1953.

Jaspers, Karl: *Philosophie II. Existenzerhellung.* Berlin, Heidelberg, New York 1973.

Jonas, Hans: *Das Prinzip Leben. Ansätze zu einer philosophischen Biologie.* Frankfurt 1997.

Jung, Matthias: »Die frühen Freiburger Vorlesungen und andere Schriften 1919–1923. Aufbau einer Philosophie im historischen Kontext«, in: D. Thomä (Hrsg.): *Heidegger-Handbuch. Leben – Werk – Wirkung.* Stuttgart, Weimar 2003, S. 13–22.

Kahan, Tracey L.; LaBerge, Stephen; Levitan, Lynne; Zimbardo, Philip: »Similarities and differences between dreaming and waking cognition. An exploratory study«, in: Consciousness and cognition, Bd. 6 (1997), S. 132–147.

Kant, Immanuel: *Anthropologie in pragmatischer Hinsicht.* Hrsg. v. R. Brandt. Hamburg 2000.

Kant, Immanuel: *Kritik der reinen Vernunft.* Hrsg. v. J. Timmermann. Hamburg 2003.

Kaplan, Bert (Hrsg.): *The inner world of mental illness. A series of first-person accounts of what it was like.* New York, Evanston, London 1964.

Kaufmann, Matthias: »Der Prestigeverlust der Wirklichkeit«, in: ders. (Hrsg.): *Wahn und Wirklichkeit – Multiple Realitäten.* Frankfurt 2003, S. 9–33.

Kirschmann, August: »Deception and reality«, in: The American journal of psychology, Bd. 14 (1903), S. 288–305.

Klages, Ludwig: *Vom Traumbewusstsein. Ein Fragment.* Hamburg 1952.

Kleint, Herbert: »Versuche über die Wahrnehmung«, in: Zeitschrift für Psychologie und Physiologie der Sinnesorgane. I. Abteilung: Zeitschrift für Psychologie, Bd. 138 (1936), S. 1–34, Bd. 140 (1937), S. 109–138, Bd. 141 (1937), S. 9–44, Bd. 142 (1938), S. 259–316, Bd. 149 (1940), S. 31–82.

Kloos, Gerhard: *Das Realitätsbewusstsein in der Wahrnehmung und Trugwahrnehmung.* Leipzig 1938.

Kluck, Steffen: »Enttäuschte Wirklichkeit – Phänomenologische Überlegungen«, in: ders., S. Volke (Hrsg.): *Näher dran? Zur Phänomenologie des Wahrnehmens.* Freiburg, München 2012, S. 167–191.

Klüver, Heinrich: *Mescal and mechanisms of hallucinations.* Chicago 1966.

Kohler, Ivo: *Über Aufbau und Wandlungen der Wahrnehmungswelt. Insbesondere über »bedingte Empfindungen«.* Wien 1951.

Köhler, Wolfgang: »Psychological remarks on some questions of anthropology«, in: The American journal of psychology, Bd. 50 (1937), S. 271–288.

Kouba, Petr: *Geistige Störung als Phänomen. Perspektiven des heideggerschen Denkens auf dem Gebiet der Psychopathologie.* Würzburg 2012.

Krausser, Peter: *Untersuchungen über den grundsätzlichen Anspruch der Wahrnehmung, Wahrnehmung zu sein. Beiträge zur Deskription und »Ontologie« der Erkenntnis.* Meisenheim am Glan 1959.

Kretschmer, Ernst: »Störungen des Gefühlslebens, Temperamente«, in: O. Bumke (Hrsg.): *Handbuch der Geisteskrankheiten. Erster Band: Allgemeiner Teil I.* Berlin 1928, S. 662–688.

Kretschmer, Ernst: *Körperbau und Charakter. Untersuchungen zum Konstitutionsproblem und zur Lehre von den Temperamenten.* Berlin 1936.

Kronfeld, Arthur: »Wahrnehmungsevidenz und Wahrnehmungstrug«, in: Monatsschrift für Psychiatrie und Neurologie, Bd. 68 (1928), S. 361–401.

Kügler, Peter: *Die Philosophie der primären und sekundären Qualitäten.* Paderborn 2002.

Kuhlmann, Andreas: »Bemerkungen zur Phänomenologie des Traumes«, in: M. Großheim (Hrsg.): *Wege zu einer volleren Realität. Neue Phänomenologie in der Diskussion.* Berlin 1994, S. 157–167.

Kuhn, Thomas S.: *Die Struktur wissenschaftlicher Revolutionen.* Übers. v. H. Vetter. Frankfurt 1976.

Külpe, Oswald: »Ueber die Objectivirung und Subjectivirung von Sinneseindrücken«, in: Philosophische Studien, Bd. 19 (1902), S. 508–556.

Kurson, Robert: *Der Blinde, der wieder sehen lernte. Eine wahre Geschichte.* Übers. v. U. Enderwitz. Hamburg 2008.

Laing, Ronald D.: *Phänomenologie der Erfahrung.* Übers. v. K. Figge, W. Stein. Frankfurt 1969.

Landgrebe, Ludwig: »Der phänomenologische Begriff der Erfahrung«, in: ders.: *Faktizität und Individuation. Studien zu den Grundfragen der Phänomenologie.* Hamburg 1982, S. 58–70.

Laplanche, Jean; Pontalis, Jean-Bertrand: *Das Vokabular der Psychoanalyse.* Frankfurt 1973.

Le Bon, Gustav: *Psychologie der Massen.* Übers. v. R. Eisler. Leipzig 1919.

Leibbrand, Werner; Wettley, Annemarie: *Der Wahnsinn. Geschichte der abendländischen Psychopathologie.* Freiburg, München 1961.

Lenggenhager, Bigna; Tadi, Tej; Metzinger, Thomas; Blanke, Olaf: »Video ergo sum. Manipulating bodily self-consciousness«, in: Science, Bd. 317 (2007), S. 1096–1098.

Lethen, Helmut: »Der Stoff der Evidenz«, in: M. Cuntz, B. Nitsche, I. Otto, M. Spaniol (Hrsg.): *Die Listen der Evidenz.* Köln 2006, S. 65–85.

Leyendecker, Herbert: *Zur Phänomenologie der Täuschungen. 1. Teil.* Halle 1913.

Locke, John: *Versuch über den menschlichen Verstand. Bd. I: Buch I und II.* Übers. v. C. Winckler. Hamburg 2000.

Lohmar, Dieter: *Phänomenologie der schwachen Phantasie. Untersuchungen der Psychologie, Cognitive Science, Neurologie und Phänomenologie zur Funktion der Phantasie in der Wahrnehmung.* Dordrecht 2008.

Bibliographie

Luckmann, Thomas: »Grenzen der Alltagserfahrung und Transzendenz«, in: O. Kolleritsch (Hrsg.): *Entgrenzungen in der Musik*. Wien 1987, S. 11–28.

Lukrez: *De rerum natura. Welt aus Atomen*. Lateinisch – Deutsch. Übers. v. K. Büchner. Zürich 1956.

Lyotard, Jean-François: »Beantwortung der Frage: Was ist postmodern?«, in: W. Welsch (Hrsg.): *Wege aus der Moderne. Schlüsseltexte der Postmoderne-Diskussion*. Weinheim 1988, S. 193–203.

Mach, Ernst: *Analyse der Empfindungen und das Verhältnis des Physischen zum Psychischen*. Jena 1919.

Malottki, Johannes von: *Das Problem des Gegebenen*. Berlin 1929.

Mann, Thomas: *Doktor Faustus. Das Leben des deutschen Tonsetzers Adrian Leverkühn erzählt von einem Freunde. (= Große kommentierte Frankfurter Ausgabe. Bd. 10.1.)* Hrsg. v. R. Wimmer. Frankfurt 2007.

Mayer-Gross, Willy: *Selbstschilderungen der Verwirrtheit. Die oneiroide Erlebnisform. Psychopathologisch-klinische Untersuchungen*. Berlin 1924.

Mayer-Gross, Willy; Stein, Johannes: »Über einige Abänderungen der Sinnestätigkeit im Meskalinrausch«, in: Zeitschrift für die gesamte Neurologie und Psychiatrie, Bd. 101 (1926), S. 354–386.

Mayer-Gross, Willy; Stein, Johannes: »Pathologie der Wahrnehmung«, in: O. Bumke (Hrsg.): *Handbuch der Geisteskrankheiten. Erster Band: Allgemeiner Teil I*. Berlin 1928, S. 351–507.

McDowell, John: *Geist und Welt*. Übers. v. T. Blume, H. Bräuer, G. Klaas. Frankfurt 2001.

Melle, Ulrich: *Das Wahrnehmungsproblem und seine Verwandlung in phänomenologischer Einstellung. Untersuchungen zu den phänomenologischen Wahrnehmungstheorien von Husserl, Gurwitsch und Merleau-Ponty*. The Hague, Boston, Lancaster 1983.

Merleau-Ponty, Maurice: *Phänomenologie der Wahrnehmung*. Übers. v. R. Boehm. Berlin 1966.

Merleau-Ponty, Maurice: »Das Auge und der Geist«, in: ders.: *Das Auge und der Geist. Philosophische Essays*. Hrsg. u. übers. v. H. W. Arndt. Hamburg 1967, S. 13–43.

Merleau-Ponty, Maurice: *Das Sichtbare und das Unsichtbare*. Hrsg. v. C. Lefort. Übers. v. R. Giuliani, B. Waldenfels. München 1986.

Merleau-Ponty, Maurice: »Das Primat der Wahrnehmung und seine philosophischen Konsequenzen«, in: ders.: *Das Primat der Wahrnehmung*. Hrsg. v. L. Wiesing. Übers. v. J. Schröder. Frankfurt 2003, S. 26–84.

Merleau-Ponty, Maurice: »Die Natur der Wahrnehmung«, in: ders.: *Das Primat der Wahrnehmung*. Hrsg. v. L. Wiesing. Übers. v. J. Schröder. Frankfurt 2003, S. 10–25.

Metzger, Wolfgang: »Optische Untersuchungen am Ganzfeld. II. Mitteilung: Die Phänomenologie des homogenen Gesamtfeldes«, in: Psychologische Forschung, Bd. 13 (1930), S. 6–29.

Metzger, Wolfgang: *Psychologie. Die Entwicklung ihrer Grundannahmen seit der Einführung des Experiments.* Darmstadt 1954.

Meyer, Eugene; Covi, Lino: »The experience of depersonalization: A written report by a patient«, in: B. Kaplan (Hrsg.): *The inner world of mental illness. A series of first-person accounts of what it was like.* New York, Evanston, Boston 1964, S. 254-259.

Meyer, Joachim-Ernst: *Die Entfremdungserlebnisse. Über Herkunft und Entstehungsweisen der Depersonalisation.* Stuttgart 1959.

Meyer, Joachim-Ernst: »Depersonalisation und Zwang als polare Störung der Ich-Außenwelt-Beziehung«, in: ders. (Hrsg.): *Depersonalisation.* Darmstadt 1968, S. 300-319.

Michaux, Henri: *Turbulenz im Unendlichen.* Übers. v. K. Leonhardt. Frankfurt 1961.

Michaux, Henri: *Zwischen Tag und Traum.* Übers. v. S. Kaiser. Frankfurt 1971.

Miller, Greg: »Out-of-body experiences enter the laboratory«, in: Science, Bd. 317 (2007), 1020-1021.

Mohanty, Jitendra N.: »Modes of givenness«, in: ders.: *Phenomenology and ontology.* Den Haag 1970, S. 3-11.

Nagel, Thomas: *Die Grenzen der Objektivität. Philosophische Vorlesungen.* Hrsg. u. übers. v. M. Gebauer. Stuttgart 2005.

Nietzsche, Friedrich: »Jenseits von Gut und Böse«, in: ders.: *Kritische Studienausgabe. Bd. 5.* Hrsg. v. G. Colli, M. Montinari. München 1980, S. 9-243.

Nietzsche, Friedrich: »Unzeitgemäße Betrachtungen II: Vom Nutzen und Nachtheil der Historie für das Leben«, in: ders.: *Kritische Studienausgabe. Bd. I.* Hrsg. v. G. Colli und M. Montinari. München 1999, S. 243-334.

Noë, Alva: *Action in perception.* Cambridge (Mass.) 2006.

Oesterreich, Konstantin: »Die Entfremdung der Wahrnehmungswelt und die Depersonnalisation in der Psychasthenie. Ein Beitrag zur Gefühlspsychologie«, in: Journal für Psychologie und Neurologie, Bd. 7 (1905/06), S. 253-276, Bd. 8 (1906/07), S. 61-97, 141-174, 220-237, Bd. 9 (1907), S. 15-53.

Parnas, Josef; Zahavi, Dan: »The link: Philosophy – Psychopathology – Phenomenology«, in: D. Zahavi: *Exploring the self. Philosophical and psychopathological perspectives on self-experience.* Amsterdam, Philadelphia 2000, S. 1-16.

Passweg, Salcia: *Phänomenologie und Ontologie. Husserl – Scheler – Heidegger.* Leipzig, Strassburg, Zürich 1939.

Pauen, Michael: »Neurowissenschaften und Selbstverständnis. Warum keine Revision unseres Menschenbildes durch den wissenschaftlichen Fortschritt droht«, in: R. Rosenzweig (Hrsg.): *Nicht wahr?! Sinneskanäle, Hirnwindungen und Grenzen der Wahrnehmung.* Paderborn 2009, S. 209-231.

Perky, Cheves W.: »An experimental study of imagination«, in: The American journal of psychology, Bd. 21 (1910), S. 422-452.

Pessoa, Fernando: *Das Buch der Unruhe des Hilfsbuchhalters Bernardo Soares.* Hrsg. v. R. Zenith. Übers. v. I. Koebel. Zürich 2006.

Peursen, Cornelis Anthonie van: »Phänomenologie und Heuristik«, in: *Phänomenologische Forschungen*. Bd. 1. Hrsg. v. d. Deutschen Gesellschaft für phänomenologische Forschung. Freiburg, München 1975, S. 75–88.

Pfeiffer, Wolfgang M.: *Transkulturelle Psychiatrie. Ergebnisse und Probleme.* Stuttgart, New York 1994.

Piaget, Jean: *Der Aufbau der Wirklichkeit beim Kinde.* (= Gesammelte Werke 2.) Übers. v. J.-U. Sandberger, C. Thirion, H.-L. Wunberg. Stuttgart 1975.

Pick, Arnold: »Zur Lehre von den Störungen des Realitätsurteils bezüglich der Außenwelt; zugleich ein Beitrag zur Lehre vom Selbstbewußtsein«, in: Zeitschrift für Pathopsychologie, Bd. 1 (1912), S. 67–86.

Plas, Guillame: »Die Schüler Erich Rothackers. Ableger historistischen Denkens in der deutschen Philosophie der Nachkriegszeit«, in: Archiv für Begriffsgeschichte, Bd. 54 (2012), S. 195–222.

Platon: *Werke in acht Bänden.* Griechisch und Deutsch. Hrsg. v. G. Eigler. Darmstadt 2005.

Plessner, Helmuth: »Anthropologie der Sinne«, ders.: *Anthropologie der Sinne. (= Gesammelte Schriften III.)* Hrsg. v. G. Dux, O. Marquard, E. Ströker. Frankfurt 1980, S. 317–393.

Plessner, Helmuth: »Die Einheit der Sinne. Grundlinien einer Ästhesiologie des Geistes«, in: ders.: *Anthropologie der Sinne. (= Gesammelte Schriften III.)* Hrsg. v. G. Dux, O. Marquard, E. Ströker. Frankfurt 1980, S. 7–315.

Poincaré, Henri: *Wissenschaft und Hypothese.* Übers. v. F. Lindemann, L. Lindemann. Berlin 2003.

Popper, Karl: *Logik der Forschung.* Tübingen 2002.

Quine, Willard Van Orman: *Welt und Gegenstand.* Übers. v. J. Schulte, D. Birnbacher. Stuttgart 2002.

Radkau, Joachim: *Das Zeitalter der Nervosität. Deutschland zwischen Bismarck und Hitler.* München, Wien 1998.

Radkau, Joachim: *Max Weber. Die Leidenschaft des Denkens.* München, Wien 2005.

Rafael, Susanne: *Kopfzerbrechen. Notizen aus dem Koma und der Zeit danach.* Frankfurt 2007.

Ramachandran, Vilaynur S.; Blakeslee, Sandra: *Die blinde Frau, die sehen kann. Rätselhafte Phänomene unseres Bewusstseins.* Übers. v. H. Kober. Reinbek bei Hamburg 2009.

Ratcliffe, Matthew: *Feelings of being. Phenomenology, psychiatry and the sense of reality.* Oxford 2008.

Rehberg, Karl-Siegbert: »Der unverzichtbare Kulturbegriff«, in: D. Baecker, M. Kettner, D. Rustemeyer (Hrsg.): *Über Kultur. Theorie und Praxis der Kulturreflexion.* Bielefeld 2008, S. 29–43.

Rentsch, Thomas: »Rezension von Hermann Schmitz: Der unerschöpfliche Gegenstand«, in: Philosophische Rundschau, Bd. 40 (1993), S. 121–128.

Rombach, Heinrich: »Phänomenologie heute«, in: *Phänomenologische Forschungen.* Bd. 1. Hrsg. v. d. Deutschen Gesellschaft für phänomenologische Forschung. Freiburg, München 1975, S. 11–30.

Bibliographie

Rombach, Heinrich: »Das Phänomen Phänomen«, in: *Phänomenologische Forschungen*. Bd. 9. Hrsg. v. d. Deutschen Gesellschaft für phänomenologische Forschung. Freiburg, München 1980, S. 7–32.

Rombach, Heinrich: *Strukturontologie. Eine Phänomenologie der Freiheit.* Freiburg, München 1988.

Rosenzweig, Rainer: »Einleitung. Sinne, Wahrnehmung und die Welt in unseren Köpfen«, in: ders. (Hrsg.): *Nicht wahr?! Sinneskanäle, Hirnwindungen und Grenzen der Wahrnehmung.* Paderborn 2009, S. 9–23.

Rosinski, Adolf: »Die Wirklichkeit als Phänomen des Geistes«, in: Philosophische Monatshefte, Bd. XXVIII (1892), S. 129–153, 257–277.

Roth, Gerhard: *Das Gehirn und seine Wirklichkeit. Kognitive Neurobiologie und ihre philosophischen Konsequenzen.* Frankfurt 1997.

Rothacker, Erich: *Geschichtsphilosophie.* München, Berlin 1934.

Rothacker, Erich: *Probleme der Kulturanthropologie.* Bonn 1948.

Rothacker, Erich: »Mensch und Wirklichkeit«, in: *Der Bund. Jahrbuch.* Bd. 2 (1948/49), S. 5–22.

Russell, Bertrand: *Unser Wissen von der Außenwelt.* Übers. v. W. Rothstock, M. Otte. Hamburg 2004.

Sacks, Oliver: *Der Mann, der seine Frau mit einem Hut verwechselte.* Übers. v. D. v. Gunsteren. Reinbek bei Hamburg 2004.

Safranski, Rüdiger: »Der erkaltete Eros«, in: M. Baßler, E. van der Knaap (Hrsg.): *Die (k)alte Sachlichkeit. Herkunft und Wirkungen eines Konzepts.* Würzburg 2004, S. 9–17.

Sartre, Jean-Paul: *Das Imaginäre. Phänomenologische Psychologie der Einbildungskraft. (= Gesammelte Werke. Philosophische Schriften I.)* Hrsg. v. V. v. Wroblewsky. Übers. v. H. Schöneberg, V. v. Wroblewsky. Reinbek bei Hamburg 1994.

Sartre, Jean-Paul: »Die Imagination«, in: ders.: *Die Transzendenz des Ego. Philosophische Essays 1931–1939. (= Gesammelte Werke in Einzelausgaben. Philosophische Schriften. Band I.)* Hrsg. v. V. v. Wroblewsky. Übers. v. U. Aumüller, T. König, B. Schuppener. Reinbek bei Hamburg 1997, S. 97–254.

Sartre, Jean-Paul: »Eine fundamentale Idee der Phänomenologie Husserls: die Intentionalität«, in: ders.: *Die Transzendenz des Ego. Philosophische Essays 1931–1939. (= Gesammelte Werke in Einzelausgaben. Philosophische Schriften. Band I.)* Hrsg. v. V. v. Wroblewsky. Übers. v. U. Aumüller, T. König, B. Schuppener. Reinbek bei Hamburg 1997, S. 33–38.

Sartre, Jean-Paul: *Das Sein und das Nichts. Versuch einer phänomenologischen Ontologie.* Übers. v. H. Schöneberg, T. König. Reinbek bei Hamburg 2003.

Schantz, Richard: *Der sinnliche Gehalt der Wahrnehmung.* München, Hamden, Wien 1990.

Schantz, Richard: »Wahrnehmung und Wirklichkeit«, in: ders. (Hrsg.): *Wahrnehmung und Wirklichkeit.* Frankfurt, Paris, Lancaster, New Brunswick 2009, S. 7–18.

Schapp, Wilhelm: *Beiträge zur Phänomenologie der Wahrnehmung.* Wiesbaden 1976.

Bibliographie

Scharfetter, Christian: *Allgemeine Psychopathologie. Eine Einführung.* Stuttgart, New York 2002.

Scheler, Max: »Über Selbsttäuschungen«, in: Zeitschrift für Pathopsychologie, Bd. 1 (1912), S. 87–163.

Scheler, Max: »Erkenntnis und Arbeit«, in: ders.: *Die Wissensformen und die Gesellschaft.* Leipzig 1926, S. 231–486.

Scheler, Max: »Probleme einer Soziologie des Wissens«, in: ders.: *Die Wissensformen und die Gesellschaft.* Leipzig 1926, S. 1–229.

Schilder, Paul: »Deskriptiv-psychologische Analyse der Depersonalisation«, in: J.-E. Meyer (Hrsg.): *Depersonalisation.* Darmstadt 1968, S. 46–141.

Schlick, Moritz: »Über das Fundament der Erkenntnis«, in: Erkenntnis, Bd. 4 (1934), S. 79–99.

Schmidt, Siegfried J.: »Der Radikale Konstruktivismus. Ein neues Paradigma im interdisziplinären Diskurs«, in: ders. (Hrsg.): *Der Diskurs des Radikalen Konstruktivismus.* Frankfurt 1987, S. 11–88.

Schmitz, Hermann: »Die phänomenologische Methode in der Philosophie«, in: ders.: *Neue Phänomenologie.* Bonn 1980, S. 10–27.

Schmitz, Hermann: *Der Ursprung des Gegenstandes. Von Parmenides bis Demokrit.* Bonn 1988.

Schmitz, Hermann: *Neue Grundlagen der Erkenntnistheorie.* Bonn 1994.

Schmitz, Hermann: »Situationen oder Sinnesdaten – Was wird wahrgenommen?«, in: Allgemeine Zeitschrift für Philosophie, Bd. 19/2 (1994), S. 1–21.

Schmitz, Hermann: »Wozu Neue Phänomenologie?«, in: M. Großheim (Hrsg.): *Wege zu einer volleren Realität. Neue Phänomenologie in der Diskussion.* Berlin 1994, S. 7–18.

Schmitz, Hermann: *Der unerschöpfliche Gegenstand. Grundzüge der Philosophie.* Bonn 1995.

Schmitz, Hermann: *Husserl und Heidegger.* Bonn 1996.

Schmitz, Hermann: *Höhlengänge. Über die gegenwärtige Aufgabe der Philosophie.* Berlin 1997.

Schmitz, Hermann: *Adolf Hitler in der Geschichte.* Bonn 1999.

Schmitz, Hermann: *Der Spielraum der Gegenwart.* Bonn 1999.

Schmitz, Hermann: »Wahrnehmung als Kommunikation mit vielsagenden Eindrücken«, in: ders., G. Marx, A. Moldzio: *Begriffene Erfahrung. Beiträge zur antireduktionistischen Phänomenologie.* Rostock 2002, S. 54–64.

Schmitz, Hermann: *Was ist Neue Phänomenologie?* Rostock 2003.

Schmitz, Hermann: *Situationen und Konstellationen. Wider die Ideologie totaler Vernetzung.* Freiburg, München 2005.

Schmitz, Hermann: *System der Philosophie. Bd. I: Die Gegenwart.* Bonn 2005.

Schmitz, Hermann: *System der Philosophie. Bd. II/1: Der Leib.* Bonn 2005.

Schmitz, Hermann: *System der Philosophie. Bd. II/2: Der Leib im Spiegel der Kunst.* Bonn 2005.

Schmitz, Hermann: *System der Philosophie. Bd. III/1: Der leibliche Raum.* Bonn 2005.

Bibliographie

Schmitz, Hermann: *System der Philosophie. Bd. III/4: Das Göttliche und der Raum*. Bonn 2005.

Schmitz, Hermann: *System der Philosophie. Bd. III/5: Die Wahrnehmung*. Bonn 2005.

Schmitz, Hermann: *System der Philosophie. Bd. IV: Die Person*. Bonn 2005.

Schmitz, Hermann: *System der Philosophie. Bd. V: Die Aufhebung der Gegenwart*. Bonn 2005.

Schmitz, Hermann: »Was ist ein Phänomen?«, in: D. Schmoll, A. Kuhlmann (Hrsg.): *Symptom und Phänomen. Phänomenologische Zugänge zum kranken Menschen*. Freiburg, München 2005, S. 16–28.

Schmitz, Hermann: *Der Weg der europäischen Philosophie. Eine Gewissenserforschung. Bd. 2: Nachantike Philosophie*. Freiburg, München 2007.

Schmitz, Hermann: »Das Neue als Unruhe der Zeit«, in: W. Sohst (Hrsg.): *Die Figur des Neuen*. Berlin 2008, S. 3–16.

Schmitz, Hermann: *Kurze Einführung in die Neue Phänomenologie*. Freiburg, München 2009.

Schmitz, Hermann: *Bewusstsein*. Freiburg, München 2010.

Schmitz, Hermann: *Jenseits des Naturalismus*. Freiburg, München 2010.

Schmitz, Hermann: »Die zeichenlose Botschaft«, in: M. Großheim, S. Volke (Hrsg.): *Gefühl, Geste, Gesicht. Zur Phänomenologie des Ausdrucks*. Freiburg, München 2010, S. 18–29.

Schmitz, Hermann: *Der Leib*. Berlin, Boston 2011.

Schmitz, Hermann; Sohst, Wolfgang: *Hermann Schmitz im Dialog. Neun neugierige und kritische Fragen an die Neue Phänomenologie*. Berlin 2005.

Schnädelbach, Herbert: »Morbus hermeneuticus – Thesen über eine philosophische Krankheit«, in: ders.: *Vernunft und Geschichte*. Frankfurt 1987, S. 279–284.

Schneider, Carl: »Über Sinnentrug. I. Beitrag«, in: Zeitschrift für die gesamte Neurologie und Psychiatrie, Bd. 131 (1931), S. 719–813.

Schneider, Carl: »Über Sinnentrug. II. Abschnitt: Die Frage der Klassifikation des Sinnentrugs und die Voraussetzungen zur Erforschung seiner Entstehungsbedingungen und Erscheinungsgesetze«, in: Zeitschrift für die gesamte Neurologie und Psychiatrie, Bd. 132 (1931), S. 458–521.

Schorsch, Gerhard: *Zur Theorie der Halluzinationen*. Leipzig 1934.

Schütz, Alfred: »On multiple realities«, in: Philosophy and phenomenological research, Bd. 5 (1945), S. 533–576.

Sellars, Wilfrid: *Empiricism and the philosophy of mind*. Cambridge (Mass.) 1997.

Senden, Marius von: *Raum- und Gestaltauffassung bei operierten Blindgeborenen vor und nach der Operation*. Leipzig 1938.

Sextus Empiricus: *Grundriß der pyrrhonischen Skepsis*. Übers. v. M. Hossenfelder. Frankfurt 1985.

Shimada, Shingo: »Multiple Wirklichkeiten? Überlegungen aus kulturvergleichender Perspektive«, in: M. Kaufmann (Hrsg.): *Wahn und Wirklichkeit – Multiple Realitäten*. Frankfurt 2003, S. 323–332.

Bibliographie

Siegel, Ronald K.: *Halluzinationen. Expedition in eine andere Wirklichkeit.* Übers. v. G. Panske. Reinbek bei Hamburg 1998.

Slaby, Jan: *Gefühl und Weltbezug. Die menschliche Affektivität im Kontext eines neoexistentialistischen Konzepts von Personalität.* Paderborn 2008.

Snell, Bruno: *Die Entdeckung des Geistes. Studien zur Entstehung des europäischen Denkens bei den Griechen.* Hamburg 1948.

Soentgen, Jens: *Die verdeckte Wirklichkeit. Einführung in die Neue Phänomenologie von Hermann Schmitz.* Bonn 1998.

Sommer, Manfred: *Husserl und der frühe Positivismus.* Frankfurt 1985.

Specht, Wilhelm: »Zur Phänomenologie und Morphologie der pathologischen Wahrnehmungstäuschungen«, in: Zeitschrift für Pathopsychologie, Bd. 2 (1912/14), S. 1–35, 121–143, 481–569.

Specht, Wilhelm: *Wahrnehmung und Halluzination.* Leipzig, Berlin 1914.

Spiegelberg, Herbert: »The ›reality-phenomenon‹ and reality«, in: M. Farber (Hrsg.): *Philosophical essays in memory of Edmund Husserl.* Cambridge (Mass.) 1975, S. 84–105.

Spiegelberg, Herbert: *The phenomenological movement. A historical introduction.* Dordrecht, Boston, London 1994.

Spranger, Eduard: *Die Urschichten des Wirklichkeitsbewusstseins. I.* Berlin 1934.

Stadler, Michael; Kruse, Peter: »Über Wirklichkeitskriterien«, in: V. Riegas, C. Vetter (Hrsg.): *Zur Biologie der Kognition. Ein Gespräch mit Humberto R. Maturana und Beiträge zur Diskussion seines Werkes.* Frankfurt 1993, S. 133–158.

Staudacher, Alexander: *Das Problem der Wahrnehmung.* Paderborn 2011.

Störring, Ernst: »Die Depersonalisation. Eine psychopathologische Untersuchung«, in: Archiv für Psychiatrie und Nervenkrankheiten, Bd. 98 (1933), S. 462–545.

Straus, Erwin: *Vom Sinn der Sinne. Ein Beitrag zur Grundlegung der Psychologie.* Berlin, Göttingen, Heidelberg 1956.

Straus, Erwin: »Ästhesiologie und ihre Bedeutung für Halluzinationen«, in: ders., J. Zutt (Hrsg.): *Die Wahnwelten (Endogene Psychosen).* Frankfurt 1963, S. 115–147.

Strawson, Peter F.: *Einzelding und logisches Subjekt. Ein Beitrag zur deskriptiven Metaphysik.* Übers. v. F. Scholz. Stuttgart 1972.

Stumpf, Carl: *Erkenntnislehre. Bd. I.* Leipzig 1939.

Theunissen, Michael: *Negative Theologie der Zeit.* Frankfurt 1997.

Thomas, William I.; Thomas, Dorothy S.: *The child in America. Behavior problems and programs.* New York 1928.

Uexküll, Jakob von; Kriszat, Georg: »Streifzüge durch die Umwelten von Tieren und Menschen«, in: dies.: *Streifzüge durch die Umwelten von Tieren und Menschen. Bedeutungslehre.* Hamburg 1956, S. 19–101.

Uslar, Detlef von: *Der Traum als Welt. Untersuchungen zur Ontologie und Phänomenologie des Traums.* Pfullingen 1964.

Vogelsang, Frank: *Offene Wirklichkeit. Ansatz eines phänomenologischen Realismus nach Merleau-Ponty.* Freiburg, München 2011.

Volke, Stefan: *Sprachphysiognomik. Grundlagen einer leibphänomenologischen Beschreibung der Lautwahrnehmung.* Freiburg, München 2007.

Volkelt, Hans: *Über die Vorstellungen der Tiere. Ein Beitrag zur Entwicklungspsychologie.* Leipzig, Berlin 1914.

Waldenfels, Bernhard: *Sinnesschwellen. Studien zur Phänomenologie des Fremden 3.* Frankfurt 1999.

Waldenfels, Bernhard: *Das leibliche Selbst. Vorlesungen zur Phänomenologie des Leibes.* Frankfurt 2000.

Wallraff, Günter: *Meskalin – ein Selbstversuch.* Berlin 1968.

Watzlawick, Paul: *Wie wirklich ist die Wirklichkeit? Wahn, Täuschung, Verstehen.* München 1978.

Weinberg, Johann R.: *Der Wirklichkeitskontakt und seine philosophischen Deutungen.* Meisenheim am Glan 1971.

Weischedel, Wilhelm: »Zum Problem der metaphysischen Erfahrung«, in: ders.: *Wirklichkeit und Wirklichkeiten. Aufsätze und Vorträge.* Berlin 1960, S. 103–112.

Wellek, Albert: »Das Bewußtsein und die phänomenologische Methode in der Psychologie«, in: ders.: *Ganzheitspsychologie und Strukturtheorie. Zwölf Abhandlungen zur Psychologie und philosophischen Anthropologie.* Bern, München 1969, S. 223–238.

Welsch, Wolfgang: *Unsere postmoderne Moderne.* Weinheim 1991.

Werner, Heinz: *Einführung in die Entwicklungspsychologie.* München 1953.

Wiesing, Lambert (Hrsg.): *Philosophie der Wahrnehmung. Modelle und Reflexionen.* Frankfurt 2002.

Wiesing, Lambert: *Das Mich der Wahrnehmung. Eine Autopsie.* Frankfurt 2009.

Wietrzychowski, Kurt: *Beitrag zur Geschichte der Theorie der Halluzinationen.* München 1961.

Wittgenstein, Ludwig: »Philosophische Untersuchungen«, in: ders.: *Werkausgabe Bd. 1: Tractatus logico-philosophicus. Tagebücher 1914–1916. Philosophische Untersuchungen.* Frankfurt 1984, S. 255–580.

Wittgenstein, Ludwig: »Tractatus logico-philosophicus. Logisch-philosophische Abhandlung«, in: ders.: *Werkausgabe Bd. 1: Tractatus logico-philosophicus. Tagebücher 1914–1916. Philosophische Untersuchungen.* Frankfurt 1984, S. 7–85.

Wolfradt, Uwe: *Depersonalisation. Selbstentfremdung und Realitätsstörung.* Köln 2003.

Wolfradt, Uwe: »Depersonalisation und Derealisation als Störungen des Wirklichkeitsbewusstseins«, in: M. Kaufmann (Hrsg.): *Wahn und Wirklichkeit – Multiple Realitäten.* Frankfurt 2003, S. 119–138.

Zucker, Konrad: »Experimentelles über Sinnestäuschungen«, in: Archiv für Psychiatrie und Nervenkrankheiten, Bd. 83 (1928), S. 706–754.

Zuckerman, Marvin; Cohen, Nathan: »Sources of reports of visual and auditory sensations in perceptual-isolation experiments«, in: Psychological Bulletin, Bd. 62 (1964), S. 1–20.

Danksagung

Wird ein Werk abgeschlossen, steht es fortan nur noch unter dem Namen seines Autors in der Welt. Zugleich ist es aber offensichtlich, dass in die Ausarbeitung der eigenen Gedanken zahlreiche Gespräche, Diskussionen, Vorträge, Hinweise usw. einfließen, die einen wesentlichen Teil der Rahmenbedingungen darstellen, die einen Denkprozess überhaupt erst ermöglichen. Daher möchte ich am Ende die Gelegenheit nutzen, den Menschen, die mir implizite »Co-Autoren« waren, noch einmal ausdrücklich zu danken.

Die vorliegende Arbeit geht im Wesentlichen auf meine im April 2012 an der Philosophischen Fakultät der Universität Rostock eingereichte und im Oktober 2012 verteidigte Dissertation zurück. Zuvorderst ist daher meinem Betreuer und Mentor Michael Großheim zu danken, der den langwierigen Entstehungsprozess geduldig, offen und interessiert begleitet hat. Ich schulde ihm in Hinsicht der Entwicklung eines philosophischen Ethos mehr, als dass es sich in Worten fassen ließe.

Weiterhin danke ich Heiner Hastedt und Christoph Demmerling für die Bereitschaft, die Arbeit als Gutachter zu begleiten. Beiden bin ich für die kritischen Anmerkungen sehr dankbar, da sie meinen eigenen Horizont wesentlich erweitert haben. Dies gilt insbesondere für die Auseinandersetzung Demmerlings mit der Neuen Phänomenologie, die in ihrer Art und Weise immer anregend und produktiv war.

Ich hatte das Glück, am Institut für Philosophie der Universität Rostock ein offenes Ohr bei vielen Interessierten gefunden zu haben. Bertram Kienzle sei dafür gedankt, dass er – obwohl mit meinem Zugriff nicht konform gehend – sich den Diskussionen bereitwillig stellte. Auch Andris Breitling, Henning Nörenberg und

Danksagung

Christian Klager haben mit Anregungen – ihnen selbst oft gar nicht bewusst – meine Überlegungen vorangebracht. Gleiches gilt für Wolfgang Bernards Vorlesungen und Seminare.

Zwei unersetzliche Bezugspunkte meiner eigenen Positionsfindung waren und sind weiterhin Steffen Kammler und Stefan Volke. Sie blieben geduldig mit mir, haben mich gerade durch ihr Interesse ermutigt und in zahlreichen Gesprächen wesentliche Impulse gegeben. Beiden bin ich daher sehr viel schuldig und hoffe, unser gemeinsamer Denkweg setzt sich fort.

Schließlich sei Richard Pohle und Anja Thomanek gedankt für die Bereitschaft, sprachlich wie inhaltlich Fragwürdiges zu lesen und solange zu korrigieren, bis es leserlich wurde. Alle verbliebenen Unzulänglichkeiten sind gegen ihren Willen und allein durch mein Verschulden im Text verblieben.

Die Drucklegung des Werkes erfolgte durch einen großzügigen Beitrag der Gesellschaft für Neue Phänomenologie, der ich dafür danken möchte. In gleicher Weise danke ich Lukas Trabert und dem Karl Alber-Verlag für die gute Zusammenarbeit im Publikationsprozess.